普通高等教育"十三五"规划教材
全国高等医药院校规划教材

供中医学、中西医临床医学、针灸推拿学等专业使用

中医诊断学

李 峰 董昌武 主编

科学出版社

北 京

内 容 简 介

中医诊断学是依据中医理论，对于诊察疾病，辨识病证的基本理论、知识和技能进行研究的一门学科，是联系理论与实践、基础与临床之间的桥梁，也是中医学科的主干课程。本书分为上下两篇，上篇主要介绍中医诊法的内容，包括了传统中医望、闻、问、切的知识，下篇主要阐述辨证方法，包括八纲辨证、病因辨证、气血津液辨证、脏腑辨证以及其他辨证方法，另外还介绍了中医诊断思路、中医临床技能实训和病历书写等，附篇中则包括了中医其他特色诊法、证素辨证、中医临床辨证思维等拓展知识。本书的特色则是结合了案例教学和基于问题的教学模式等教学思路，每篇引入问题思考，让读者带着问题进行学习和思考，更有助于中医临床思维的建立。

本书适用于高等中医药院校中医学、中西医临床医学、针灸推拿学等专业本科生教学使用，同时也可作为临床医师的参考书。

图书在版编目（CIP）数据

中医诊断学 / 李峰，董昌武主编. —北京：科学出版社，2017.8
普通高等教育"十三五"规划教材·全国高等医药院校规划教材
ISBN 978-7-03-054073-7

Ⅰ.①中⋯ Ⅱ.①李⋯ ②董⋯ Ⅲ.①中医诊断学-医学院校-教材
Ⅳ.①R241

中国版本图书馆 CIP 数据核字（2017）第 185679 号

责任编辑：刘 亚 王 鑫 曹丽英 / 责任校对：彭 涛
责任印制：李 彤 / 封面设计：陈 敬

科学出版社 出版
北京东黄城根北街 16 号
邮政编码：100717
http://www.sciencep.com

北京虎彩文化传播有限公司 印刷
科学出版社发行 各地新华书店经销

*

2017 年 8 月第 一 版　开本：787×1092 1/16
2021 年 10 月第六次印刷　印张：17 3/4
字数：431 000

定价：**59.80 元**
（如有印装质量问题，我社负责调换）

《中医诊断学》编委会名单

主　编　李　峰　董昌武

副主编　李琳荣　祝美珍　马维骐

编　委（按姓氏笔画排序）

马维骐（成都中医药大学）
王河宝（江西中医药大学）
车志英（河南中医药大学）
巴哈尔·哈德尔（新疆医科大学）
邓　亮（山西大同大学）
任　健（山东中医药大学）
关　静（北京中医药大学）
李　峰（北京中医药大学）
李琳荣（山西中医药大学）
何　丹（云南中医学院）
沈宏春（西南医科大学）
张淑萍（河北北方学院）
周雪梅（安徽中医药大学）
赵　敏（内蒙古医科大学）
祝美珍（广西中医药大学）
贾育新（甘肃中医药大学）
徐　征（南京中医药大学）
董昌武（安徽中医药大学）
雍小嘉（成都中医药大学）
简维雄（湖南中医药大学）
谭从娥（陕西中医药大学）
熊丽辉（长春中医药大学）
戴　红（湖北中医药大学）

学术秘书　关　静

编写说明

中医诊断学是中医专业的主干课程，作为联系中医学基础理论和临床实践的桥梁，对进一步学习临床各科知识和提高临床诊疗水平有重要影响。自古以来，有关诊法和辨证的知识以及技能学习在中医教育中就备受重视，随着中医现代高等教育的发展和普及，要求相关教材在符合中医学人才培养规律的基础上，更多地接受现代教育理念，适应案例教学和基于问题的教学模式等教学方法的应用。同时行业发展变化也需要我们针对市场和行业发展水平予以调整并形成相应的培养目标、教学模式和规范的教材。本教材是北京中医药大学、安徽中医药大学、南京中医药大学、广西中医药大学、成都中医药大学、山西中医学院、河南中医药大学、湖南中医药大学等院校专家总结近10年来有关中医诊断学课程建设和教学实践的成果与经验编订而成。

本书主要包括上篇、下篇和附篇三部分，上篇包括绪论、望诊、舌诊、闻诊、问诊、切诊六章；下篇包括八纲辨证、病因辨证、气血津液辨证、脏腑辨证、六经辨证、卫气营血辨证、三焦辨证、经络辨证、诊断思路、中医临床技能实训指导、病历书写共十一章；附篇包括特色诊法、证素辨证、中医临床辨证思维。本书主编李峰教授和董昌武教授在教材体例的确定、样稿的编写及全书的统筹分工和审稿等方面做了很多工作，副主编李琳荣教授负责第二章至第六章的组织和审稿工作；副主编祝美珍教授负责第七章及第十四章的审稿工作；副主编马维骐教授负责第十五章至附篇的审稿工作。具体工作由以下专家完成：第一章绪论由李峰和董昌武共同编写；第二章望诊由徐征和张淑萍共同编写；第三章舌诊由李峰和车志英编写；第四章闻诊由巴哈尔编写；第五章问诊由李琳荣和赵敏编写；第六章切诊由王河宝和邓亮编写；第七章八纲辨证由何丹编写；第八章病因辨证由简维雄编写；第九章气血津液辨证由戴红编写；第十章脏腑辨证由董昌武和祝美珍共同编写；第十一章六经辨证由关静编写；第十二章卫气营血辨证及第十三章三焦辨证由贾育新编写；第十四章经络辨证由熊丽辉编写；第十五章诊断思路由雍小嘉编写；第十六章中医临床技能实训指导由沈宏春编写；第十七章病历书写由谭从娥编写；附篇由任建、简维雄、周雪梅共同编写。篇幅所限，部分文字稿未纳入本书，而收入配套数字教材中。全书由北京中医药大学李峰教授最终审定。

本书主要供高等中医院校中医专业和针灸推拿专业本科、八年制、九年制、研究生等学生在中医诊断学课程学习阶段、进一步学习临床各科课程前及其他阶段进行中医诊法和辨证等思维与技能的实训时使用，也是广大从事中医和针灸教学、临床和科研工作人员的参考书籍。

应当指出，本书倡导的教学思路和模式有一些尚处于研究探索阶段，如在使用过程中发现欠妥之处，敬请批评指正，以便不断提高和完善。

《中医诊断学》编委会
2017年5月

目　录

上　篇 ··· 001

第一章　绪论 ·· 002
第二章　望诊 ·· 012
第一节　全身望诊 ··· 012
第二节　局部望诊 ··· 022
第三节　望排出物 ··· 036
第四节　望小儿指纹 ··· 039
第三章　舌诊 ·· 042
第一节　舌的结构及舌诊原理 ··· 042
第二节　舌诊方法和注意事项 ··· 046
第三节　正常舌象和舌诊内容 ··· 049
第四节　望舌体 ··· 050
第五节　望舌苔 ··· 060
第六节　舌象综合分析及舌诊的临床应用 ··· 068
第四章　闻诊 ·· 073
第一节　听声音 ··· 073
第二节　嗅气味 ··· 078
第五章　问诊 ·· 082
第一节　问诊的意义及方法 ··· 082
第二节　问诊的主要内容 ··· 086
第三节　问现在症 ··· 089
第六章　切诊 ·· 107
第一节　脉诊 ··· 107
第二节　按诊 ··· 125

下　篇 133

第七章　八纲辨证 134
- 第一节　八纲辨证的概念与源流 134
- 第二节　八纲辨证基本证候 135
- 第三节　八纲证候间的关系 142
- 第四节　八纲辨证的意义 147

第八章　病因辨证 148
- 第一节　外感病因辨证 148
- 第二节　情志辨证 153
- 第三节　劳伤辨证 155
- 第四节　食积辨证 156
- 第五节　虫积辨证 157
- 第六节　外伤辨证 158

第九章　气血津液辨证 160
- 第一节　气病辨证 160
- 第二节　血病辨证 164
- 第三节　津液病辨证 166
- 第四节　气、血、津液兼病辨证 170

第十章　脏腑辨证 176
- 第一节　肝与胆病辨证 176
- 第二节　心与小肠病辨证 182
- 第三节　脾与胃病辨证 188
- 第四节　肺与大肠病辨证 194
- 第五节　肾与膀胱病辨证 200
- 第六节　脏腑兼病辨证 204

第十一章　六经辨证 210
- 第一节　辨六经病证 210
- 第二节　六经病证的传变 214

第十二章　卫气营血辨证 217

第十三章　三焦辨证 221

第十四章　经络辨证 224

第一节　十二经脉病证要点 ·· 224
  第二节　奇经八脉病证要点 ·· 227

第十五章　诊断思路 ··· 231
  第一节　病情资料的综合处理 ·· 231
  第二节　证候诊断思路 ·· 234
  第三节　疾病诊断思路 ·· 237
  第四节　辨证与辨病相结合 ·· 240

第十六章　中医临床技能实训指导 ··· 243
  第一节　望诊技能实训指导 ·· 243
  第二节　闻诊技能实训指导 ·· 244
  第三节　问诊技能实训指导 ·· 245
  第四节　切诊技能实训指导 ·· 246

第十七章　病历书写 ··· 249
  第一节　病历的沿革与意义 ·· 249
  第二节　中医病历书写通则 ·· 251
  第三节　中医病历书写格式 ·· 254
  第四节　病历书写示例 ·· 259

附　篇 ·· 262

上篇

第一章 绪 论

《伤寒杂病论》著作原序中有这样一段话："余每览越人入虢之诊，望齐侯之色，未尝不慨然叹其才秀也。"这里为什么对扁鹊这么推崇呢？其实通过史实我们不难看出这是医圣张仲景对诊断的重视。

所谓"诊断"就是通过察看、询问、检查病人，获取健康相关资料，据此对病人的健康状态和疾病的本质进行辨识，从而对所患病、证做出概括性判断。

中医诊断学是依据中医理论，对于诊察疾病，辨识病证的基本理论、知识和技能进行研究的一门学科，是联系理论与实践、基础与临床之间的桥梁，也是中医学科的主干课程。

一、中医诊断学的主要内容

同样是《伤寒杂病论》著作原序，对临床中的一些失误是这样批评的："观今之医，不念思求经旨，以演其所知，各承家技，始终顺旧。省疾问病，务在口给，相对斯须，便处汤药，按寸不及尺，握手不及足，人迎、趺阳，三部不参，动数发息，不满五十，短期未知决诊，九候曾无仿佛，明堂阙庭，尽不见察，所谓窥管而已。夫欲视死别生，实为难矣！"这里提到临床中最关键的失误是什么呢？是诊断方法和技能应用不全面，没有充分了解病人病情。

中医诊断的主要方法和技能，也就是本书的主要内容，包括四诊、辨证、辨病和病案书写。其中，以诊法和辨证为重点。诊法是对病人进行检查，收集与病人健康有关资料的方法，包括望、闻、问、切四诊。辨证，是在中医理论指导下，对临床资料进行综合分析，判断证候，为论治提供依据的思维过程。辨证是中医学的精华，中医在长期临床实践中，创造了许多辨证方法，但又以八纲辨证、病因辨证、气血津液辨证、脏腑辨证为重点。辨病的内容要通过临床各科的学习方能掌握，病案书写亦只对其书写通则、基本内容作适当介绍。

（一）诊法

诊法，是通过检查，收集与诊查对象健康有关资料的方法。自古以来，中医常用望、闻、问、切等方法来诊查疾病。为什么通过这些外在的一些健康信息可以了解身体内部健康或疾病状况呢？《素问·阴阳应象大论》中说："以表知里……以诊则不失矣。"中医学理论认为，人体是个各部分密切关联的有机整体，局部病变可以波及其他脏器继而影响全身，因此内部病变可以反映在外。所以，中医学在诊断疾病时，可以通过病人的自我感觉和医生观察到的病人的一些外在表现来推断病人内部的病理变化。

中医常用的传统诊法包括望、闻、问与切四种诊病方法。

望诊指的是通过观察病人的神、色、形、态及分泌物、排泄物的形、色、质、量等，了解病人的健康信息。基于中医有关"有诸内者，必形诸外"的理论，观察病人外在的异常变化，可以了解疾病情况和人体内部的脏腑盛衰、气血盈亏。在望诊中，又以观察面部与舌最受重视，因为这两个部位容易观察，并且与内脏功能有着密切的联系。

闻诊是指通过观察病人语言、呼吸、咳嗽、声音与排泄物、分泌物的气味是否异常，以了解病人的健康信息。

问诊是通过对病人或陪诊者进行询问，以了解引起疾病的原因、发病时的状况、疾病变化过程、诊疗过程、现在症状，以及病人的生活习惯、人事环境等，为诊断疾病搜集有关资料。

切诊是医生通过切脉和触按病人身体有关部位，以了解病人的脉象变化及有关异常征象。

通过诊法，我们获得有用的信息，中医学称之为症，即症状，即病人感到的自身异常变化及医生通过诊查获得的异常征象。症是分析与判断病证的原始依据，主要包括症状（如恶寒、身痛、头晕、胸闷等）和体征（如身热、面色红、舌质红、脉弦滑）。

正如医圣张仲景在《伤寒杂病论》原序中所强调的望、闻、问、切四种诊法，是了解不同方面的健康信息，在临床时相互补充，彼此不能取代。所以在临床诊断时，只有四诊合参，才能保障更正确地诊断疾病。单纯依赖一种诊法，可能产生偏差，导致误诊。

（二）辨证

当我们通过诊法，了解了健康和疾病的信息之后，就要对病人的健康或疾病状况做出一个判断，这就是"诊断"这一概念中"断"的含义。中医学对于疾病的判断，主要可以归纳为证和病，此外还有体质。

所谓证是疾病发生和演变在某阶段时本质的反映，通常表现出一组相关的症状和体征，即证候，不同程度地揭示了病因、病位、病性、病机、病势。在现代临床应用中，证候既可以用于对疾病某阶段的状态进行判断，如脾气虚证，病位在脾，病性为气虚证，病机为脾气虚；也可以用于对亚健康时身体的状态进行判断，如脾气虚证也可见于亚健康者。

辨证，是在中医理论指导下，对临床病情资料即所得到的症状进行归纳鉴别，综合分析，判断为某一证的过程。它着重概括了诊断当时疾病发展到这个阶段病人的病情。

需要强调的是，证不是固定不变的，其变动一方面可随疾病的发展而变化，同时也会受到治疗或其他因素的影响。

中医学在发展过程中，形成了许多辨证方法，如八纲辨证、病因辨证、气血津液辨证、脏腑辨证、六经辨证、卫气营血辨证、三焦辨证、经络辨证等，这些辨证方法帮助我们从不同方面认识临床证候的规律，各有侧重，可以相互联系和补充。

其中八纲，即阴阳、表里、寒热、虚实，是分析各类疾病共性的方法，阴阳是区分疾病类别的总纲，表里是分辨疾病病位的浅深，寒热是分别疾病的属性，虚实是分别邪正的盛衰。它在各种辨证方法中起到提纲挈领的作用。

气血津液辨证、脏腑辨证多应用于内伤杂病辨证；六经辨证、卫气营血辨证、三焦辨证多应用于外感病辨证；而病因辨证可应用于内伤杂病辨证与外感病辨证。

（三）诊病

病即疾病，是对机体在病因作用下因正邪交争，阴阳失调所发生的变化全过程的特点和规律的概括，通常会表现出若干特定的症状和各阶段相应的证候。

需要注意有些中医所指的病，是以症状而言，如头痛、咳嗽、泄泻等症状，在古代文献中经常以病名出现。

诊病，亦称辨病，是对疾病的病种做出判断，得出病名诊断。疾病的病名，是对该病全过程的特点与规律所做出的概括与抽象。对疾病做出病名诊断，是临床内、外、妇、儿等各科应学习的主要内容。

（四）病案书写

病案，又称病历，古称诊籍，是临床有关诊疗等情况的书面记录。病案是临床医疗、科研、教学的重要资料。病案书写是临床工作者必须掌握的基本技能，它要求将病人的详细病情、病史、诊断和治疗等情况，按照相关规定和规范如实地记录下来。

二、中医诊察疾病的基本原理

中医学诊察疾病的方法是从外在的、局部的表现入手，通过辨证和辨病得到对病患内在的本质的认识。这一过程的基本原理是什么呢？

中医学认为人体是一个有机整体，机体各部分之间存在着相互作用的关系，局部的病变可以产生全身性的病理反应，全身的病理变化又可反映于局部。因此，病患的病理本质虽然藏之于"内"，但必然会有一定的症状或体征表现在外，而通过审察其反映于外的各种疾病现象，在中医学理论指导下进行分析判断，便可得到对疾病本质的认识。

（一）司外揣内

中医学认为，通过观察病患外部现象有可能推知内在的变化情况。如《灵枢·论疾诊尺》说："从外知内。"《灵枢·本藏》进一步阐释为："视其外应，以知其内脏，则知所病矣。"《丹溪心法·能合脉色可以万全》则强调"有诸内者，必形诸外"，对其机制做了阐发。《灵枢·外揣》则通过一段生动的比喻，阐发了相关机制："日与月焉。夫日月之明，不失其影；水镜之察，不失其形；鼓响之应，不后其声。动摇则应和，尽得其情。昭昭之明不可蔽，其不可蔽，不失阴阳也。合而察之，切而验之，见而得之，若清水明镜之不失其形也。五音不彰，五色不明，五脏波荡，若是则内外相袭，若鼓之应桴，响之应声，影之应形。故远者司外揣内，近者司内揣外。"这段文字以生动形象的比喻来说明中医诊断疾病是通过观察表面的现象，推测内部的变化，好比通过观察投影明了日月、水镜之照形以了解其本体一样，知此则可理解诊病的原理。因此观察外表的病理现象，可以推测内脏的变化，通过内在的病机变化，也可解释显现于外的证候。

（二）见微知著

中医学认为，通过微小的变化，可以测知整体的情况，机体的某些局部，包涵着整体的生理、病理信息。《医学心悟·医中百误歌》将这一认识概况为"见微知著"。

例如，中医学认为舌与全身脏腑有着密切的联系，因此观察舌的变化可以了解脏腑气血的盛衰及邪气的性质；而五脏六腑之精气皆上注于目，因此目可反映人体的神气，可察全身及脏腑的病变等。《灵枢·五色》将面部分为明堂、阙庭、蕃、蔽等部，把上至面首、下至膝足、内而脏腑、外而膺背的整个人体皆分属于其中，并说："此五脏六腑肢节之部也，各有部分。"这便是察面部以测全身病变的具体描述。这些认识都在临床实践中得到了很好的验证。

（三）以常达变

中医学诊断疾病的过程，是通过发现机体异常的表现，从而推理判断病患的本质。因此我们首先要认识机体正常的表现和生命的一般规律，从而才能通过观察比较，知常达变，在认识正常的基础上，发现太过、不及的异常变化，从而认识事物的性质及变动的程度。中医望色、闻声、切脉以诊病，尚属此理。故《素问·玉机真藏论》强调说："五色脉变，揆度奇恒，道在于一。"

需要注意的是，健康与疾病，正常与异常，不同的色泽，脉搏的虚、实、细、洪，都是相对的，在诊断疾病时，一定要注意从正常中发现异常，从对比中找出差别，并进而认识疾病的本质。

三、中医诊断思维的基本法则

中医诊断的过程是依据中医基础理论，对四诊获得的外在的、局部的健康或疾病信息经过分析判断，从而认识病证本质过程。因此，正确地认识疾病，要遵循以下法则。

（一）整体审察

整体审察，是指在中医整体观念指导下，依据中医阴阳五行理论及对脏腑或经络体系的认识，将人体自身及人与相关环境作为一个整体来诊察。具体表现为以下两个方面。

1. 将人体作为一个整体来诊察

在生理情况下，人体是一个既相互关联又相互制约的有机整体；在病理情况下，机体会按照一定规律相互联系和相互影响，体表与内在脏腑的病变可以相互影响和传变，并且脏腑的病变可以反映于体表；局部的病变可以影响其他部位或全身，全身的病变也可通过局部反映出来；精神刺激可以影响脏腑的功能，脏腑的病变也可以引起情志活动的变化。因此诊断疾病时，要注意局部病变与机体整体的联系，注意机体局部或外在表现之间的联系，还要注意病人内在各种变化的关联。

2. 将环境与人作为一个整体来诊察

同时，还要将病人与外界环境紧密结合起来，去全面地审察，综合地判断病情。

人体在生命适应自然的进化过程中与外界环境建立了密切联系，形成了体内外环境保持阴阳动态平衡的各种规律和节律。如白昼人体阳气隆盛，舌象和脉象等许多生命征象都表现出功能旺盛的特点；夜晚机体阳气入于阴分，舌象和脉象等许多生命征象又表现出功能收敛平和的特点；夏天气候炎热，人体阳气发泄，脉象洪大；冬天气候寒冷，人体为了适应环境变化而保持稳定的体温，则阳气闭藏于里，脉象沉。因此诊察病人的脉象时，必须与昼夜或与四时气候结合起来。

同样，疾病的变化也会受到环境的影响。如冬春感冒多风寒、秋冬多兼燥邪等。而昼夜阴阳消长对疾病也有影响，许多疾病白天病情较轻，夜晚病情加重。因此，诊察疾病，要注意外界环境对人体的影响，将外界环境与人体作为一个整体统一审察。

（二）四诊合参

四诊合参，是指医者在临床诊断时必须通过望、闻、问、切等诊法，全面、客观地了解病情，并把所搜集的全部病情资料综合归纳做出判断。

四诊代表中医搜集病情资料的不同方法，它们各自可以从不同侧面对病人的病情进行了解，既具有独特的作用，又都具有局限性，不能互相替代。因此，必须充分运用这四种方法多角度、多层次、全面地诊察病患，才能系统收集辨证论治所需要的各方面资料，为辨证提供充分的依据。

在临床诊病实际操作过程中，四诊通常都是同时进行的，例如，在询问病情时，可以同时听其声音、语言、呼吸，并观察病人的神色形态，然后再诊舌切脉，若有异常气味，在诊察时也可以同时嗅到。

此外，对身体某一部位或某一现象的检查，也可以四诊综合运用，不用局限于四诊中的某一诊法。例如，望痰等排泄物，虽属望诊的内容之一，但可以结合问诊、闻诊。

由于疾病的表现错综复杂，有时会出现一些与疾病本质不同甚至相反的虚假表现，如疾病本属于里虚证，但是由于病理产物堆积，反而出现一些腹胀等类似的实证表现，如果仅凭一诊，有可能遇到假象，容易做出错误的诊断。只有四诊合参，才能去伪存真，达到对疾病本质的正确认识。

总之，四诊合参既是搜集与健康或疾病相关信息的过程，又是分析鉴别、综合归纳、推理判断的过程。这是一个完整的思维认识过程，只有四诊，不能合参，就等于只有感知，没有判断推理，没有完成这个认识疾病本质的过程。

（三）辨证求本

辨证求本，是指在整体审察、四诊合参的基础上，根据病人的临床表现，在中医理论的指导下，进行分析、综合、归纳，通过辨别证候探求对疾病本质及其规律性的认识，包括认识病因、病机、病位、病性及病势。辨证求本是中医诊断学的特色和原则。

辨证求本，就是寻找导致疾病发生的根源和病机，这是中医诊断疾病的主要方法。疾病的表现是复杂多样的，过程也是不断变化的，因此，要正确认识疾病，就必须通过四诊得到相关信息，并进行认真的分析推理，从而得到包括病因，而且包括病机、病位、病性及病势等与疾病该阶段本质相关的关键内容。

为了得到对疾病本质的认识，必须注意以下几个方面。首先，获得的有关健康或疾病的信息要准确客观，不能有虚假或不准确的信息；其次，要全面了解疾病的各种表现，切不可抓住一点，不及其余；再次，还要了解这些症状产生的机制；最后，要进一步弄清这些症状之间的内在联系。只有这样才能全面、准确地辨明证候，获得其内在本质。

辨证时除了要对证候表现的各种症状进行全面辨析，还要联系相关的一些因素，因人、因地、因时进行分析，如病证发生的季节与地区、病人的体质特点及生活嗜好等。这些因素常影响证候的类型、性质及变化，所以辨证时注意联系分析，可使辨证结论更准确全面。

（四）辨病、辨证与辨体质相结合

辨病、辨证与辨体质相结合，就是在中医理论指导下，对机体在致病因素影响下所出现的一系列临床表现进行细微地观察与分析，同时结合病人体质，从错综复杂的现象中找出本质所在，确定病名与证名，从而为正确的治疗奠定基础。

中医诊断包括辨病和辨证，病与证是疾病诊断的两个不同的侧重面，辨病是辨别疾病总的规律，辨证是侧重辨别疾病发展过程中某一阶段的主要症结，中医学强调辨证，也不忽视辨病，在辨病的基础上辨证，把辨证与辨病结合起来是中医学的特点。

由于中医诊断要病证结合，因而会出现"异病同证"和"同病异证"的现象，因此就有了"异病同治"和"同病异治"的说法。异病同治是指不同的疾病在发展过程中，出现了相同的证，可以采用相同的治则治疗。同病异治是指同一疾病在不同的人，或不同的发病阶段，出现不同的证，则采用不同的治疗方法。

四、中医诊断学发展简史

中医诊断学是中医学的重要组成部分，随着中医学的起源和发展，中医诊断的理论和方法也在不断地完善和提高。在中医学发生发展的不同历史时期，哪些医家为中医诊断学做出了重要贡献？诞生了哪些重要著作？各有什么特点？对于我们理解和掌握中医诊断学具有重要意义。

（一）先秦两汉时期

在 20 世纪出土的殷墟甲骨文中，有头疾、牙疾、鼻疾、言疾、肘疾、足疾、踵疾等疾病的记载，表明早在殷商时期中医诊断学已具有一定水平，对疾病的分类较细，能够根据人体不同部位来命名疾病。如其中公元前 13 世纪的武丁期卜辞中"有疾齿住蛊"的记载，是世界上最早的有关"龋齿"的描述。

《周礼·天官》有"以五气、五声、五色，眡其死生"的记载，表明当时医生采用望诊、闻诊等多种诊断方法，能够诊断多种疾病，同时书中将医生分为疾医、疡医、食医与兽医，可见当时已分内科、外科、营养科等。春秋战国时期著名医家扁鹊，通过"切脉、望色、听声、写形"，而"言病之所在"。《史记》记载："今天下言脉者，由扁鹊也。"

在长沙马王堆汉墓出土的（大约成书于战国至秦汉时期）医籍帛书中即有诊断学专书，包括《脉法》《阴阳脉死候》《五十二病方》等。其中《脉法》明确记有"以脉法明教下"，说明当时已有较为系统的脉诊方法。《阴阳脉死候》中论述了"五死"的证候，对疾病预后的判断达到一定水平；而《五十二病方》在对某些疾病的诊治上已有辨证论治的雏形。

《黄帝内经》（简称《内经》）在理论和方法上为中医诊断学奠定了基础。在诊断方法上论述了望神、察色、观形、闻声、问病、切脉等内容，奠定了望、闻、问、切四诊的基础；诊断思维上强调诊断疾病必须结合致病的内、外因素全面考虑的整体观念，重视四诊合参，并体现出辨病与辨证相结合的诊断思路；在辨证方面，《内经》所述"病机十九条"，以及脏腑、气血、阴阳五行等理论，对后世的辨证论治有着原则性的指导意义，后世的诸多辨证方法均起源于《内经》；在具体疾病的诊断上，如对于咳嗽、疼痛、伤寒、疟疾、痹证、厥证、水肿等常见疾病的论述已显示出相当高的诊疗水平。

《难经》将望、闻、问、切四诊视为神圣工巧的技能，在诊法犹重脉诊，提出诊脉"独取寸口"的诊脉法，简化了诊脉的程序，对后世有很大的影响。

西汉名医淳于意（仓公）创立"诊籍"，详细记录病人的姓名、居址、病状、预后判断、方药及就诊日期等，作为诊疗的原始资料，为后世病案学的形成和发展奠定了基础。

东汉张仲景总结汉以前有关诊疗经验的大成，著成《伤寒杂病论》。在四诊上，尤重脉诊，在论述疾病时往往脉与症并重，同时将按脘腹、按肌表、按手足等都列入切诊范围；在望诊方面注意望面色和舌苔，还有根据闻诊来判断病位的记载。在辨证理论上，将理、法、方、药有机结合，用以阐释病、脉、证并治，以六经为纲辨伤寒，以脏腑为纲辨杂病，创立了辨证论治的体系。在对疾病的分类上，基本做到了概念清楚、层次分明，具有很高的理论水平，其诊疗模式沿用至今。

相传由华佗所著的《中藏经》中，有"五脏六腑""虚实寒热""生死逆顺""脉证"诸篇，详述脏腑病变时出现的脉与证，特别是论症、论脉、论脏腑寒热虚实、论生死顺逆之法，为后世称道。

（二）晋隋唐时期

晋隋唐时期出现许多对诊断学进行专门研究的医家，由此产生了一批对中医诊断学发展具有重要影响的学术著作。

西晋王叔和所著的《脉经》，为我国现存最早的脉学专著。该书集汉以前脉学之大成，在具体阐明脉理的前提下，联系伤寒、热病、杂病及妇儿疾病的脉症，分述三部九候、寸口、二十四脉等脉法，成为脉理与脉法系统化、规范化的基础，影响深远，曾被翻译成多种文字，流传到朝鲜、日本、欧洲等多个国家和地区。

晋代的有关医籍中，对于传染病，内、外、妇、儿等各科疾病的诊断已有比较具体、翔实的记载。如葛洪《肘后备急方》中对天行发斑疮（天花）、麻风等传染性疾病的发病特点和临床症状进行了描述和诊断。该书还记载有对疾病的实验观察方法，如"初唯觉四肢沉沉不快，须臾见眼中黄，渐至面黄及举身皆黄，急令溺白纸，纸即如黄柏染者，此热毒入内"，是对黄疸病人做实验观察的早期记载。在外科方面，南齐医家龚庆宣所著《刘涓子鬼遗方》对痈、疽、疔、疖的诊断较为明确。

隋代巢元方等编撰的《诸病源候论》，是我国第一部论述病源与病候诊断的专著。全书共分67门，列出包括内科、外科、妇科、儿科、眼科各种疾病的病候1739候，并对病源、病机、诊断都有详细记载，其中内科疾病最多，其他各科病证也有详细记载，如外科仅金创就有27种、眼科38种、妇科140多种等，内容丰富，诊断指标明确。同时对传染病、寄生虫病、妇科病、儿科病等的诊断有不少精辟的论述。在症状鉴别诊断上尤为细致，如将咳嗽分为15类、痢疾分为40类等，亦为古代的鉴别诊断巨著。

唐代孙思邈在《备急千金要方》三十卷中，有十卷专从脏腑的生理、病理、脉象、症状各方面进行论述；其中明确指出了"阴阳表里虚实""五脏积聚""必先诊候以审之"等具体内容，在诊候上要注意掌握病源与病机的演变，重视色、脉与按诊等。

（三）宋金元时期

宋金元时期中医学的发展呈现百家争鸣的局面，涌现出了一批专攻诊断学的医家，使中医诊断学在望诊、脉诊、病因辨证、儿科疾病诊断等方面取得了较大成就。

宋代陈无择著《三因极一病证方论》，论述诸病，无不详别"内因、外因、不内外因"，强调随因施治，是病因辨证理论与方法比较完备的著作。宋代钱乙著《小儿药证直诀》，对小儿病专从五脏进行辨证。南宋施发著《察病指南》，是一部诊法学专著，重点阐述脉诊，并绘制脉图 33 种，以图来示意脉象。南宋崔嘉彦著《紫虚脉诀》，以浮沉迟数为纲，以四字歌诀形式分类论述二十八脉。刘昉著《幼幼新书》，以图文并用的形式记载了小儿指纹诊法，是现存最早的小儿指纹诊法文献。宋元时期敖继翁所著《金镜录》，论伤寒舌诊，以舌验证，辨舌施治，分 12 图，为我国现存的第一部舌诊专著，后经元代杜清碧增补为 36 图，为现在所见的敖氏《伤寒金镜录》。

元代戴起宗鉴于当时流传的托名王叔和撰的《脉诀》谬误较多，并且"词既鄙俚，意亦滋晦"，故考证经文，撰写《脉诀刊误集解》进行指正，对脉学颇有贡献。滑寿的《诊家枢要》，为脉诊专著，提出举、按、寻 3 种指法，载脉 30 种，以浮沉迟数滑涩六者为纲，使习脉者能执简驭繁。危亦林著《世医得效方》，论述了危重疾病的"十怪脉"。

金元四大家在诊法上也各具特点，刘完素重视辨识病机；李杲重视四诊合参；朱震亨主张以外知内；张从正重视症状的鉴别诊断，如对各种发疹性疾病的鉴别颇为明确。

（四）明清时期

明清时期，在注重诊法综合性研究的同时，对脉诊与舌诊的发展尤为突出；随着对温病认识的不断深入，在外感病辨证方法上有了新的突破，有关传染病诊疗的专著日益增多。

在四诊的综合性研究方面，影响较大的有明代张三锡《医学六要》之一的《四诊法》，内容虽偏重于切脉，但也详述了五官、色脉、听诊、问病、辨舌等诊察方法；清代吴谦等撰的《医宗金鉴·四诊心法要诀》，以四言歌诀加注简要阐述四诊的理论与方法，便于掌握要点；清代林之翰的《四诊抉微》，博采诸家之说，参一己之所得，所论内容全面，注意色脉并重、四诊互参。此外，清代周学海的《形色外诊简摩》、陈修园的《医学实在易·四诊易知》等也都有一定影响。清代汪宏的《望诊遵经》，收集历代有关望诊的资料，先论气色与疾病的关系，次从全身各部位的形态、色泽和汗、血、便、溺等各种变化中进行分析，以辨别病证、预测其顺逆安危，是首部全面论述望诊的专著。

在脉诊方面，明代李时珍所撰《濒湖脉学》撷诸家脉学之精华，详述 27 种脉的脉体形象、主病和同类脉之鉴别，言简意赅，便于习诵，对后世影响甚大。张介宾在《景岳全书·脉神章》中，对于各脉之主病、脉症之从舍等，多有发挥，分析精当。此外，明末李中梓的《诊家正眼》、清代李延罡的《脉诀汇辨》、周学霆的《三指禅》、徐灵胎的《洄溪脉学》、周学海的《重订诊家直诀》等，都是脉诊的专著，使脉学理论与实践得到不断的充实和完善。

在舌诊的研究方面，这一时期舌诊著作的共同特点是大多附有舌图。如明代申斗垣集舌诊之大成，著《伤寒观舌心法》，载图 137 幅；清代张登所辑《伤寒舌鉴》，载图 120 幅；梁玉瑜辑成《舌鉴辨正》，载图 149 幅。此外，傅松元著《舌胎统志》，将舌苔的适用范围扩充至杂病。

明清之际最为突出的贡献是深化了对瘟疫、温热类疾病的认识，创立了温热病的辨证方法。其中，明代吴又可的《温疫论》提出"戾气"致病的病因说，对温病学说的发展起到了极大的推动作用。清代叶天士的《温热论》创立卫气营血辨证，并阐明望舌、验齿、辨斑疹等在温病诊断中的意义。吴鞠通的《温病条辨》创立三焦辨证方法。薛生白的《湿热条辨》对湿热病的病因病机、发病特点、传变规律等进行论述，丰富了温病学的内容。此外，余师愚的《疫疹一得》、王孟英的《温热经纬》等，记载大量的温热类疾病的诊疗经验，进一步完善了温病学的理论体系。

明清时期对于传染病的认识获得了较大的进步，出现了不少相关的诊疗专著。如明代卢之颐的《痎疟论疏》，专述疟疾之常证与变证的证治；清代张绍修的《时疫白喉提要》、李纪方的《白喉全生集》、陈葆善的《白喉条辨》等专论白喉证治；谢玉琼的《麻科活人全书》、杨开泰的《郁谢麻科合璧》、朱载扬的《麻症集成》等，均为论述麻疹的专著；王孟英的《霍乱论》、罗芝园的《鼠疫约编》，则对霍乱、鼠疫的诊断与辨证有较详细的论述。

（五）近现代

近现代中医诊断学发展迅速，编撰出版了很多中医诊断学专著，其中较有代表性的如曹炳章的《彩图辨舌指南》、陈泽霖等的《舌诊研究》、赵金铎的《中医证候鉴别诊断学》、朱文锋的《中医诊断与鉴别诊断学》《证素辨证学》，以及制订了中医疾病、证候术语的国家标准等，尤其是《中医诊断学》高等教育教材的编撰，使中医诊断学的内容渐趋系统、完整和规范。

随着现代科学技术的发展和医学研究的深入，人们对疾病诊察的手段提出了更高的要求，如对临床表现不典型的病人，通过借助实验诊断或仪器检测的方法，从宏观到微观，从直接到间接，从定性到定量，使部分潜在的病情得以及时发现，为早期诊断及治疗提供依据；探索性研制和应用了一些中医诊断的仪器设备，如脉象仪、舌诊仪、色差计等，并且陆续运用声学、光学、电学、磁学等知识和生物医学工程、电子计算机等方面的技术，进行多学科综合研究，以丰富中医诊断学技术手段，并获得了一些成就。

为达到中医诊断规范、统一的目的，近些年来中医界开展了病证规范化、标准化研究，力图统一病、证诊断术语，逐步制订出各科病、证诊断标准，不断建立和完善常见病证诊疗体系。在辨证方面，朱文锋创立了证素辨证的方法，目的是挖掘现有各种辨证方法的本质特征，建立统一的辨证体系，为中医辨证的发展提供新的思路。

五、学习中医诊断学的方法

中医诊断学作为中医基础理论和临床的桥梁学科，具有很强的理论和实践特征，是中医基本理论、基本知识和基本技能的具体运用，既要理解和掌握理论知识，又要学会实际操作和领悟中医诊断的辩证思维。因此，在中医诊断学学习过程中，必须培养正确的学习方法，才能够真正学好中医诊断学。

首先，要夯实中医诊断学的理论基础。在加强中医诊断学的基本理论、基本知识学习的同时，必须善于复习和运用所学的中医基础理论知识，才能深入理解和正确掌握中医诊断学的内容。只有对人体的正常生理状态了如指掌，才能知常达变地把握疾病状态下的种种病理机制和证候表现。

其次，注重实践能力培养，早临床、多临床、反复临床。中医学是一门实践性很强的科学，古人有言"熟读王叔和，不如临证多"，就是强调中医学临床实践的重要性。中医诊断的方法与技巧，只有在早临床、多临床、反复临床的实践中，在不断的操作实训过程中仔细揣摩，反复体会，才会逐渐体悟其内涵，掌握其实质。因此，积极主动地参与临床实践和技能实训，实现感性认识和理性认识的交互转化，是学好中医诊断学的必由之路。

最后，要学会正确运用中医的辩证思维方法。中医学来源于临床实践，同时也是在中华优秀传统文化的浸润下不断发展成熟，中国古代文化、哲学和辩证思维的烙印处处可见。在中医临床诊断过程中，需要运用司外揣内、见微知著、以常达变、整体审察、四诊合参、病证结合等原理和法则，而这些都是历代医家把当时的辩证思维方法用于中医诊断实践中所逐渐总结而形成的。因此，在学习中医诊断学的过程中，不仅要有扎实的医学知识和熟练的临床技能，还要有广博的多学科知识和科学的辩证思维方法，才能不断提高临床诊断水平。

六、小结

中医诊断学的基本内容列图如下（图1-1）：

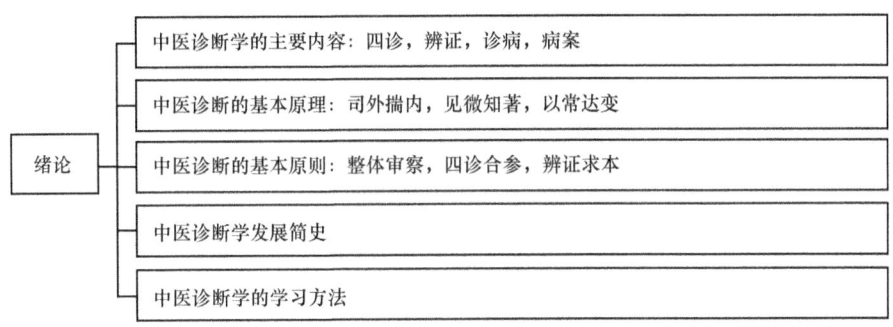

图1-1 中医诊断学的基本内容

七、思考题

1. 证、症、病、辨证等的基本概念是什么？
2. 中医诊断学的主要内容有哪些？
3. 中医诊断的基本原理有哪几条？
4. 中医诊断的基本原则是什么？

第二章 望 诊

望诊是指医生运用视觉观察病人全身或局部表现，了解机体生理功能和病理变化，以诊察病情，判断病证的方法。

人是一个有机整体，五官九窍、四肢百骸通过经络与五脏六腑密切联系，周身皆有赖于气血津液充养濡润，因此，脏腑功能状况与气血津液盈亏均可反映于外，为望诊所见，故《灵枢·本藏》说："视其外应，以知其内脏，则知所病矣。"

望诊时应注意以下几个方面：一是尽量在充足、自然、柔和的自然光线和日光灯下进行望诊，避免有色光线的干扰；二是诊室须温度适宜，不要影响望诊所获资料的真实性；三是充分暴露受检部位，以便完整、清楚、细致地进行观察；四是必须熟悉各部位的正常表现及其与内在脏腑经络的联系，运用整体观念，动态观察分析，判断病理体征所提示的临床意义。

本章内容主要介绍全身望诊（望神、色、形、态）、局部望诊（望头面、五官、躯体、四肢、二阴、皮肤）、望排出物（望痰涎涕唾、呕吐物、二便）、望小儿指纹等。要求重点掌握望神、望色的主要内容。

第一节 全身望诊

本节内容主要介绍望神、色、形、态的原理与方法，常见神、色、形、态异常的表现及其临床意义。要求掌握望神的概念；得神、少神、失神、假神的表现和临床意义。熟悉神乱的表现和临床意义。掌握望色的概念；常色与病色、主色与客色、善色与恶色的概念及特点；病色赤、白、黄、青、黑的主要表现和临床意义。熟悉色与泽的临床意义；望色十法的内容；面部分候脏腑的理论。熟悉形体强弱、胖瘦的表现和临床意义；体质形态的表现和临床意义。熟悉望动静姿态、体位变化、异常动作的表现和临床意义。

一、问题思考

张某，女，23岁，学生。月经先期、量多3个月。病人因准备研究生入学考试，时常熬夜。近3个月来，月经20~24日一行，经行7~10日，量多色淡，常觉心悸，失眠多梦，神疲乏力，头晕健忘，食欲不振，面色淡白，爪甲色淡，舌淡白，脉细弱。

病人面色淡白，有何临床意义？面色淡白与爪甲色淡、舌淡白、月经色淡同时出现，有内在关联吗？

二、主要内容

全身望诊，又称整体望诊，是医生通过观察病人的神、色、形、态等整体表现，对病情的寒热虚实、表里深浅和轻重缓急等做出总体判断的诊察方法。

（一）望神

望神，是通过观察人体生命活动的整体表现，以判断脏腑精气盛衰、病情轻重及预后吉凶的方法。

神有广义和狭义之分：狭义的神，指人的精神、意识、思维；广义的神，是人体生命活动的整体表现，它可以从精神、意识、思维、目光、呼吸、声音、语言、形体、动态、舌象和脉象等多方面反映出来。

1. 望神的原理和意义

神的产生与脏腑精气的关系十分密切。脏腑精气是神的物质基础，神是精气的外在表现。脏腑精气充足，人体表现为有神。若脏腑精气不足，则表现为少神或无神。所以，观察神的旺衰，可以了解脏腑精气的盛衰，判断病情的轻重，推测预后的吉凶。故《素问·移精变气论》云："得神者昌，失神者亡。"

2. 望神的主要内容

神作为人体生命活动的整体表现，主要体现在眼神、气色、神情、体态等诸多方面。

（1）眼神：眼神指眼睛的神态。由于五脏六腑之精气皆上注于目，目系通于脑，为肝之窍、心之使、神之舍，故眼神最能反映脏腑精气的盛衰，因而成为望神的重点内容。

（2）气色：气色指人的周身皮肤（以面部为主）的色泽。色随气华，神以气养，气色可以反映气血的盛衰及脏腑功能的强弱。

（3）神情：神情指人的精神意识和面部表情。神情是否自然主要反映心神的状况，也是其他脏腑精气盛衰的外在表现。

（4）体态：体态指人的形体和动态。形体丰满还是羸瘦，姿态自如还是反常，动作灵活还是迟钝，都是机体功能强弱的重要标志。

望神时除观察上述几方面外，还要结合神在其他方面的表现，如呼吸、声音、语言、舌象、脉象等，运用四诊综合判断，才能对神有全面的认识。

3. 神的分类及判断

神的状态可划分为得神、少神、失神、假神四种，此外还有以神志错乱为主要表现的一类病证。

（1）得神：得神，又称有神。临床表现为两目灵活，明亮有神，面色荣润，含蓄不露，神志清晰，表情自然，肌肉不削，反应灵敏，提示精气充足，为健康的表现，或虽病而精气未衰，病轻易治，预后良好。

（2）少神：少神，又称神气不足。临床表现为两目乏神，面色少华，精神不振，思维迟钝，少气懒言，肌肉松软，动作迟缓而反应尚正确，提示精气不足，多见于虚证或疾病恢复期。

（3）失神：失神，又称无神，是精亏神衰或邪盛神乱的表现，可见于久病虚证或重病实证。

1）精亏神衰而失神：临床表现为两目晦滞，目光无神，面色无华，晦暗暴露，精神委靡，意识模糊，骨枯肉脱，形体羸瘦，反应迟钝，手撒尿遗，提示精气大伤，脏腑功能衰减，多见于慢性久病虚证，预后不良。

2）邪盛神乱而失神：临床表现为神昏谵语，循衣摸床，撮空理线；或卒倒神昏，两手握固，牙关紧急，提示邪热亢盛，侵扰神明；或肝风夹痰，蒙蔽清窍，阻闭经络，皆属精气失调，脏腑功能严重障碍，多见于急性重病实证，预后不良。

（4）假神：久病、重病病人，本已失神，却突然出现某些局部暂时"好转"的虚假表现，为假神。如原本目光晦暗，突然目似有光，但浮光外露；原本面色晦暗，突然两颧泛红如妆，但游移不定；原本神昏或精神极度委靡，突然神识似清，想见亲人，言语不休，但烦躁不安；原本身体沉重难移，忽思起床活动，但不能自转；原本毫无食欲，久不能食，突然索食，且食量骤增。假神多因脏腑精气极度衰竭，正气将脱，阴不敛阳，阴阳即将离决，虚阳外越所致，常是危重病人临终前的征兆，古人比作"回光返照""残灯复明"。

临床上要注意假神与病情好转的区别：一般假神多见于垂危病人，其"好转"出现比较突然，且为局部变化，为时短暂，与整体病情的恶化不相符；真正的久病重病好转，其好转是逐渐的，并与整体状况好转一致，如饮食渐增、面色渐润、身体功能渐复等。

（5）神乱：神乱，又称神志错乱。临床常见焦虑恐惧、狂躁不安、淡漠痴呆和卒然昏倒等表现。

1）焦虑恐惧：指病人时时恐惧，焦虑不安，心悸气促，不敢独处一室。多由心胆气虚，心神失养所致，多属虚证，常见于卑慄、脏躁等。

2）狂躁不安：指病人狂躁妄动，胡言乱语，少寐多梦，打人骂詈，不避亲疏。多由痰火扰乱心神；或为阳明热盛，侵扰心神；或为瘀血内阻，蒙蔽神明所致，多属阳证，常见于狂病等。

3）淡漠痴呆：指病人神识痴呆，表情淡漠，喃喃自语，哭笑无常，悲观失望。多由痰浊蒙蔽心神，或先天禀赋不足所致，多属阴证，常见于癫病、痴呆等。

4）卒然昏倒：指病人突然昏倒，口吐涎沫，两目上视，四肢抽搐，醒后如常。多由肝风夹痰上逆，阻闭清窍所致，常见于痫病等。

此处神乱与急重病人邪盛神乱所致失神的意义不同。邪盛神乱所致神昏谵语、卒倒神昏等，一般出现于全身性疾病的严重阶段，形神俱病；神乱主要是神志错乱，病情不一定危重，多反复发作，不发作时神志无异常表现，其神乱症状可作为诊病的依据。

4. 望神的注意事项

（1）因神的表现在病人无意时流露最真，因此医生须重视诊察病人时的第一感觉，做到静心凝神，一会即觉。

（2）要注意神形合参，尤其当形神表现不一致时，更应综合判断，如久病形羸色败，虽神志清醒亦属失神。

（3）有些关键症状和体征对神的判断具有重要意义，如神昏谵语、形羸色败、目光呆滞等，多为病重失神之象，应予重视。

(二) 望色

望色，又称色诊，是通过观察病人皮肤色泽变化以诊察病情的方法，临床一般以望面部色泽变化为主。色包括青、赤、黄、白、黑五种颜色变化；泽指荣润或是枯槁的光泽变化。

望色诊病历史悠久，《素问·阴阳应象大论》云："善诊者，察色按脉，先别阴阳。"《素问·五藏生成》中则描述了五脏常色、病色、死色的具体表现。此后历代医家大多重视色诊，积累了丰富的临床经验。

1. 望色的原理和意义

（1）望面部色泽诊病的原理：面部皮肤薄嫩，血络丰富，体内气血盛衰及运行情况容易通过面部色泽变化显露出来；面部充分暴露，便于医生观察，故以面部为望色的主要部位。

（2）望面部色泽诊病的意义

1）判断气血盛衰：面部皮肤的色泽是脏腑气血的外荣，可以反映气血的盛衰和运行情况。就色与泽而言，颜色属阴、属血，主要反映血液的盈亏和运行状况，血旺则色红，血虚则色淡，血瘀则色青紫；光泽属阳、属气，主要反映精气的盛衰，气盛则荣润有泽，气虚则暗淡少华。临床应将望色与察泽结合。

2）辨别病邪性质：机体感受不同病邪，会引起不同的病理变化，反映在面部就会出现不同的颜色改变。如面部色红多为热邪，色白多为寒邪，色青紫多为气滞血瘀。

3）确定病变部位：面部颜色之浮沉可以区分病变部位之表里，色浮主病位在表，色沉主病位在里。根据面部五色的变化，可区分脏腑病位所在，《灵枢·五色》云："以五色命脏，青为肝，赤为心，白为肺，黄为脾，黑为肾。"此外，颜面不同区域分属不同脏腑，可从面部不同部位色泽的变化，推断相应脏腑的病变，《素问·刺热》认为额部候心，鼻部候脾，左颊候肝，右颊候肺，颏部候肾；而《灵枢·五色》认为前额为庭、颜，眉间为阙，鼻为明堂，颊侧为藩，耳门为蔽等；脏腑在面部的分属：庭候首面，阙上候咽喉，阙中（印堂）候肺，阙下（下极、山根）候心，下极之下（年寿）候肝，肝部左右候胆，肝下（鼻端、准头、面王）候脾，方上（即鼻翼）候胃，中央（颧下）候大肠，挟大肠（颊部下方）候肾，面王以上（即鼻端两旁上方）候小肠，面王以下（即人中部位）候膀胱、子处（胞宫）（图2-1）。

4）预测疾病转归：对判断病情轻重、预测疾病转归来说，泽比色更有意义。《望诊遵经·色以润泽为本》云："光明润泽者，气也；青赤黄白黑者，色也。有气不患无色，有色不可无气也。"凡面色明亮润泽、含蓄不露者为顺，主病情轻浅，预后良好。凡面色晦暗枯槁、鲜明暴露者为逆，主病情深重，预后较差。

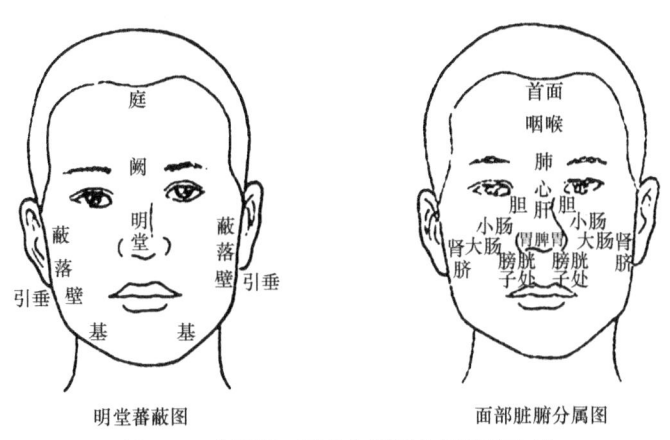

明堂藩蔽图　　　　面部脏腑分属图

图2-1　《灵枢·五色》面部分候脏腑示意

2. 常色与病色

面色可分为常色和病色两大类。

（1）常色：常色指人在生理状态时的面部色泽。常色的特点是明润、含蓄。亚裔人常色是红黄隐隐，明亮润泽。血色隐藏于黄色皮肤之内，不特别显露于外。这是人体气血津液充沛，脏腑功能正常，精气内含而不外泄的表现。常色有主色和客色之分。

1）主色：指人生来就有，一生基本不变的面色，属个体特征，与种族和遗传有关，又称正色。古人根据五行理论将人的体质分为木、火、土、金、水五种类型，其主色有偏青、偏红、偏黄、偏白、偏黑的不同。

2）客色：指受季节气候、地理环境、饮食、情绪、运动等因素影响，面部发生的正常色泽变化。一般春季面色稍青，夏季稍赤，长夏稍黄，秋季稍白，冬季稍黑；野外工作者面色偏黑，室内工作者面色偏白；酒后易面红目赤；饱食则面容润泽光亮，饥饿时面色少泽微暗；喜者易面赤，怒者易面青，忧者易色沉，思者易面黄，悲者易泽减，恐者易面白。不论面现何色，因其仍具有明润含蓄的特点，故属常色。客色一般为一过性改变，排除相关因素后，即恢复原来的面色。

（2）病色：病色指人在疾病状态时的异常面部色泽。病情轻浅时虽有病色，但尚有光泽，病情严重时则见晦暗、暴露的特点。晦暗，即面色枯槁晦暗而无光泽，是脏腑精气已衰，胃气不能上荣的表现。暴露，即某种面色异常显露于外，是病色外现或真脏色外露的表现。如肾病病人出现面黑暴露，枯槁无华，即为真脏色外露。病色可反映不同性质、不同脏腑的病变。观察病色的关键，在于分辨善色与恶色。

1）善色：指病人面色虽有异常，但仍光明润泽，说明病变轻浅，脏腑精气未衰，胃气尚能上荣于面，多见于新病、轻病、阳证，其病易治，预后较好，故称善色。如黄疸病人面色黄而鲜明如橘皮色，即为善色。

2）恶色：指病人面色异常，且枯槁晦暗，说明病变深重，脏腑精气已衰，胃气不能上荣于面，多见于久病、重病、阴证，其病难治，预后较差，故称恶色。如臌胀病人面色黄黑而晦暗枯槁，即为恶色。

望色还须注意生克顺逆，若病与色相应为正病正色；若病与色不相应，反见他色，为病色交错。病色交错中有吉凶顺逆之分，病色相生为顺，病色相克为逆。顺证中，色生病为吉中之顺，病生色为吉中之小逆；逆证中，色克病为凶中之逆，病克色为凶中之顺。病色交错的吉凶顺逆是望色的规律之一，临床应用时不可过于机械，仍应四诊合参，灵活运用，综合评判，才能得出正确的诊断。

3. 五色主病

病色可分为赤、白、黄、青、黑，可反映不同脏腑和不同性质的疾病。《灵枢·五色》认为，五色分属于五脏，青提示肝病，赤提示心病，白提示肺病，黄提示脾病，黑提示肾病。《素问·举痛论》认为，五色可反映疾病的不同性质，"黄赤为热，白为寒，青黑为痛"。这种根据病人面部五色变化以诊察疾病的方法，即五色主病，或称五色诊。

（1）赤色：赤色主热证，亦可见于戴阳证。

邪热亢盛，或虚火上炎，或虚阳浮上等，导致面部脉络扩张而面现红色。

满面通红者，多见于实热。多因外感邪热，或脏腑阳热亢盛，血行加速，气血上涌所致。

两颧潮红者，多见于阴虚，多因阴虚阳亢，虚火上炎所致。

久病重病本已面色苍白，却时而泛红如妆，游移不定者，为戴阳证，多因阳气虚衰，阴寒内盛，阴盛格阳，虚阳浮上所致，属病重。

（2）白色：白色主虚证（包括血虚、气虚、阳虚）、寒证。

气虚血少，或阳虚，或寒盛等，导致气血不能上荣而面现白色。

面色淡白无华，唇舌色淡者，多属血虚，多因血不上荣所致。

面色㿠白者，多属阳虚，多因阳虚无力行血运水所致。

面色苍白者，多属亡阳、气血暴脱或阴寒内盛，因阳气暴脱，或脱血夺气，血不上荣，兼血行迟滞所致；若阴寒内盛，脉络收引，血行凝滞，亦可见面色苍白。

（3）黄色：黄色主脾虚、湿证。

脾虚机体失养，或湿邪内蕴等，导致脾失运化而面现黄色。

面色萎黄者，多属脾胃气虚，气血不足，因脾失健运，气血化生无源，机体失养所致。

面黄虚浮者，为黄胖，多属脾虚湿蕴，因脾运不健，机体失养，水湿内停，泛溢肌肤所致。

面目一身俱黄者，为黄疸。多因湿浊困遏，胆汁外溢所致。其中面目黄而鲜明如橘皮色者，属阳黄，多属湿热蕴结；面目黄而晦暗如烟熏色者，属阴黄，多属寒湿内阻。

（4）青色：青色主寒证、气滞、血瘀、疼痛、惊风。

寒凝气滞，或瘀血内阻，或疼痛剧烈，或筋脉拘急等，导致脉络血行不畅而面现青色。

面色淡青或青黑者，多属寒盛、痛剧，多因阴寒内盛，经脉收引；或气血凝滞，不通而痛，以致面部脉络拘急，血行不畅。

久病面色与口唇青紫者，多因心气、心阳虚衰，血行瘀阻；或呼吸不利，肺气闭塞所致。

突见面色青灰，口唇青紫，肢凉脉微者，多为心阳暴脱，心血瘀阻之象，可见于真心痛。

面色青黄者，可见于肝郁脾虚，肝脉瘀阻。

小儿眉间、鼻柱、唇周发青者，多属惊风，多因邪热壅滞，筋脉挛急，血行瘀阻所致。

（5）黑色：黑色主肾虚、寒证、水饮、血瘀、疼痛。

肾阳虚衰，或阴精亏虚，或寒水内盛，或血失温养，瘀阻不通而痛，均可导致机体失养而面现黑色。

面黑而暗淡者，多属肾阳亏虚，因阳虚火衰，水寒不化，浊阴上泛所致。

面黑而干焦者，多属阴精亏虚，因肾精久耗，阴虚火旺，虚火灼阴，机体失养所致。

眼眶周围发黑者，多属肾虚水饮，或寒湿带下。

面色黧黑，肌肤甲错者，多由血瘀日久，肌肤失养所致。

4. 望色十法

望色十法，是根据面部皮肤色泽的浮、沉、清、浊、微、甚、散、抟、泽、夭十类变化，以分析病变部位、性质及其转归的方法。

（1）浮沉分表里：浮，是面色浮显，多主表证；沉，是面色沉隐，多主里证。面色由浮转沉，是邪气自表入里；由沉转浮，是病邪由里达表。

（2）清浊审阴阳：清，是面色清明，多主阳证；浊，是面色浊暗，多主阴证。面色由清转浊，是疾病从阳转阴；由浊转清，是疾病由阴转阳。

（3）微甚别虚实：微，是面色浅淡，多主虚证；甚，是面色深浓，多主实证。面色由微转甚，多因虚而致实；由甚转微，多由实而转虚。

（4）散抟辨新久：散，是面色疏散，多主新病，或病邪将解；抟，是面色壅滞，多主久病，或病邪渐聚。面色由散转抟，多为病虽近而邪渐聚；由抟转散，多为病虽久而邪将解。

（5）泽夭测成败：泽，是面色润泽，主精气未衰，病轻易治；夭，是面色枯槁，主精气已衰，病重难治。面色由泽转夭，是病趋危重；由夭转泽，是病渐好转。

病人不论面见何色，凡浮、清、散、泽者，多属表证、新病、轻病，预后良好；反之，沉、浊、抟、夭者，多属里证、久病、重病，预后不佳。

5. 望色的注意事项

（1）知常达变，综合判断：望色时须将病人的面色与其周围人群的常色进行比较，将病人的局部色泽与其自身正常部位的色泽进行比较。病情复杂，或面色与病性不符时，则须观察病人体表其他部位的色泽，并结合其他诊法进行综合判断，以免造成误诊。

（2）整体为主，荣枯为要：临床望色，应将五色主病、望色十法、五色善恶、面部分候脏腑等各种望色方法相参运用，以病人的整体面色为主，以荣润含蓄或晦暗枯槁作为判断病情轻重和估计预后的主要依据。

望色诊病时还要注意光线、昼夜、饮食、情绪等因素的影响。

（三）望形

望形，又称望形体，是观察病人形体的强弱胖瘦、体质形态等以诊察病情的方法。

1. 望形体的原理和意义

人体以五脏为中心，皮毛、肌肉、血脉、筋腱、骨骼五体合于五脏。五体赖五脏精气充养，五脏精气的盛衰和功能的强弱可通过五体反映于外，人体外形的强弱胖瘦与内脏气血阴阳的盛衰是统一的。故观察病人之形体，可以测知其脏腑的虚实、气血的盛衰、邪正的消长、病势的顺逆及邪气之所在。而不同的体质形态，其阴阳盛衰不同，对疾病的易感性和患病后的转归也不同，所以观察病人的体质类型有助于对疾病的诊断。

2. 望形体的内容

（1）形体强弱：观察形体强弱时，要将形体的外在表现与机体的功能状态、神的衰旺等结合起来，进行综合判断。

1）体强：指身体强壮，表现为骨骼粗大，胸廓宽厚，肌肉充实，皮肤润泽，筋强力壮，精力充沛，食欲旺盛等，说明体质强壮，内脏坚实，气血旺盛，抗病力强，不易生病，有病易治，预后较好。

2）体弱：指身体衰弱，表现为骨骼细小，胸廓狭窄，肌肉瘦削，皮肤枯槁，筋弱无力，精神不振，食少懒言等；说明体质虚衰，内脏脆弱，气血不足，抗病力弱，容易患病，有病难治，预后较差。

观察形体组织的强弱状态，有助于了解脏腑的虚实和气血的盛衰。

（2）形体胖瘦：正常人胖瘦适中，各部组织匀称。过于肥胖或过于消瘦都可能是病理状态。观察形体胖瘦时，应注意与精神状态、食欲食量等结合起来综合判断。

1）肥胖：表现为头圆形，颈短粗，肩宽平，胸厚短圆，大腹便便。体胖能食，肌肉坚实，神旺有力者，多属形气有余，是精气充足，身体健康的表现。体胖食少，肉松皮缓，神疲乏力者，多属形盛气虚，是阳气不足，多痰多湿的表现，易患痰饮、中风等病，即所谓"肥人多痰""肥人湿多"。

2）消瘦：表现为头长形，颈细长，肩狭窄，胸狭平坦，大腹瘦瘪。体瘦食多，属中焦有火。体瘦食少，属中气虚弱。体瘦颧红，伴潮热盗汗、口燥咽干者，是阴虚火旺的表现，易患肺痨等病，即所谓"瘦人多火"。久病重病，卧床不起，骨瘦如柴，是脏腑精气衰竭，气液干枯的表现，属病危。

在观察形体胖瘦时应注意其内在精气的强弱，将形与气综合起来加以判断。形体胖而精气不足，少气乏力者，抗病力弱；形体瘦而精力充沛，神旺有力者，抗病力强。由此可见，形与气相比较，气的强弱尤具重要意义。

（3）体质形态：体质是人的个体在先天禀赋与后天环境等因素的影响下，在生长发育过程中逐渐形成的形体结构与功能方面的个体特征。体质在一定程度上反映了机体阴阳气血盛衰的禀赋特点和对疾病的易感性，对人的生理、病理产生着持久而稳定的影响。故观察辨别病人的体质类型，有助于诊断疾病和判断预后。

早在《内经》中就有关于体质形态的划分、体质与疾病关系的论述，比较有代表性的是"五行人"分类法和"阴阳人"分类法，"阴阳人"分类法将体质分为阴脏人、阳脏人、平脏人三种类型。

1）阴脏人：形体偏于矮胖，头圆颈粗，肩宽胸厚，身体姿势多后仰，平时喜热恶凉。其体质特点是阳较弱而阴偏盛，患病易从阴化寒，多寒湿痰浊内停。

2）阳脏人：形体偏于瘦长，头长颈细，肩窄胸平，身体姿势多前屈，平时喜凉恶热。其体质特点是阴较亏而阳偏旺，患病易从阳化热，导致伤阴伤津。

3）平脏人：又称阴阳和平之人，是健康人的正常体质类型，平时无寒热喜恶之偏。其体质特点是阴阳平衡，气血调匀。

此外，望形体的内容还包括对各种形体畸形的观察，其具体表现和临床意义详见局部望诊。

（四）望态

望态，又称望姿态，是观察病人的动静姿态、体位变化和异常动作等以诊察病情的方法。

1. 望姿态的原理和意义

病人的动静姿态、体位动作与机体的阴阳盛衰和病性的寒热虚实关系密切。阳主动，阴主静，凡功能亢进、躁动不安者多属阳证、热证、实证；功能衰减、喜静懒动者多为阴证、寒证、虚证。不同的疾病常常迫使病人采取不同的体位和动态，以减轻疾病痛苦。此外，肢体活动受心神支配，反映经脉、筋骨、肌肉的状况，病人肢体的异常动作表现也与疾病相关。因此，观察病人的动静姿态和体位、动作可以判断疾病的属性，有助于诊断。

2. 望姿态的内容

（1）动静姿态：正常人能随意运动而动作协调。若发生病变，常可使肢体动静失调。《望诊遵经·形容望法大纲》提出诊态八法，即动者、强者、仰者、伸者，属表、属阳、属热、属实；静者、弱者、俯者、屈者，属里、属阴、属寒、属虚，可作为望动静姿态的要点。

（2）体位变化：正常人体态自然。若发生病变，常可使肢体处于强迫、被动、护持等特殊姿态。

1）坐形：坐而仰首，胸胀气粗，多属肺实气逆；坐而喜俯，少气懒言，多为体弱气虚；但坐不得卧，卧则气逆，多为咳喘肺胀，或水饮停于胸腹；但卧不能坐，坐则晕眩，多为脱血夺气，或肝阳化风。坐时常以手抱头，头倾不能昂，凝神熟视，为精神衰败。

2）卧式：卧时面常向外，身轻自能转侧，多属阳证、热证、实证；卧时面常向里，身重不能转侧，多属阴证、寒证、虚证，若见于久病重病，多是气血衰败已极，预后不良。仰卧伸足，掀去衣被，多属实热证；蜷卧缩足，喜加衣被，多属虚寒证。

3）立姿：站立不稳，其态似醉，常并见眩晕，多属肝风内动；不耐久立，站立时常欲依靠他物支撑，多属气血虚衰。

4）行态：行走时以手护腰，弯腰曲背，行动艰难，多为腰腿病；步履不稳，身体震动不定，多为肝风内动，或筋骨受损。

5）痛姿：病人蹙额捧头，俯不欲仰者，多为头痛；叉手扪心，闭目不语者，多见于怔忡或心痛；两手护乳前，惟恐触碰者，多见于乳痛；以手护腹，俯身前倾者，多为腹痛。即所谓"护处必痛"。

（3）异常动作：不同的疾病可产生不同的姿态，观察病人肢体的异常动作有助于相关疾病的诊断。因风主动，善行而数变，风气通于肝，所以形体的异常动作，多与风和肝有关。

1）颤动：病人唇、睑、指、趾不时颤动，在外感热病中，多为热盛动风先兆；在内伤杂病中，多属血虚阴亏，筋脉失养。

2）手足蠕动：手足掣动，迟缓无力，多属阴血不足，肝风内动，筋脉失养。

3）手足拘急：手足拘急挛曲，不能伸直，多因寒邪凝滞，筋脉收引；或气血亏虚，筋脉失养所致。

4）四肢抽搐：四肢痉挛，不自主地收引、牵动，屈伸不已。若突发抽搐，强劲有力，多属热极生风或肝阳化风；若抽搐不已，迟缓无力，多属阴血不足，虚风内动；若小儿吐泻后，四肢抽搐，多为脾阳虚衰之"慢脾风"。

5）角弓反张：病人项背肌肉强直，头部后仰，躯干前挺，反折如弓，常与四肢抽搐、牙关紧闭并见，多属热极生风，亦可见于破伤风等。

6）循衣摸床，撮空理线：病人重病神识不清，不自主地伸手抚摸衣被、床沿，或伸手挥舞，如同理线，常见于邪盛神乱之失神。

7）卒然昏倒：卒然昏仆，半身不遂，口眼㖞斜，属肝阳上亢，化风夹痰，卒中脏腑所致，为中风之中脏腑；若神志清楚，仅半身不遂或口眼㖞斜，为中风之中经络，或中风后遗症。卒倒而口开手撒，二便失禁，多属中风脱证；卒倒而牙关紧闭，两手握固，大小便闭，多属中风闭证。

卒然昏倒，不省人事，伴四肢抽搐，口吐涎沫，两目上视，移时苏醒，醒后如常者，多因脏气失调，肝风夹痰，阻闭清窍所致，为痫病。

卒然昏倒，伴见四肢厥冷，而呼吸自续，多见于厥证。

盛夏卒然昏倒，面赤汗出，甚而痉厥者，多为中暑，因暑邪闭阻气机而致。

8）手足软弱：手足软弱无力，行动不灵而无痛，多见于痿证，多由阳明湿热或脾胃气虚，或肝肾不足所致。

9）关节肿痛：四肢关节肿痛，屈伸不利，多见于痹证，多由风、寒、湿、热侵犯关节，气血痹阻不通所致。关节疼痛，游走不定者为行痹，以感受风邪为主，又称风痹；关节酸胀疼痛，重着不移者为着痹，以感受湿邪为主，又称湿痹；关节疼痛剧烈，遇寒加剧者为痛痹，以感受寒邪为主，又称寒痹；关节红肿热痛者，为热痹，多因风寒湿三邪郁久化热所致。

10）舞蹈病状：儿童手足伸屈扭转，挤眉眨眼，努嘴伸舌，状似舞蹈，不能自制，多由气血不足，风湿内侵所致。

望姿态时，若某些病理姿态在自然体位时不易察觉，可根据检查的需要，嘱病人做某些动作或改变体位，使病理姿态充分显露，以明确诊断。

三、问题分析

该病人月经先期量多,应辨病性属气虚或血热。临证除进一步询问月经的量、色、质、味等特征外,还需结合望面色、舌色、爪甲形色等表现进行辨别。病人面色淡白,多属血虚,因血不上荣所致。面色淡白与爪甲色淡、舌淡白、月经色淡同时出现,有其内在关联,多因病人准备考试,思虑过度,劳伤心脾,气血生化不足所致。脾气亏虚,运化失职,则食欲不振;脾虚不能统血,则月经先期量多,淋漓不尽;气血不足,心神失养,则心悸、失眠多梦、神疲乏力,头晕健忘;脉细弱为气血亏虚之征。

四、小结

全身望诊的具体内容列图如下(图2-2):

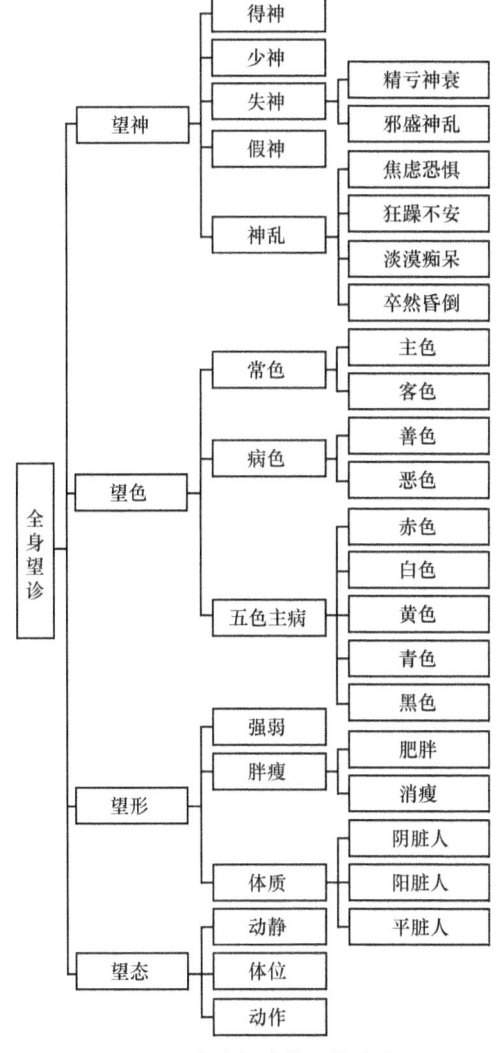

图 2-2　全身望诊的具体内容

五、思考题

1. 试述失神的临床表现及临床意义。
2. 假神与久病重病病情好转如何区别？
3. 病色赤、白、黄、青、黑各主何病证？
4. 如何鉴别阳黄与阴黄？
5. 如何根据病人的动静姿态判断病性的阴阳寒热虚实？

第二节 局部望诊

本节内容主要介绍局部望诊的内容，要求熟悉望头面五官、望颈项躯体、望四肢皮肤等一般内容，了解望二阴的一般内容。

一、问题思考

胡某，女，45岁。右侧颈部肿块半年，伴眼睛突出1个月。曾经放射同位素检查，印象为甲状腺右叶冷结节，某医院建议手术治疗。来诊时症见右侧颈前结喉处有一乒乓球大肿块，可随吞咽动作上下移动，双眼突出明显。舌淡红苔薄，脉弦。

此病人应诊为什么病？望诊时眼睛与颈部有哪些特征性变化？有什么临床意义？

二、主要内容

局部望诊又称分部望诊，是在全身望诊的基础上，根据病情诊断的需要，对病人的某些局部进行深入、细致的观察，以测知其相应脏腑病变的诊察方法。中医学认为人体是一个有机整体，全身的病变可反映于相应的局部，局部的病变也可影响于全身，故观察局部的异常变化，既可诊断局部相应疾病，也有助于了解整体的病变。

局部望诊的内容，包括望头面、五官、躯体、四肢、二阴及皮肤等。

（一）望头面

头为精明之府，是元神所居之处，内藏脑髓，为肾精所化；头又为诸阳之会，手足三阳经及督脉皆上行于头，足厥阴肝经和任脉亦上达于头部，脏腑精气通过经络皆上荣于头；面为心之华，脏腑精气亦上荣于面；肾之华在发，发为血之余。所以通过观察头部的形态、囟门、面部和头发的状况，可以诊察脏腑气血的盛衰。

1. 望头

（1）头形：头形异常多见于婴幼儿。头形的大小可以通过头围来衡量，测量时从双眉弓上方，通过枕骨粗隆绕头一周。一般新生儿约34cm，6个月时约42cm，1周岁时约45cm，2周岁时约47cm，3周岁时约48.5cm，5周岁时约50cm，5岁以后接近成人，为54～58cm。如果明显超出此范围则为头形过大，反之则为头形过小。

1）头大：小儿头颅增大，颅缝开裂，颜面较小，并伴有智力低下者，多由先天不足，肾精亏损，水液停聚于脑所致，见于脑积水患儿。

2）头小：小儿头颅狭小，头顶尖圆，颅缝早闭，伴有智力低下者，多因先天肾精不足，颅骨发育不良所致。

3）方颅：小儿前额左右突出，头顶平坦，颅呈方形，多因肾精不足或脾胃虚弱，颅骨发育不良所致，多见于佝偻病患儿。

（2）囟门：囟门是婴幼儿颅骨接合处尚未完全闭合所形成的骨间隙，有前囟、后囟之分。前囟位于顶骨与额骨之间，呈菱形，在出生后12～18个月内闭合；后囟呈三角形，在出生后2～4个月内闭合，前囟是临床观察的主要部位。

1）囟填：即囟门突起，多属实证，多因温病火邪上攻，或为风热、湿热等邪气所侵，或颅内水液停聚所致。小儿哭泣时囟门暂时稍微突起为正常。

2）囟陷：即囟门凹陷，多属虚证，多因吐泻伤津，气血不足和先天肾精亏虚，脑髓失充所致。但6个月以内的婴儿囟门微陷属正常。

3）解颅：即囟门迟闭，骨缝不合，多因先天肾精不足，发育不良所致，常见于佝偻病患儿，兼有"五迟"（立迟、行迟、发迟、齿迟、语迟）、"五软"（头项软、口软、手软、足软、肌肉软）等临床表现。

（3）动态：头摇而不能自主者，无论成人或小儿，多为肝风内动。

2. 望面

面部，又称颜面，指包括额部在内的脸面部。望面部主要观察颜面的形态异常，以了解脏腑精气的盛衰及其相关疾病的情况。

（1）面肿

1）面部浮肿，多见于水肿病。水肿有阴水和阳水之分。阳水肿势较迅速，眼睑头面先肿，皮肤绷急光亮；阴水肿势较缓，足部、下肢先肿，最后波及头面，皮肤松弛，按之凹陷不起。

2）面部红肿，色如涂丹，焮热疼痛，为抱头火丹，多由风热火毒上攻所致；头肿大如斗，面目肿胀，目不能开，为"大头瘟"，由天行时疫，毒火上攻所致。

（2）腮肿：一侧或两侧腮部以耳垂为中心肿起，边缘不清，皮色不红，按之有柔韧感及压痛者，为痄腮，因外感温毒所致，多见于儿童。若颐颌之间肿胀疼痛，张口受限，伴有寒热者，称发颐，多因阳明热毒上攻所致。

（3）面削颧耸：面削颧耸，又称面脱。表现为面部肌肉消瘦，两颧高耸，眼窝、颊部凹陷，因气血虚衰，脏腑精气耗竭所致，为失神的表现。

（4）口眼㖞斜：口眼㖞斜指患侧口角向健侧歪斜，且患侧眼睑不能闭合，又称"面瘫""㖞僻"。单纯口眼㖞斜，患侧面肌弛缓，肌肤不仁，目不能合，口不能闭，不能皱眉鼓腮，口角下垂偏向健侧，名口僻，为风邪中络所致；若口眼㖞斜兼半身不遂者，多为肝阳化风，风痰阻闭经络所致。

（5）特殊面容

1）惊恐貌：面部表情惊恐，多见于小儿惊风、狂犬病和瘿病。

2）苦笑貌：面部肌肉痉挛，牙关紧闭，口微张开，似苦笑状，主要见于新生儿脐风、破伤风等疾病。

3）狮面：面部肌肉出现斑块、结节、浸润性隆起，使面部凸凹不平，犹如狮子面容，并伴见鼻骨塌陷，眉毛、头发脱落，多见于麻风病。

3. 望发

头发的生长与肾气和精血的盛衰关系密切，观察头发的色泽、发质和疏密，可以诊察肾气的强弱和精血的盛衰。正常人头发色黑稠密润泽，是肾气旺盛，精血充足的表现。

（1）色泽：发黄干枯，稀疏易落，多属精血不足，可见于大病后或慢性虚损病人。青少年白发，俗称"少白头"，伴有腰酸、耳鸣等症者，属肾虚；伴有失眠、健忘等症者，为劳神伤血所致；也可见于先天禀赋所致者。

（2）发质：发质细软，干枯易断，为精血亏虚证，发失所养。小儿头发稀疏黄软，生长迟缓，甚至久不生发，多因先天不足，肾精亏损，或喂养不当，气血亏虚，发失所养而致；小儿发结如穗，枯黄无泽，兼面黄肌瘦，腹大便溏者，多见于疳积，为先天不足，或后天失养，脾胃虚损所致。

（3）脱发：突然大片脱发，显露圆形或椭圆形光亮头皮，称为斑秃，俗称"鬼剃头"，多为血虚受风，或七情内伤，暗耗精血，发失濡养所致。发稀而细易脱，质脆易断者，多因肾虚，精血不足所致；青壮年头发稀疏易落，若兼眩晕、健忘、腰膝酸软者，为肾虚；若兼头皮发痒、多屑多脂者，为血热化燥所致。

（二）望五官

面部眼、耳、口、鼻、舌五官，分别与五脏相关联。《灵枢·五阅五使》说："鼻者肺之官也，目者肝之官也，口唇者脾之官也，舌者心之官也，耳者肾之官也。"故观察五官的神、色、形、态变化，可以了解相关脏腑的常与变。其中望舌的内容将另作专节论述，本处主要介绍目、耳、鼻、口、唇、齿、龈及咽喉等部位的望诊内容。

1. 望目

目为肝之窍，心之使，五脏六腑之精气皆上注于目，因而目与五脏六腑皆有密切联系。古人将目的不同部位分属于五脏，如《灵枢·大惑论》曰："精之窠为眼，骨之精为瞳子，筋之精为黑眼，血之精为络，其窠气之精为白眼，肌肉之精为约束。"后世医家据此发展成为"五轮学说"，即瞳仁属肾，称为水轮；黑睛属肝，称为风轮；两眦血络属心，称为血轮；白睛属肺，称为气轮；眼睑属脾，称为肉轮（图2-3）。观察五轮的形色变化，可以诊察相应脏腑的病变。因此，望目不仅是望神的重点，而且可反映肝、心、肾等脏腑的病变。《重订通俗伤寒论》说："凡病至危，必察两目，视其目色，以知病之存亡也，故观目为诊法之首要。"

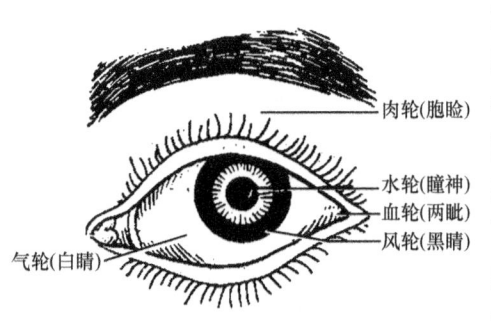

图 2-3　五轮部位与五脏分属图

（1）目神：眼睛黑白分明，精彩内含，视物清晰，有眵有泪，运动灵活，为目有神，提示脏腑精气充足，见于正常人或轻病病人。

若两目晦暗，目无精彩，视物模糊，无眵无泪，运动不灵，或浮光外露者，为目无神，提示脏腑精气虚衰，病属难治。

（2）目色：正常人眼睑内及两眦红润，白睛色白，黑睛褐色或棕色，角膜无色透明。其异常改变主要有：

1）目赤肿痛：多属实热证。如全目赤肿为肝经风热上攻，两眦赤痛为心火上炎；白睛赤为肺火；睑缘赤烂为脾经湿热。

2）白睛发黄：为黄疸的主要标志，多因湿热或寒湿内蕴，肝胆疏泄失常，胆汁外溢所致。

3）两眦淡白：为血虚，因血液亏虚不能上荣于目所致。

4）目胞色黑晦暗：多属肾虚；目眶周围色黑，多因肾虚水泛，或寒湿下注所致；睡眠欠佳也可见目眶发黑。

5）黑睛灰白混浊：为目生翳，多因邪毒侵袭，或肝胆实火上攻，或湿热熏蒸，或阴虚火旺等所致。

（3）目形

1）目胞浮肿：为水肿的表现。目胞微肿，是水肿病初起之征。老年人肾气虚衰，多见下睑浮肿。

2）眼窝凹陷：眼窝微陷者，多因吐泻伤津或气血虚衰所致；眼窝深陷，视不见人，为脏腑精气衰竭，病属难治。

3）眼球突出：眼球突出而喘，属肺胀，多因痰浊阻肺，肺失宣降所致；眼突颈肿，可随吞咽动作上下移动者，为瘿病，多因肝郁化火，痰气壅结颈部所致。

4）胬肉攀睛：目眦赤脉胬肉，横布白睛，渐侵黑睛，故名胬肉攀睛。多由心肺二经风热壅盛，经络瘀滞，或脾胃湿热蕴蒸，血滞于络，或由肾阴暗耗，心火上炎所致。

5）针眼、眼丹：胞睑边缘起疖肿，状若麦粒，红肿痒痛，为针眼；若整个胞睑漫肿，红如涂丹，痛如火灼者，为眼丹。两者皆为风热邪毒或脾胃蕴热，上攻于目所致。

（4）目态：正常人瞳孔圆形，双侧等大，自然光线下直径为3～4mm，对光反应灵敏，眼球运动随意、灵活。其异改变主要有：

1）瞳孔缩小：多因肝胆火炽，或劳损肝肾，虚火上扰所致，也可见于中毒（如吗啡、川乌、草乌、毒蕈、有机磷农药中毒等）。

2）瞳孔散大：多属肾精耗竭，见于危重病人，是濒死前的征象之一。也见于肝胆风火上扰的绿风内障、某些中毒（如杏仁、麻黄、曼陀罗中毒）及某些西药（如阿托品）所致的药物性瞳孔散大等。

3）目睛微定：病人两眼固定，不能转动。固定前视者，称瞪目直视；固定上视者，称戴眼反折；固定侧视者，称横目斜视。多因肝风内动或脏腑精气耗竭所致，属病重。

4）昏睡露睛：多因脾虚清阳不升，或津液大伤，胞睑失养，启闭失常所致，多见于脾胃虚衰或吐泻伤津的患儿。

5）胞睑下垂：又称睑废，指上睑下垂，难以抬举。双眼上睑下垂者，多为先天禀赋不足，脾肾亏损；单眼上睑下垂者，多因脾气虚弱，无力提举，或风痰，胞睑筋脉弛缓不用而下垂所致，也可见于外伤。

6）目瞤：眼轮振跳，称为目瞤，多因风热外来，贼邪不泻，或血衰气弱，经络失养所致。

2. 望耳

耳为肾之窍，手足少阳经脉布于耳，手足太阳经和足阳明经也分布于耳或耳周围。《灵枢·邪气藏府病形》说："十二经脉，三百六十五络……其别气走于耳而为听。"故耳为"宗脉之所聚"。此外，在耳郭上有全身脏腑形体等部位的反应点。所以耳与全身均有联系，而尤与肾、胆的关系最为密切，望耳可以察知肾、胆和全身的病变。耳部望诊，主要是观察耳郭色泽、形态及分泌物的变化。

（1）色泽变化

1）润枯：正常人耳郭色泽红润，是气血充足的表现；耳郭焦黑干枯，多属肾精亏虚，为病重。

2）颜色：耳郭淡白，多属气血亏虚；耳轮红肿，多属肝胆湿热或热毒上攻；耳轮青黑，多见于阴寒内盛或有剧痛的病人；小儿耳背有红络，耳根发凉，多为麻疹先兆。

（2）形态变化

1）耳郭形大：耳郭外形厚而大，属形盛，为肾气充足；耳郭肿大，色红，为邪气实，多属少阳相火上攻。

2）耳郭瘦小：耳郭瘦小而薄是形亏，属先天亏虚，肾气不足；耳郭瘦削而干焦，为正气虚，多为肾精亏虚或肾阴不足；耳郭萎缩，为肾气竭绝。

3）耳轮甲错：即耳轮肌肤甲错，多属久病血瘀，或有肠痈。

（3）耳内病变

1）耳内流脓：耳道内流出脓液，色或黄或青，其质或稠或稀，称为脓耳。因风热上壅，或肝胆湿热，或肾阴虚损，相火上攻所致。

2）耳道红肿：耳道局部红肿疼痛，突起如椒目状为耳疖，多因邪热搏结耳窍所致。

3. 望鼻

鼻为肺窍，亦为脾所主，与足阳明胃经亦有联系。望鼻可诊肺、脾、胃等脏腑的病变。《灵枢·五色》说："五色决于明堂，明堂者鼻也。"

鼻部望诊应注意观察色泽、形态及鼻内变化。

（1）鼻色：健康人鼻头红黄隐隐，明润含蓄，是胃气充足的表现。鼻端色白多为气血亏虚、亡血；鼻头色赤为肺脾蕴热；鼻头色青为阴寒腹痛；鼻头色黄为有湿热；鼻头色微黑，为肾虚寒水内停；鼻头晦暗枯槁，为胃气已衰，属病重。

（2）形态：鼻头红肿生疖，属邪热盛，常见于胃热或血热。若鼻头及其周围皮色暗红或血络扩张，伴丘疹、脓疱或鼻赘，称为酒齄鼻，多因肺胃蕴热，气滞血瘀所致。鼻柱溃陷，多见于梅毒；鼻柱崩塌，眉毛脱落者，则是麻风恶候。鼻孔两翼因呼吸急促而煽动者，称鼻翼煽动，也称鼻煽，是肺气不宣，呼吸困难的表现，多因痰热阻肺，见于哮病、喘病等。若久病重病出现鼻煽，喘而汗出，可能是肺绝之危候。

（3）鼻内病变：鼻流清涕，多属外感风寒；鼻流浊涕，多属外感风热；若常流浊涕，量多不止，其气腥臭，为鼻渊，多因外感风热，或胆经蕴热上攻鼻窍所致。鼻腔出血，称为鼻衄，多因肺胃蕴热，或阴虚肺燥，伤及鼻络所致。鼻腔内长有光滑柔软、状若葡萄或荔枝肉样的赘生物，称鼻痔，亦称鼻息肉，多因湿热邪毒壅结鼻窍所致。

4. 望口与唇

脾开窍于口，其华在唇，手足阳明经环绕口唇，故望口与唇的异常变化，可以诊察脾与胃的病变。一般注意观察其形色、润燥及动态变化。

（1）色泽：口唇色诊与面部五色诊基本相同。但因唇黏膜薄而透明，故其色泽变化比面色更为明显，易于观察。正常人唇色红润，说明胃气充足，气血调匀。若唇色淡白，为血虚或失血，血不上荣所致。唇色红赤，为实热，因热迫血行所致；深红而干，是热盛伤津。唇色青紫，为阳气虚衰，血行瘀滞；唇色青黑，因阴寒凝滞或痛极血络瘀阻所致。口唇呈樱桃红色者，多见于煤气中毒。

（2）形态：口唇干裂，为津液损伤；口角流涎，见于小儿，多属脾虚湿盛；成人见之多为风中络脉或卒中后遗症。口唇糜烂，多因脾胃积热上蒸所致；唇内溃烂，其色淡红，为虚火上炎。口内唇边生白色小泡，溃烂后红肿疼痛，为心脾积热上熏所致。小儿口腔、舌上满布片状白屑，状如鹅口者，称鹅口疮，为胎中伏热蕴积心脾所致。

正常人口唇可随意开合，动作协调。《望诊遵经》将口唇的异常动态归纳为"口形六态"：

1）口张：口开而不闭，属虚证；若状如鱼口，张口气出，但出不入，则为肺气将绝之候。

2）口噤：口闭而难开，牙关紧闭，属实证，多因肝风内动所致，可见于中风、痫证、惊风、破伤风等。

3）口撮：上下口唇紧聚，为邪正交争所致，见于新生儿脐风、破伤风等。

4）口僻：口角向一侧㖞斜，见于风邪中络，或风中脏腑，为风痰阻络所致。

5）口振：战栗鼓颔，口唇振摇，为阳虚寒盛或邪正剧争所致，外感寒邪，伤寒、温病欲作战汗，或疟疾发作。

6）口动：口频繁开合，不能自禁，是胃气虚弱之象；若口角掣动不止，为热极生风或脾虚生风之象。

5. 望齿与龈

齿为骨之余，骨为肾所主；龈乃胃之络、手足阳明经分布之处，故望齿与龈可诊察肾与胃肠的病变，以及津液的盈亏。温病学派对验齿十分重视，在阳明热盛和热灼肾阴的情况下，观察齿与龈的润燥情况，可以了解胃津、肾液的存亡。望齿龈应注意其色泽、形态和牙齿脱落情况。

（1）望齿：正常人牙齿洁白润泽而坚固，是肾气充足、津液未伤的表现。若牙齿干燥，为胃津已伤；牙齿光燥如石，为阳明热盛，津液大伤；牙齿燥如枯骨，多为肾阴枯竭、精不上荣所致，可见于温热病晚期，属病重；重病牙齿枯黄脱落者，多为骨绝，属病重；牙关紧急，多属风痰阻络或热极动风；咬牙啮齿，多为热盛动风，或见于痉病；睡中啮齿，多因胃热、积滞或虫积所致。

（2）望龈：齿龈淡红而润泽，是胃气充足，气血调匀的表现。齿龈淡白，多因血虚或失血，龈络失养所致；齿龈红肿疼痛，多因胃火亢盛，循经上熏所致。齿龈萎缩，牙根暴露，牙齿松动，称为牙宣，多因肾虚或胃阴不足，虚火上灼所致。齿龈溃烂，流腐臭血水，甚者唇腐齿落者，称为牙疳，多因平素胃腑积热，复感风热或疫疠之邪，邪毒上攻所致。齿龈出血，称为齿衄，兼齿龈红肿疼痛者，为胃火炽盛；若齿龈不红不痛微肿者，属脾不统血或肾阴不足虚火上炎所致。

6. 望咽喉

咽喉是经脉循行交会之处，足少阴肾经循喉咙挟舌本，咽喉又是肺胃之门户，乃呼吸、进食的通道，故望咽喉可以诊察肺、胃、肾的病变。

健康人咽喉淡红润泽，不痛不肿，呼吸通畅，发音正常，食物下咽顺利无阻。观察咽喉应注意其色泽、形态变化及有无脓点、假膜等。

（1）色泽：咽部深红，肿痛较甚，多属实热证，因风热邪毒或肺胃热毒壅盛所致；咽部嫩红，肿痛不甚，多属肺肾阴虚、虚火上炎所致；若咽部淡红漫肿，疼痛轻微，多属痰湿凝聚所致。

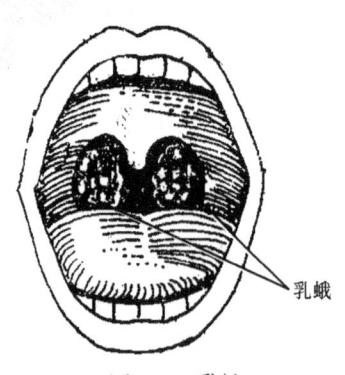

图 2-4　乳蛾

（2）形态：咽喉部一侧或两侧喉核红肿，形如乳头，或如蚕蛾，表面或有黄白色脓点，咽痛不适者，称乳蛾（图 2-4），又名喉蛾，因风热侵袭肺卫，或肺胃热盛，壅滞喉核，或肺肾阴虚，虚火上炎所致。咽喉部红肿高突，疼痛剧烈，吞咽、语言困难，身发寒热者，为喉痈，多因脏腑蕴热，复感外邪，热毒客于咽喉所致。

（3）溃烂：新病咽部溃烂，分散表浅，周围色红，为肺胃之热轻浅；若溃烂成片或洼陷，为火毒壅盛；咽部溃腐浅表分散，反复发作，周围淡红，多属虚火上炎；若成片洼陷，周围淡白或苍白，久不愈者，多为气血不足，肾阴亏损，邪毒内陷所致。

（4）假膜：咽部溃烂表面所覆盖的一层黄白或灰白色膜，称伪膜。若伪膜松厚易拭去者为病轻，为肺胃热邪上壅于咽所致；若伪膜坚韧不易拭去，强剥则出血，或剥后随即复生，为重证，多是"白喉"，因外感时行疫邪，疫毒内盛，或热毒伤阴所致。

（三）望躯体

望躯体的内容包括望颈项、胸胁、腹部和腰背。

1. 望颈项

颈项是连接头身的部分，其前部为颈，后部为项，合称颈项，内有气管、食管、脊髓和经络脉通过，是人体经脉运行的重要通道。颈项经脉阻滞，可引起全身的病变；而脏腑气血失调，亦可反映于颈项。望颈项应注意其外形、有无包块和动态变化。

正常人颈项直立，两侧对称，气管居中；男性喉结突出，女性喉结不显；颈侧动脉搏动在安静时不易见到。颈项转侧俯仰自如。

（1）外形

1）瘿瘤：颈前结喉处，单侧或双侧，有肿块突起，或大或小，可随吞咽动作而上下移动者（图 2-5），称为瘿瘤，多因肝郁气结痰凝所致，或与地方水土有关。

2）瘰疬：颈侧颌下有肿块如豆，累累如串珠（图 2-6），称为瘰疬，多由肺肾阴虚，虚火灼液，痰火凝结而成，或因外感风热时毒，气血壅滞于颈部所致。

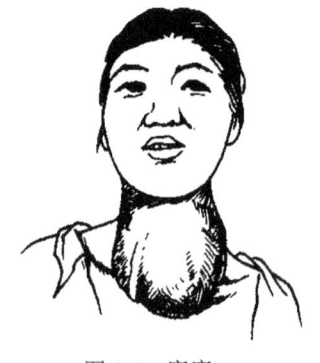

图 2-5　瘿瘤

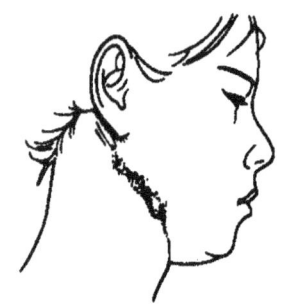

图 2-6　瘰疬

（2）动态

1）项强：指项部拘急或强硬，俯仰转动不利。伴头痛恶寒脉浮者，多为风寒侵袭太阳经脉，经气不利;伴高热神昏,甚则抽搐者,多属热极生风;睡醒后项强不便,疼痛不舒,称为落枕,多因睡姿不当经络气血不畅所致。

2)项软:指颈项软弱,抬头无力。小儿项软(五软之一),多因先天不足,肾精亏损,或脾胃虚弱,发育不良,可见于佝偻病患儿;久病、重病颈项软弱,头重下垂,眼窝深陷者,多为脏腑精气衰竭之象,属病危。

3)颈脉搏动:安静状态时出现颈侧人迎脉搏动明显可见,为肝阳上亢或严重血虚所致。

4)颈脉怒张:指卧位时颈部静脉明显充盈,多见于水肿或臌胀。

5)项痈、颈痈:项部或颈部两侧红肿,灼热疼痛,甚至糜烂流脓,谓之项痈或颈痈,多由风热邪毒蕴蒸,气血壅滞,痰毒互结所致。

6)气管偏移:指气管不居中,向一侧偏移,多为胸膈有水饮或气体,或因单侧瘿瘤、肿物等挤压、牵拉气管所致,多见于悬饮、气胸、石瘿、肉瘿、肺部肿瘤等疾病。

2. 望胸胁

胸部是指横膈以上,锁骨以下的躯干正面区域。胸属上焦,内藏心肺,为宗气所聚;胸廓前有乳房,属胃经,乳头属肝经。胸侧自腋下至第12肋骨的区域为胁,是肝胆经脉循行之处。望胸胁可以诊察心、肺的病变,宗气的盛衰,以及肝胆、乳房等的疾患。望诊时应注意观察胸廓外形的变化、虚里搏动情况和呼吸运动有无异常等。

(1)外形:正常人的胸廓呈椭圆形,两侧对称,左右径大于前后径(比例约为1.5∶1),小儿和老人则左右径略大于前后径或相等,两侧锁骨上下窝亦对称。

1)扁平胸(图2-7):胸廓呈扁平状,前后径较常人明显缩小(小于左右径的一半),多见于肺肾阴虚、气阴两虚的病人,也可见体型瘦长之人。

2)桶状胸(图2-8):胸廓前后径较常人增大(前后径与左右径几乎相等),呈桶状。此时,两侧肋骨展平,肋间隙增宽,腹上角呈钝角,呼吸时胸廓大小无明显变化,多为素有伏饮积痰,壅滞肺气,久病伤及肾气,肾不纳气,日久胸廓变形所致,见于久病咳喘之病人。

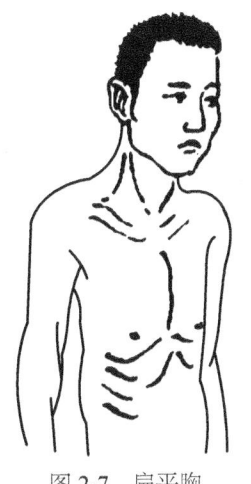
图2-7 扁平胸

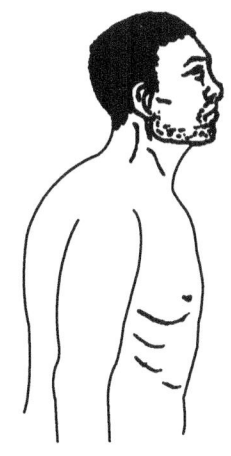
图2-8 桶状胸

3)鸡胸、漏斗胸、肋如串珠:胸骨下部明显前突,前侧壁肋骨凹陷,形似鸡之胸廓畸形者,称为鸡胸;胸骨下段及与其相连的两侧肋软骨向内凹陷,形似漏斗状,称为漏斗胸;胸骨两侧肋骨与肋软骨连接处变厚增大,状如串珠者,称为肋如串珠。此三者多因先天禀赋不足,肾精亏虚,或后天失养,肾气不充,骨骼失于充养所致,常见于佝偻病患儿。

4）胸不对称：一侧胸廓塌陷，肋间变窄，多见于肺痿、肺部手术后等；一侧胸廓膨隆，肋间饱满变宽，气管向健侧移位者，多见于悬饮或气胸。

（2）呼吸：正常人呼吸均匀，节律整齐，每分钟 16～18 次，胸廓起伏左右对称。女性以胸式呼吸为主，男性和儿童以腹式呼吸为主。

若胸式呼吸增强，腹式呼吸减弱，为腹部有病，可见于臌胀、腹水或肿块；胸式呼吸减弱，腹式呼吸增强，为胸部有病，可见于肺痿、悬饮、胸部外伤等。两侧胸部呼吸不对称，可见于悬饮、肺痿、肿瘤等。

吸气时间延长，多因吸气困难所致，常见于痰饮停肺、急喉风、白喉重证等；呼气时间延长，多因呼气困难所致，可见于哮喘、肺胀等。

3. 望腹部

腹部指躯干正面剑突以下至耻骨以上的部位，属中下焦，内藏肝、胆、脾、胃、肾、大肠、小肠、膀胱、胞宫等脏腑。故望腹部可以诊察内在脏腑的病变和气血的盛衰。腹部望诊主要观察其外形和色泽变化。

正常人腹部对称、平坦直立时腹部可稍隆起，约与胸平齐，仰卧时或稍凹陷（图 2-9），老人和小儿腹略呈圆形。脐腹过度膨隆或凹陷均为异常。

（1）腹部膨隆：仰卧时前腹壁明显高于胸耻连线（图 2-10）。若兼腹壁青筋暴露，四肢消瘦者，见于臌胀，多因肝脾肾受损，气滞血瘀水停所致；若兼周身浮肿者，为水肿，因肺脾肾三脏功能失调，水湿内停所致。

（2）腹部凹陷：仰卧时前腹壁明显低于胸耻连线（图 2-11）。若腹部凹陷，伴形体消瘦，多见于久病脾胃虚弱，机体失养，或新病吐泻太过、津液大伤；若前腹壁凹陷几乎贴近于脊柱，而肋弓、髂嵴、耻骨联合显露者，称为舟状腹，为脏腑精血耗竭，属病危。

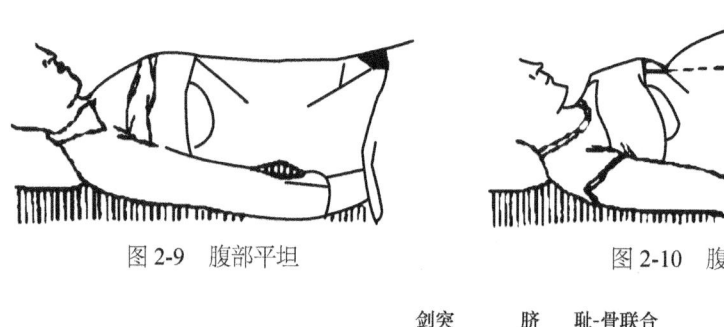

图 2-9 腹部平坦　　　　　图 2-10 腹部膨隆

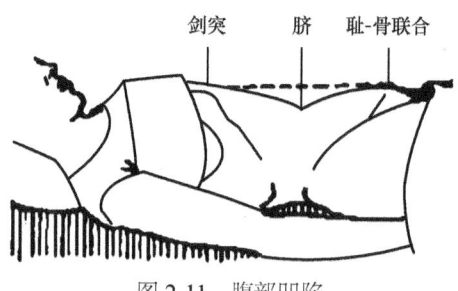

图 2-11 腹部凹陷

4. 望腰背

背为胸中之府，内藏心肺；腰为肾之府。督脉贯脊行于正中，足太阳膀胱经分行夹于脊背两侧，带脉横行环绕腰腹，皆与腰背密切相关。故望腰背部可以诊察相关脏腑、经络的病变。

望腰背应注意观察脊柱及腰背部的形态变化。

正常人腰背部两侧对称，俯仰转侧自如，直立时脊柱居中，颈、腰段稍向前弯曲，胸、骶段稍向后弯曲，但无左右侧弯。

（1）脊柱后突：脊柱过度后突，以致背高如龟，称为"龟背"，俗称"驼背"，多因先天不足，肾精亏虚，发育不良所致；若见于成年后，多为脊椎疾患。若久病后背弯曲，两肩下垂，称为"背曲肩随"，为脏腑精气虚衰之象。

（2）脊柱侧弯：脊柱侧弯是指脊柱偏离身体正中线，或左或右弯曲，常因小儿发育期坐、立姿势不良所致，亦可见于先天禀赋不足，发育不良的患儿和一侧胸部有病的病人。

（3）脊疳：脊疳指病人极度消瘦，以致脊骨突出如锯齿状，为脏腑精气严重亏损之象，见于慢性重病病人。

（4）腰部拘急：腰部拘急疼痛，活动受限，多因寒湿侵袭，经气受阻，脉络拘急，或跌仆闪挫，局部气滞血瘀所致。

（四）望四肢

四肢包括上肢的肩、臂、肘、腕、掌、指和下肢的髀、股、膝、胫、踝、跗、趾。因心主血脉，肺主皮毛，脾主肌肉，肝主筋，肾主骨，故五脏均与四肢有关，而脾与四肢的关系尤为密切。人体十二经脉均分布于四肢，指趾端又是人体阴阳经脉交会之处。故望四肢可以诊察五脏六腑的病变和循行于四肢的经脉病变。望诊时应注意观察四肢的形色和动态变化。

1. 外形

（1）肢体肿胀：四肢肿胀通常是全身水肿的一部分，或仅见足跗肿胀，多见于水肿。单侧肢体肿胀，多因经脉阻滞不通所致。

（2）四肢萎缩：四肢萎缩指四肢或某一肢体肌肉消瘦、萎缩、松软无力，多因气血亏虚或经络闭阻，机体失养所致。

（3）膝部肿大：膝部红肿热痛，屈伸不利，多为热痹，常因风湿热邪蕴结所致；膝部关节肿大疼痛，股胫肌肉消瘦，形如鹤膝，称为"鹤膝风"，多因气血亏虚，寒湿久留所致；膝部紫暗，漫肿疼痛，为膝骨或关节受损，多因外伤所致。

（4）下肢畸形：直立时，两足内踝并拢而两膝分离，为膝内翻，又称"O"形腿（图2-12）；两膝并拢而两踝分离，为膝外翻，又称"X"形腿（图2-13）。踝关节呈固定形内收位，称足内翻；踝关节呈固定形外展位，称足外翻。上述畸形皆因先天禀赋不足，肾气不充，或后天失养，发育不良所致。

（5）小腿青筋：小腿青筋表现为小腿脉络曲张，形似蚯蚓，甚至出现胀痛不适，久立或行走加剧，多因寒湿内侵，或瘀血阻络所致。

（6）手指变形：手指关节呈梭状畸形，活动受限，称为梭状指（图2-14），多因风湿久蕴，痰瘀阻络所致；指趾末端增生肥厚，呈杵状膨大，称为杵状指（图2-15），常兼气喘唇暗，多因久病心肺气虚，血瘀痰阻所致。

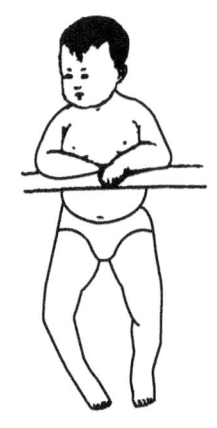
图 2-12 "O" 形腿

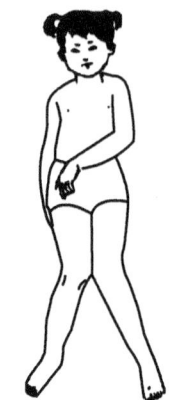
图 2-13 "X" 形腿

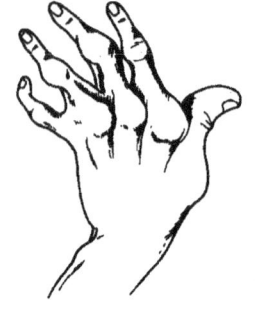
图 2-14 梭状指

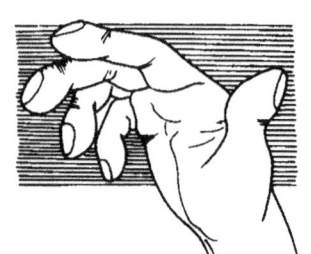
图 2-15 杵状指

2. 动态

四肢动态异常有手足蠕动、手足颤动、四肢拘急、四肢抽搐、肢体痿废多种表现，其中手足蠕动、四肢拘急、四肢抽搐等见第一节全身望诊的望态。

（1）手足颤动：手足颤动指双手或下肢震颤或动摇，不能自主，多由血虚筋脉失养，肝风内动，或饮酒过度所致。

（2）肢体痿废：肢体痿废指肢体肌肉萎缩，筋脉弛缓，软弱无力，甚则痿废不用，多见于痿病，因精、津亏虚，或湿热浸淫，或脾胃虚弱，或肝肾亏虚所致。若一侧上下肢痿废不用者，称为半身不遂，多见于中风病人；若双下肢痿废不用者，见于截瘫病人。

（五）望二阴

二阴指前阴和后阴。前阴包括外生殖器和尿道外口，为肾所司，宗筋所聚，太阴、阳明及冲、任诸脉所汇，肝经环绕阴器，故前阴病变与肾、膀胱、肝等脏腑关系密切。后阴即肛门，又称魄门，通于大肠，亦为肾所司，又脾主运化，故后阴病变与脾、胃、肠、肾关系密切。

1. 望前阴

望男性前阴应注意观察阴茎、阴囊和睾丸是否正常，有无硬结、肿胀、溃疡和其他异常的形色改变。对女性前阴的诊察要有明确的适应证，由妇科医生负责检查，男医生需在女护士陪同下进行，注意观察有无阴户肿胀及其他异常形色。

（1）外阴肿胀：男性阴囊或女性阴户肿胀，即为阴肿。阴肿，无红肿痒痛者，多为水肿所致，可见于较严重的水肿病人。阴囊肿大，坠胀疼痛，因小肠坠入阴囊或睾丸肿胀引起者，称为疝气，多由肝郁、寒湿、湿热、气虚、久立远行所致。若阴囊红肿热痛，皮紧光亮，形如瓢状，称为囊痈，多为肝经湿热下注所致。

（2）外阴收缩：外阴收缩指男性阴囊、阴茎或女性阴户收缩入腹，出现拘急疼痛，为阴缩，多因寒邪侵袭，气血凝滞，肝脉拘急收引所致。

（3）阴部湿痒：男子阴囊，或女子大小阴唇起疹，瘙痒灼痛，湿烂或有渗液，反复发作，多因肝胆湿热，循经下注所致；日久局部皮肤粗糙变厚，呈苔藓样变，则为阴虚血燥。

（4）阴挺：阴挺指妇女阴部有物突出阴道口外。《景岳全书》曰："妇人阴中突出如菌如芝，或挺出数寸，谓之阴挺。"多因脾虚中气下陷，或生育过多，产后劳伤，或肾气不固，使胞宫下坠阴户之外所致。

2. 望后阴

望诊时应注意观察肛门周围有无脓肿、痔疮、裂口、瘘管外口、脱垂、息肉及肛周湿疹等。检查时嘱病人取侧卧位，必要时结合肛管直肠指诊及借助相关仪器进行检查。

（1）肛裂：肛门皮肤或肛管黏膜纵行裂开，并伴有多发性小溃疡，排便时疼痛出血者，为肛裂，多因热结肠燥或阴虚津亏，大便干燥坚硬所致。

（2）痔疮：肛门内、外生有紫红色柔软肿块，突起如峙者，为痔疮。其生于肛门齿状线以内者为内痔，生于肛门齿状线以外者为外痔，内外皆有者为混合痔，多因肠中湿热蕴结或血热肠燥，或长期便秘、久蹲久坐、负重远行等，使肛门部血脉瘀滞所致。

（3）肛痈：肛门周围局部红肿疼痛，甚至重坠刺痛，破溃流脓者，为肛痈，多由湿热下注，或外感热毒所致。

（4）肛瘘：直肠或肛管与周围皮肤相通所形成的瘘管，称肛瘘，多因肛痈或痔疮溃后，久不收口所致。

（5）脱肛：脱肛指直肠黏膜或直肠自肛门脱出，伴肛门松弛，常因排便、咳嗽、用力而脱出。轻者便时脱出，便后缩回；重者脱出后不能自回，须用手慢慢还纳，多因脾虚中气下陷所致，常见于老人及产妇；也常见于久泻、久咳和习惯性便秘者。

（六）望皮肤

皮肤为一身之表，内合于肺，卫气循行其间，有保护机体的作用，脏腑气血亦通过经络而外荣于皮肤。感受外邪或内脏有病，均可引起皮肤发生异常改变而反映于外。因此，望皮肤除了可诊察皮肤局部病症外，亦可测知内脏病变和气血津液盛衰，以判断疾病的轻重和预后。

正常人皮肤润泽、柔韧光滑，是脏腑精气旺盛，气血津液充沛的表现。望皮肤应注意观察皮肤色泽、形态变化及皮肤特有的病证，如斑疹、水疱、疮疡、痤疮等。

1. 色泽异常

（1）皮肤发赤：皮肤突然色红成片，如染脂涂丹，边缘清楚，灼热肿胀者，为丹毒。因发病部位不同而有不同名称。发于头面者，为抱头火丹；发于腰部者，为缠腰火丹；发于小腿足部者为流火；发于全身，初起有如红色云片，往往游行不定，或浮肿作痛者，为赤游丹毒。通常发于肢体上部多由风热化火所致；发于下部者多由湿热下注而成，也有因外伤染毒所致者。

（2）皮肤发黄：皮肤、面目、爪甲皆黄者，为黄疸。其黄色鲜明如橘皮色者，属阳黄，多因湿热蕴蒸，肝失疏泄，胆汁外溢肌肤所致；黄色晦暗如烟熏色者，属阴黄，多由寒湿阻遏，肝失疏泄，胆汁外溢肌肤所致。

（3）皮肤发黑：皮肤黄中显黑，所谓"身尽黄，额上黑"，称为黑疸，多由劳损伤肾所致。若皮肤发黑而晦暗，可由肾阳虚衰，失于温运所致。

（4）皮肤白斑：局部皮肤明显变白，斑片大小不等，边界清楚，进展缓慢，称为白驳风或白癜风，多因风湿侵袭，气血失和，血不荣肤所致。

2. 形态异常

（1）皮肤干枯：皮肤干枯无华，甚至皲裂、脱屑，多因阴津耗伤，或营血亏虚，肌肤失养所致。

（2）肌肤甲错：皮肤干燥粗糙，状若鱼鳞，为肌肤甲错，多因血瘀日久，肌肤失养所致。

（3）肌肤水肿：周身肌肤浮肿，按之凹陷者，为水肿。水肿有阳水与阴水之分：阳水发病较急，眼睑颜面先肿，继则遍及全身，腰以上肿甚，多由外感风邪，肺失宣降所致；阴水起病缓慢，下肢先肿，继则波及全身，腰以下肿甚，多由脾肾阳衰，水湿泛溢所致。

3. 皮肤病症

（1）斑疹：斑、疹均为全身性疾病表现于皮肤的症状，两者虽可互见并称，但实质有别。

1）斑：指皮肤出现的深红、紫红或青紫色斑块，点大成片，平铺于皮肤，抚之不碍手，压之不褪色。斑有阳斑和阴斑之分。

色深红或紫红，形似锦纹或云片，兼身热、面赤、脉数等症者，为阳斑。多因外感温热邪毒，内迫营血所致。其中，凡发斑稀少，色红、身热，先从胸腹出现，然后延及四肢，同时热退神清者，为顺证，是正气未衰而驱邪外出，为病轻；若斑发稠密，色深红或紫黑，斑先发于四肢，后延及胸腹，伴有壮热神昏者，为逆证，是正不胜邪，邪毒内陷之危重证。

阴斑色淡红、淡青或淡紫，斑点大小不一，隐隐稀少，发无定处，出没无常，但头面、背部不见，兼见面白、神疲、脉虚、肢凉等症者，为阴斑，多由脾气虚衰，血失统摄，血不循经，外溢肌肤所致。

2）疹：指皮肤出现形如粟粒状疹点，色红或紫，高出皮肤，抚之碍手，压之褪色，常见的有麻疹、风疹、瘾疹等。

①麻疹：为儿童常见的一种急性传染病，多因感受时邪疫毒所致。表现为出疹前先有发热恶寒、咳嗽喷嚏、鼻流清涕、眼泪汪汪、耳根冰冷，或耳后有红丝出现。发热三四日，疹点出现于皮肤，从头面到胸腹四肢，色如桃红，形如麻粒，尖而稀疏，抚之触手，逐渐稠密。若发热，身有微汗，疹出透彻，色泽红润，依出疹的先后逐渐回隐，身热渐退者为顺证。若壮热无汗，疹点不能透发，色淡红而暗，为风寒外闭；色赤紫暗滞，甚至压之不褪色，壮热喘咳，为邪毒攻肺；伴灼热肢厥，神昏谵语，为邪毒内陷心包；疹色暗淡不红，或色白，为正气虚陷；疹点突然隐没，神昏喘息，是疹毒内陷，此均为逆证。

②风疹：疹色淡红，形细小稀疏，瘙痒不已，时发时止，身有微热或无热，多为感受风热时邪所致。

③瘾疹：皮肤出现淡红色或苍白色丘疹，大小不等、形状各异，瘙痒，搔之融合成片，高出皮肤，出没迅速，发无定处，时隐时现，故名瘾疹，为外感风邪或过敏所致。

（2）水疱：水疱指皮肤上出现成簇或散在性小水疱，有水痘、白痦、热气疮、缠腰火丹、湿疹痱子等。

1）水痘：指小儿皮肤出现粉红色斑丘疹，很快变成椭圆形小水疱，晶莹明亮，顶满无脐，浆液稀薄，皮薄易破，分批出现，大小不等，愈后不留痘痕。多因外感时邪，内蕴湿热所致，属儿科常见传染病。

2）白㾦：皮肤出现白色小疱疹，晶莹如粟，高出皮肤，擦破流水，又称白疹，多发于颈胸部，四肢偶见，面部不发，消失时有皮屑脱落，常兼有身热不扬、胸脘痞闷不舒等症。若分布稀疏，水疱晶莹明亮，饱满分明，称晶㾦，为津气尚充足，是顺证；若色枯白，干瘪无浆者，称枯㾦，为津气已亏，气阴两伤，邪毒内陷，是逆证。多因外感湿热，郁于肌表，汗出不彻所致，多见于湿温病。

3）热气疮：是针头至绿豆大小簇集成群的水疱，有痒感或烧灼感，好发于口角唇缘、或眼睑、外阴、包皮等处，常见于高热病人，正常人亦可发生，多因外感风温热毒，阻于肺胃二经，湿热蕴蒸皮肤所致；或因肝经湿热下注，阻于阴部而成。

4）缠腰火丹：多发于腰腹部或胸胁部，皮肤焮红成片，出现绿豆至黄豆大小成簇水疱，带状分布，灼热刺痛，多因外感火毒，或肝经湿热，熏蒸皮肤所致。

5）湿疹：又称浸淫疮。皮肤初起红斑，瘙痒，迅速肿胀，形成丘疹、水疱，破后渗液，出现红色湿润之糜烂面，以后干燥结痂，痂脱后留有痕迹，日久可自行消退。此症多因风、湿、热邪蕴结，郁于肌肤，或病久耗血，致血虚化燥生风，肌肤失养而成。

6）痱子：是发生于皮肤的密集尖状红色小粒，瘙痒刺痛，后干燥成细小鳞屑，多发于夏季，小儿及肥胖之人多见，好发于多汗部位，由湿热之邪郁于肌肤而发。

（3）疮疡：疮疡指各种发于皮肉筋骨之间的疮疡类外科疾患，主要有痈、疽、疔、疖等。望疮疡应注意其形色特点，并结合其他兼症，以辨别其阴阳寒热虚实。

1）痈：患部红肿高大，根盘紧束，伴焮热疼痛，属阳证，具有未脓易消、已脓易溃、脓液黏稠、疮口易敛的特点，多因湿热火毒蕴结，气血壅滞，热盛肉腐而成痈。

2）疽：分为无头疽和有头疽两种。若患部漫肿无头，皮色晦暗或不变，不热少痛，局部麻木者，称为无头疽，属阴证，多为气血亏虚，阴寒凝滞而发。其特点是未脓难消，已脓难溃，脓汁稀薄，疮口难敛。若患部初起有粟粒样脓头，相继增多，局部焮热红肿胀痛，称为有头疽，属阳证，多为外感热邪火毒、内有脏腑蕴毒，凝聚肌表，气血壅滞而发。其特点是易向深部及周围扩散，溃烂之后状如蜂窝。

3）疔：患部初起如粟，范围较小，根深坚硬，或麻木或痒，顶白而痛。疔毒较一般疮疖为重，若患处起红线一条，由远端向近端蔓延，称红丝疔或疔毒走黄，是火热毒邪流窜经脉，有内攻内陷之势。疔毒多由外感风热或内生火毒而发。特点是邪毒深重，易于扩散，多发于颜面和手足。

4）疖：患部浅表，形小而圆，红肿热痛不甚，容易化脓，脓溃即愈，因外感热毒，或湿热内蕴，气血壅滞所致。特点是部位表浅，症状轻微。

（4）痤疮：痤疮指颜面、胸、背等处生丘疹如刺，可挤出白色碎米样粉汁者，又称粉刺、青春痘及暗疮等，多因肺经风热阻于肌肤；或湿热内蕴，熏蒸于面；或青春阳盛，邪热相搏，郁阻肌肤所致。

三、问题分析

本病应诊为瘿瘤；病人双眼外突，颈前右侧结喉处有一肿块并随吞咽上下移动，符合瘿瘤的表现特征，此因痰气互结而成。

第三节 望排出物

本节内容主要介绍排出物望诊的内容,要求熟悉痰、涎、涕、唾、呕吐物、二便等分泌物、排泄物的望诊要点及临床意义。

一、问题思考

张某,男,20岁,学生。2010年6月12日初诊:病人体质素盛,6月10日下午洗浴后淋雨,当晚即开始出现鼻塞,流清涕。次日又现咳嗽,痰多清稀,恶寒发热,未予重视。今体温高至39.2℃,咳嗽加剧,痰黄黏稠,鼻流浊涕,小便短赤,大便秘结。舌红苔黄腻,脉滑数。

本病中病人出现了痰和涕怎样的改变?痰和涕的变化提示了什么临床意义?

二、主要内容

望排出物是观察病人的分泌物、排泄物和某些排出体外的病理产物的形、色、质、量的变化以诊断病情的方法。

分泌物主要是指人体官窍所分泌的液体,具有濡润官窍等作用,如泪、涕、唾、涎等;排泄物是人体排出的代谢废物,如大便、小便等;此外,还有某些病变时所产生的其他病理产物,如痰、呕吐物、脓血等,亦属排出物的范畴。各种排出物的产生、形成均与脏腑的功能密切相关,当脏腑发生病变时,可引起排出物发生形、色、质、量的异常改变。故通过观察排出物的异常变化,可了解有关脏腑的盛衰和邪气的性质。

排出物望诊总的规律是:凡色淡或白、质稀者,多属虚证、寒证;色深或黄、稠浊者,多属实证、热证。

(一)痰、涎、涕、唾

1. 痰

痰是由肺和气道排出的黏液,是体内水液代谢失常所形成的病理产物,其浊稠的为痰,清稀的为饮。痰的产生主要是肺脾肾功能失调所致。

观察痰的色、质、量,可以判断肺脾肾的病变和病邪的性质。

痰白质清稀者,多属寒痰,因寒邪阻肺,津凝不化,聚而为痰,或脾阳不足,湿聚为痰,上犯于肺所致。

痰黄质黏稠,甚则结块者,多属热痰,因邪热犯肺,煎津为痰,痰聚于肺所致。

痰少而质黏,难于咳出者,多属燥痰,因燥邪犯肺,耗伤肺津,或肺阴虚津亏,肺失濡润所致。

痰清稀而多泡沫,多属风痰,因风邪袭肺所致;痰白质滑量多,易于咳出者,多属湿痰,因脾失健运,水湿内停,聚而为痰所致。

痰中带血,色鲜红者,为咯血,常见于肺痨、肺癌等肺脏疾病,多因肺阴亏虚和肝火犯肺,火热灼伤肺络,或痰热、邪毒壅阻肺络受损所致。

咳吐脓血痰，味腥臭者，属肺痈，是热毒蕴肺，肉腐成脓所致。

2. 涕

涕是鼻腔分泌的黏液，涕为肺之液。流涕多因六淫侵袭、肺失宣肃，或热邪熏蒸、气血腐败成涕，或气虚阳亏、津液失固所致，可见于多种鼻腔、鼻窦疾病。

新病流涕多属外感表证，鼻塞流清涕，是外感风寒；鼻塞流浊涕，是外感风热。

反复阵发性清涕量多如注，伴鼻痒、喷嚏频作者，多属鼻鼽，是肺气虚，卫表不固，风寒乘虚侵袭所致。

久流浊涕，质稠、量多、气腥臭者，多为鼻渊，是湿热蕴阻所致。

3. 涎、唾

涎、唾是口腔中的黏液与唾液，其中清稀水样的为涎，黏稠泡沫状的为唾。涎为脾之液，由口腔分泌，具有濡润口腔、协助进食和促进消化的作用。望涎主要诊察脾与胃的病变。唾为肾之液，亦与胃有关。

口流清涎量多者，多属脾胃虚寒，因脾胃阳虚，气不化津所致。

口中时吐黏涎者，多属脾胃湿热，为湿热困阻中焦，脾失运化，湿浊上泛所致。

小儿口角流涎，涎渍颐下，名曰滞颐，多由脾虚湿盛或胃热虫积所致。

睡中流涎者，多为胃中有热或宿食内停、痰热内蕴。

时时吐唾，多见于胃中虚冷，肾阳不足，所致水液上泛；胃有宿食，或湿邪留滞，唾液随胃气上逆而溢于口，也见多唾。

（二）呕吐物

呕吐是胃气上逆所致，外感内伤皆可引起。呕吐物有多种多样，有食物、有清水或痰涎，亦可能混有脓、血等。通过观察其形、色、质、量的变化，有助于了解呕吐的原因和病性的寒热虚实。

呕吐物清稀无酸臭，多属寒呕，因脾胃阳虚，腐熟无力，或寒邪犯胃，损伤胃阳，水饮内停，致胃失和降所致。

呕吐物秽浊有酸臭味，多属热呕，多因邪热犯胃，胃失和降所致。

呕吐清水痰涎，胃有振水声，口干不饮者，为痰饮，因脾失健运，水饮内停，胃失和降所致。

呕吐物酸腐夹杂不消化食物，多属伤食，因暴饮暴食，食积不化，久则腐败，致胃气上逆所致。

呕吐黄绿苦水，多属肝胆湿热，热迫胆汁上溢，胃失和降引起。

吐血色暗红或紫暗有块，夹有食物残渣者，属胃有积热，或肝火犯胃，或胃腑血瘀所致。

（三）望二便

1. 大便

望大便，主要是观察大便的形状、颜色及便质、便量等的变化。正常大便的排泄与脾、胃、肠密切相关，同时还受肝的疏泄、肾阳的温运及肺气宣降等的影响。故通过观察大便色质的异常，可以诊察相关脏腑的功能情况，判断病性的寒热虚实。

正常大便每日一次，排便通畅，色黄不夹有未消化的食物或脓血，成形不燥，干湿适中。

大便干燥硬结，排出困难，甚至燥结如羊屎者，为热盛伤津或阴血亏虚，肠道失润所致。

大便清稀如水样，伴腹胀或冷痛者，多属寒湿泄泻，为外感寒湿，或饮食生冷以致脾失健运，清浊不分所致。

大便稀溏，完谷不化，或如鸭溏，食少乏力者，多属脾胃气虚或阳虚，运化失职，或肾阳虚衰，火不煦土所致。

大便色黄如糜，味恶臭，多属湿热泄泻，为暑湿或湿热之邪，伤及肠胃，大肠传导失职所致。

大便如脓涕，色白或红，兼见腹痛肛灼，里急后重者，为湿热痢疾，大便脓多色白者偏湿，病在气分；血多色赤者偏热，病在血分，多因湿热邪毒蕴结大肠，肠络受损所致。

大便色灰白如陶土，溏结不调，肤目发黄者，多见于黄疸，因肝胆疏泄失常，胆汁外溢所致。

大便色绿，稀软如糜，多见于婴幼儿，是消化不良所致。

大便出血，简称"便血"，多为肠络受损所致。

2. 望小便

小便的形成与排泄与津液代谢密切相关，受肺、脾、肾和膀胱功能的直接影响。通过观察小便色、质、量、次数的变化，可以了解体内津液的盈亏和相关脏腑的功能状态。正常小便为色清而呈淡黄色，无混浊和沉淀。

小便清长量多，伴形寒肢冷，多属虚寒证，因感受寒邪或肾阳虚衰，无力蒸腾津液所致，可见于久病阳虚或年高体弱之人。

小便短黄量少，多属实热证，因热盛伤津，或阴液不足，虚火蕴蓄膀胱所致，可见于热证或剧烈汗、吐、下而津亏病人。

尿色发红，一般属肉眼血尿，视其轻重可见淡红、鲜红、深褐色等，可为热迫血溢或阴虚火动，营血妄行或脾肾不固，或湿热蕴结膀胱所致。健康人过量运动后偶见血尿，无病理意义。

尿有砂石，尿赤涩痛，时时中断，为石淋，因湿热内蕴，煎熬尿中杂质，日久结为砂石所致。

小便浑浊如米泔水或滑腻如脂膏，为尿浊、膏淋，多因脾肾亏虚，固摄无力，而致清浊相混，精微下流，或下焦湿热，气化不行，清浊不分所致。

三、问题分析

本病病人在病程中出现了痰、涕的色、质、量的改变：涕初起为鼻流清涕，3日后变为浊涕；痰初起表现为痰多清稀，3日后变为痰色黄、质黏稠。

痰、涕清稀为寒，稠浊色黄为热。本病初起为寒邪束表证，因外感寒邪而发病，寒邪束表，肺卫失宣，鼻窍不利而流清涕；肺失通调而见痰多清稀。3日后变为肺热壅盛证。病人体质素盛，失于治疗，表寒未解，由表及里，从阳化热，至肺热壅盛，煎熬津液而成痰黄黏稠，鼻流浊涕，小便短赤，大便秘结。

四、小结

局部望诊和望排出物的具体内容列图如下（图2-16）：

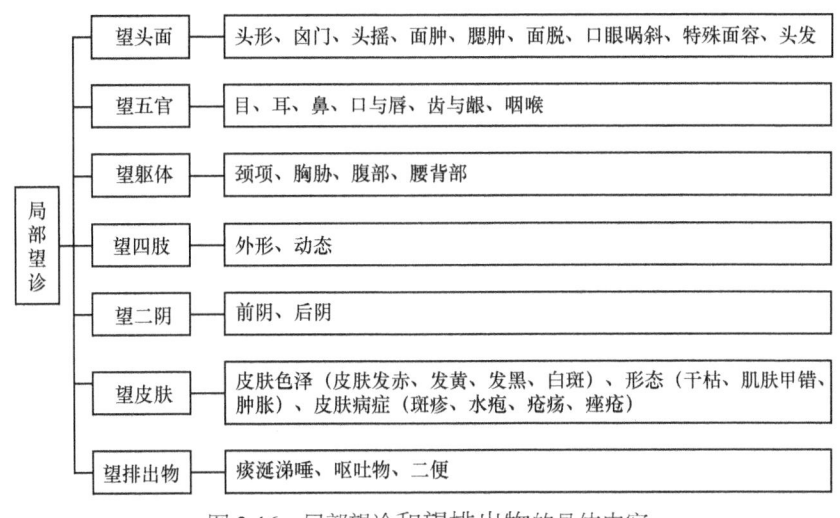

图 2-16 局部望诊和望排出物的具体内容

五、思考题

1. 小儿囟门望诊在辨证中有何意义？
2. 目的五脏分部如何？有何临床意义？
3. 口唇的正常色泽怎样？临床有哪些异常变化，各主何病？
4. 皮肤发黄如何辨证？
5. 怎样根据痰、涕的性状进行辨证？

第四节 望小儿指纹

本节内容主要介绍望小儿指纹的原理与方法，常见病理指纹的表现和临床意义。要求掌握望小儿指纹的方法；正常小儿指纹的表现；常见病理指纹的表现和临床意义。

一、问题思考

中医四诊为望闻问切，但临床给 3 岁以内的小儿切脉时，因其脉位短小，切脉不便，且小儿就诊时常哭闹不休，影响了诊脉的准确性。如何才能准确了解小儿的气血运行情况、病位的深浅、病邪的性质及病情的轻重，以弥补脉诊的不足呢？

李某，女，2 岁 4 个月。发热咳嗽 2 天。患儿 2 天前受寒后哭闹不止，发热，鼻塞，流涕黄浊，咳嗽阵作，喉有痰声，舌红苔黄腻，指纹浮露，紫红粗大，现于气关之内。

如何根据患儿的指纹特征，推论其主要病机？

二、主要内容

望小儿指纹，又称望小儿食指络脉，是指观察 3 岁以内小儿浮露于食指掌侧前缘的浅表络脉形色变化，以诊察病情的方法。

小儿指纹诊法从《灵枢·经脉》诊鱼际络脉法发展而来，始见于唐代王超的《水镜图诀》，后世医家如宋代钱乙的《小儿药证直诀》、清代陈复正的《幼幼集成》等，对此有详细的论述和发挥，使之广泛应用于儿科临床。

（一）望小儿指纹的原理和意义

小儿指纹为寸口脉的分支，与寸口脉同属手太阴肺经，在一定程度上可以反映寸口脉的变化，故望小儿指纹与诊成人寸口脉的原理及意义基本相同。3岁以内的小儿寸口脉位短小，加之诊脉时不易配合，影响诊脉的准确性。而小儿皮肤薄嫩，指纹易于观察，故以望小儿指纹弥补脉诊之不足。

（二）望小儿指纹的方法

诊察小儿指纹时，让家属抱小儿向光，医生用左手拇指和食指固定小儿食指末端，再用右手拇指的指腹，在小儿食指掌侧前缘从指尖向指根轻推几次，用力适中，使指纹显露，以便观察。

（三）正常小儿指纹

图2-17 三关示意图

小儿食指按指节分为三关，食指第一节，即掌指横纹至第二节横纹之间，为风关；第二节，即第二节横纹至第三节横纹之间，为气关；第三节，即第三节横纹至指端，为命关（图2-17）。

正常小儿指纹浅红隐隐，略带紫色，见于食指掌侧前缘掌指横纹附近，其形态多为单支，粗细适中。小儿的年龄、形体及气候等对指纹有一定影响。一般年幼儿、体瘦者指纹显露而较长，年长儿、体胖者指纹不显而略短；天热脉络扩张，指纹增粗变长；天冷脉络收缩，指纹变细缩短。因此，望小儿指纹也要注意排除相关因素的影响。

（四）病理小儿指纹

对病理小儿指纹的观察，应注意其浮沉、色泽、长短、形状等方面的变化，其要点可概括为浮沉分表里，色泽辨病性，淡滞定虚实，三关测轻重。

1. 浮沉分表里

指纹浮露浅显，为病位较浅，可见于外感表证，因外邪袭表，正气抗邪，鼓动气血趋向于表所致。指纹沉隐不显，为病位较深，可见于内伤里证，因邪气内困，阻滞气血，难以外达所致。

2. 色泽辨病性

指纹鲜红，多属外感表证，因气血趋外所致。指纹紫红，多属里热证，因热盛血壅所致。指纹色青，主疼痛、惊风，因气血不畅所致。指纹紫黑，为血络郁闭，病属重危。指纹色淡，多属脾虚、疳积，因脾胃虚弱，气血生化不足，脉络失于充养所致。

3. 淡滞定虚实

指纹浅淡而纤细，分支不显者，多属虚证、寒证，因气血不足，脉络不充所致。指纹浓滞而粗大，分支显见者，多属实证、热证，因邪正相争，气血壅滞所致。

4. 三关测轻重

指纹在食指三关出现的部位反映邪气的浅深、病情的轻重。指纹显于风关，是邪气在络，邪浅病轻；指纹达于气关，是邪气入经，邪深病重；指纹达于命关，为邪入脏腑，病情严重；指纹透过三关直达指端，称为透关射甲，提示病情凶险，预后不良。一般指纹越长，提示病情越重。

望小儿指纹对儿科病证的诊断有重要作用，但临床运用时，还需要结合其他诊法进行分析，才能正确诊断。

三、问题分析

临床给3岁以内的小儿切脉不够便捷准确，因小儿指纹为寸口脉的分支，与寸口脉同属手太阴肺经，故望小儿指纹与诊成人寸口脉的原理及意义基本相同，均为了解机体脏腑功能变化及气血运行状态的窗口；且小儿皮肤薄嫩，指纹易于观察，故中医儿科临床以望小儿指纹弥补小儿脉诊的不足，为诊断病证提供重要依据。

患儿指纹浮露，病因外感而致；其色紫红，多属热盛血壅；指纹粗大，多属实证，邪正相争，气血壅滞所致；现于气关之内，是邪气在经的特征。结合其临床表现，推论其主要病机当属外感风寒，已入里化热，邪热壅滞肺经，灼津炼液为痰。

四、小结

望小儿指纹的具体内容列图如下（图2-18）：

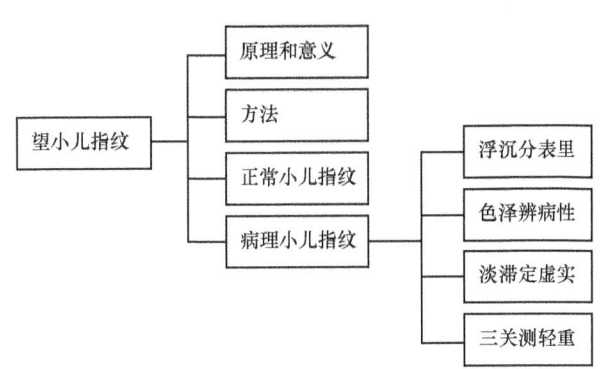

图2-18 望小儿指纹的具体内容

五、思考题

如何根据小儿指纹浮沉、色泽、形状、长短等方面的变化判断病证？

第三章 舌 诊

舌诊是指医生通过观察病人舌质和舌苔的变化来诊察疾病、辨别证候的诊断方法，是望诊的重要内容。本章内容主要介绍舌诊的原理、方法和注意事项，正常舌象的表现，异常舌象的表现及其临床意义。要求重点掌握望舌质、望舌苔等主要内容，并能识别临床常见舌象。

第一节 舌的结构及舌诊原理

本节内容主要介绍舌的结构、舌诊原理。要求掌握舌面脏腑部位划分，熟悉舌的结构，以及脏腑经络、气血津液与舌象形成的联系等。

一、问题思考

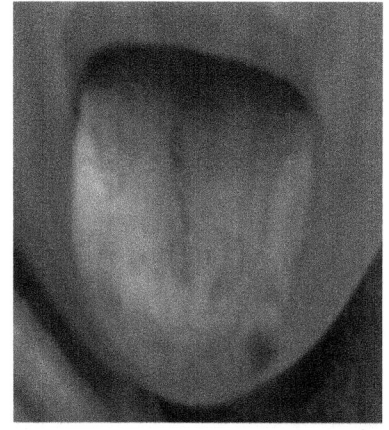

图 3-1 淡紫色舌边有小肿块

黄某，女，35 岁。右侧胁肋隐痛 2 个月余。病人于 1 年前发现左侧乳房肿物，质硬，固定不移，无明显疼痛，遂行乳房肿物切除术，诊断为乳腺癌。2 个月前自觉右侧胁肋隐痛，未治疗。现右侧胁肋隐痛，乏力，纳眠差，手足冰凉，小便调，大便干。舌淡紫，苔白，舌边有一小的深紫色肿块（图 3-1），舌下络脉如串珠状，脉细弱。西医诊断：乳腺癌肝转移。

该病人的舌象提示其脏腑病位在何处？为什么？

舌诊彩图

二、主要内容

（一）舌的结构

舌为肌肉器官，由黏膜和横纹肌组成，附着于口腔底部、下颌骨、舌骨，形状扁平而长。舌的上面称为舌面，又称舌背；舌的下面称为舌底；舌体的前部称为舌尖；舌体的中部称为舌中；舌体的后部称为舌根；舌体的两侧称为舌边。舌体的正中有一条不甚明显的纵行皱襞，称为舌正中沟（图 3-2）；当舌上卷时，可看到舌底。舌底正中线上有一条连于口腔底的皱襞，称舌系带。系带终点两侧各有一个小圆形突起，称舌下肉阜，皆有腺管开口，中医称其左侧的为金津，右侧的为玉液，是胃津、肾液上潮的孔道（图 3-3）。

舌面上覆盖着一层半透明的黏膜，舌背黏膜粗糙，形成许多突起，构成舌乳头。根据其形状的不同，舌乳头可分为丝状乳头、蕈状乳头、轮廓乳头和叶状乳头四种，前人统称为红粒和软刺。其中丝状乳头和蕈状乳头与舌象的形成有着密切的联系，轮廓乳头、叶状乳头与味觉有关。

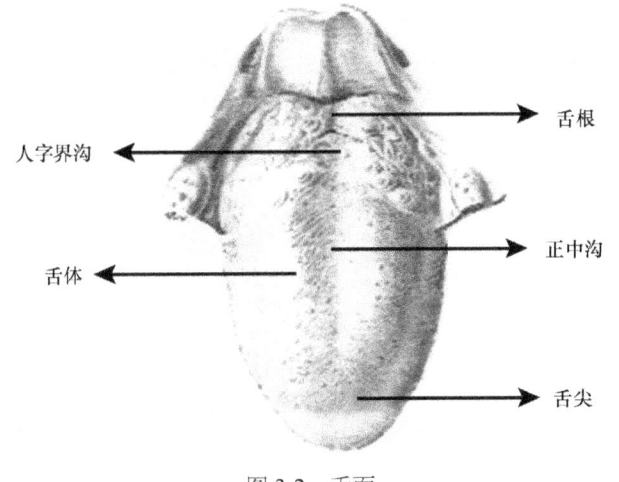

图 3-2　舌面

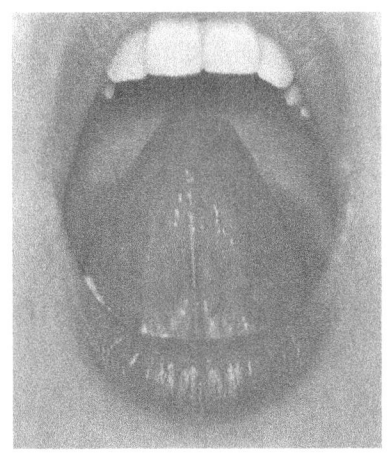

图 3-3　舌底

丝状乳头是舌面最多最小的乳头，细而长，高 0.5～2.5mm，形如圆锥状的软刺，上为复层鳞状上皮，下为固有层，其顶端多角化，呈微白色，再混以食物残渣、唾液、代谢产物、细菌等，使舌黏膜表面覆以一层白色薄苔，称舌苔。此处上皮的形状和颜色，常随机体健康状况而发生改变。当机体发生病变时，丝状乳头就会变得很长，如毛发状，食物残渣等物质嵌塞其间，就呈现出"厚苔"。再如剥苔，可见丝状乳头萎缩、角化物质减少，甚至全无。

蕈状乳头的数目较少，多见于舌尖，不规则地散在于丝状乳头之间，但它们的体积较大，高 0.5～1.5mm，乳头上部钝圆，肥大如球，根部则较细，形状如蕈故名蕈状乳头，主要分布于舌尖和舌边部，其余处较少。蕈状乳头的上皮角化物质较少，所以比较透明，透过上皮隐隐可见乳头内的毛细血管，故正常时颜色偏红，在微白色的丝状乳头之间如一个个小红点。蕈状乳头的形态及色泽改变，是舌质变化的主要因素。

轮廓乳头形状较大，直径为 1～3mm，高为 1～1.5mm，数目较少，一般有 7～9 个，呈人字形排列在舌体后缘，用力向外伸舌时可以看到。叶状乳头的数量更少，一般只有 3～6 个，呈叶片状褶折分布于舌体后部两侧的边缘。因人类的叶状乳头已逐渐退化，故其形态特征不明显。

（二）舌诊原理

1. 脏腑经络与舌象形成的联系

舌为五脏六腑之外候。舌和脏腑的关系主要是通过经络经筋的循行联系起来的。依据中医诊断"司外揣内"的基本原理，可认为舌象是窥测内脏变化的"镜子"。

舌为心之苗，亦为心之外候。《舌胎统志》说："舌为心之苗，其色当红，红不娇艳，其质当泽，泽非光滑，其象当毛，毛无芒刺，必得淡红上有薄白之胎气，方是无邪之舌。"《灵枢·经脉》篇曰："手少阴之别……循经入于心中，系舌本。"《灵枢·脉度》说："心气通于舌，心和则舌能知五味矣。"因心主血脉，而舌的脉络丰富，心血上荣于舌，故人体气血运行情况，可反映在舌质的颜色上；心主神明，舌体的运动又受心神的支配。因而舌体运动是否灵活自如，语言是否清晰，与神志密切相关。故舌与心、神的关系极为密切，可以反映心、神的病变。

舌为脾之外候。《灵枢·经脉》篇曰："脾足太阴之脉……连舌本，散舌下。舌居口中司味觉。"《灵枢·脉度》说："脾气通于口，脾和则口能知五谷矣。"故曰"脾开窍于口"。中医学认为，舌苔是由胃气蒸发谷气上承于舌面而成，与脾胃运化功能相应，如章虚谷说："脾胃为中土，邪入胃则生谷，如地上生草也。"舌体赖气血充养，所以舌象能反映气血的盛衰，而与脾主运化、化生气血的功能直接相关。

舌亦为其他脏腑之外候。肝、肺、肾的经脉和经别、经筋与舌也有直接联系。《灵枢·经脉》篇曰："肝者，筋之合也，筋者，聚于阴器（气），而脉络于舌本也""肾足少阴之脉……其直者，从肾上贯肝膈，入肺中，循喉咙，挟舌本"。膀胱、三焦、胃等六腑的经筋、经脉也与舌有直接联系，《灵枢·经筋》篇曰："足太阳之筋……其支者，别入结于舌本""手少阳之筋……其支者，当曲颊入系舌本"。《灵枢·营卫生会》篇曰："上焦出于胃上口……上至舌，下足阳明。"小肠、大肠、胆等，虽与舌无直接联系，但手足太阴相配，手足太阳相配，手足少阳相配，手足阳明相配，故小肠、胆、大肠之经气，亦可间接通于舌，所以说舌不仅是心之苗窍、脾之外候，而且是五脏六腑之外候。

2. 气血津液与舌象形成的联系

舌中血脉丰富，有赖气血的濡养和津液的滋润。心主血为五脏六腑之大主，脾藏营而为后天之本。舌为心之苗窍、脾之外候，故诸脏营血之盈亏必显于舌。舌体的形质和舌色与气血的盛衰及运行状态有关，舌苔和舌体的润燥与津液的盈亏有关。舌上之苔为胃气熏蒸水谷浊气上潮所生，诸腑气化之动静亦易显于苔。舌下有金津、玉液，为胃津肾液上潮之孔道，唾为肾液、涎为脾液，皆为津液的一部分，其生成、输布离不开脏腑功能，尤其与肾、脾胃等脏腑密切相关，所以通过观察舌体的润燥可判断体内津液的盈亏及病邪性质的寒热。

3. 舌面脏腑部位的划分

脏腑的病变反映于舌面具有一定的分布规律。对此古代医籍有不同的划分记载。其中比较观点一致的是：

以五脏划分法（图 3-4）：舌尖属心肺，舌边属肝胆，舌中属脾胃，舌根属肾。《笔花医镜》说："凡病俱鉴于舌……舌尖主心，舌中主脾胃，舌边主肝胆，舌根主肾。"再细分之，《舌鉴辨正》则谓："舌根主肾、命、大肠（应为小肠、膀胱），舌中左主胃，右主脾，舌前面中间属肺，舌尖主心、心包络，舌边左主肝，右主胆。"

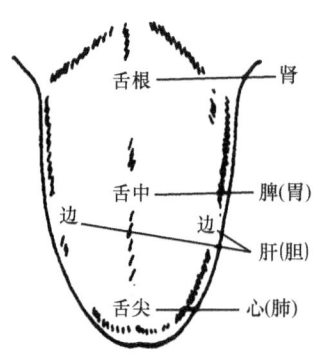

图 3-4 舌面五脏划分法

以胃部划分法（图 3-5）：舌尖属上脘，舌中属中脘，舌根属下脘，侧重于胃病的诊断。

以三焦划分法（图 3-6）：舌尖属上焦心肺，舌中属中焦脾胃，舌根属下焦肝肾，侧重于温热病的诊断。

以上三种方法诊断的侧重点虽不同，但均是历代医家临床经验的总结。

三、问题分析

该病人以右侧胁肋隐痛 2 个月余为主诉就诊，其舌象为舌淡紫，苔白，舌边有一小的深紫色肿块，舌下络脉如串珠状。

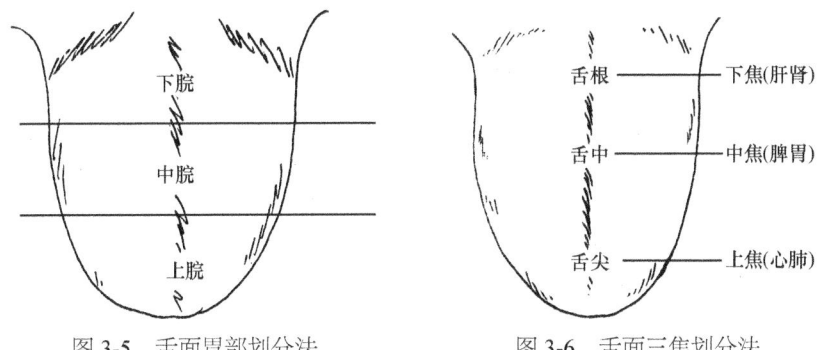

图 3-5 舌面胃部划分法　　图 3-6 舌面三焦划分法

具体分析如下：病人乳腺癌术后，右侧胁肋隐痛，乏力，纳眠差，手足冰凉，舌质淡紫，苔白，舌下络脉如串珠状，提示这例乳腺病病人与寒瘀有关。值得提及的是：舌边有一小的深紫色肿块，根据舌面脏腑部位的划分可知，舌尖主要反映上焦心肺的病变；舌中多反映中焦脾胃的病变；舌根多反映下焦肾的病变；舌两侧多反映肝胆的病变。舌边有一小的深紫色肿块，说明肝胆有病变，西医诊断证实为乳腺癌肝转移。中医诊断司外揣内的思想在此体现，舌面脏腑部位的划分对临床有一定指导意义。

四、小结

舌的结构及舌诊原理的具体内容列图如下（图 3-7）：

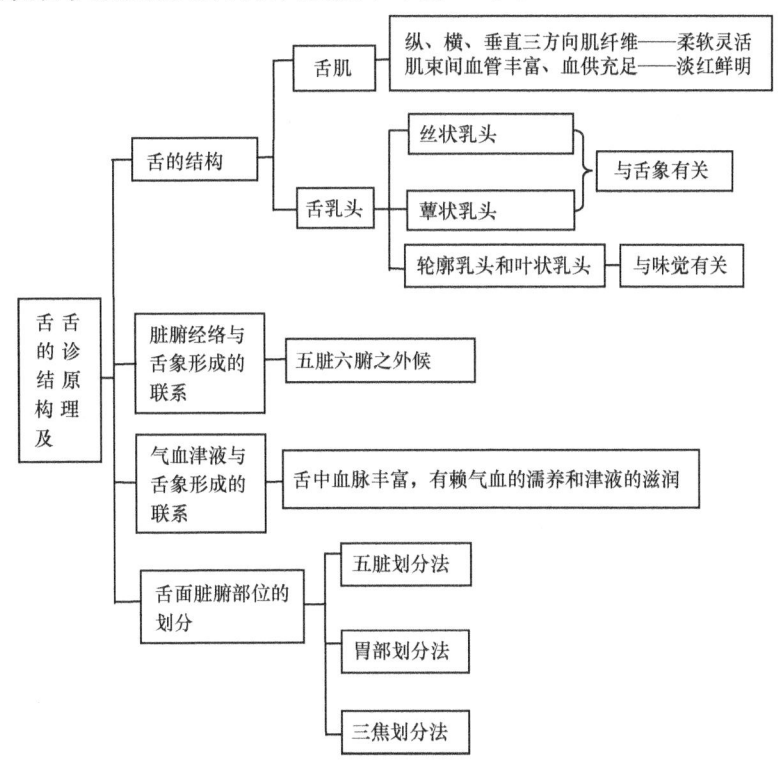

图 3-7 舌的结构及舌诊原理

第三章　舌　诊 | 045

第二节　舌诊方法和注意事项

本节内容主要介绍望舌体位和伸舌姿势、望舌的操作方法和诊舌的注意事项，要求掌握舌诊的方法，同时熟悉舌诊的注意事项。

一、问题思考

张某，女，35岁。腹泻反复发作10年，加重半年。病人于10年前，因过食生冷，腹泻，日4～5次，足踝水肿，诊断为"慢性腹泻"。经住院治疗后缓解出院。此后多次发作。近半年来，经常出现下肢浮肿，近3个月来，腹泻日5～6次，时有五更泄泻，足踝水肿加重，并感少气懒言，纳差腹胀，腰膝酸软，畏寒肢冷，舌色淡白，舌质胖大有齿痕，黄腻苔，脉沉细无力。

该病人的舌象表现与其他症状所揭示的病理本质一致吗？中医诊断的基本原理之一为司外揣内，但临床上有些舌象的表现却不能反映疾病的病理本质，为什么？

二、主要内容

（一）望舌体位和伸舌姿势

望舌时要求病人可采取坐位或仰卧位，注意以白天充足、柔和的自然光线为佳，光线要直接照射到舌面，使舌面光线明亮，便于观察。伸舌时必须自然地将舌伸出口外，尽量张口使舌体充分暴露，但应使舌体放松，舌面平展，舌尖略向下。

（二）舌诊的方法

1. 总体望舌

望舌主要是观察舌质和舌苔两个方面的变化。舌质是指舌的肌肉脉络组织，为脏腑气血之所荣。望舌质包括望舌神、舌色、舌形、舌态等方面的变化，以诊察脏腑之虚实、气血之盛衰；舌苔是指舌面上附着的一层苔状物，由胃之气阴上潮而形成。望舌苔包括望苔质和苔色两方面的改变，以测病邪的浅深、邪正的消长。《医门棒喝》说："观舌本可验其阴阳虚实，审苔垢即知其邪之寒热浅深也。"望诊时，必须全面观察舌质与舌苔，并进行综合分析，才能全面了解病情。除此之外，望舌下络脉也是舌诊中的重要内容。

2. 分区望舌

以五脏划分法、以胃部划分法、以三焦划分法望舌，依据不同情况选择其中一种方法即可。

3. 望舌步骤

望舌时，一般先看舌尖、舌中，再舌边，最后看舌根部。先看舌质，再看舌苔。如果一次望舌判断不清，令病人休息3～5分钟后，重复望舌一次。根据临床需要，还可让病人舌抵上腭，察看舌下络脉。

4. 刮舌和揩舌

刮舌和揩舌的方法可以鉴别舌苔有根无根，以及是否染苔。

刮舌的方法：可用消毒压舌板的边缘，以适中的力量，在舌面上由后向前刮3~5次。

揩舌的方法：可用消毒纱布裹于食指上，蘸少许生理盐水在舌面上揩抹数次。

（三）舌诊的注意事项

1. 伸舌方式不当对舌象的影响

如伸舌过分用力，舌体紧张、蜷曲会引起舌形或舌态异常，或伸舌时间过长等都会影响舌的气血流行而引起舌色改变。

2. 光线对舌象的影响

如光线过暗，可使舌色黯滞；日光灯下，舌色多偏紫；周围有色物体的反射光，也会使舌色发生相应的改变。

3. 饮食和某些药物对舌象的影响

如进食后由于口腔咀嚼的摩擦、自洁作用而使舌苔由厚变薄；多喝水可使舌苔由燥变润；刚进辛热食物，舌色偏红；多吃糖果、甜腻食品，口味酸腻，舌苔变厚；服用大量镇静剂后，舌苔厚腻；长期服用某些抗生素，可产生黑腻苔或霉腐苔。饮服某些食物或药物，可以使舌苔着色，称为染苔（图3-8）。如饮用牛乳、豆浆等可使舌苔变白、变厚；蛋黄、橘子、维生素B_2等可将舌苔染成黄色；各种黑褐色食品、药品，或吃橄榄、酸梅，长期吸烟等可使舌苔染成灰色、黑色。染苔可在短时间内自然褪去，或经揩舌除去，多不均匀地附着于舌面，与病情亦不相符。

4. 口腔对舌象的影响

牙齿残缺，可造成同侧舌苔偏厚；镶牙可以使舌边留下齿印。

5. 年龄对舌象的影响

如儿童阴阳稚弱，脾胃功能尚弱，生长发育很快等，往往处于代谢旺盛而营养相对不足的状态，所以舌质多淡嫩而舌苔少；老年人精气渐衰，脏腑功能减退，气血运行迟缓，舌色较暗红或带紫暗色，但无明显的病变，故属生理性变异。

6. 体质、禀赋因素对舌象的影响

先天性裂纹舌（图3-9）、先天性齿痕舌、先天性剥落苔（地图舌）、先天性舌系带过短等，多见于禀赋不足，体质较弱者，亦均属生理性变异。

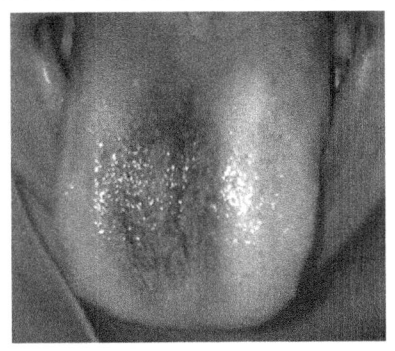

图3-8　染苔

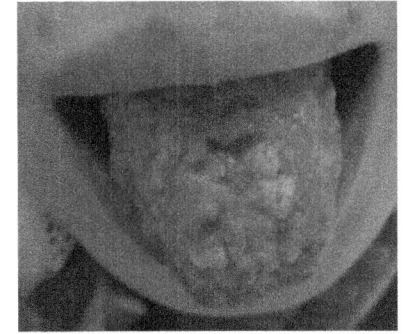

图3-9　先天性裂纹舌

7. 性别因素对舌象的影响

如女性因生理特点，在月经期可以出现蕈状乳头充血而舌质偏红，或舌尖边部有明显的

红刺,月经过后可以恢复正常。

8. 气候因素对舌象的影响

夏季暑湿盛,苔厚色淡黄;秋季燥气当令,苔多偏薄偏干。

三、问题分析

该病人以腹泻反复发作 10 年,加重半年为主诉就诊,其舌象为舌色淡白,舌质胖大有齿痕,黄腻苔。

经过询问,发现病人就诊前食用过一些橘子;仔细望舌,发现舌苔上的黄色不均匀地附着于舌面,经揩舌检查,发现舌苔的黄色可以除去,证明这是一例染苔,因此与病情亦不相符。上面的案例可以诊断为:腹泻——脾肾阳虚,水湿不化。真实的舌象是白滑腻苔。

病人阳气虚衰,运血无力,不能上荣于舌,故舌色淡白;阳虚不能温化水湿,水湿停滞,则舌质胖大有齿痕;阳虚寒盛,则苔白腻;寒湿水泛,则苔水滑。脉沉细无力,为内有虚寒之象。少气懒言,食少腹胀,便溏,为脾失运化之象;五更泄泻,腰膝酸软,畏寒肢冷,为命门火衰,肾失温煦之象;水肿,为阳虚水停之象。

四、小结

舌诊方法和注意事项的具体内容列图如下(图 3-10):

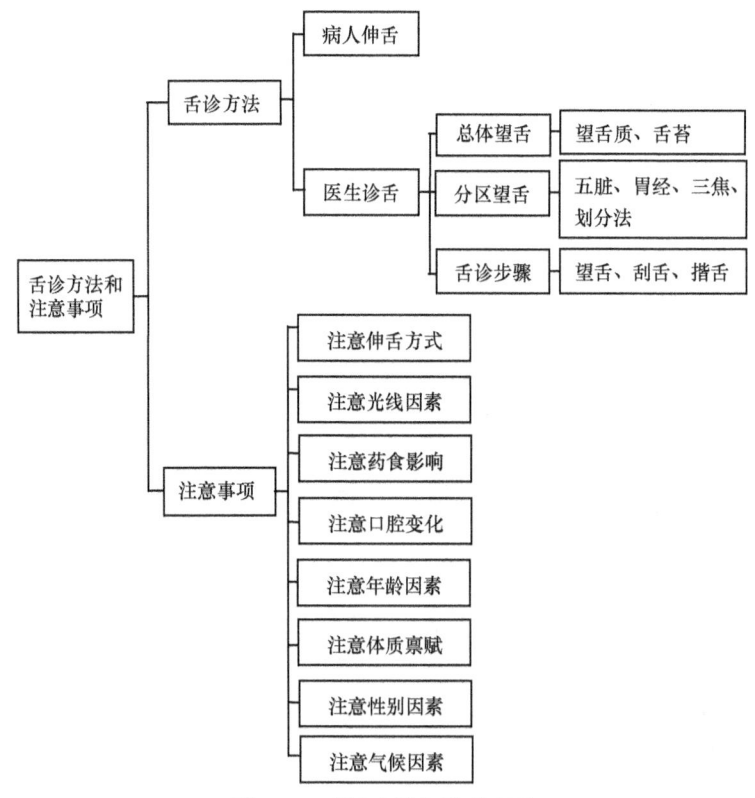

图 3-10 舌诊方法和注意事项

第三节 正常舌象和舌诊内容

本节内容主要介绍正常舌象和舌诊的基本内容。要求掌握正常舌象的主要特征和望舌质、望舌苔的主要内容。

一、问题思考

李某,女,37岁。间断性胃痛3年,加重3天。病人自诉间断性胃痛3年,每因心情不畅时加重,3天前因家事争吵后胃痛明显。现症:胃痛、嗳气、纳差、眠差、大小便均可。舌质淡红,苔薄白,舌下络脉正常,脉弦。

对于该病例医生主要观察了病人的哪些舌象内容?对辨证有何作用?

二、主要内容

(一)正常舌象

正常舌象的主要特征是:舌体柔软灵活,舌色淡红明润,舌苔薄白均匀,苔质干湿适中,简称"淡红舌,薄白苔"(图3-11)。

正常舌象的形成与脏腑气血、经络密切相关。如《舌胎统志》说:"舌为心之苗,其色当红,红不娇艳,其质当泽,泽非光滑,其象当毛,毛无芒刺,必得淡红上有薄白之胎气,方是无邪之舌。"又说:"舌色淡红,平人之常候……红者心之气,淡者胃之气。"《舌鉴总论》说:"舌乃心苗,心属火,其色赤,心居肺内,肺属金,其色白,故当舌地淡红,舌苔微白,红必红润内充,白必苔微不厚,或略厚有花。然皆干湿适中,不滑不燥,斯为无病之舌,乃火藏金内之象。"

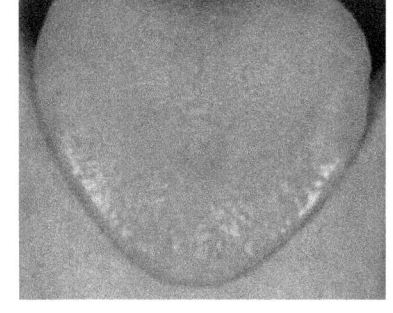

图3-11 正常舌

《伤寒论本旨·辨舌苔》说:"舌苔由胃中生气所现,而胃气由心脾发生,故无病之人常有薄苔。是胃中之生气,如地上之微草也。"《辨舌指南·辨舌质生苔之原理》说:"舌之苔,胃蒸脾湿上潮而生。"正常舌象说明胃气旺盛,气血津液充盈,脏腑功能正常。

临床中,舌象可受内外环境影响,产生生理性变异(具体详见上节舌诊的注意事项中各种因素对舌象的影响),如先天性裂纹舌、先天性齿痕舌、先天性剥落苔等,均属于正常舌象的范畴。

(二)舌诊内容

舌诊主要是观察舌质和舌苔两个方面的变化。望舌质包括舌的颜色、形质和动态,以诊察脏腑虚实、气血盛衰。望舌苔包括诊察苔质和苔色两个方面的情况,以察病邪的性质、浅深、邪正的消长。望诊时,必须全面观察舌质与舌苔,并进行综合分析,才能全面了解病情。

除此之外，望舌下络脉也是舌诊中的重要内容。

三、问题分析

该病人以间断性胃痛3年，加重3天为主诉就诊。其舌象为舌质淡红，苔薄白，舌下络脉正常。

具体分析如下：医生观察了病人的舌色、舌苔及舌下络脉，判断为正常舌象。虽然胃痛3年，病程长，看似严重，但舌象提示为正常，病情实际是轻的，胃未有实质性的变化，与情绪有关，问题主要在肝，是肝气犯胃导致胃痛发生。依据中医诊断司外揣内的思想，根据舌象判断，病情轻浅。

四、小结

正常舌象和舌诊内容列图如下（图3-12）：

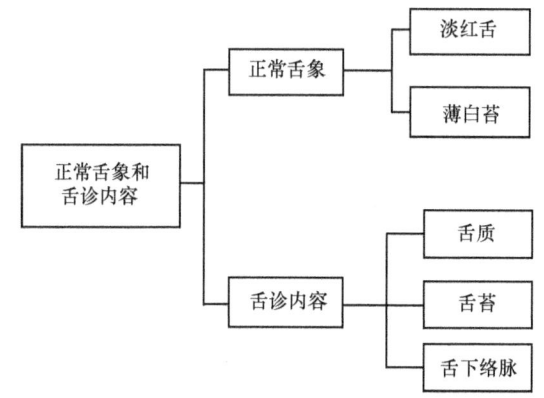

图3-12　正常舌象和舌诊内容

第四节　望舌体

本节内容主要介绍望舌质的主要内容，包括舌体的神、色、形（形质）、态（动态）和舌下络脉五个方面，要求掌握舌色、舌形、舌态的特征及临床意义，熟悉舌神和舌下络脉的特征及临床意义。

一、问题思考

石某，女，63岁。胸闷、胸痛、上腹痞满2个月余。现症：时常胸闷、胸痛，动则加重，上腹痞满不舒，嗳气，时觉烦躁易怒，舌质暗红，苔白腻，脉沉弦。心电图检查提示：①窦性心律；②下壁ST-T段呈缺血性改变。

该病人以胸闷、胸痛、上腹痞满为主诉，西医诊断提示心脏有病变，其舌质暗红有何临床意义?与心病有何联系?

二、主要内容

(一)舌神

望舌神指观察舌的活力或生命力,主要通过舌质的荣、枯表现出来。"荣"指舌体红活、荣润,有生气,有光彩,也称为有神(图3-13);"枯"是舌体干枯、晦暗呆滞,毫无生气,失去光泽,也称为无神(图3-14)。

临床意义:舌神是衡量机体正气盛衰的标志之一,也是估计疾病轻重和预后的依据。荣舌为舌有神气,疾病状态见荣舌往往病情轻浅,预后良好;枯舌为舌无神气,病情加重,预后凶险。《辨舌指南》云:"若舌质无光无体,不拘有苔无苔,视之里面枯晦,神气全无者,诸病皆凶。"

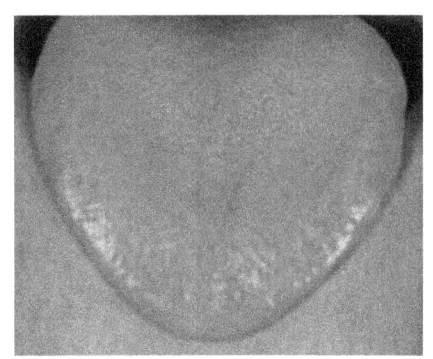 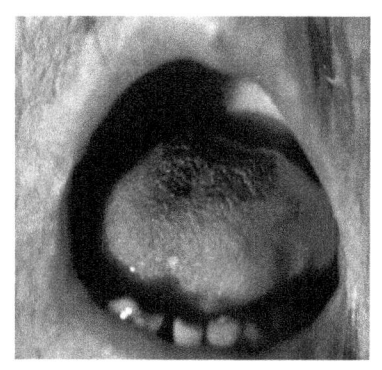

图3-13 荣舌　　　　　　　　图3-14 枯舌

形成机制:气血充盈,津液充足,上荣于舌,故为荣润红活,是脏腑功能正常的表现;津液匮乏,气血大亏,不能上荣于舌,故而晦暗呆滞,是脏腑功能衰败的表现。

(二)舌色

舌色,即舌体的颜色,一般分为淡红、淡白、红绛、青紫四大类。

1. 淡红舌(图3-15)

舌象特征　舌体颜色淡红润泽、白中透红。

临床意义　主正常或病情轻浅。

形成机制　舌色与肤色的形成原理相似,红为血之色,明润如帛为胃气之华。淡红舌主要反映气血充足,脾胃生发之气旺盛,见于正常人。疾病情况下见舌色淡红,为疾病初起,病情轻浅,尚未伤及气血及内脏。

2. 淡白舌(图3-16)

舌象特征　舌色比正常舌色浅淡,白色偏多,红色偏少,称为淡白舌。舌色淡白,全无血色者,称为枯白舌。

临床意义　主虚证(气虚、血虚或气血两虚、阳虚等)、寒证。枯白舌主脱血夺气。

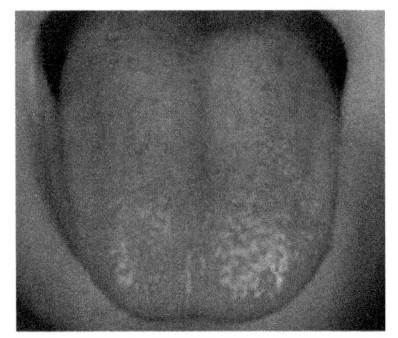
图 3-15 淡红舌

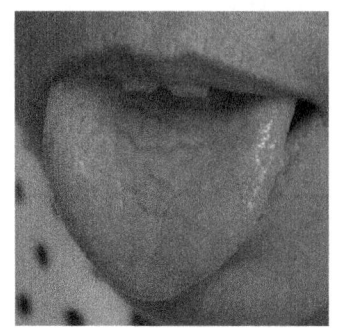
图 3-16 淡白舌

形成机制 《舌鉴辨证》指出，淡白舌是"虚寒舌之本色"。虚是指气血不足，舌部血脉不充盈；寒是指阳气不足，不能温运血液上荣于舌，阳虚则内寒，经脉收引，使舌部血行减少，故见舌淡白。舌色淡白，舌体不胖大，或小于正常，舌上亦无过多的水分，多为气血两虚。舌色淡白，舌体胖嫩，湿润多津，舌边齿印，多因阳气不足，津液输布失常，水湿内停（图3-17）。

枯白舌，在《舌胎统志》中又称为"熟白舌"，谓："白舌无气者为枯，乃其脏腑之气血不荣舌上也""白者，脏腑之极寒；枯者，阳气之败也，透明熟色，阴精已竭……"所以，气血极度耗损，或阳虚阴盛等，可形成枯白舌，多见于危重病证。

3. 红绛舌

舌象特征 舌色较正常舌色红，呈鲜红色者，称为红舌（图3-18）；较红舌更深或略带暗红色者，谓之绛舌（图3-19）。绛舌一般为红舌进一步发展所致。舌红有时只局限于舌尖、舌两边或舌边尖部。

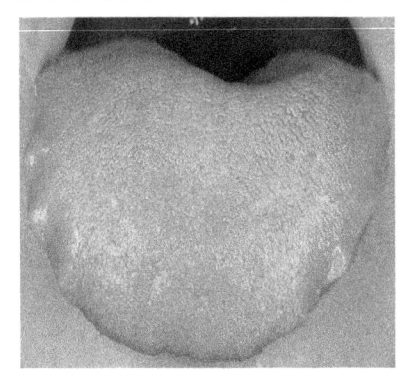
图 3-17 舌淡白胖嫩、多津

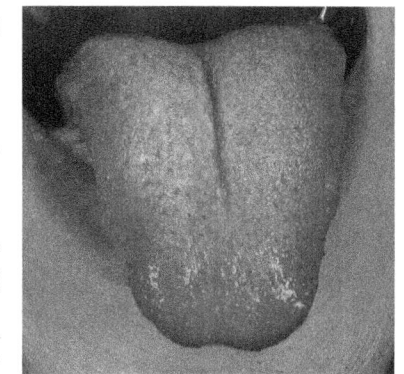
图 3-18 红舌

临床意义 主热证。

舌尖红（图3-20），多为心火上炎。舌两边红，多为肝经热盛。

舌色愈红，热势愈甚，可见于表热、里热；实热、虚热。

形成机制 红绛舌的形成主要有三方面因素：一是邪热亢盛，气血沸涌，舌部血络充盈而舌红绛；二是因热入营血，耗伤营阴，血液浓缩，血热充斥于舌而舌红绛；三是可因阴虚水涸，虚火上炎于舌络而舌红绛。

舌色稍红或仅见舌边尖稍红，多为外感表热证初起。舌色红绛而有苔者，多由外感热病热盛期，或内伤杂病，脏腑阳热偏盛所致，属实热证；舌色红绛而少苔或无苔者，多由热病后期阴液受损，或久病阴虚火旺，属虚热证。

4. 青紫舌

舌象特征 全舌呈均匀青色或紫色，或在舌色中泛现青紫斑点，均称为青紫舌（图3-21）。青紫舌可有多种表现，舌淡而泛现青紫色，则为淡青紫舌（图3-22）；红绛舌泛现青紫色，

则为紫红或绛紫舌（图3-23）；舌上局部出现青紫色斑点、斑块，大小不一，不高于舌面，称为斑点舌（图3-24）。

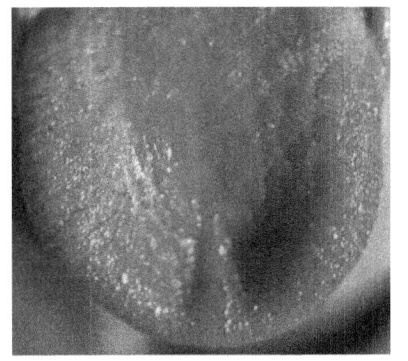

图 3-19　绛舌

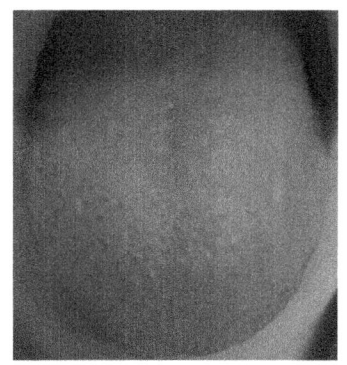

图 3-20　舌尖红

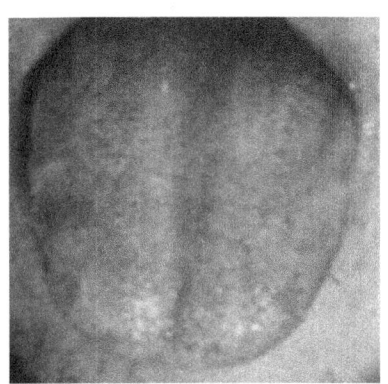

图 3-21　青紫舌

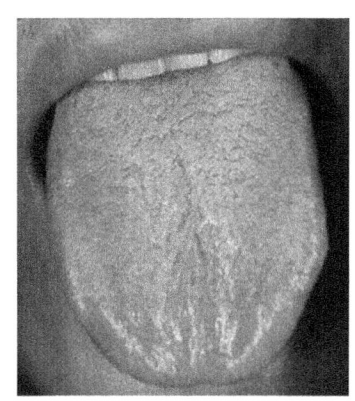

图 3-22　淡青紫舌

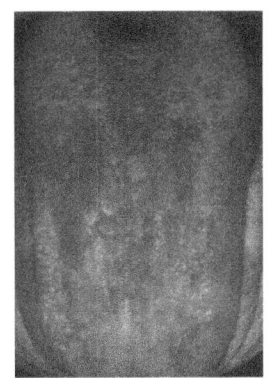

图 3-23　绛紫舌

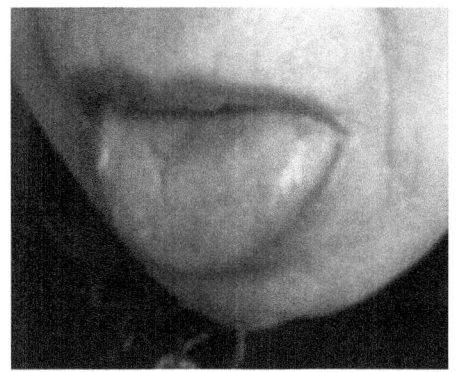

图 3-24　斑点舌

临床意义　主气血运行不畅、瘀血内停。

舌色淡紫或紫暗而湿润，多见于气虚或阳虚阴盛，气血运化不畅或阴寒内盛，阳气受遏，血行凝滞。

舌色青紫者，其病多是全身性气血瘀滞。

舌紫红或绛红，舌苔少而干，多见于热证，提示营血热盛。

舌色紫暗或舌上有斑点，多为瘀血内阻。

青紫舌还可见于某些先天性心脏病或药物、食物中毒等。

形成机制 青紫舌的形成一般见于下列情况：一是由阴寒内盛，阳气不宣，气血不畅，血脉瘀滞而致，多表现为淡青紫舌或斑点舌；二是由于热毒炽盛，深入营血，营阴受灼，气血不畅而现绛紫舌；三是由肺失宣肃，或肝失疏泄，气机不畅，或气虚无以推动血行而致血流缓慢，舌色泛现青紫或出现瘀斑。此外尚有外伤损伤血络，血液溢出而现斑点，舌色可无明显异常。

（三）舌形

舌形是指舌质的形状，包括老嫩、胖瘦、齿痕、点刺、裂纹等。

1. 老嫩舌

舌象特征 舌体坚敛不柔软，纹理粗糙或皱缩，舌色较暗者为老舌（图3-25）；舌体新鲜娇嫩，纹理细腻，舌色浅淡者为嫩舌（图3-26）。舌质老嫩是舌色和形质的综合表现。

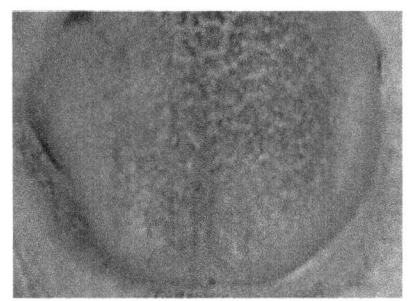

图 3-25　老舌

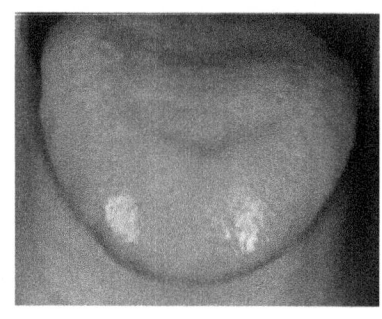

图 3-26　嫩舌

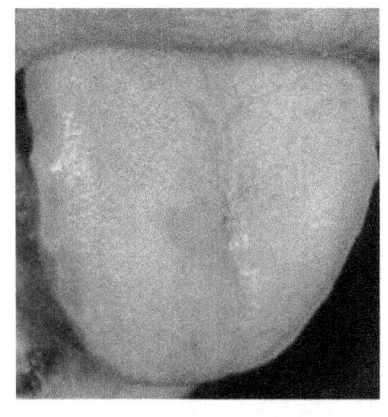

图 3-27　胖大舌

临床意义 老舌，多见于实证；嫩舌，多见于虚证。

形成机制 舌质老和嫩是辨别疾病虚实的重要标志之一。邪正交争，正气未衰或实邪亢盛，邪气充斥体内，故舌质苍老。气血不足，舌脉不充，或阳气虚衰，寒湿内生，故舌质见嫩。

2. 胖瘦舌

舌象特征 舌体比正常舌大而厚，伸舌满口，称为胖大舌（图3-27）。舌体肿大，甚则肿胀疼痛不能收缩回口中，称为肿胀舌（图3-28）。舌体比正常舌瘦小而薄，称为瘦薄舌（图3-29）。

临床意义 胖大舌多主水湿内停、痰湿热毒上泛；瘦薄舌多主气血两虚、阴虚火旺。

形成机制 舌色淡白，舌体胖大者多为脾肾阳虚，津液输布障碍，水湿之邪停聚体内所致；舌胖大而色红者多为脾胃湿热或痰热内蕴；舌肿胀色红绛，多见于心脾热盛，热毒上壅；或平素嗜酒，湿热酒毒上泛所致。此外，先天性舌血管瘤病人，可见舌局部肿胀色紫，属于血络瘀阻的局部病变。

舌体瘦薄，舌色淡白者，多为气血两虚，舌失濡养所致；舌体瘦薄，舌色红绛，舌干少苔或无苔，多为阴虚火旺，舌失濡养所致。

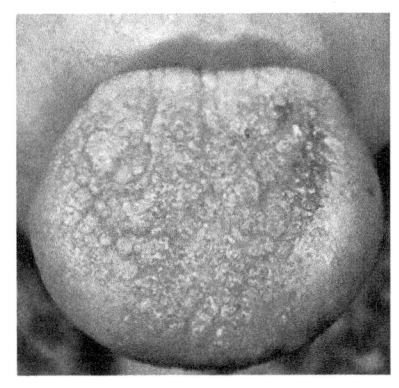
图 3-28 肿胀舌

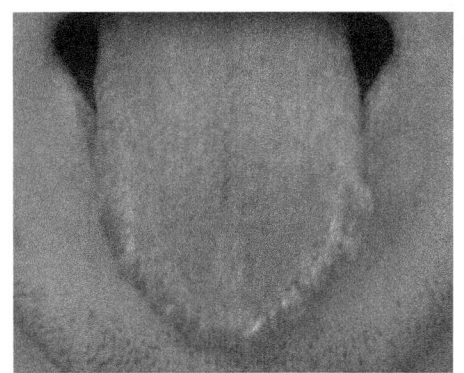
图 3-29 瘦薄舌

3. 齿痕舌

舌象特征 舌体两侧有齿痕，称为齿痕舌。胖大舌常伴有舌边齿痕，但亦有舌体不胖大而出现齿痕者，均为齿痕舌（图 3-30）。

临床意义 多主脾虚、水湿内盛证。

形成机制 齿痕舌常与胖大舌同时出现，多因舌体胖大而导致牙齿挤压舌体而致，其主病一致。齿痕伴舌体胖大、舌色淡白者，多为阳气虚弱，水湿内盛；舌体不胖而有齿痕，舌质嫩者多属脾虚。

此外，先天性齿痕舌，多见于先天禀赋不足，体质较弱者，可见于正常人，临床无辨证意义。

4. 点刺舌

舌象特征 点刺是指蕈状乳头肿胀或高突的病理特征。

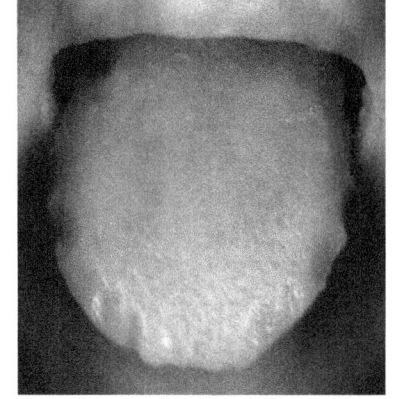
图 3-30 齿痕舌

点，是蕈状乳头体积增大，数目增多，乳头内充血水肿，大者称星，小者称点。色红者称红星舌或红点舌（图 3-31）；色白者称白星舌或白点舌；色黑者称黑星舌或黑点舌。

刺，是指蕈状乳头增大、高突，并形成尖锋，形如芒刺，抚之棘手，称为芒刺舌（图 3-32）。

临床意义 主热盛。

形成机制 因脏腑阳热亢盛或血分热盛导致蕈状乳头肿胀或高突，而形成点刺舌。舌尖生点刺，多为心火亢盛；舌中生点刺，多为胃肠热盛等。无论点或刺，其主病一致；无论点刺的颜色是红点、白点或黑点，皆主病一致，均为热盛。

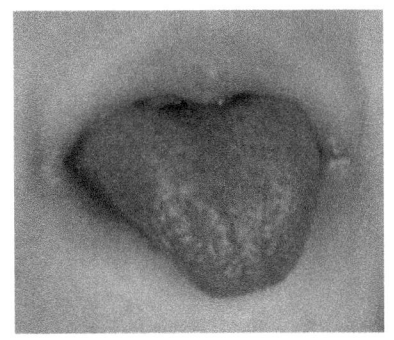
图 3-31 红点舌

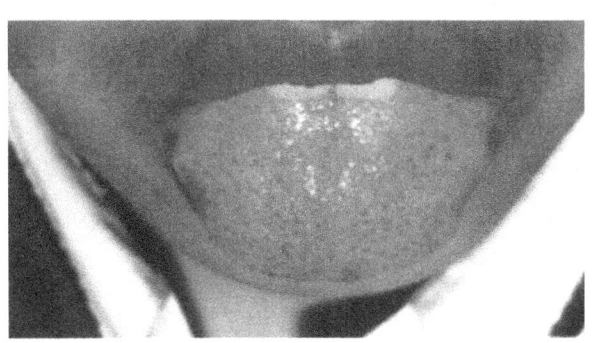
图 3-32 芒刺舌

5. 裂纹舌

舌象特征 舌面上出现各种形状的裂纹、裂沟，深浅不一，多少不等，统称为裂纹舌。裂纹或裂沟中无舌苔覆盖者，多属病理性变化；如沟裂中有舌苔覆盖，则多见于先天性裂纹舌（图3-33）。

临床意义 多主邪热内盛、阴液亏虚、血虚不润。

形成机制 裂纹舌是由邪热内盛、阴液亏虚或血虚不润，舌体失养，舌面乳头萎缩或组织皲裂所致，是全身营养不良的一种表现。舌色浅淡而有裂纹者（图3-34），是

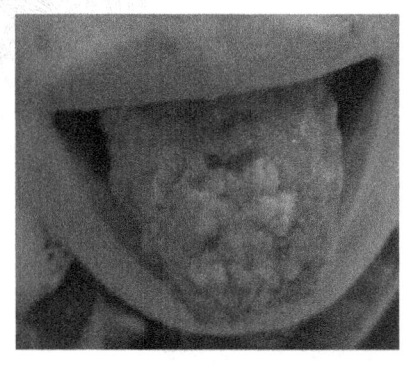

图3-33 先天性裂纹舌

血虚之候；舌色红绛而有裂纹者（图3-35），则由热盛伤津，阴津耗损所致。

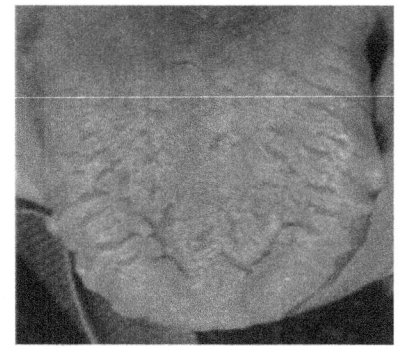

图3-34 裂纹舌、色浅淡

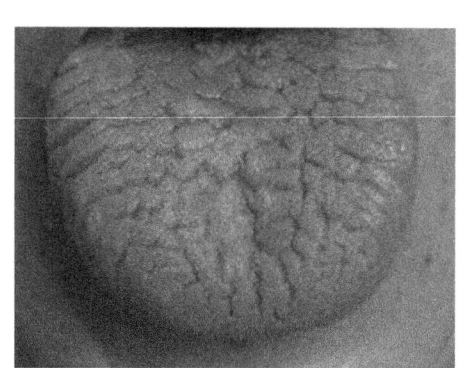

图3-35 裂纹舌、色红绛

此外，先天性裂纹舌，多见于先天禀赋不足，体质较弱者，可见于正常人，临床无辨证意义。

（四）舌态

舌态指舌的动态。舌体活动灵便，伸缩自如，为正常舌态，提示气血充盛，经脉通调、脏腑健旺。常见的病理舌态有舌体痿软、强硬、歪斜、颤动、吐弄和短缩等异常变化。

1. 痿软舌

舌象特征 舌体软弱，屈伸无力，不能随意伸缩回旋。

临床意义 主伤阴或气血两虚。

形成机制 舌痿软而红绛少苔，多见于外感热病后期，邪热伤阴，或内伤久病，阴虚火旺。舌痿软而淡白无华者，多见于气血俱虚，多因慢性久病，气血虚弱，舌体失养所致。

2. 强硬舌

舌象特征 舌体失其柔和，屈伸不利，或板硬强直，不能转动，亦称"舌强"（图3-36）。

临床意义 多主热入心包、高热伤津、或风痰阻络。

形成机制 舌强硬而色红绛，兼身热夜甚、神昏者，为热入心包；舌强硬而色红绛少津，多为热盛伤津；舌体强硬而舌苔厚腻，多因风痰阻络所致。

《备急千金要方》指出"舌强不能言，病在脏腑"，说明舌强硬一般不是局部病变，而是关系内脏的病变。

3. 歪斜舌

舌象特征 伸舌时舌体偏向一侧，称为歪斜舌（图3-37）。

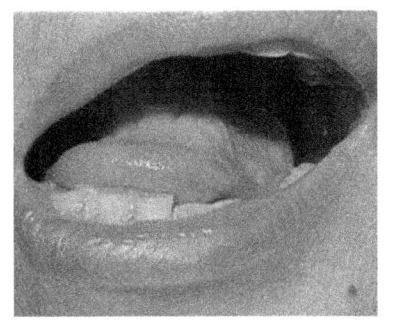
图 3-36　强硬舌

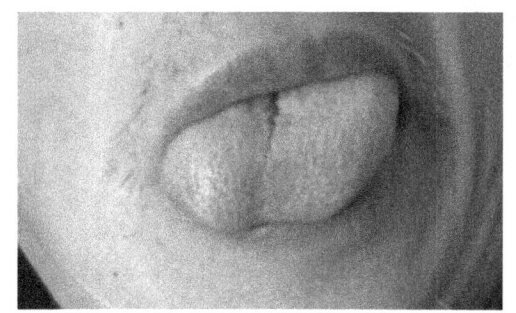
图 3-37　歪斜舌

临床意义　多见于中风或中风先兆。

形成机制　多因肝风内动，风痰阻络或痰瘀阻络，使一侧舌肌伸缩无力，导致伸舌时舌体偏斜。中风病人左侧瘫者，舌歪向右侧；右侧瘫者，舌歪向左侧。

4. 颤动舌

舌象特征　舌体不自主地颤动，动摇不宁者，称为颤动舌，亦称"舌战"。其轻者仅伸舌时颤动；重者不伸舌时亦抖颤难宁。

临床意义　主肝风内动。

形成机制　因气血虚衰、阴液亏损，舌失濡养而无力平稳伸展舌体；或热极动风、阴虚动风等，均可产生舌颤动。舌淡白而颤动者，多见于血虚动风；舌绛紫而颤动者，多见于热盛动风；舌红少苔而颤动，多见于阴虚动风。另外，酒毒内蕴，亦可见舌体颤动。

5. 吐弄舌

舌象特征　舌伸于口外，不即回缩者，称为吐舌（图3-38）；伸舌即回缩如蛇舐，或反复舐口唇四周，掉动不宁者，均称弄舌（图3-39）。

临床意义　一般指心脾有热，亦主热甚动风，或心气已绝，或痴呆。

形成机制　心开窍于舌，病情危急时见吐舌，多为心气已绝；疫毒攻心，热毒闭神，也可见吐舌。弄舌多为热甚动风的先兆；弄舌也可见于神识痴呆患儿。

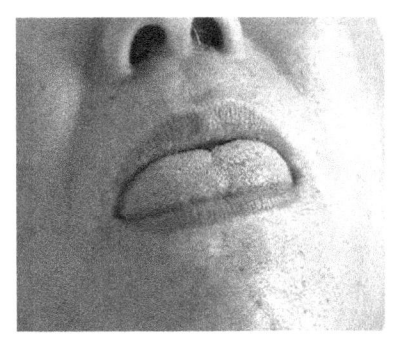
图 3-38　吐舌

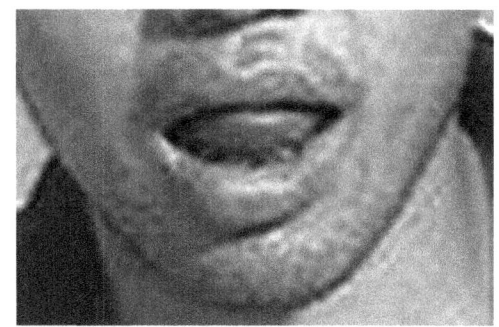
图 3-39　弄舌

6. 短缩舌

舌象特征　舌体卷缩、紧缩，不能伸长，严重者舌不抵齿（图3-40）。舌短缩常与舌痿软并见。

临床意义　多为病情危重的征象。

形成机制　舌短缩，色淡或青紫而湿润，多属气血虚衰，或寒凝筋脉。舌短缩，色红绛而干，多属热盛伤津。舌短而胖大苔腻，多属脾虚不运，痰浊内蕴，经气阻滞所致。

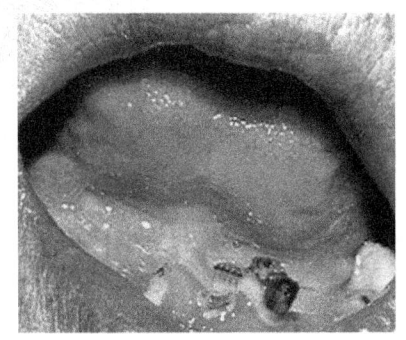

图 3-40　短缩舌

此外，先天性舌系带过短，亦可影响舌体伸出，称为绊舌，可见于正常人，临床无辨证意义。

（五）舌下络脉

舌下络脉是位于舌系带两侧纵行的舌下静脉，管径＜2.7mm，长度不超过舌下肉阜至舌尖的 2/3，颜色为淡紫色。望舌下络脉主要是观察其长度、形态、颜色、粗细、舌下小血络等变化。

舌下络脉的观察方法是：病人张口，将舌体向上颚方向翘起，舌尖轻抵上颚，舌体保持自然松弛，舌下络脉充分显露（图 3-41）。首先观察舌系带两侧的大络脉粗细、颜色，有无怒张、弯曲等改变。然后再查看周围细小络脉的颜色、形态，以及有无紫暗的珠状结节和紫色血络。

舌下络脉异常及其临床意义：舌下络脉的变化，有时会较舌色变化更为明显，因此，舌下络脉是分析气血运行情况的重要依据。舌下络脉细而短，色淡红，周围小络脉不明显，舌色和舌下黏膜色偏淡者，多属气血不足。舌下络脉粗胀，或舌下络脉呈青紫、紫红、绛紫、紫黑色，或舌下细小络脉呈暗红色或紫色网状（图 3-42），或舌下络脉曲张如紫色珠子状大小不等的瘀血结节等改变（图 3-43），都是血瘀的征象，舌下络脉与血瘀证呈正相关，可进一步结合其他症状进行分析。

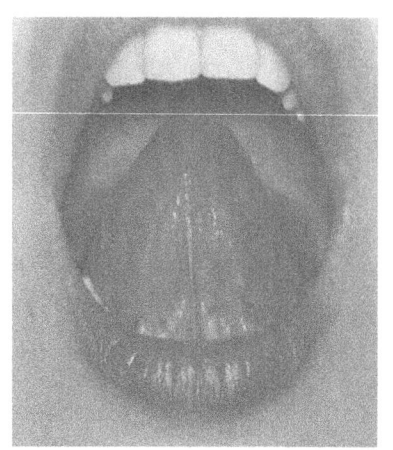

图 3-41　正常舌下络脉

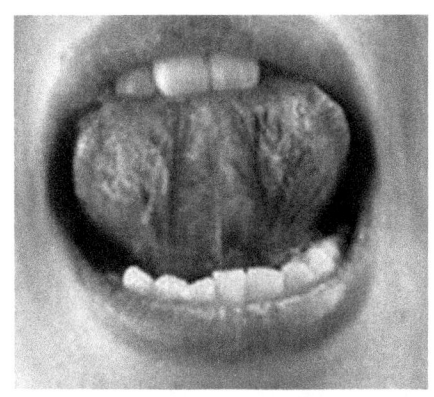

图 3-42　舌下络脉呈暗红色

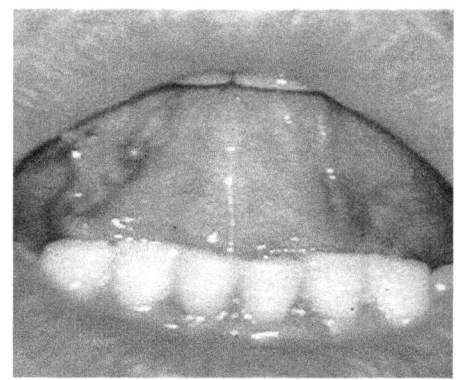

图 3-43　舌下络脉曲张

三、问题分析

该病人以胸闷、胸痛、上腹痞满 2 个月余就诊。其舌象为舌质暗红，苔白腻。

具体分析如下：病人时常胸闷、胸痛，动则加重，提示病位可能在心或肺，西医诊断提示心脏有问题，确定病位在心。舌质暗红主瘀，和心病日久有关，病人 63 岁，年事已高，心病日久形成血瘀，所以舌质暗红。舌苔白腻，提示体内有痰湿，痰浊内阻，以致上腹痞满、胃气上逆而产生嗳气。痰湿、疼痛则脉弦；脉沉提示病位在里。综上所述，中医诊断为痰瘀互结型胸痹。

四、小结

望舌体的具体内容列图如下（图 3-44）：

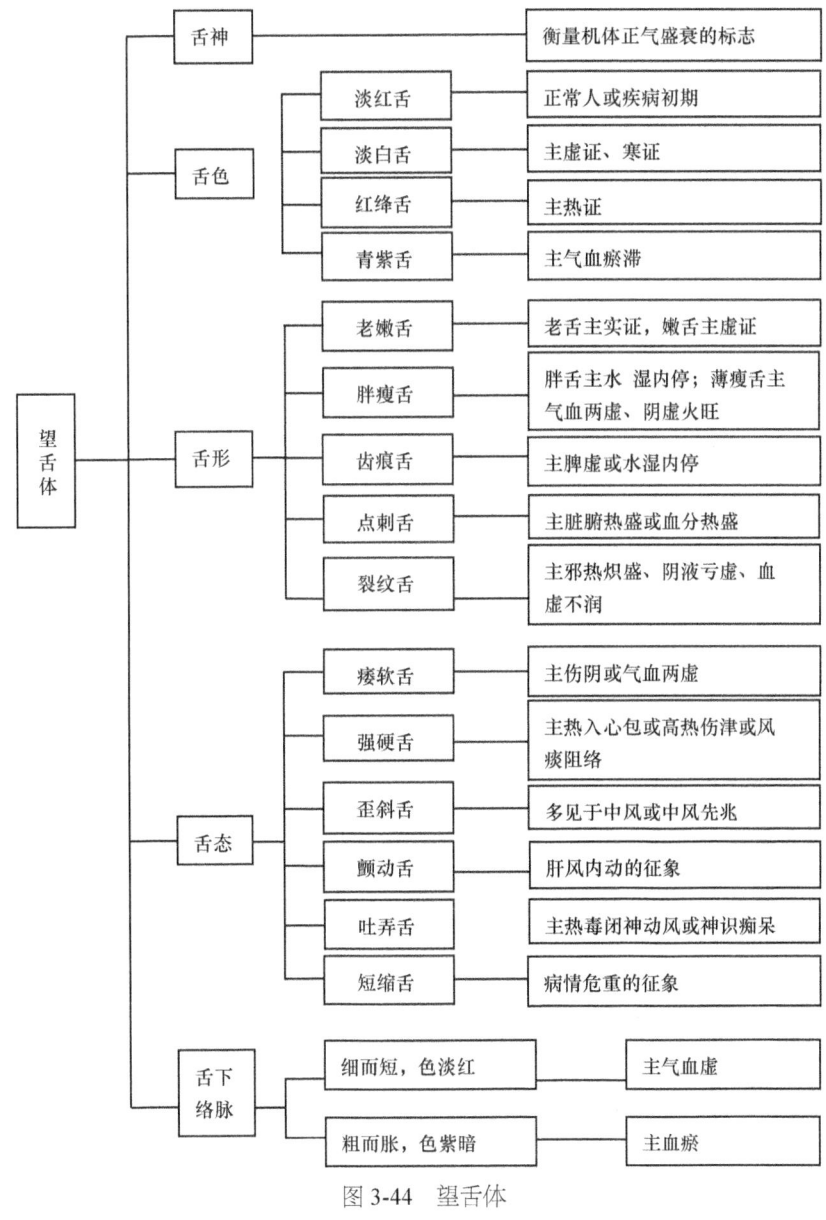

图 3-44　望舌体

第五节 望舌苔

本节内容主要介绍各种苔质、苔色的特征、形成机制与临床意义。各种苔质、苔色的主要内容均要求重点掌握。

一、问题思考

张某，男，24岁。嗜睡1个月。未曾治疗。现症：嗜睡，精神不振，头昏蒙如戴紧箍咒感，身困乏力，喜静恶动，胃脘胀，食后胀甚，不喜饮水，形寒肢冷，大便溏薄，小便正常。舌质淡，舌体胖大，苔白腻，脉沉弱。

该病人以嗜睡为主诉就诊，其舌苔白腻，提示其病机如何？

二、主要内容

舌苔是指舌面上的一层苔状物，由胃气所生。正常的舌苔，一般薄白均匀，干湿适中，舌面的中部和根部稍厚，边尖薄。由于病人胃气强弱各异，病邪寒热不同，故形成了各种不同的病理性舌苔。

（一）苔质

苔质即舌苔的质地、形态。望苔质主要是观察舌苔的薄厚、润燥、腻腐、剥落、偏全、真假等方面的改变。

1. 薄、厚苔

舌象特征 舌苔的厚薄以"见底""不见底"作为衡量标准。薄苔（图3-45），透过舌苔能隐隐见到舌质，又称见底苔；厚苔（图3-46），不能透过舌苔见到舌质，又称不见底苔。

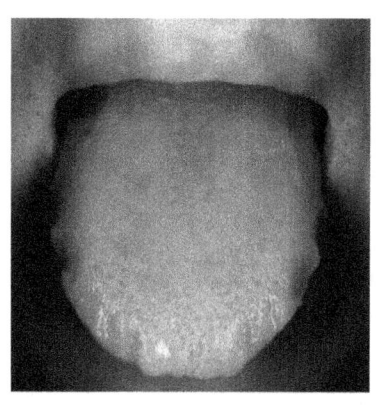

图3-45 薄苔

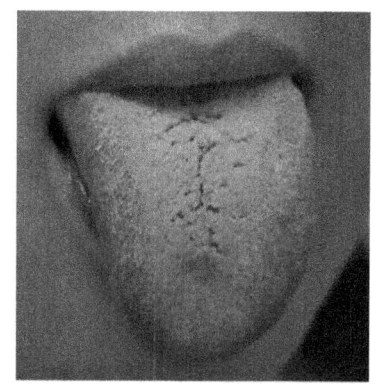

图3-46 厚苔

临床意义 主要反映邪正的盛衰和邪气的深浅。

形成机制 薄苔是正常舌苔的表现之一，正常舌苔的苔质薄而均匀，或中部稍厚，干湿适中，提示胃有生发之气。胃气夹湿浊、痰浊、热邪等熏蒸，积滞舌面则形成厚苔，主痰湿、食积、里热等证。

辨舌苔厚薄可测邪气的深浅。外感疾病初起在表，病情轻浅，或病情较轻，胃气未伤，舌苔也无明显变化，可见到薄苔。舌苔厚或舌中根部尤著者，多提示外感病邪入里，或胃肠内有宿食，或痰浊停滞，病情较重。

舌苔由薄转厚，提示邪气渐盛，或表邪入里，为病进；舌苔由厚转薄，或舌上复生薄白新苔，提示正气胜邪，或内邪消散外达，为病退之象。

舌苔的厚薄转化，一般是渐变的过程，如薄苔突然增厚，提示邪气极盛，迅速入里；苔骤然消退，舌上无新生舌苔，为正不胜邪，或胃气暴绝。

2. 润、燥苔

舌象特征　润苔（图3-47），舌苔润泽有津，干湿适中，不滑不燥；舌面水分过多，伸舌欲滴，扪之湿滑者称为滑苔（图3-48）。燥苔（图3-49），舌苔干燥，扪之无津，甚则舌苔干裂；舌质粗糙，扪之碍手者称为糙苔（图3-50）。

临床意义　主要反映体内津液的盈亏和输布情况。

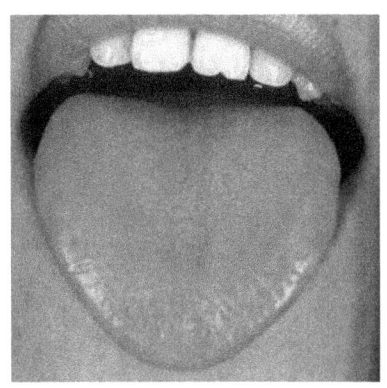
图3-47　润苔

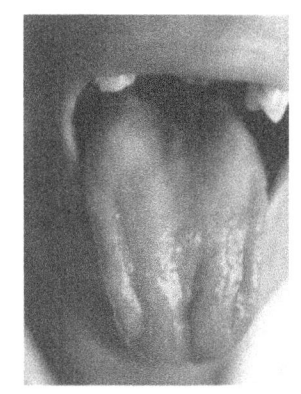
图3-48　滑苔

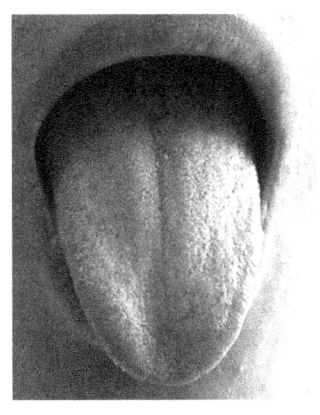
图3-49　燥苔

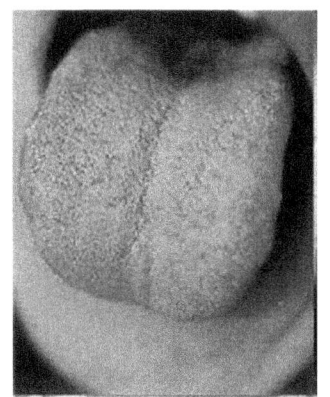
图3-50　糙苔

形成机制　润苔是正常舌苔的表现之一，是胃津、肾液上承，布露于舌面的表现。疾病过程中见到润苔，提示体内津液未伤，如风寒表证、湿证初起、食滞、瘀血等均可见润苔。滑苔为水湿之邪内聚的表现，主痰饮、水湿。如寒湿内侵，或阳虚不能运化水液，寒湿、痰饮内生，都可出现滑苔。燥苔提示体内津液已伤。如高热、大汗、吐泻后，或过服温燥药物等，导致津液不足，舌苔失于滋润而干燥。也有因痰饮、瘀血内阻，阳气被遏，不能上蒸津液濡润舌苔而见燥苔者,属津液输布障碍。糙苔可由燥苔进一步发展而成。苔质舌苔干结粗糙,津液全无,多见于热盛伤津之重证;苔质粗糙而不干者,多为秽浊之邪盘踞中焦。

舌苔由润变燥,表示热重津伤,或津失输布;舌苔由燥转润,主热退津复,或饮邪始化。

舌苔的润、燥、滑、糙形成的机制不是单一的。临床上对舌苔的润燥应参合其他诊法,综合评定津之盈亏与输布情况。《辨舌指南》说:"滋润者其常,燥涩者其变,滋润者为津未伤,燥涩者为津液已耗。"《察舌辨证新法》说:"湿症舌润,热症舌燥,此理之常也,然亦有湿邪传入气分;气不化津而燥者,热症传入血分,舌反润者。"

3. 腻、腐苔

舌象特征 腻苔(图3-51),苔质致密,颗粒细小,融合成片,如涂有油腻之状,中间厚边周薄,紧贴舌面,揩之不去,刮之不脱。腐苔(图3-52),苔质疏松,颗粒粗大,形如豆腐渣堆积舌面,边中皆厚,揩之易去。若舌上黏厚一层,有如疮脓,则称脓腐苔。

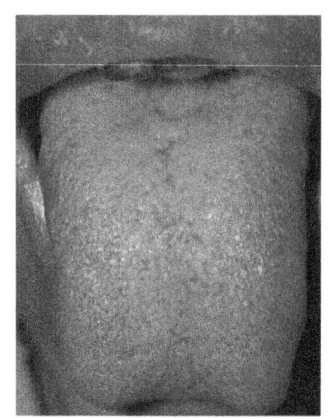
图3-51 腻苔

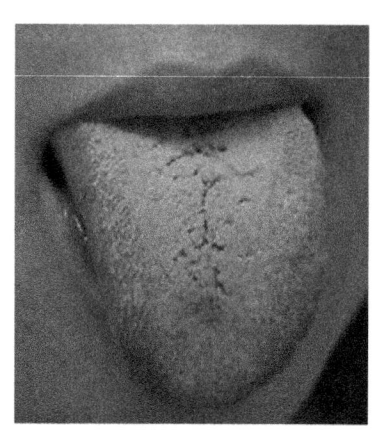
图3-52 腐苔

临床意义 皆主痰浊、食积;脓腐苔主内痈。

形成机制 腻苔多由湿浊内蕴,阳气被遏,湿浊痰饮停聚舌面所致。舌苔厚腻,多为食积,或脾虚湿困,阻滞气机;舌苔白腻而滑者,为痰浊、寒湿内阻,阳气被遏,气机阻滞;舌苔黏腻而厚,口中发甜,是脾胃湿热,邪聚上泛;舌苔黄腻而厚,为痰热、湿热、暑湿等邪内蕴,腑气不畅所致。

腐苔的形成,多因阳热有余,蒸腾胃中秽浊之邪上泛,聚积舌面,主食积胃肠,或痰浊内蕴。脓腐苔,多见于内痈或邪毒内结,是邪盛病重的表现。病中腐苔渐退,续生薄白新苔,为正气胜邪之象,是病邪消散;若腐苔脱落,不能续生新苔者,为病久胃气衰败,属于无根苔。

4. 剥(落)苔

舌象特征 舌面本有舌苔,疾病过程中舌苔全部或部分脱落,脱落处光滑无苔,可见舌质(图3-53)。

根据舌苔剥脱的部位和范围大小不同,可分为以下几种:舌前半部苔剥脱者,称前剥苔;舌中部苔剥脱者,称中剥苔;舌根部苔剥脱者,称根剥苔。舌苔多处剥脱,舌面仅斑驳残存少量舌苔者,称花剥苔;舌苔全部剥脱,舌面光洁如镜者,称为镜面舌(图3-54)。舌苔不规则地剥脱,边缘凸起,界限清楚,形似地图,部位时有转移者,称为地图舌(图3-55)。舌苔剥脱处,舌面不光滑,仍有新生苔质颗粒,或舌乳头可见者,称为类剥苔(图3-56)。

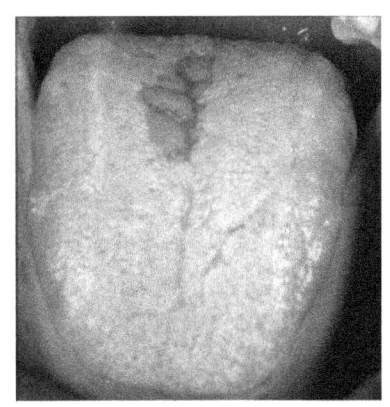

图 3-53 剥落苔

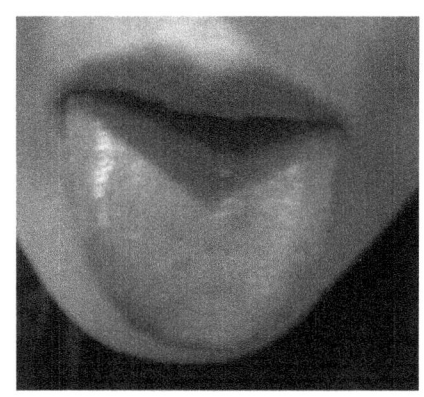

图 3-54 镜面舌

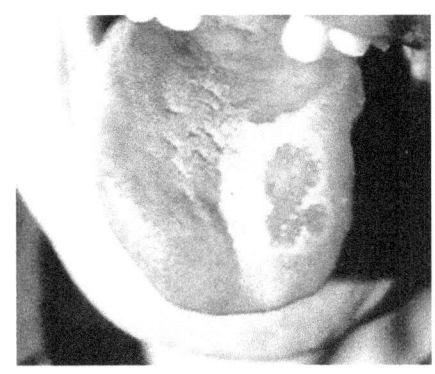

图 3-55 地图舌

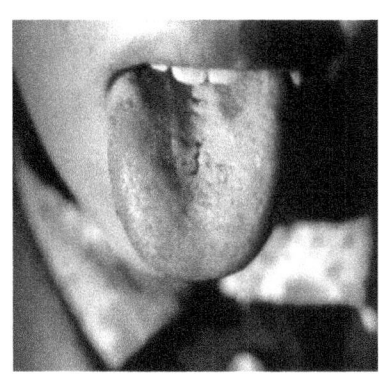

图 3-56 类剥苔

临床意义 一般主胃气不足，胃阴枯竭或气血两虚，也是全身虚弱的一种征象。

形成机制 剥脱苔的形成，总因胃气匮乏，不得上熏于舌，或胃阴枯涸，不能上潮于舌所致。由于导致胃气、胃阴亏损的原因不同，损伤的程度也有轻重，因而形成各种类型的剥脱苔。

舌红苔剥多为阴虚；舌淡苔剥或类剥苔，多为血虚或气血两虚。镜面舌色红绛者，为胃阴枯竭，胃乏生气之兆，属阴虚重证；舌色㿠白如镜，甚则毫无血色者，主营血大虚，阳气虚衰，病重难治。舌苔部分脱落，未剥脱处仍有腻苔者，多为正气亏虚，痰浊未化，病情较为复杂。

剥苔的范围大小，多与气阴或气血不足的程度有关。剥落部位，多与舌面脏腑分布相应，如舌苔前剥，多为肺阴不足；舌苔中剥，多为胃阴不足；舌苔根剥，为肾阴枯竭。

总之，观察舌苔之有无、消长及剥脱变化，在反映胃气、胃阴存亡的同时也可反映邪正盛衰，判断疾病预后。舌苔从全到剥，是胃的气阴不足，正气渐衰的表现；舌苔剥脱后，复生薄白之苔，为正胜邪去，是胃气渐复之佳兆。

此外，先天性剥苔是生来就有的剥苔，其部位常在舌面中央人字沟之前，呈菱形，多因先天发育不良所致，可见于正常人，临床无辨证意义。

5. 偏、全苔

舌象特征 全苔，舌苔遍布舌面（图 3-57）。偏苔，舌苔仅布于前、后、左、右之某一局部（图 3-58）。

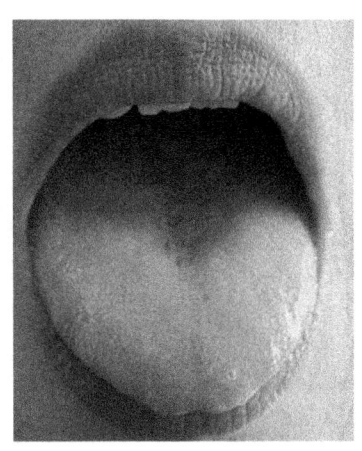
图 3-57 全苔

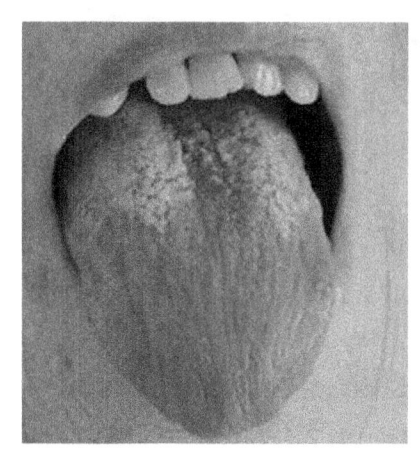
图 3-58 偏苔

临床意义 病中见全苔，常主邪气散漫，多为湿痰阻滞之征。舌苔偏于某处，常示舌所分候的脏腑有邪气停聚。

形成机制 舌苔偏于舌尖部，是邪气入里未深，而胃气却已先伤；舌苔偏于舌根部，是外邪虽退，但胃滞依然；舌苔仅见于舌中，常是痰饮、食浊停滞中焦；舌苔偏于左或右，常提示肝胆湿热之类疾患。

偏苔应与剥苔相鉴别，偏苔为舌苔分布上的病理现象，并非剥苔之本来有苔而剥落，以致舌苔显示偏于某处。若因一侧牙齿脱落，摩擦减少而使该侧舌苔较厚者，也与病理性偏苔有别。

6. 真、假苔

舌象特征 舌苔紧贴于舌面，刮之难去，刮后仍留有苔迹，不露舌质，舌苔像从舌体上长出者，称为有根苔，此属真苔。若舌苔不紧贴舌面，不像舌所自生而似涂于舌面，苔易刮脱，刮后无垢而舌质光滑者，称为无根苔，即是假苔。

临床意义 对辨别疾病的轻重、预后有重要意义。

形成机制 判断舌苔真假，以有根无根为标准。真苔是脾胃之气所生或胃气熏蒸食浊等邪气上聚于舌面而成，苔有根蒂，故舌苔与舌体不可分离。假苔是因胃气匮乏，不能续生新苔，而已生之旧苔逐渐脱离舌体，浮于舌面，故苔无根蒂，刮后无垢。

病之初期、中期，舌见真苔且厚，为胃气壅实，病较深重；久病见真苔，说明胃气尚存。

久病出现假苔，是胃气匮乏，不能上潮，病情危重。舌面上浮一层厚苔，望似无根，刮后却见已有薄薄新苔者，是疾病向愈的善候。

（二）苔色

苔色的变化主要有白苔、黄苔、灰黑苔三类，临床可单独出现，也可相兼出现。各种苔色变化需要同苔质、舌色和舌的形态变化结合起来综合分析。

1. 白苔

舌象特征 舌面上所附着的苔垢呈现白色。白苔有厚薄之分，苔白而薄，透过舌苔可看到舌体者，是薄白苔（图 3-59）；苔白而厚，不能透过舌苔见到舌体者，是厚白苔（图 3-60）。

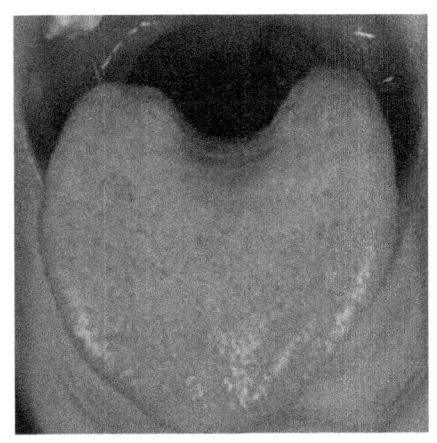 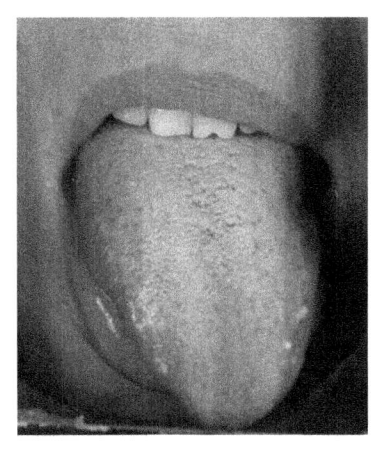

图 3-59 薄白苔　　　　　　　图 3-60 厚白苔

临床意义　可为正常舌苔，病中多主表证、寒证、湿证，也可见于热证。

形成机制　白苔为舌苔之本色，是最常见的苔色，其他苔色均可由白苔转化而成。

苔薄白而润，可为正常舌象，或为表证初起，或是里证病轻，或是阳虚内寒。苔薄白而滑，多为外感寒湿，或脾肾阳虚，水湿内停。苔薄白而干，多由外感风热或凉燥所致。

苔白厚腻，多为湿浊内停，或为痰饮、食积。苔白厚而腻，主痰浊湿热内蕴；苔白如积粉，扪之不燥者，称为积粉苔，常见于瘟疫或内痈等病，系秽浊湿邪与热毒相结而成。苔白而燥裂，粗糙如砂石，提示燥热伤津，阴液亏损。

2. 黄苔

舌象特征　舌苔呈现黄色（图 3-61）。根据苔黄的程度，有淡黄（图 3-62）、深黄（图 3-63）和焦黄（图 3-64）之分。淡黄苔又称微黄苔，苔呈浅黄色，多由薄白苔转化而来；深黄苔又称正黄苔，苔色黄而深厚；焦黄苔又称老黄苔，是正黄色中夹有灰黑色苔。黄苔还有厚薄、润燥、腻等苔质变化。黄苔多分布于舌中，也可布满全舌。黄苔多与红绛舌同时出现。

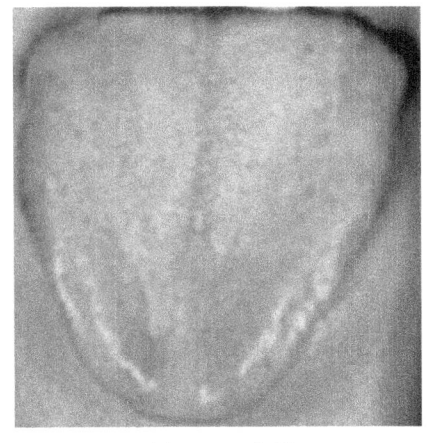 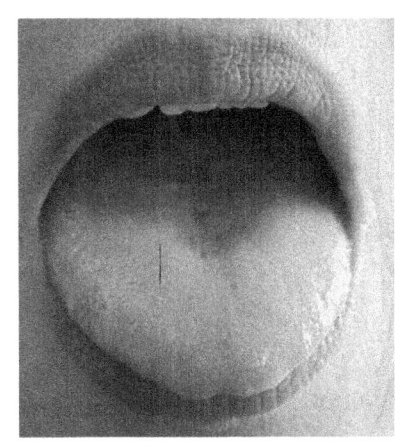

图 3-61 黄苔　　　　　　　图 3-62 淡黄苔

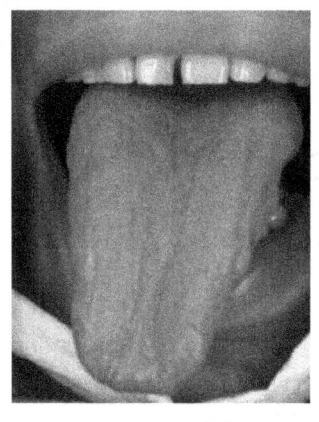
图 3-63 深黄苔

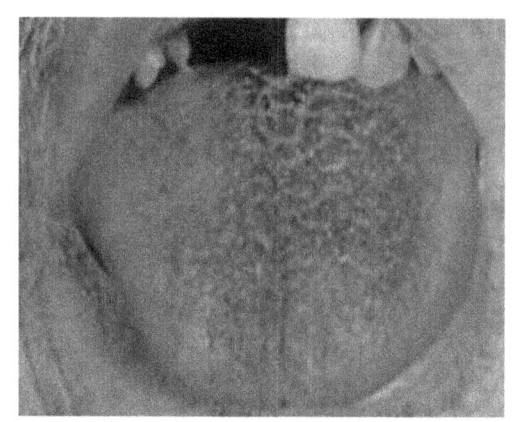
图 3-64 焦黄苔

临床意义 主热证、里证。

形成机制 邪热熏灼于舌,故苔呈黄色。苔色愈黄,说明热邪愈甚,淡黄苔为热轻,深黄苔为热甚,焦黄苔为热极。

舌尖苔黄,为热在上焦;舌中苔黄,为热在胃肠;舌根苔黄,为热在下焦;舌边苔黄,为肝胆有热。

舌苔由白转黄,或呈黄白相兼,为外感表证处于化热入里,表里相兼阶段。

薄黄苔提示热势轻浅,多见于风热表证,或风寒化热入里。

苔淡黄而润滑多津者,称为黄滑苔,多为阳虚寒湿之体,痰饮聚久化热;或为气血亏虚,复感湿热之邪所致。

苔黄而干燥,甚至苔干而硬,颗粒粗大,扪之糙手者,称黄糙苔;苔黄而干涩,中有裂纹如花瓣状,称黄瓣苔;黄黑相兼,如烧焦的锅巴,称焦黄苔,均主邪热伤津,燥结腑实之证。黄苔而质腻者,称黄腻苔,主湿热或痰热内蕴,或为食积化腐。

3. 灰黑苔

舌象特征 苔色浅黑,称为灰苔(图3-65);苔色深灰,称为黑苔(图3-66)。灰苔与黑苔只是颜色浅深之差别,故常并称为灰黑苔。灰黑苔的分布,在人字界沟附近苔黑较深,越近舌尖,灰黑色渐浅。灰黑苔多由白苔或黄苔转化而成,多在疾病持续一定时日、发展到相当程度后才出现。

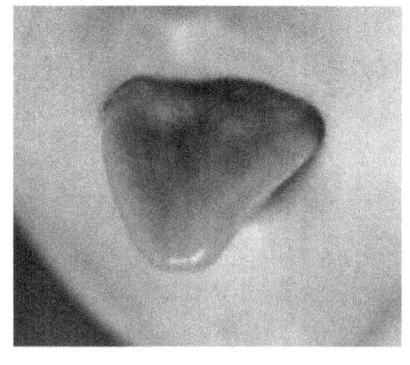
图 3-65 灰苔

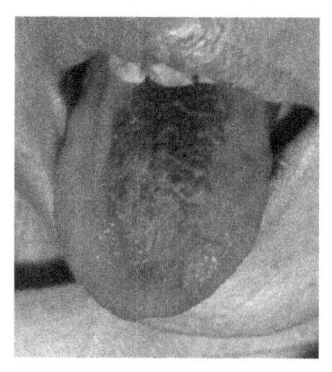
图 3-66 黑苔

临床意义 主阴寒内盛,或里热炽盛等。

形成机制 灰黑苔可见于热性病中，也可见于寒湿病中，但无论寒热均属重证，黑色越深，病情越重。

苔质的润燥是辨别灰黑苔寒热属性的重要指征。在寒湿病中出现灰黑苔，多由白苔转化而成，其舌苔灰黑必湿润多津；在热性病中出现，多由黄苔转变而成，其舌苔灰黑必干燥无津液。

舌边、舌尖部呈白腻苔，而舌中舌根部出现灰黑苔，舌面湿润，多为阳虚寒湿内盛，或痰饮内停。

舌边舌尖见黄腻苔，而舌中为灰黑苔，多为湿热内蕴，日久不化所致。

苔焦黑干燥，舌质干裂起刺者，无论外感、内伤，均为热极津枯之证。苔黑褐色者，为霉酱苔，多由胃肠素有湿浊宿食，积久化热，熏蒸秽浊上泛舌面所致，亦可见于湿热夹痰的病证。

三、问题分析

该病人以嗜睡1个月就诊。其舌象为舌质淡，舌体胖大，苔白腻。

具体分析如下：病人因湿浊内蕴，阳气被遏而导致嗜睡，精神不振，头昏蒙如戴紧箍咒感，身困乏力，喜静恶动；湿浊内蕴，阳气被遏，湿浊痰饮停聚舌面，而形成腻苔；胃脘胀，食后胀甚，不喜饮水，形寒肢冷，当属脾阳不振，阳虚则寒，脾虚生湿，寒湿内阻，而致舌质淡，舌苔白。脾虚水湿内停，导致舌体胖大。

四、小结

望舌苔的具体内容列图如下（图3-67）：

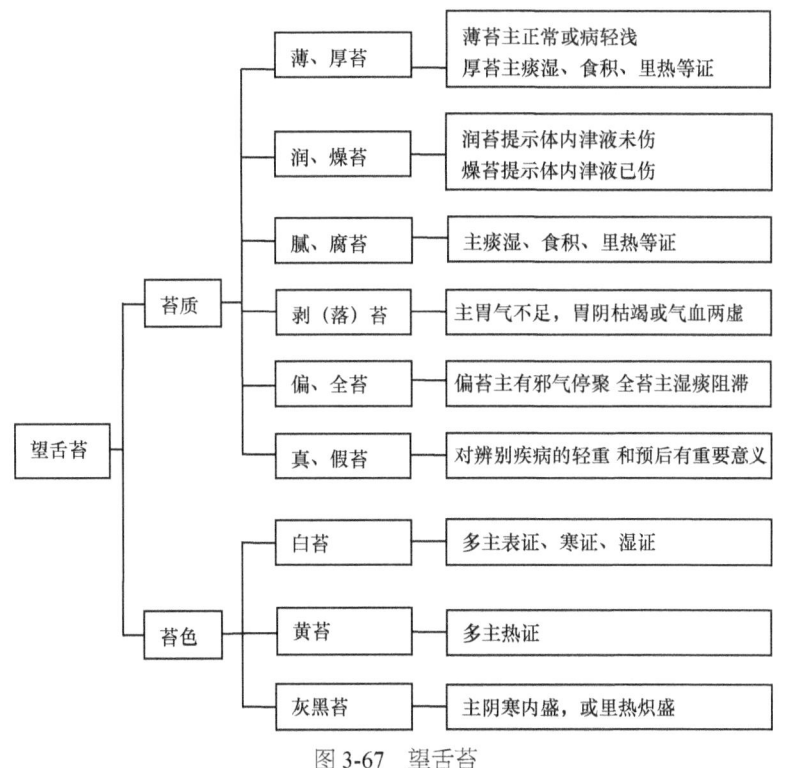

图3-67 望舌苔

第六节　舌象综合分析及舌诊的临床应用

本节内容主要介绍舌之神气和胃气，舌质舌苔的综合分析和舌诊的临床意义，要求掌握舌象分析的要点，同时熟悉舌诊的临床意义。

一、问题思考

高某，男，40岁。胃痛2日。病人体胖，偏嗜肥甘厚味，素善饮酒，且生性暴烈，稍不遂心，则雷霆大作。近因琐事与家人生气，遂致胃痛暴作，闷胀灼热。现症见：胃脘灼热疼痛，嘈杂，口苦、口臭而黏，纳呆恶心，身重肢倦，小便黄，大便黏滞不畅。舌红苔黄厚腻，脉滑数。

此病例舌苔和舌质变化是否一致？说明了哪些问题？

二、主要内容

（一）舌象分析的要点

学习舌诊，不仅要掌握观察舌象的方法，了解舌质和舌苔的变化特征，而且要学会对复杂多变的舌象进行全面分析，透过现象看本质，充分认识舌象变化的辨证意义。分析舌象要注意以下要点：

1. 察舌之神气和胃气

舌象有神气、有胃气者，提示正气未衰，病情较轻，或虽病重，预后良好；舌象无神气、无胃气者，多提示正气已虚，病情较重，预后较差。

（1）舌之神气：舌神是全身神气表现的一部分。无论舌象如何变化，通过观察舌神的有无，可把握体内气血、津液的盈亏，脏腑的盛衰，以及疾病转归之凶吉等基本情况。

舌的神气盛衰，主要表现于舌体的色泽和舌体的运动两方面。舌之颜色反映气血的盛衰，舌体润泽与否可反映津液的盈亏，而舌体运动可反映脏腑的虚实。舌色红活鲜明，舌质滋润有泽，舌体运动自如者，为有神气；舌色晦暗枯涩，活动不灵者，为无神气。其中尤以舌色是否"红活润泽"作为辨证要点。正如《辨舌指南》所说："荣者为有神……凡舌质有光有体，不论黄、白、灰、黑，刮之而里面红润，神气荣华者，诸病皆吉；若舌质无光无体，不拘有苔无苔，视之里面枯晦，神气全无者，诸病皆凶。"

（2）舌之胃气：胃气的盛衰，在舌象上主要表现于舌苔的生长情况。舌苔薄白均匀，或舌苔虽厚，刮之舌面仍有苔迹，或厚苔渐脱，舌上又生新苔，为有胃气；舌苔似有似无，或舌苔浮而无根，刮之即去，舌面光净无苔，为胃气已虚。正如《形色外诊简摩·舌苔有根无根辨》所说："前人只论有地无地，此只可以辨热之浮沉虚实，而非所以辨中气之存亡也，地者苔之里一层也，根者舌苔与舌质之交际也；无苔者胃阳不能上蒸也，肾阴不能上濡也。"

2. 舌质舌苔综合分析

舌质和舌苔变化，所反映的生理病理意义各有侧重。一般认为，舌质的变化主要反映脏腑盛衰和气血津液盈亏的情况，舌苔的变化主要与感受病邪及病邪性质有关。所以，观舌质可以了解脏腑虚实、气血津液盛衰；察舌苔重在辨病邪性质、邪正消长及胃气的存亡。

人是有机的整体，疾病是一个复杂的发展过程，舌象与机体的脏腑、气血及各项生理功能都有密切联系。因此，在临床诊病时，不仅要分别掌握舌质、舌苔的基本变化及其主病，还应注意舌质和舌苔之间的相互关系，将舌质和舌苔结合起来，进行综合分析。舌苔可以有真有假，但舌质有真无假，所以观察舌质和舌苔时，应以舌质为主，舌苔为辅。

（1）舌苔或舌质单方面异常：一般无论病之新久，意味着病情尚属单纯。如淡红舌而伴有干、厚、腻、滑、剥等苔质变化，或苔色出现黄、灰、黑等异常时，主要提示病邪性质、病程长短、病位深浅及病邪盛衰和消长等方面情况，但正气尚未明显损伤，故临床治疗时应以祛邪为主。舌苔薄白而出现舌质老嫩、舌体胖瘦或舌色红绛、淡白、青紫等变化时，主要反映脏腑功能强弱，或气血、津液的盈亏及运行的畅滞，或病邪损及营血的程度等，临床治疗应着重于调整阴阳、调和气血、扶正祛邪。

（2）舌苔和舌质均出现异常：舌质与舌苔变化一致，提示病机相同，所主病证一致，病变比较单纯。如舌质红，舌苔黄而干燥（图3-68），主实热证；舌体淡嫩，舌苔白润，主虚寒证（图3-69）；舌体红绛而有裂纹，舌苔焦黄干燥，多主热极津伤；青紫舌与白腻苔并见，提示气血瘀阻，痰湿内阻等病理特征。

舌质和舌苔变化不一致，提示病因病机不同，病变比较复杂。如淡白舌黄腻苔（图3-70），舌色淡白主虚寒，苔黄腻主湿热，舌色与舌苔反映的病情相反，但舌质主要反映正气，舌苔主要反映病邪，所以，若平素脾胃虚寒者，复感湿热之邪便可见上述舌象，此为寒热夹杂，本虚标实。又如舌质红绛，舌苔白滑腻（图3-71），舌质红绛本属内热，苔白腻常见于寒湿内郁，舌苔与舌质反映出寒、热两种病性，其成因可由外感热病，营分有热，故舌质红绛，但气分有湿，则苔白滑腻；或平素为阴虚火旺之体，复感寒湿之邪，痰食积滞，故舌苔白而滑腻；或外感湿温病，因体内有热可见舌红绛，但又因为内有湿邪困阻，阳气不能外达，亦可见苔白腻。所以，当舌质舌苔所反映的病性不一致时，往往提示体内存在两种或两种以上的病理变化，舌象的辨证意义亦是两者的结合，临床注意分析病变的标本缓急。

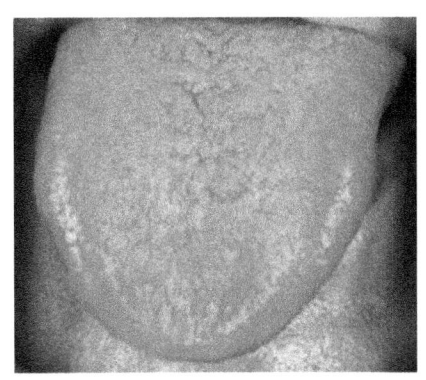

图3-68 舌红黄苔干燥

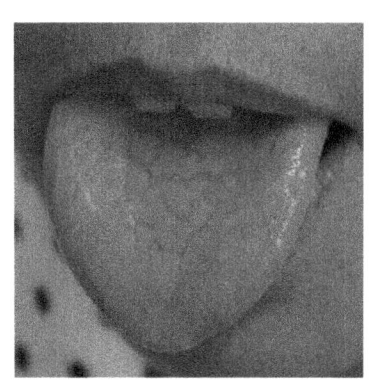

图3-69 舌淡嫩白苔

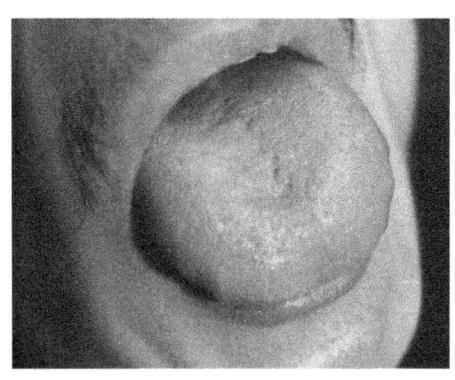
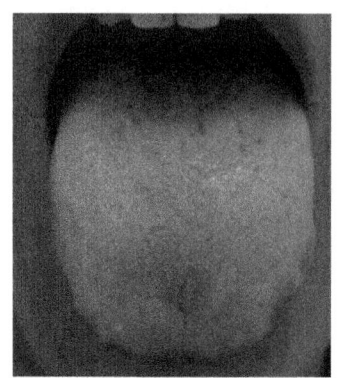

图 3-70　淡白舌黄腻苔　　　　图 3-71　舌红绛，白滑腻苔

3. 舌象的动态分析

任何事物都是在不断地运动、发展、变化，在疾病发展过程中，舌象亦会随之相应发生变化，所以要进行舌象的动态分析。

舌象的动态变化有很多内容需要阐述，举例分析如下：

（1）舌质由淡白转为淡红，淡红转为红，红转为绛，绛转为紫；舌苔由白转为淡黄，淡黄转为深黄，深黄为焦黄，焦黄转为灰黑而干，均提示热渐渐加重。

（2）舌质由淡红转为淡白，淡白转为淡紫，淡紫转为青紫；舌苔由白转为灰黑而润，均提示寒渐渐加重。

（3）舌苔由薄转厚，提示邪气渐盛，或表邪入里，为病进；舌苔由薄苔突然增厚，提示邪气极盛，迅速入里；舌苔由厚转薄，或舌上复生薄白新苔，提示正气胜邪，或内邪消散外达，为病退；苔骤然消退，舌上无新生舌苔，为正不胜邪，或胃气暴绝。

（4）舌苔由润变燥，表示热重津伤，或津失输布；舌苔由燥转润，主热退津复，或饮邪始化。

（5）舌下络脉由正常转变为怒张，提示血瘀加重。

因此，掌握舌象与疾病发展变化的关系，可以充分认识疾病不同阶段所发生的病理改变，为早期诊断、早期治疗提供重要依据。

（二）舌诊的临床意义

舌象作为中医辨证不可缺少的客观依据，对临床辨证、立法、处方、用药，以及判断疾病转归，分析病情预后，都有十分重要的意义。正如《临症验舌法》所说："凡内外杂证，无一不呈其形、著其气于舌……据舌以分虚实，而虚实不爽焉；据舌以分阴阳，而阴阳不谬焉；据舌以分脏腑、配主方，而脏腑不差，主方不误焉。危急疑难之顷往往无证可参，脉无可按，而唯以舌为凭，妇女幼稚之病，往往闻之无息，问之无声，而唯有舌可验。"中医舌诊的临床意义主要有如下几个方面。

1. 判断邪正盛衰

正气盛衰能明显地反映于舌，如气血充盛则舌体红润，气血不足则舌色淡白。津液充足则舌质舌苔滋润，津液不足则舌干苔燥。胃气旺盛则舌苔有根，胃气衰败则舌苔无根或光剥无苔。气血运行正常则色红活鲜明，气滞血瘀则舌色青紫或舌下络脉怒张。脏腑功能失常亦常见于舌，如脾失健运，湿邪困阻每见舌苔厚腻；肝风内动多有舌体震颤或歪斜；心脾郁热则舌生疮疡、红肿热痛或吐舌、弄舌等。

2. 区别病邪性质

不同的病邪致病，舌象特征亦各异。如外感风寒，苔多薄白；外感风热，苔多薄白而干；寒湿为病，舌淡苔白滑；痰饮、湿浊、食滞或外感秽浊之气，均可见舌苔厚腻；燥邪为病，则舌红少津；实热证，则舌红绛苔黄燥；瘀血内阻，舌紫暗或有斑点，或舌下络脉怒张。故风、寒、热、燥、湿、痰、瘀、食等诸种病因，大多可从舌象上加以辨别。

3. 辨别病位浅深

病邪轻、浅多见舌苔变化，而病情深、重可见舌苔、舌质同时变化。以外感温热病而言，其病位可划分为卫、气、营、血四个层次。邪在卫分，则舌苔薄白；邪入气分，舌苔白厚而干或见黄苔，舌色红；邪入营分则见舌绛；邪入血分，舌色深红、紫绛或紫暗，舌枯少苔或无苔，说明不同的舌象提示病位浅深不同。内伤杂病中，若脏腑功能失常，亦可反映于舌。一般舌红起芒刺，属心火亢盛；舌边红多属肝胆有热；舌苔白而厚腻，多因脾失健运，湿邪内阻，如见于湿浊、痰饮等；舌中苔黄厚腻，多属脾胃湿热等。

4. 推断病势进退

从舌象的转化可以推判病势进退。从舌苔上看，舌苔由白转黄，由黄转焦黑色，苔质由薄转厚，由润转燥，多为病邪由表入里，由轻变重，由寒化热，热邪加甚，津液被耗，病情加重。反之，苔由厚变薄，由黄转白，由燥变润，为邪热渐退，津液复生，病情向好的趋势转变。若满舌厚腻苔突然剥落，舌光滑无苔，是邪盛正衰，胃气、胃阴暴绝的征象；舌苔突然增厚，是病邪急剧入里的表现，两者均为恶候。又如从舌体观察，舌色由淡红转为红、绛，甚至绛紫，或舌面有芒刺、裂纹，是邪热深入营血，有伤阴、血瘀之势；舌色由淡红转为淡白、淡青紫，或舌胖嫩湿润，则为阳气受伤，阴寒渐盛，病情由表入里，由轻转重，由单纯变复杂，病势在进展。

5. 估计病情预后

舌荣有神，舌面薄苔，舌态正常者为邪气未盛，正气未伤，胃气未败，预后较好。舌质枯晦，舌苔无根，舌态异常者为正气亏损，胃气衰败，病情多凶险。

三、问题分析

该病人胃痛2日就诊。其舌象为舌红苔黄厚腻。

具体分析如下：病人因体胖，偏嗜肥甘厚味，易生湿，素善饮酒，且生性暴烈，稍不遂心，则雷霆大作，易生热，病人体质偏湿热；近因琐事与家人生气，遂致气郁化火，胃痛暴作，闷胀灼热；胃脘灼热疼痛，口苦、口臭，小便黄均为热证，所以舌质红，苔黄，脉数；纳呆恶心，身重肢倦，大便黏滞不畅，均为湿阻的表现，所以舌苔厚腻，脉滑。舌质红主热证，苔黄亦主热证，舌质和舌苔变化一致，提示病机相同，所主病证一致，说明病变比较单纯。

四、小结

舌象综合分析及舌诊的临床应用列图如下（图3-72）：

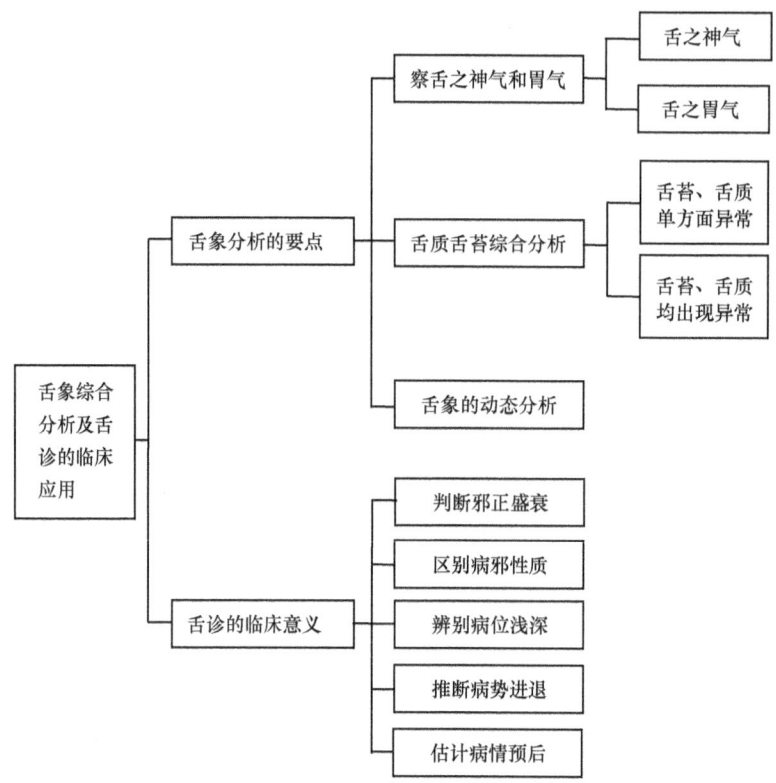

图 3-72　舌象综合分析及舌诊的临床应用

五、思考题

1. 舌面的脏腑分区有几种类型？
2. 日常生活中有哪些食物容易引起染苔？
3. 何谓芒刺舌？如何辨证？
4. 为什么青紫舌可见于寒极与热证中？两者有何不同？
5. 试分析颤动舌主病之虚实。
6. 试述有根苔与无根苔的临床特点和意义。
7. 润苔和燥苔，皆可主湿证与热证，试举例说明之。
8. 试述舌苔的消长变化与邪正进退的关系。

危重症舌象的诊法

第四章 闻 诊

闻诊是通过听声音和嗅气味以了解健康状况、诊察疾病的方法。听声音包括听辨病人的语声、语言、呼吸、咳嗽、呕吐、呃逆、嗳气、太息、喷嚏、肠鸣等各种声响。嗅气味包括嗅病体发出的异常气味、排出物及病室的气味。

人体的各种声音和气味，都是在脏腑生理活动和病理变化过程中产生的，所以鉴别声音和气味的变化，可以判断出脏腑的生理和病理变化，为诊病、辨证提供依据。

早在《内经》中就有根据病人发出的声音来测知内在病变的记载，如《素问·阴阳应象大论》提出以五音、五声应五脏的理论；《素问·脉要精微论》以声音、语言、呼吸等来判断疾病过程中正邪盛衰状态。东汉张仲景在《伤寒论》和《金匮要略》中也以病人的语言、咳嗽、喘息、呕吐、呃逆、肠鸣、呻吟等作为闻诊的主要内容。后世医家又将病体气味及病室气味等列入闻诊范围，从而使闻诊从耳听扩展到鼻嗅，使闻诊的内容得以不断丰富。正如清代王秉衡所说："闻字虽从耳，但四诊之闻，不专主于听声也。"

本章主要介绍常见病变声音的一般规律、特点及意义；常见病体气味特点和临床意义；正常声音的特点，病室气味所主的常见病证。要求掌握常见病变声音和异常气味的表现特征及其临床意义。

第一节 听 声 音

听声音是指听辨病人语声、语言、气息的高低、强弱、清浊、缓急变化，以及咳嗽、呕吐、肠鸣等声响，以判断脏腑功能与病变性质的诊病方法。

声音的发出，大多是肺、喉、会厌、舌、齿、唇、鼻等器官的协调活动，共同发挥作用的结果。肺主气，司呼吸，气动则有声，故肺为发声的动力。喉是发声机关，声由喉出，其余部分则对声音起协调作用。此外，肾主纳气，为气之根，必由肾间动气上出于舌而后能发出声音；肝主疏泄，可调畅气机；脾又为气血生化之源；心主神志，言语发声受心神支配等，均与发声有关。而肠鸣之声则与胃的和降和肠的传导相关。因此，听辨声音不仅可以诊察发音器官的病变，还可以根据声音的变化，进一步诊察体内各脏腑的变化。《四诊抉微》曾说："听声审音，可察盛衰存亡"，并指出"声应于外者，有若桴鼓之捷也"，即强调了听声音在疾病诊断中的重要作用。

一、问题思考

王某，女，26岁。形体消瘦，潮热盗汗，干咳少痰，痰黏难咳，时有咯血，血色鲜红，咽干口燥，纳少乏力，溲黄便干。舌红无苔，脉细数。

在以上临床表现中的哪些症状可以通过闻诊获取？导致该症状的病机是什么？如何根据咳声特点区别病证的性质？

二、主要内容

（一）正常声音

正常声音，是指人在正常生理状态下发出的声音，又称为"常声"，具有发声自然、声调和畅、语言流畅、应答自如、言与意符等特点。此为气血津液充盈，发音器官和脏腑功能正常的表现。

由于年龄、性别及禀赋之不同，正常人的声音也有差异，一般男性多声低而浊，女性多声高而清，儿童则声音尖利清脆，老年人声音多浑厚而低沉，通常每个人的声音有其个性特征。此外，语声的变化亦与情志有关，如喜时发声多欢悦，怒时发声多忿厉而急，悲哀时发声多悲惨而断续，快乐时发声多舒畅而和缓，敬则发声多正直而严肃，爱则发声多温柔等，这些因一时情感触动而发的声音，也属于正常范围，与疾病无关。

（二）病变声音

病变声音是指疾病反映在语声、语言及人体其他声响方面的变化，除正常生理变化和个体差异外的声音，均属病变声音。听病变声音的内容主要包括听辨病人的发声、语言、呼吸、咳嗽、鼻鼾、呕吐、呃逆、嗳气、太息、喷嚏、肠鸣等。

1. 发声

发声主要指病人在病变过程中说话的声音，以及呻吟、惊呼等异常声响。通过声音的变化来判断正气的盛衰、邪气的性质及病情的轻重。

语声的辨别要注意语声的有无，语调的高低、强弱、清浊、钝锐，以及有无异常声响，以供辨证参考。一般而言，凡语声高亢洪亮有力、声音连续者，多属阳证、实证、热证，是阳盛气实，功能亢奋的表现；语声低微细弱，声音断续而懒言者，多属阴证、虚证、寒证，多由禀赋不足，气血虚损所致。

（1）语声重浊：语声重浊，又称为声重，指发出的声音沉闷而不清晰或似有鼻音，多为外感风寒，或湿浊阻滞，以致肺气不宣，鼻窍不利所致。

（2）音哑与失音：语声嘶哑者为音哑，语而无声者为失音，古称为"喑"。两者病因病机基本相同，前者病轻，后者病重。新病音哑或失音者，多属实证，多因外感风寒或风热袭肺，或痰湿壅肺，肺气不宣，清肃失职所致，即所谓"金实不鸣"。久病音哑或失音者，多属虚证，多因各种原因导致阴虚火旺，或肺气不足，津亏肺损，声音难出，即所谓"金破不鸣"。暴怒喊叫或持续高声宣讲，耗气伤阴，咽喉失润亦可导致音哑或失音。若久病重病，突现语声嘶哑，多是脏气将绝之危象。妇女妊娠后期出现音哑或失音者，称为妊娠失音（子喑），多因胞胎阻碍肾之络脉，使肾精不能上荣于咽喉所致，一般分娩后即愈。

此外，应注意失音与失语的区别，失音是神志清楚而不能发出声音，即"语而无声"；失语为神志清晰，虽能发出声音，但表达障碍而言语难成，或语不成句，即"有声而无语"，多见于中风或脑外伤后遗症。

（3）惊呼：惊呼指病人突然发出的惊叫声。其声尖锐，表情惊恐者，多为剧痛或惊恐所致。小儿阵发惊呼，多为受惊。成人发出惊呼，除惊恐外，多属剧痛，或精神失常。

（4）呵欠：呵欠是张口深舒气，微有声响的一种表现。微困倦欲睡而欠者，不属病态。病者不拘时间，呵欠频频不止，称数欠，多为阴盛阳衰，体虚之故。因而《金匮要略·腹满寒疝宿食病脉证治》有"中寒家喜欠"之说。

2. 语言

语言主要是指病人语言的表达与应答能力有无异常、吐字的清晰程度等。语言的异常，主要是心神的病变，常见的有以下几种。

（1）谵语：神识不清，语无伦次，声高有力者，称为谵语，多由邪热内扰神明所致，属实证，故《伤寒论》谓"实则谵语"。见于外感热病，温病邪入心包或阳明腑实证、痰热扰乱心神等。

（2）郑声：神识不清，语言重复，时断时续，语声低弱模糊者，称为郑声，多因久病脏气衰竭，心神散乱所致，属虚证，故《伤寒论》谓"虚则郑声"，见于多种疾病的晚期、危重阶段。

（3）独语：自言自语，喃喃不休，见人语止，首尾不续者，称为独语，多因心气不足，神失所养，或气郁痰阻，蒙蔽心神所致，属阴证，常见于癫病、郁病。

（4）错语：病人神识清楚而语言时有错乱，说后自知言错者，称为错语。证有虚实之分，虚证多因心气不足，神失所养，多见于久病体虚或老年脏气衰微之人；实证多为痰浊、瘀血、气郁等阻碍心神所致。

（5）狂言：精神错乱，语无伦次，狂躁妄言者，称为狂言。《素问·脉要精微论》说："衣被不敛，言语善恶，不避亲疏者，此神明之乱也。"多因情志不遂，气郁化火，痰火互结，内扰神明所致，多属阳证、实证，常见于狂病、伤寒蓄血证。

（6）语謇：神志清楚、思维正常，但语言不流利，或吐字不清者，称为语謇。因习惯而成者，称为口吃，不属病态。病中语言謇涩，每与舌强并见者，多因风痰阻络所致，为中风之先兆或中风后遗症。

3. 呼吸

闻呼吸是诊察病人呼吸的快慢、是否均匀通畅，气息的强弱粗细，呼吸音的清浊等。一般来说，有病而呼吸正常，是形病气未病；呼吸异常，是形气俱病。呼吸气粗，疾出疾入者，多属实证；呼吸气微，徐出徐入者，多属虚证。

（1）喘：喘即气喘，指呼吸困难、短促急迫，甚至张口抬肩，鼻翼煽动，难以平卧的表现。其发病多与肺肾等脏腑有关，临床有虚实之分。

发作急骤，呼吸深长，声高息粗，唯以呼出为快，形体强壮，脉实有力者，为实喘，多为风寒袭肺或痰热壅肺、痰饮停肺，肺失清肃，肺气上逆或水气凌心射肺所致。

发病缓慢，声低气怯，息短不续，动则喘甚，唯以深吸为快，形体羸弱，脉虚无力者，为虚喘，多为肺气不足，肺肾亏虚，气失摄纳所致。

（2）哮：哮指呼吸急促似喘，喉间有哮鸣音，常反复发作，缠绵难愈的表现，多因痰饮内伏，复感外邪而诱发，或因久居寒湿之地，或过食酸咸生冷等诱发。

喘不兼哮，但哮必兼喘。明代虞抟《医学正传》说："夫喘促喉中如水鸡声者，谓之哮；气促而连续不能以息者，谓之喘。"喘以气息急迫、呼吸困难为主；哮以喉间哮鸣声为特征。临床上哮与喘常同时出现，所以常并称为哮喘。

（3）短气：短气指呼吸气急短促，气短不足以息，数而不相接续，似喘而不抬肩，喉中无痰鸣音。短气有虚实之别，虚证短气，兼有形瘦神疲、声低息微等，多因体质虚弱或元气亏损所致；实证短气，常兼有呼吸声粗，或胸部窒闷，或胸腹胀满等，多因痰饮、胃肠积滞或气滞或瘀阻所致。

（4）少气：少气又称气微，指呼吸微弱而声低，气少不足以息，言语无力的症状，主诸虚劳损，多因久病体虚或肺肾气虚所致。

（5）鼻鼾：鼻鼾指熟睡或昏迷时鼻喉发出的一种声响，是气道不利所发出的异常呼吸声。熟睡有鼾声，但又无其他明显症状者，多因慢性鼻病，或睡姿不当所致，老年人及体胖多痰者较常见。若昏睡不醒或神识昏迷而鼾声不断者，多属高热神昏，或中风入脏之危候。

4. 咳嗽

咳嗽指肺气上逆至喉咙，声道关闭，突然开放发出的一种"咳—咳"声音，多因六淫外邪袭肺、内伤损肺、或有害气体刺激等使肺失宣降，肺气上逆所致。咳嗽多见于肺系疾病，然而其他脏腑病变亦可影响到肺而伴见有咳嗽。故《素问·咳论》曰："五脏六腑皆令人咳，非独肺也。"古人将其分为三种，有声无痰谓之咳，有痰无声谓之嗽，有痰有声谓之咳嗽。

临床上首先应分辨咳声和痰的色、量、质的变化，以及发病时间、病史及兼症等，以鉴别病证的寒热虚实。

咳声重浊沉闷，多属实证，是寒痰湿浊停聚于肺，肺失肃降所致。

咳声轻清低微，多属虚证，多因久病耗伤肺气，失于宣降所致。

咳声重浊，痰白清稀，鼻塞不通，多因风寒袭肺，肺失宣降所致。

咳嗽声高响亮，痰稠色黄，不易咳出，多属热证，多因热邪犯肺，灼伤肺津所致。

咳嗽痰多，易于咳出，多属痰浊阻肺所致。

干咳无痰或痰少而黏，不易咳出，多属燥邪犯肺或阴虚肺燥所致。

咳呈阵发连续不断，咳止时常有鸡鸣样回声，称为顿咳，因其病程较长，缠绵难愈，又称"百日咳"，多因风邪与痰热搏结所致，常见于小儿。

咳声如犬吠，伴有声音嘶哑，吸气困难，喉中有白膜生长，擦破流血，随之复生，是肺肾阴虚，疫毒攻喉所致，多见于白喉。

5. 呕吐

呕吐指饮食物、痰涎等胃内容物上涌，由口中吐出的症状，是胃失和降，胃气上逆的表现。前人以有声无物为干呕，有物无声为吐，有声有物为呕吐。但临床上难以截然分开，故一般统称为呕吐。根据呕吐声音的强弱和吐势的缓急，可判断证的寒热虚实属性。一般暴病多实，久病多虚。对于某些比较特殊的呕吐，应四诊合参，综合分析，方可做出准确的诊断。

吐势徐缓，声音微弱，呕吐物清稀者，多属虚寒证，常因脾胃阳虚，脾失健运，胃失和降，胃气上逆所致。

吐势较猛，声音壮厉，呕吐出黏稠黄水，或酸或苦者，多属实热证，常因邪热犯胃，胃失和降，胃气上逆所致。

呕吐呈喷射状者，多为热扰神明，或因头颅外伤，或脑髓有病等。

呕吐酸腐味食物，多属伤食，多因暴饮暴食，或过食肥甘厚味，损伤脾胃，以致食滞胃脘，胃失和降，胃气上逆所致。

朝食暮吐、暮食朝吐者，为胃反，多属脾胃阳虚证。口干欲饮，饮后则吐者，称为水逆，因饮邪停胃，胃气上逆所致。

6. 呃逆

呃逆指从咽喉发出的一种不由自主的冲击声，呃呃作响，声短而频，不能自制的症状，俗称打呃，唐代以前称"哕"，是胃气上逆的表现。临床上根据呃声的高低强弱，间歇时间的长短不同，来判断病证的虚实寒热性质。

呃声频作，高亢而短，其声有力者，多属实证。呃声低沉，声弱无力者，多属虚证。

新病呃逆，其声有力，多属寒邪或热邪客于胃；久病、重病呃逆不止，声低无力者，属胃气衰败之危候。故《形色外诊简摩》说："新病闻呃，非火即寒；久病闻呃，胃气欲绝也。"

突发呃逆，呃声不高不低，持续时间短暂，无其他病史及兼症者，多属饮食刺激，或偶感风寒，属一时胃气上逆动膈所致，一般为时短暂，不治自愈。

7. 嗳气

嗳气指胃中气体上出咽喉所发出的一种声长而缓的症状，俗称"打饱嗝"，古称"噫"，是胃气上逆的一种表现。临床根据嗳声和气味的不同，可判断虚实寒热。

嗳气酸腐，兼脘腹胀满者，多因宿食内停，属于实证。

嗳气频作而响亮，嗳气后脘腹胀减，嗳气发作因情志变化而增减者，多为肝气犯胃，属于实证。

嗳气频作，兼脘腹冷痛，得温症减者，多为寒邪犯胃，或为胃阳亏虚。

嗳声低沉断续，无酸腐气味，兼见食少纳呆者，为脾胃虚弱，属虚证，多见于老年人或体虚之人。

饱食或喝碳酸饮料之后，偶有嗳气，无其他兼症者，不属病态。

8. 太息

太息又称叹息，指病人情志抑郁，胸闷不畅时发出的长吁或短叹声，常是情志不遂，肝气郁结的表现。

9. 喷嚏

喷嚏指肺气上逆于鼻而发出的声响。应注意喷嚏的次数及有无兼症。偶发喷嚏，不属病态。若新病喷嚏，兼有恶寒发热、鼻塞流清涕等症状，多因外感风寒，鼻窍不利之故，属表寒证。若季节变化，反复出现喷嚏，鼻痒，流清涕，多属于气虚、阳虚之体，易受风邪袭扰所致。若久病阳虚之人，突然出现喷嚏，多为阳气回复，病有好转趋势。

10. 肠鸣

肠鸣指腹中胃肠蠕动所产生的声响。在正常情况下，肠鸣声低弱而和缓，一般难以直接闻及，而当腹中气机不利时，导致胃肠中水气相搏发出声响，则可闻及。

临床根据肠鸣发生的频率、强度、音调等，结合进食、是否嗳气、呕吐与排便等情况加以辨别。当肠道传导失常或阻塞不通时，则肠鸣声高亢而频急，或肠鸣音减少甚至完全消失。

（1）肠鸣增多：脘腹部鸣响如囊裹浆，辘辘有声者，行走或推抚脘部时，其声下移者，称为振水声，若是饮水过后出现多属正常，若非饮水而常见此声者，多为水饮留聚于胃，为中焦气机阻遏所致。

鸣响在脘腹，如饥肠辘辘，得温得食则减，饥寒则重者，为中气不足，胃肠虚寒。故《灵枢·口问》说："中气不足……肠为之苦鸣。"

肠鸣高亢而频急，脘腹痞满，大便泄泻者，多为感受风寒湿邪以致胃肠气机紊乱所致。若伴有腹痛，便急难忍，腹泻，或水样便，或伴见呕吐者，属饮食不洁。肠鸣阵作，伴有腹痛欲泻，泻后痛减，胸胁满闷不舒者，为肝脾不调。

（2）肠鸣稀少：肠鸣稀少多因肠道传导功能障碍所致，可因实热蕴结肠胃，肠道气机受阻；肝脾不调，气机郁滞，肠道腑气欠通；脾肺气虚，肠道虚弱，传导无力；阴寒凝滞，气机闭阻，肠腑不通等所致。

肠鸣音完全消失，脘腹部胀满疼痛拒按者，多属肠道气滞不通之重证，可见于肠痹或肠结等病。

三、问题分析

干咳声是通过闻诊可以获取的症状。其病机多为燥邪犯肺或阴虚肺燥，使肺失清肃，肺气上逆所致。咳声重浊紧闷，多属实证、寒证。咳声轻清低微，气短，少气，痰量稀少，多属虚证。咳声不扬，痰稠色黄，不易咳出，多属热证。咳有痰声，痰多易咳，多属痰湿阻肺。咳声清脆，干咳无痰或少痰，多属燥邪犯肺或阴虚肺燥。

第二节 嗅气味

嗅气味，是指嗅辨病人身体气味与病室气味以诊察疾病的方法。在疾病情况下，由于邪气侵扰，气血运行失常，脏腑功能失调，秽浊排除不利，产生腐浊之气，可表现出体气、口气、分泌物、排泄物的气味异常。一般气味酸腐臭秽者，多属实热；气味偏淡或微有腥臭者，多属虚寒。故嗅气味可以了解疾病的寒热虚实。

一、问题思考

马某，男，40岁。咳吐大量脓血腥臭痰浊1周。3周前冒雨后，发热，咳嗽，气促，服药未效。2周前开始咳吐脓血腥臭痰浊。现症：高热，汗出烦躁，咳嗽气急，咳吐脓血腥臭痰浊，伴胸满而痛，口燥咽干，大便秘结，小便短赤。体检：形体略瘦，舌绛苔黄腻，脉滑数，体温39℃，胸片显示左中下块状阴影。

该病人哪些临床特征为闻诊所得？辨析气味的一般规律是什么？

二、主要内容

（一）病体之气

病体散发的各种异常气味，临床上除医生直接闻及了解外，还可通过询问病人或陪诊者而获知。

1. 口气

口气指从口中散发出的异常气味。正常人呼吸或讲话时，口中无异常气味散出。

若口中散发臭气者，称为口臭，多与口腔不洁、龋齿、便秘及消化不良等因素有关。

口气酸臭，兼见食少纳呆，脘腹胀满者，多属食积胃肠。

口气臭秽者，多属胃热。

口气腐臭，或兼咳吐脓血者，多是内有溃腐脓疡。

口气臭秽难闻，牙龈腐烂者，为牙疳。

2. 汗气

汗气指病人随汗出而散发出的气味。

汗出腥膻,多见于风温、湿温、热病,是风湿热邪久蕴皮肤,津液受到蒸变或汗后衣物不洁所致。

汗出腥臭,多见于瘟疫或暑热火毒炽盛所致。

腋下随汗散发阵阵臊臭气味者,是湿热内蕴所致,可见于狐臭。

3. 痰涕之气

正常状态下,人体排出少量痰和涕,无异常气味。

咳吐痰涎清稀量多,无特异气味者,属寒证。

咳痰黄稠味腥者,是肺热壅盛所致。

咳吐浊痰脓血,腥臭异常者,多是肺痈,为热毒炽盛所致。

鼻流浊涕腥秽如鱼脑者,为鼻渊。

鼻流清涕无气味者,为外感风寒。

4. 呕吐物之气

呕吐物清稀无臭味者,多属胃寒。

气味酸腐臭秽者,多属胃热。

呕吐未消化食物,气味酸腐者为食积。

呕吐脓血而腥臭者多为内有痈疡。

5. 排泄物之气

排泄物之气包括二便及妇女经、带等的异常气味,应结合望诊、问诊综合判断。

大便臭秽难闻者,多为肠中郁热;大便溏泄而腥者,多属脾胃虚寒;大便泄泻臭如败卵,或夹有未消化食物,矢气酸臭者,为伤食。

小便黄赤混浊,臊臭异常者,多属膀胱湿热;尿液若散发出烂苹果样气味者,多属消渴病后期。

妇女月经臭秽者,多属热证;经血味腥者,多属寒证。带下臭秽而黄稠者,多属湿热;带下腥臭而清稀者,多属寒湿。崩漏或带下奇臭,兼见颜色异常者,应进行一步检查,以判别是否为癌症所致。

(二)病室之气

病室之气是由病体本身或排泄物、分泌物散发而形成。气味从病体发展到充斥病室,说明病情危重。临床上通过嗅病室气味,可作为推断病情及诊断特殊疾病的参考。

病室臭气触人,多为瘟疫类疾病。如戴天章《瘟疫明辨》说:"瘟疫病气从中蒸达于外,病即有臭气触人,轻则盈于床帐,重则蒸然一室。"

病室有血腥味,病人多患失血证。

病室有腐臭气,病人多患溃腐疮疡。

病室尸臭,多为脏腑衰败,病情重笃。

病室有尿臊味,多见于水肿晚期病人。

病室有烂苹果样气味,多见于重证消渴病病人。

病室有蒜臭味,多见于有机磷农药中毒。

三、问题分析

病人所患疾病为肺痈。其中咳嗽声音及痰浊之气味均可由闻诊所得。本案听咳嗽之声气急声高，闻痰浊腥臭，加之高热、便秘、舌绛苔黄腻，脉滑数当为热毒壅肺，蕴成脓痰之实热证。

辨析气味的一般规律是：气味酸腐臭秽者，多属实热证；无臭或略带腥气者，多属虚寒证。

四、小结

听声音、嗅气味的具体内容列图如下（图4-1）：

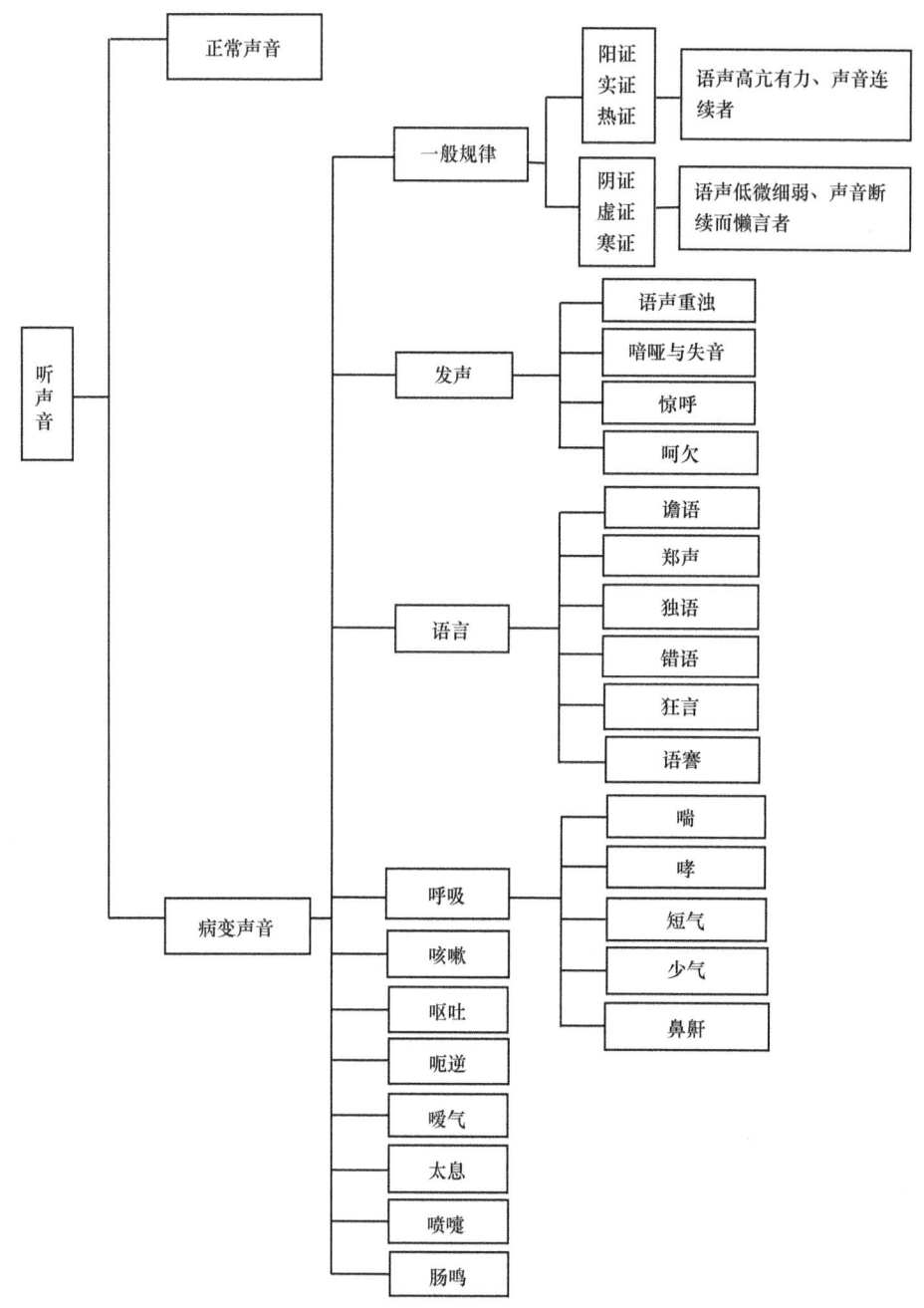

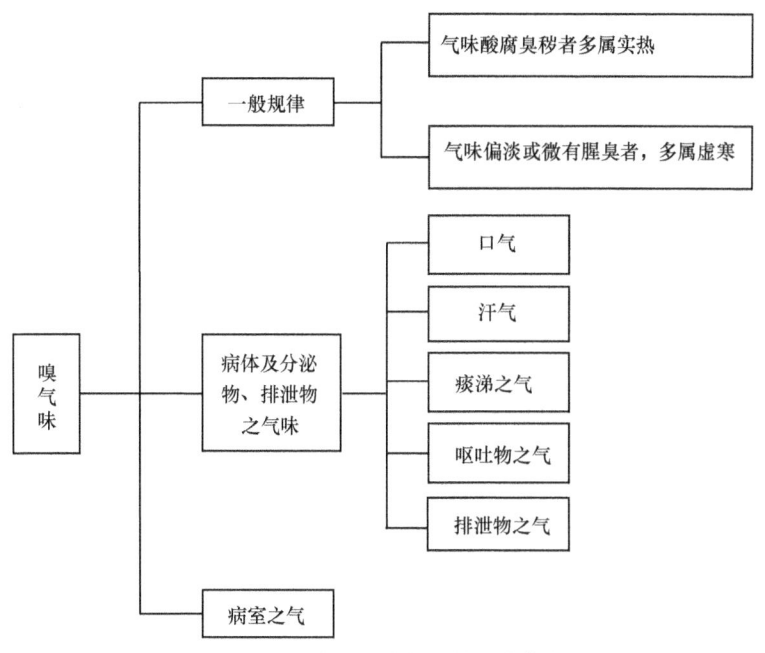

图 4-1 听声音、嗅气味的具体内容

五、思考题

1. 病变声音有哪些？基本规律如何？
2. 语言的异常改变有哪些？如何鉴别？
3. 谵语与郑声、独语与错语如何区别？
4. 如何鉴别哮与喘？
5. 呃逆与嗳气有何异同？
6. 异常气味有哪些？基本规律如何？
7. 病室气味异常有哪些情况？如何判断病证？

第五章 问 诊

问诊是指医生有目的、有步骤地询问病人或陪诊者，了解疾病的发生、发展、诊治经过、现在症状和其他与疾病有关的情况，以诊察病情，判断病证的方法。本章内容主要介绍问诊的意义、方法和注意事项、内容等。要求重点掌握问现在症的主要内容。

第一节 问诊的意义及方法

本节内容主要介绍问诊的意义、基本方法及注意事项。要求掌握问诊的方法，同时熟悉问诊的注意事项。

一、问题思考

杨某，女，50岁。自述周身不适1年，加重半个月。病人近1年来除月经周期紊乱外，无明显症状和体征，仅有时会感到莫名的烦热汗出不适，体检各项指标正常，西医诊断"神经官能症"，建议中医调理。舌淡红，苔薄白，脉略弦。

此病例无明显症状和体征，为预防更年期不适来找中医调理身体，该怎样进行问诊呢？问诊时应该注意哪些问题呢？

二、主要内容

（一）问诊的意义

问诊是临床诊断不可缺少的基本方法，可以收集其他三诊无法取得的病情资料，对病证诊断具有重要意义。

1. 了解疾病过程

疾病的发生、发展、演变是一个动态过程，很多疾病的特征和规律就体现在这个动态变化过程中。而望、闻、切三诊只能诊察到当前的病证表现，只有通过问诊才能了解病情经过，为揭示病证的内在规律和特征提供重要线索。

2. 诊察自觉症状

临床有很多病人以自我感觉不适就诊，没有明显的体征变化，尤其是在疾病早期，客观体征尚不明显，仅表现有自觉症状，或某些精神情志病变以自我感觉不适为主要表现时，医生通过问诊了解病人的自觉症状及精神情志状况等，为分析病情、判断病证提供依据就显得尤为重要。

3. 收集相关资料

中医整体观念认为，人是一个有机整体，人与外界环境密切相关。全面收集与疾病相关的资料，如季节气候、地域环境、既往病史、个人生活史、家族史等，也是医生分析病情，判断病证的重要参考，而这些资料只能通过问诊获得。

4. 指导其他诊法

医生在临床问诊时，对问到的病情资料要不断地进行分析归纳，辨别思考，为下一步诊察提供线索，而其他三诊在操作过程中亦需结合对病人的不断询问以指导下一步诊察。此外，临床的某些病证表现虽属其他三诊的检查范畴，但受各种具体因素的影响和条件限制，也常常需要通过问诊来获得。如分泌物与排泄物的形、色、量、质、味，以及疾病以往发作的即时状态等。

5. 兼具治疗作用

问诊还具有健康教育、咨询及心理治疗的作用。临床上，有些疾病的发生发展和演变与病人的不良生活方式或习惯密切相关，医生在问诊时了解到这些情况，不仅有助于疾病的诊断，而且能及时给予病人适当的劝戒及指导，从而有利于疾病的有效治疗和康复。如某些疾病与不良情绪刺激或心理社会因素相关，医生通过问诊可及时了解病人的情绪变化和思想动态，在诊察病情的同时，给予病人适当的语言疏导，可帮助病人调整情绪，减轻心理负担，提高治疗的依从性，促进病情向好的方面发展以早日康复。

（二）问诊的方法

问诊收集的病情资料是临床诊断病证的重要依据，这些资料是否真实可靠、并具有系统性和完整性，很大程度上取决于问诊的方法和技巧。

1. 抓住主症，确定主诉

临床问诊时，医生不能漫无边际、泛泛而问。应先仔细倾听病人叙述，学会从中找到重点，确定主诉（病人的主要痛苦与不适），围绕主诉进行有目的、深入细致的询问，为判断病位或病因病性提供重要线索。如问到病人就诊时的主要痛苦与不适为"发热"，就要围绕"发热"出现的时间、持续时间、轻重程度及伴随症状等进一步详细询问。

2. 边问边辨，问辨结合

问诊的过程实际上是一个与辨证思维密切交互的过程，在临床诊断中不能将两者截然分开。医生问诊时应不断将问到的病情资料用中医理论加以分析归纳，并结合其他三诊信息进行辨别，为下一步诊察提供线索，从而减少问诊的盲目性，做到边问边辨，边辨边问，问辨结合。如问到病人以"发热"为主症时，头脑中就要想到发热的机制应辨外感内伤、邪正虚实；再问"发热"出现的时间、持续时间，如发热3日，多为外感，则应进一步询问发热特点、轻重程度及伴随症状等，以辨感邪性质和病位层次等。

3. 注重整体，全面询问

整体观念是中医学的基本特点之一，为准确而全面地收集病情资料，不仅要掌握病变局部的情况，也要注重整体的病情变化；不仅要询问病人的个体情况，而且要了解与疾病相关的季节气候、地理环境、生活工作状况、社会人际关系等资料。也就是说，临床在对病人进行重点询问的同时，还要兼顾到病人的全身情况和一般情况，以免遗漏病情。如饮食，睡眠，二便，精神情绪，妇女的月经、带下等情况，有时病人并未特别在意而主动表述，但医生也应仔细询问,以便从整体上把握病情,做出正确诊断。

(三)问诊的注意事项

问诊是医生与病人之间的语言交流与沟通,医患之间沟通的有效程度不仅直接影响医生获取病情资料的全面性和准确性,而且关系到临床诊治效果、病人的满意度等。因此,为提高这种沟通的有效程度,学生必须在掌握好中医理论知识的前提下,认真学习问诊的方法与技巧,加强临床实践训练,并注意以下事项:

1. 态度认真平和

临床上,由于病人对医疗环境的生疏和临诊前的紧张情绪,叙述病情往往缺乏系统性,易有遗漏,医生应当理解病人的疾苦,做到态度和蔼,认真倾听,尽量避免重复提问,主动创造一种宽松和谐的就医环境,解除病人的不安情绪,缩短医患之间的距离,使病人能够平静而有条理地叙述病情,从而获取真实、详细的病情资料。在问诊中还要随时注意病人的精神、心理活动,对病人的叙述内容要反应平和,不要给病人以各种不良刺激而使病情加重。如遇病情较重,或较难治愈的病人,医生切忌有悲观、惊讶的语言或表情,以免增加病人的思想负担,并耐心细致地做好解释工作,鼓励病人树立战胜疾病的信心。

2. 语言通俗易懂

问诊时,医生应根据病人的具体情况,用病人听得懂的语言或方式进行询问,切忌用病人听不懂的医学术语。一般先由简易问题开始,围绕主诉,有目的、有顺序、有层次地询问。

3. 避免诱导暗示

临诊如遇到病人的叙述不够清楚或有疑问时,医生可适当予以启发,及时核实病人表述中不确切或有疑问的情况,但不能凭自己的主观意愿去暗示或诱导病人回答问题,以免病人不解其意地随声附和,从而减损了病情资料的真实性和可靠性。当病人有难言之隐不便说出,或遇某些病情不便当众表述时,医生要尊重病人的隐私权,不能强行逼问,以免获取的病情资料片面或失真,影响诊断的准确性。此外,由于病人不一定能将病情一次叙述得完整而准确,加之病情的不断发展变化,医生应对问诊的内容随时予以补充和验证,以便获取病人的病史规律和特点。

4. 医患直接交流

问诊时,医生应直接询问病人本人,如遇小儿或重病之人,意识不清,不能亲自叙述病情时,则需询问陪诊者,但为了保证病情资料的可靠性,待病情好转或意识清醒后,必须再直接询问病人加以核实及补充。对其他医院转来的病情介绍和病历资料只作参考,决不能取代临诊医生的亲自问诊。

5. 危重病人问诊,应以抢救治疗为先

危重病人的问诊,应抓住主症,扼要询问,重点检查后,立即进行抢救。详细的问诊与检查可在病情缓解后再作补充,切不可机械地苛求完整记录而延误抢救治疗的时机,造成不可挽回的严重后果。

三、问题分析

病例中,病人杨某,女,50岁。自述近1年来除月经周期紊乱外,仅有时自觉烦热汗出不适,无其他明显症状和体征,舌、脉基本正常。体检各项指标正常,西医诊断"神经官能症",未经治疗,求助中医调理身体。问诊时,首先结合女性年龄 50 岁左右处于绝经前后,以阵发性莫名的烦热汗出不适为主,无明显客观体征,初步判断与更年期综合征有关,然后围绕主诉"烦热汗出"进一步询问其出现的时间、程度、性质、部位、诱发因素、精神情志及其他伴随症状等,边问边辨,问辨结合,从病人个体及相关因素等方面整体审察,仔细询问,以期为分析病位涉及哪些脏腑、病性寒热虚实提供依据。这是问诊的基本方法。

医生问诊时还应注意态度认真平和,充分取得病人信任;语言通俗易懂,适当予以启发,避免诱导暗示等问题,才能保证问诊资料的准确性、全面性,为诊断病证提供可靠依据,以免造成漏诊甚至误诊。

四、小结

问诊的具体内容列图如下(图 5-1):

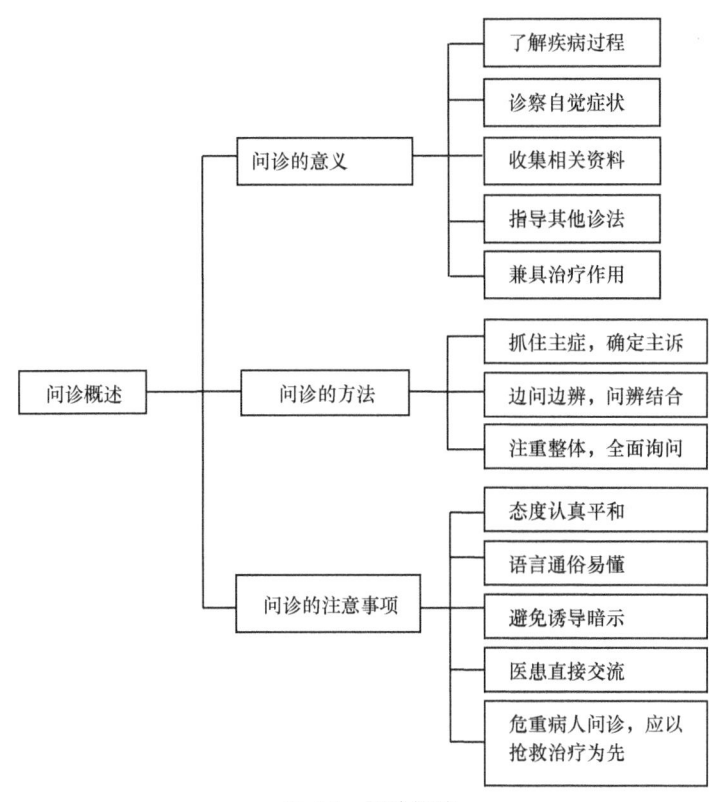

图 5-1 问诊概述

五、思考题

1. 中医问诊的意义如何?
2. 问诊的基本方法有哪些?
3. 问诊的注意事项有哪些?

第二节 问诊的主要内容

问诊的内容主要包括问一般情况、主诉、现病史、现在症、既往史、个人生活史、家族史等。临床上需根据病人的具体情况，或门诊就医，或收住入院，或初诊，或复诊等，进行有重点、有目的的系统询问。要求重点掌握问主诉及现病史的方法和要点。

一、问题思考

马某，男，60岁。2015年7月22日初诊。病人于20日前开始咳嗽，无痰，曾在他处服用中药数剂效不佳，故来就诊。舌淡红稍暗，舌下络脉增多紊乱，苔薄白，脉略滑数。该病人应该怎样进行问诊？进一步询问哪些内容才能为辨病辨证提供依据？

二、主要内容

（一）问一般情况

询问一般情况的内容主要包括姓名、性别、年龄、婚否、民族、籍贯或出生地、职业、工作单位、现住址及发病节气等。

问一般情况的临床意义，一是便于与病人或家属进行联系和随访，对病人负责；二是可使医生获得与疾病有关的资料，为某些地方病、职业病、传染病、妇科病、男性病、儿科病及老年病的诊断治疗提供一定依据。如妇女在生理上有经、孕、产、乳、带等特点，病理上则有经、带、胎、产等方面的特殊病证；男子生理上有阴茎勃起及排泄精液等现象，病理上则有遗精、滑精、阳痿、早泄等病变。小儿易患麻疹、水痘、百日咳等病，老人易患胸痹、中风、肺胀等病。如工作中经常接触有害物质，则可能发生铅中毒、汞中毒、矽肺等。如居处高山缺碘地区易患瘿瘤；岭南地区多山岚瘴气易发疟疾。冬春季节多发感冒、咳喘；夏秋季节易患痢疾、秋燥等。

（二）问主诉

主诉，指病人就诊的主要症状或体征及其持续的时间。

主诉往往是病人此次就诊的最主要的原因，代表疾病的主要矛盾所在。确定主诉可为初步估计疾病的范畴、类别、病位、病性及病势的轻重缓急等提供重要线索，具有重要的诊断价值。临床问诊时要善于抓住主诉，围绕主诉进行深入细致的询问。确定主诉的注意事项有以下三方面。

第一，主诉是病人最痛苦的症状或体征，就诊时往往最先叙述，也可能叙述凌乱而主次不清，医生应抓住一个或相互关联的两三个症状确定为主诉，最多不能超过三个。记录时按症状发生的时间顺序用简洁、精练的文字予以归纳（一般不超过20个字）。如"头目眩晕反复发作10年""手指发麻进行性加重1个月""突然昏倒2小时"等。

第二，要将主诉所述症状或体征的部位、性质、程度、时间等询问清楚，不能笼统、含糊。

如"每次行经小腹冷痛半年"。

第三，注意不能把病名、证名或检查结果列为主诉。若病人自觉无所苦而是在常规体检时发现异常检测指标来就诊时，则可以例外。如"发热、咳嗽3天"，不能写成"感冒3天"或"风热袭肺3天"。

（三）问现病史

现病史指围绕主诉从起病到就诊时疾病的发生、发展演变过程，以及诊疗的经过和病人现在的症状表现。它记录了疾病发生、发展演变的全过程，是整个病史的主体部分，为临床诊病辨证的主要依据。现病史的内容包括以下四个方面：

1. 发病情况

发病情况，包括发病时间，新久缓急，发病时的环境、起因或诱因，最初的症状及其性质、部位，当时曾作何处理等。临床病证的发生或发作都有各自的特点，详细了解发病情况，对探索病因，辨别病位、病性等具有重要的鉴别作用。如起病的时间急缓，可辨虚实内外。一般起病急、病程短者，多为外感病，属实证；起病较缓、病程较长、反复发作者，多为内伤病，属虚证或虚实夹杂证。而起病的起因或诱因，可辨病位与病性。如因情绪刺激而发者，多属肝气不舒；随气候变化而发者，多属外邪袭肺；暴饮暴食或饮食不洁者，多伤脾胃等。

2. 演变过程

演变过程，是指从发病后至就诊时病情变化的主要情况，包括疾病过程中主要症状的变化（进行性加重或好转）、新症状的出现、病情变化有无规律等。一般按发病时间的先后顺序进行询问，以便了解病证的病机演变趋势和特点。

3. 诊治经过

诊治经过，是指病人患病后至本次就诊前曾做过的诊断和治疗情况，包括曾在何处诊治、诊断方法及结果、治疗措施及效果等。了解病人此前的诊治经过，对当前的诊断与治疗有重要的参考价值。

4. 现在症状

现在症状，指病人就诊时所感觉到的所有痛苦与不适，以及与疾病相关的全身情况，包括主要症状的特点（时间、部位、程度、性质等）、伴随症状、饮食、睡眠、二便、精神情绪等。这些是临床诊病辨证的主要依据或基本依据。因此，现在症状是问诊的核心内容。

（四）问既往史

既往史，称过去病史，指病人患病以前的身体健康状况，以及过去曾患其他疾病的情况。

1. 平素健康状况

平素健康状况，是指病人平常的健康状况，如强壮、无病、或体弱、多病等，可能与其现患疾病有一定关系，可作为分析判断病情的参考依据。一般素体健壮，正气充足，抗病能力强，患病多为实证；素体衰弱，正气亏虚，抗病能力弱，患病多为虚证；素体阴虚，易热化燥化，病性多属热；素体阳虚，易寒化湿化，病性多属寒。

2. 既往患病情况

既往患病情况，是指询问病人过去曾患过何种其他疾病，尤其是传染病、地方病、职业病等，是否复发过，现在是否痊愈，现在还有何病情表现，对现患疾病有无影响；是否接受过预防接种；有无药物或其他物品的过敏史；做过何种手术治疗等内容。由于这些情况可能对本次所患病证产生某些影响，故对现患疾病的诊断有一定作用。如"中风"病人多有"眩晕"病史；"肝病"病人可出现"传脾"的症状；而痢疾、疟疾、白喉、麻疹等疾病的发生，与传染病接触史和预防接种情况有直接关系等。

（五）问个人生活史

个人生活史主要包括病人的生活经历、饮食起居、精神情志、婚姻生育情况等。

1. 生活经历

生活经历，主要指询问病人的出生地、居住地、经历地及居留时间（尤其是疫源地和地方病流行区）、受教育程度、经济生活和业余爱好等情况，以便诊断或排除某些地方病和传染病。

2. 饮食起居

饮食起居主要是了解病人平时的饮食嗜好、生活起居习惯等情况，对分析病人的体质、判断病因病性等有一定意义。如嗜食肥甘厚味，易致痰湿壅盛；嗜食辛辣香燥，易生热化燥；贪食生冷瓜果，易中寒伤阳；嗜烟伤肺；嗜酒则易伤肝胃；劳累过度，耗伤气血；好逸恶劳，多气血壅滞等。

3. 精神情志

问精神情志状况是指了解病人平素的性格特征、当前精神情志状况及其与疾病的关系等。由于精神情志的变化，对许多疾病的发生发展、演变趋势有双向影响，仔细询问疾病发作的关系，既有助于这些病证的诊断，又可提示医生在药物治疗的同时，辅以思想开导等心理疗法，促使病情缓解，以利疾病康复。尤其对因精神情志刺激所导致的疾病有特别意义。

4. 婚姻生育

婚姻生育情况是指询问成年男女病人是否结婚、结婚年龄、生育情况、配偶健康状况、有无传染病及遗传病等，对诊断妇科病和男性病都有重要意义。如女性病人应询问其经、带、胎、产等情况。如月经周期，行经天数，经色，经量以及带下的量、色、质、味等。青年女性注意问初潮年龄，老年妇女应问绝经情况，育龄期女性还应询问妊娠次数、生产胎数、有无流产、堕胎、早产、难产等。对男性病人也应询问有无影响生育的疾病。

（六）问家族史

问家族史，指询问与病人有血缘关系的直系亲属，以及与其生活工作密切接触的人（如父母、兄弟姐妹、爱人、子女等）的健康状况和患病情况。必要时应注意询问直系亲属的死亡原因和时间。

问家族史的意义在于帮助诊断某些遗传性和传染性疾病，以及共同的不良生活条件、方式所造成的病证。

三、问题分析

病人马某因于20天前开始咳嗽，曾在他处服中药效不佳来就诊，首先简单询问其一般情况后，确定主诉为：咳嗽20余天。然后应围绕主诉进一步询问，咳嗽初起情况，有无外感或明显诱因,咳嗽发作的时间、伴随咳嗽有无胸痛气喘、有痰无痰,有痰者需问痰的形、色、量、质以辨病性;再问口渴与否,饮食、睡眠、大小便情况等。结合平素体质状况、既往病史等,为辨病性提供佐证资料。因咳嗽时间较长,还应询问家族史,尤其是周围密切接触者的患病情况以排除传染病的可能。

注意问诊还应结合察舌验脉,四诊合参,并配合体格检查、实验室检查、影像检查等才能明确中西医诊断。

四、小结

问诊的具体内容列图如下(图 5-2):

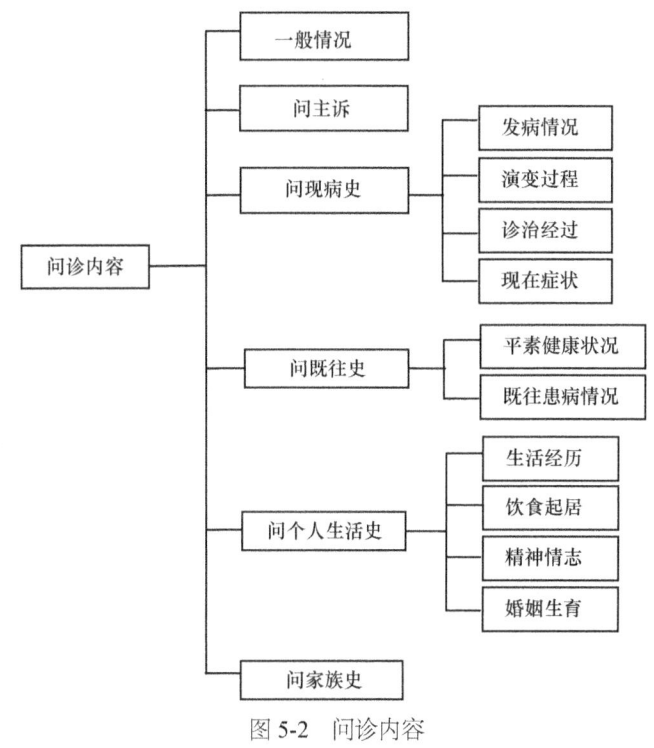

图 5-2 问诊内容

五、思考题

1. 问诊的主要内容有哪些?
2. 何谓主诉?确定主诉的注意事项有哪些?
3. 何谓现病史?现病史包括哪些内容?

第三节 问现在症

问现在症的内容较多,包括询问主症的特征、伴随症状及全身其他情况等。张介宾在其《景岳全书·传忠录·十问篇》中将问现在症的内容编成歌诀："一问寒热二问汗,三问头身四问便,五问饮食六问胸,七聋八渴俱当辨,九因脉色察阴阳,十从气味章神见,见定虽然事不难,也须明哲毋招怨。"后世医家非常推崇,在此基础上进一步改编,如陈修园《医学实在易》改编为:"一问寒热二问汗,三问头身四问便,五问饮食六问胸,七聋八渴俱当辨,九问旧病十问因,再兼服药参机变,妇女尤必问经期,迟速闭崩皆可见,再添片语告儿科,天花麻疹全占验。"根据古今医家学者的临床经验与理论总结,现将问现在症的内容归纳为以下十个方面。临床问诊时,医生应视病人的实际情况灵活询问,切不可千篇一律地、机械地套问。

一、问题思考

1. 张某,男,35岁。2天前外出归来,出现发热恶寒、头身疼痛,于街道门诊输液治疗,恶寒缓解。现高热有汗,头身疼痛,咽痛,喘促,口干口渴,不欲饮,纳食不香,尿黄尿赤,大便可,自服三黄片。舌紫暗,苔白黄黏腻,右脉数略滑。

中医怎样辨发热?疼痛怎样辨虚实?

2. 王某,男,33岁,网络工程师。过度疲劳,经常工作加班。近日出现夜不能寐,甚者彻夜不眠的痛苦,且感食纳一般。病人形瘦体弱,腰酸困,渐感体力不支。曾服西药安定类效微而放弃,随求救于中医。诊得舌象为舌红苔少微黄,脉象沉而力不足。

该病患严重失眠,为何镇静剂解决不了问题?中医药该如何辨证论治呢?

二、主要内容

(一)问寒热

问寒热,是指询问病人有无怕冷或发热的感觉、寒热是否同时出现、出现的时间、持续的长短、轻重及其伴随症状等。询问寒与热的表现特征,可辨别病邪性质和机体阴阳盛衰。

怕冷与发热是临床最常见的症状。怕冷的感觉需辨恶寒、畏寒、恶风、寒战的不同。发热是指病人体温升高,或体温正常,自觉全身或某一局部发热的表现。临床有壮热、潮热、微热之分。

临床常见的寒热症状有恶寒发热、但寒不热、但热不寒、寒热往来四个类型。

1. 恶寒发热

恶寒发热指病人恶寒与发热同时并见,多见于外感病初期,是外感表证的重要特征。其机制为外邪侵袭肌表,郁遏卫阳,肌腠失煦则恶寒;邪气外束,玄府闭塞,正气奋起抗邪,卫阳失于宣发则郁而发热。所以,恶寒与发热并见是诊断表证的重要依据。由于感受邪气的不同,寒热的轻重表现也各不相同,据此可辨表证的类型。

如恶寒重发热轻,即病人感觉恶寒明显,并有轻微发热,常伴有无汗、头身疼痛、脉浮紧等表现,多由外感寒邪,郁阻阳气所致。

如发热重恶寒轻,即病人感觉发热较重,同时又感轻微怕冷,常伴有微汗出、咽红、肿痛、舌边尖红、脉浮数等表现,多由外感热邪,卫阳被郁所致。

如发热轻而恶风,即病人感觉有轻微发热,并伴有恶风、自汗、脉浮缓等表现,多由外感风邪，腠理疏松开泄，阳气郁阻不甚所致。

应当指出，外感表证的寒热轻重，除与病邪性质有关外，还与邪正盛衰有密切关系。如邪正俱盛者，恶寒发热皆较重；邪轻正衰者，恶寒发热均较轻；邪盛正衰者，多为恶寒重而发热轻。

此外，个别里证也有寒热并见者，如疮疡在火毒内发的早期，或酿脓的中期，以及疮疡已溃而毒邪未去，正不胜邪的末期，均可出现寒热并见的症状，为邪正相搏的反映，应当详辨。

2. 但寒不热

但寒不热是指病人只感怕冷而不觉发热的症状，多见于里寒证，临床分为两个类型。

（1）新病恶寒：指病人自觉怕冷，加衣被或近火取暖不缓解的表现，多见于外感表证初期尚未发热之时，或寒邪直中脏腑的里实寒证及表里俱寒证。

（2）久病畏寒：是指病人身寒怕冷，得温可缓的表现，多见于阳气不足，温煦失职的里虚寒证。

3. 但热不寒

但热不寒是指病人但感发热恶热而不觉寒冷的表现，多属阳盛或阴虚所致的里热证。特殊情况下，亦可见于气虚发热的病人。临床根据发热的时间、轻重等特点不同分为壮热、潮热、微热三个类型。

（1）壮热：是指病人身发高热（体温39℃以上）持续不退，不恶寒反恶热的表现。若伴有汗出、口渴、面赤、心烦、舌红苔黄、脉洪数等症者，多属阳热亢盛的里实热证；若伴有神疲乏力、气短自汗、纳呆腹胀、舌淡浮胖、边有齿痕等症者，多见于脾气亏虚，清阳不升，郁而发热的病人。

（2）潮热：是指按时发热；或按时热甚，如潮汐之有规律的表现，分日晡潮热、湿温潮热及阴虚潮热三个类型。

1）日晡潮热：特点是热势较高，申时即日晡（下午3～5时）之时更甚，多见于热邪与肠中糟粕互结，腑气不通之阳明腑实证，故又称为阳明潮热。

2）湿温潮热：特点是身热不扬（肌肤初扪之不觉很热，但扪之稍久即感灼手），午后发热明显，多属湿温病，由湿遏热伏所致。

3）阴虚潮热：特点是午后或夜间低热。若见五心烦热（病人自觉胸中烦热，伴有手足心热者），或骨蒸潮热（病人自觉有热自骨内向外蒸发者），伴有颧红、消瘦、盗汗、舌红少苔、脉细数者，多属阴虚内热。若温病热入营分，灼伤营阴，亦可见身热夜甚，但热势较高，常伴心烦失眠、口干不甚渴饮、斑疹隐现、舌红绛、脉细数等症。

（3）微热：是指轻度发热。其热势较低，一般不超过38℃，或仅自觉发热而体温正常的表现。午后或夜间低热者，多属阴虚内热。若长期微热，甚或高热不退，伴有神疲乏力、气短自汗、纳呆腹胀、舌淡浮胖、边有齿痕等症者，多属气虚发热。情志不舒，气郁化火而时有微热者，称为郁热者。若小儿在夏季气候炎热之时长期低热不止，至秋凉时不治自愈者，属小儿夏季热，多因小儿气阴不足，不能适应夏季的炎热气候所致。

4. 寒热往来

寒热往来，是指恶寒与发热交替发作，故又称往来寒热，是正邪相争于半表半里，互有进退所致，临床常见如下两个类型。

（1）恶寒发热交替出现，发无定时，伴见口苦、咽干、目眩、胸胁苦满、不欲饮食、脉弦等,属伤寒少阳病。

(2)寒战与高热交替发作,发有定时,每日发作一次,或二三日发作一次,并兼头痛剧烈、口渴、多汗等症,属疟疾病。

(二)问汗

问汗,即询问病人有无汗出的异常情况,如有无汗出,出汗的时间、多少、部位及其主要兼症等。汗由津液所化,津液属阴,由阳气蒸化从皮肤汗孔而出即为汗。一般人阴阳平衡,在体力活动、进食辛辣、温度过高、衣被过厚及情绪紧张等情况下适当出汗,属生理现象。若病人全身或局部,当汗出而无汗,不当汗出而汗多者,皆属病理现象。询问汗出异常的具体表现及伴随症状,可辨病邪性质及人体的阴阳盛衰。

1. 表证辨汗

(1)表证有汗:兼见发热恶风、脉浮缓者,多属外感风邪所致的伤风表证。风为阳邪,其性开泄,风邪袭表,腠理玄府开张,津液外泄而有汗出。若兼见发热重恶寒轻、咽红肿痛、脉浮数者,为外感风热所致的风热表证。热为阳邪,其性升散,风热袭表,腠理疏松,津液外泄而见汗出。

(2)表证无汗:兼见恶寒重、发热轻、头项强痛、脉浮紧者,多属外感寒邪所致的表寒证。寒为阴邪,其性收敛,寒邪束表,腠理致密,玄府闭塞,因而无汗。

2. 里证辨汗

(1)里证有汗:需根据出汗的时间、部位、汗量多少及伴随症状等情况辨别病证的寒热虚实。

1)自汗:是指清醒时经常汗出不止,动则更甚的表现,常伴神疲乏力、畏寒肢冷等症,多属于气虚、阳虚证,由阳气亏虚,不能固护肌表,玄府不密,津液外泄所致,活动则更加耗伤阳气故而汗出更甚。

2)盗汗:是指睡时汗出,醒则汗止的表现,常伴潮热、颧红、舌红少津、脉细数等症,多属于阴虚内热证。入睡之时,卫阳入里,肌表不固,虚热蒸津外泄,故睡时汗出;醒后卫阳复归于表,肌表固密,虽阴虚内热,也不能蒸津外出,故醒后汗止。自汗、盗汗并见者,属气阴两虚。

3)大汗:是指出汗量多,津液大泄的表现,属里实热证或亡阴或亡阳。临床应辨别虚实。若大汗兼发热面赤、口渴喜饮、溺赤便秘、舌红苔黄燥、脉洪数者,属里实热证,由里热炽盛,蒸迫津液外泄导致。若危重病人出现大汗不止的表现,称为绝汗或脱汗,每可导致亡阴或亡阳。如重病之人汗出如油,热而粘手,并见高热烦渴、脉细数疾者,为亡阴之汗。若危重病人大汗淋漓,汗稀而凉,肢厥脉微者,属亡阳之汗。

4)战汗:是指病势沉重之时,先见全身战栗抖动,表情痛苦,几经挣扎而后汗出者,是邪正剧烈相争的表现,为疾病发展的转折点。若汗出热退,脉静身凉,是邪去正复、疾病好转;若汗出而身热不减,甚或烦躁不安,脉来疾急者,为邪盛正衰、疾病恶化。

5)黄汗:是指汗出粘衣,色黄如柏汁的表现,多因风湿热邪交蒸所致。

(2)里证无汗:指里证病人当汗出时而不出汗,多属久病、虚证,常因阳气不足,蒸化无力,或为津血亏耗,生化乏源所致。

3. 局部汗出

临床有些病人汗出异常,仅表现于身体的某些局部,结合汗出部位与伴随症状,可辨别疾病的寒热虚实。常见的局部汗出有以下几种。

（1）头汗：是指病人仅见头部或头项部汗出较多的表现，又称但头汗出。若兼见面赤、烦渴、舌尖红、苔黄、脉数者，系上焦热盛，迫津外泄之故。若兼肢体困重、身热不扬、脘闷纳呆、舌红苔黄腻者，是中焦湿热蕴结，湿郁热蒸，逼津上越而致。头额冷汗不止，面色苍白，四肢厥冷，脉微欲绝者，是亡阳之象，由阴寒内盛，元气将脱，虚阳上越，津随阳泄所致。

此外，进食辛辣、热汤、饮酒之时，见头汗出者，属生理现象，为机体阳气旺盛，热蒸于上所致。若素体阳气偏盛，则汗出更为明显。

（2）半身汗：是指身体一半出汗，另一半无汗，或见于左侧，或见于右侧，或见于上半身，或见于下半身。无汗的半身是病变的部位，多因风痰或瘀痰、风湿之邪阻滞经络，营卫不得周流，气血运行受阻所致，可见于中风、痿证及截瘫等病人。

（3）手足心汗：是指手心、足心部位出汗较多的表现，多与脾胃功能密切相关。因脾主四肢肌肉，手足为诸阳之本，脾胃有病，升降失调，纳运失职，津液旁达于四肢而致手足心汗出。如汗出过多，伴口咽干燥、五心烦热、脉细数者，多为阴经（手厥阴经过手心，足厥阴经过足心）郁热熏蒸所致；手足心汗，连绵不断，兼烦渴饮冷、尿赤便秘、脉洪数者，多属阳明热盛、蒸津外泄之故；若汗出过多，伴头身困重、身热不扬、苔黄腻者，多由湿热郁蒸中焦所引起。

（4）心胸汗：是指心胸部容易汗出或汗出过多的表现，多见于各种心虚证，如有神疲倦怠、纳呆食少、心悸失眠等症，多属心脾两虚；若见心悸心烦、失眠多梦、腰膝酸软等症，多属心肾不交。

（5）阴汗：是指外阴部及其周围出汗过多，多由下焦湿热郁蒸所致。

（三）问疼痛

疼痛是临床上最常见的自觉症状之一，可发生在机体各个部位。导致疼痛的病因病机较复杂，可概括为虚实两类。因实致痛，或感受外邪，或气滞血瘀，或痰浊凝滞，或食滞、虫积等，阻滞脏腑、经络，闭塞气机，使气血运行不畅，"不通则痛"；因虚致痛，或气血不足，或阴精亏损，使脏腑经络失养，"不荣而痛"。

询问疼痛的部位、性质、程度、时间、喜恶等，可辨别疾病的虚实寒热。

临床先应根据起病的急缓，病程的新久，疼痛的时间、程度及喜恶等情况，进行虚实辨证。一般新病疼痛，起病急，病程短，痛势较剧，持续不止，痛而拒按，多属实证；久病疼痛，起病较缓，病程较长，痛势较轻，时痛时止，痛而喜按，多属虚证。

1. 疼痛的性质

在辨别疼痛虚实的基础上，进一步询问疼痛的性质，可识别具体的病证性质。临床常见的疼痛性质有以下几类。

（1）胀痛：是指疼痛且有胀的感觉，多属气滞作痛。如胸胁脘腹等处胀痛，时发时止，走窜不定，多为相关脏腑气机阻滞，不通而痛。若头目胀痛，则多见于肝阳上亢或肝火上炎的病证。

（2）刺痛：是指疼痛如针刺之状，多属瘀血致痛。刺痛以头部及胸胁脘腹等处较为常见，多为相关部位的组织器官血行瘀阻，不通则痛。

（3）走窜痛（游走痛）：是指痛处游走不定，或走窜攻痛。若肢体关节疼痛而游走不定，称为游走痛，多见于风湿痹证；若胸胁脘腹疼痛而走窜不定，称为走窜痛，多因相关脏腑气机受阻所致。

（4）固定痛：是指痛处固定不移，为寒邪凝滞或血行瘀阻的疼痛特征。如胸胁脘腹等处固定作痛，多属血瘀；肢体关节疼痛固定不移，多为寒湿痹证。

（5）冷痛：是指疼痛有冷感，遇寒加重，得温痛减，为寒证的疼痛特征。若新病疼痛急剧者，多因寒邪阻络所致，属实证；久病疼痛徐缓者，多因阳气不足，脏腑、肢体失于温煦所致，属虚证。

（6）灼痛：是指疼痛有灼热感，遇热痛甚，遇冷痛缓，为热证的疼痛特征。常因火邪窜络，或阴虚火旺，组织被灼所致。临床需结合病程的新久、疼痛的程度及其兼症辨别虚实。

（7）绞痛：是指疼痛剧烈如刀绞，多属有形实邪阻闭气机，或寒邪凝滞气机所致。如心脉痹阻引起的"真心痛"；蛔虫窜扰或寒邪内侵肠胃所致的脘腹痛；结石阻塞尿路引起的小腹痛等，往往具有绞痛性质。

（8）隐痛：是指疼痛不甚剧烈，尚可忍耐，但绵绵不休者，为虚证的疼痛特征，常见于头部和胸胁脘腹等部位，多由精血亏损，或阳虚内寒，机体失却充养、温煦所致。

（9）掣痛：是指疼痛而抽掣牵扯其他部位，亦称为引痛、掣痛，多因经脉失养或阻滞不通所致，由于肝主筋脉，心主血脉，所以掣痛多与心肝病变有关。

（10）空痛：是指疼痛而有空虚感，多因气血精髓亏虚，组织器官失其荣养所致。如头脑空痛，多属肾精亏虚所致；小腹空痛，多属胞宫血室空虚所致。

（11）酸痛：是指疼痛而有酸软感，多属湿邪致病。若腰膝酸软而痛，多属肾虚。

（12）重痛：是指疼痛而有沉重感，为湿证的疼痛特征，常见于头部、四肢、腰部及全身，多因湿性重浊，黏滞不畅，阻碍气机所致。若头部重痛，除湿困清阳外，亦可因肝阳上亢、气血上壅所致。

（13）闷痛：是指疼痛伴有痞满憋闷的感觉，常见于胸、脘部，多因痰浊阻肺，或痰阻心脉，或饮停胸膈所致。

2. 疼痛的部位

问疼痛的部位，可通过机体各部位与脏腑经络的相互联系了解病位所在。

（1）头痛：是指整个头部或头的前后、两侧及顶部疼痛。头为诸阳之会，精明之府，脑为髓海，肾主骨生髓充脑。十二经脉和奇经八脉都与头部相关联，尤其三阳经脉均上行于头。根据头痛部位，可确定病在何经、何脏。如头痛连项者，病属太阳经；两侧头痛者，病属少阳经；前额连眉棱骨痛者，属阳明经；巅顶痛者，属厥阴经；头痛连齿者属少阴经等。

（2）胸痛：是指胸部正中或偏侧疼痛。胸居上焦，内藏心肺，心肺有病，或阳气不足，或外邪侵袭，或痰瘀内阻等，均可产生胸痛。如胸前"虚里"部位（左乳下第四五肋间，心尖冲动处）作痛，或痛彻臂内，病位多在心；胸膺部位作痛，病位多在肺。

（3）胁痛：是指胁的一侧或两侧疼痛。肝胆居于右胁部，足厥阴肝经和足少阳胆经循行经过两胁部位，故胁痛多与肝胆病变密切相关。

（4）胃脘痛：脘，指上腹部剑突下，是胃所在部位，故称"胃脘"。胃脘痛是胃病的特征。

（5）腹痛：腹部的范围较广，可分为大腹、小腹、少腹等部位。横膈以下，肚脐以上为大腹，包括胃脘部、左上腹和右上腹，统属脾胃与肝胆；脐以下至耻骨毛际以上为小腹，属肾、膀胱、大小肠、胞宫；小腹两侧为少腹，是足厥阴肝经所过之处。临床问腹痛常与按诊密切配合，查明疼痛的确切部位，以判断病变所属脏腑。

（6）背痛：背部中央为脊骨，督脉行于脊里，脊背两侧为足太阳膀胱经所过之处，两肩背部又有手三阳经分布。故脊痛不可俯仰者，多因督脉损伤所致；背痛连及项部，多属风寒之邪客于太阳经腧而致；肩背作痛，多为风湿阻滞，经气不利所引起。

（7）腰痛：指腰脊正中，或腰部两侧疼痛。腰部中间为脊骨，两侧为肾所在部位。临床结合按诊，询问病人腰部两侧有无叩击痛，作为肾病诊断的重要指征。如腰脊中间或腰骶部疼痛，多属寒湿痹证，亦有因瘀血阻络，或肾虚所致者；若腰痛以两侧为主，则多属肾虚；腰脊疼痛连及下肢者，多属经脉阻滞；腰痛连腹，绕如带状，为带脉损伤。

（8）四肢痛：是指四肢部位疼痛，痛在肌肉、关节、或经络、筋脉等。关节疼痛，屈伸不利者，见于痹证，多因风寒湿邪侵袭，或因湿热蕴结，阻滞气血运行所致。四肢肌肉作痛，多因脾胃虚损，水谷精微不能布达四肢所致。若独见足跟或胫膝酸痛者，多属肾虚，多见于年老体衰或产后体虚之人。

（9）周身痛：是指头身、腰背、四肢等部均觉疼痛。临床应注意询问疼痛时间、病程长短以辨虚实。一般来说，新病周身疼痛，多属实证，以感受风寒湿邪居多；若久病卧床不起而周身作痛，多属虚证，乃气血亏虚，失其荣养所致。

（四）问头身胸腹

头身胸腹不适，包括头晕、胸闷、心悸、脘痞、胁胀、腹胀、身重、麻木等。这些症状在临床上不仅常见，而且均有重要的诊断价值。

1. 头晕

头晕，是指病人自觉头脑有晕旋之感，轻者闭目则止，重者感觉自身或景物旋转，站立不稳，不能张目，甚则晕倒。其病因病机较为复杂。询问时，应注意头晕的性质特征并结合其伴随症状加以鉴别。

头晕而胀，伴烦躁易怒，面赤耳鸣，口苦咽干，舌红，脉弦数者，多为肝胆火旺，气火上逆；头晕胀痛，耳鸣烘热，腰膝酸软，舌红少苔，脉弦细，每因恼怒而加剧者，多为肝肾阴虚，肝阳上亢；头晕面白，神疲体倦，心悸失眠，舌淡，脉细，每因劳累而加重者，多为心脾两虚，气血不足，不能上荣，脑府失养；头晕且重，如物裹缠，胸闷呕恶，舌苔白腻者，多为痰湿内阻，清阳不升；头脑晕沉，记忆减退，腰酸遗精者，多属肾精亏虚，脑海失充；若外伤后头晕刺痛者，多属瘀血阻滞，脉络不通。

2. 胸闷

胸闷，是指胸部有痞塞满闷之感，亦称胸痞，多与心、肺病证有关。如胸闷、心悸、气短者，多属心气不足，心阳不振；胸闷心痛如刺，多属心血瘀阻；胸闷痰多咳喘者，多属痰湿内阻，肺失宣降。

3. 心悸

心悸，是指病人经常自觉心慌、心跳、悸动不安，甚至不能自主的症状。属心神或心脏病变的反映。

心悸由受惊而致，或心悸易惊，恐惧不安者，称为"惊悸"，多由外界刺激所引起，如目见异物、遇险临危、恼怒愤慨等导致心神浮动，心气不定而引发心悸，多时发时止。其全身情况较好，病情较轻。

心跳剧烈，上至心胸，下至脐腹者，称为"怔忡"，常由惊悸进一步发展而来，多由劳累内因所引起，持续时间较长，全身情况较差，其病情较重。

惊悸、怔忡均属心悸的范畴。其病因病机较为复杂，临床应根据心悸的轻重特点及其兼症之不同来进行辨证。如惊骇气乱，心神不安；营血亏虚，心神失养；阴虚火旺，内扰心神；心阳气虚，鼓搏乏力；脾肾阳虚，水气凌心；心脉痹阻，血行不畅等，均可引起心悸。

4. 脘痞

脘痞，指病人自觉胃脘部胀闷不舒，或称脘胀，多属脾胃病变。如脘痞，嗳腐吞酸者，多为饮食伤胃；脘痞，食少，便溏者，多属脾胃虚弱。

5. 胁胀

胁胀，是指胁的一侧或两侧有胀满不舒的感觉。由于肝胆居于右胁，其经脉均分布于两胁，故胁胀多见于肝胆病变。如胁胀易怒，多为情志不舒，肝气郁结；胁胀口苦，舌苔黄腻，多属肝胆湿热。

6. 腹胀

腹胀，是指病人自觉腹部胀满痞塞不舒，如物支撑的一种症状，多见于脾、胃、肠、肝胆等病变。临床有虚实之分。如腹胀喜按属虚，多因脾胃虚弱，纳运失健所致；腹胀拒按属实，多因食积胃肠，滞而不化；或实热内结，阻塞气机，或寒湿内聚，凝滞气机；肝郁乘脾，肠胃失调等病证所引起。

若腹胀如鼓，皮色苍黄，腹壁青筋暴露者，称臌胀，多因酒食不节，或情志所伤，或虫积血腐，致使肝、脾、肾功能失常，气、血、水互结，聚于腹内而成。

7. 身重

身重，是指身体有沉重酸困的感觉，多与痰饮水湿停聚有关，常见于肺、脾、肾三脏病变。如风邪外袭，肺失宣降，通调水道功能失司，水泛肌肤而见身重，甚则浮肿；或脾气虚弱，失于健运；脾为湿困，阳气被遏，而见身重困倦、神疲、气短等症。此外，温热之邪，耗伤气阴，机体失却濡养，也可有身重之感。

8. 麻木

麻木，是指病人肌肤感觉减退，甚至消失，亦称不仁，多因气血亏虚，或肝风内动，或湿痰瘀血阻络所致。

（五）问耳目

耳目为身体的感觉器官，与内脏、经络有密切联系。问耳目，不仅可了解耳目局部有无病变，并且可帮助推断全身的生理病理变化。

1. 问耳

耳为肾窍，心寄窍于耳，手足少阳经脉分布于耳，主司听觉。故耳的病证多与心肾、肝胆有关。临床常见的听觉异常有耳鸣、耳聋、重听三种症状，其病因病机基本一致。轻者为重听，重者为耳聋，常由耳鸣、重听发展而来。三者可单独出现，也可同时并见。临床应注意询问其特点、新久、程度及伴随症状等内容。

（1）耳鸣：指病人自觉耳内鸣响，如闻蝉鸣，或如潮声，妨碍听觉。临床有虚实之分。如突发耳鸣，声大如雷，或如潮声，以手按压鸣声不减者，多因肝胆火盛，上扰清窍所致，属实证。如渐觉耳鸣，声音细小，如闻蝉鸣，以手按压鸣声减轻或暂止者，常因肝肾阴虚，肝阳上亢，或由肾虚精亏，髓海不充，耳失所养所致，多属虚证。

（2）耳聋：指病人有不同程度的听力减退，甚至听觉丧失。新病耳暴聋者，常由肝胆火逆，上壅于耳，清窍失灵或外感风温、湿热，邪蕴上焦；或痰浊瘀血，蒙蔽清窍所致，多属实证。久病耳渐聋者，常因精气虚衰，不能上充清窍所致，多属虚证。年老耳渐聋者，多是精衰气虚之故，属生理现象。

（3）重听：指听力减退，听音不清，声音重复。如日久渐致重听，虚证居多，常因肾之精气虚衰，耳窍失荣所致，多见于年老体衰的病人。如骤发重听，实证居多，常因痰浊上蒙，或风邪上袭耳窍所致。

2. 问目

目为肝之窍，心之外使，五脏六腑的精气皆上注于目，主司视觉。问目的异常表现，对五脏六腑的病证都有诊断意义。临床常见症状有目痒、目眩、目痛、目昏、雀目、歧视等。

（1）目痒：指眼睑、眦内或目珠有痒感，轻者揉拭则止，重者极痒难忍。如两目痒如虫行，畏光流泪，并有灼热之感，是肝经风火上扰，多属实证。若两目微痒而势缓者，多属血虚目失濡养的虚证。

（2）目眩：指视物旋转动荡，如在舟车之上，或眼前如有蚊蝇飞动之感，亦称眼花，临床常与头晕相伴出现。临床有虚实之分。如目眩兼有面赤、头胀、头痛、头重等邪壅于上的征象者属实证，多由风火上扰清窍，或痰湿上蒙清窍所引起。如目眩伴有神疲、气短或头晕、耳鸣等征象者，多由中气下陷，清阳不升，或肝肾不足，精亏血虚，以致目窍失于充养所致，属虚证，常见于年老体弱，或久病体衰之人。

（3）目痛：指单目或双目疼痛。临床上实证较多。目痛难忍，兼面红目赤、口苦、烦躁易怒者，为肝火上炎；目赤肿痛，羞明眵多者，为风热上攻。目微赤微痛，时痛时止，并感干涩者，多由阴虚火旺所致。

（4）目昏、雀目、歧视：视物昏暗不明，模糊不清者，为目昏。白昼视力正常，每至黄昏视物不清，如雀之盲者，称雀盲。视一物成二物而不清者，称歧视或视歧。三者均为视力减退的病变，其病因、病机基本相同，多由肝肾亏虚，精血不足，目失充养而致，常见于久病或年老、体弱之人。

（六）问睡眠

睡眠是人体正常生理活动，与人体卫气循行和机体阴阳盛衰的变化密切相关。如《灵枢·口问》说到："阳气尽，阴气盛，则目瞑；阴气尽而阳气盛，则寤矣"，即概述此道理。

在正常情况下，"阳入于阴则寐"。卫气昼行于阳经，阳气盛则醒；夜行于阴经，阴气盛则眠。人体发生疾病，机体阴阳失衡，则会导致睡眠状况发生异常。若阳盛不入于阴则少寐；若阴盛而阳不出于阴则多寐，从而引发临床常见的失眠和嗜睡等病理现象发生。临床上医者询问病人睡眠情况时，应该主要了解有无失眠或嗜睡的情况发生，以及睡眠异常的主要特点、相关伴随症状等以推知病理本质。

1. 失眠

失眠又称不寐，是指睡眠时间不足、深度不够、质量不高，临床以不易入睡，或睡中易醒不能复眠，或眠浅易惊，甚者彻夜不眠为主要表现，伴有心悸、心烦、多梦等。失眠极易造成人体精力不足或引发头脑思维混乱，从而影响人们正常的工作、学习和生活。病理多为气血阴血亏虚、心神失养所致，亦或阳盛阴虚、阳不入于阴所致，列举临床常见的几种病理

类型如下:

(1) 心脾两虚:特点是睡中易醒、醒后不易入睡,常伴有心悸乏力、纳呆腹胀、食少便溏等症状,多为忧思伤脾,脾虚生化不足、气血匮乏;或思虑劳神过度暗伤心血,心血亏虚,无以生土而脾气虚,气血两虚、心神失养所致。

(2) 心肾不交:特点是不易入睡,甚或彻夜不眠,常伴有头晕耳鸣、心烦多梦、潮热盗汗、腰膝酸软等症状,多为先天禀赋不足或久病体弱肾阴亏虚,或五志过激气郁化火而致心火亢盛,水火不能相济,水亏火旺,火扰神窍所致。

(3) 食滞胃脘:特点是烦扰不宁,辗转反侧、夜卧不安,睡眠不踏实,常伴有脘腹胀满、不思饮食、嗳气酸腐等症状,多为饮食不节或生冷饥饱不洁,导致饮食不化滞留肠胃,郁积生热,郁热浊腐之气上扰,心神不得安宁所致,即所谓"胃不和则卧不安"。

(4) 胆郁痰扰:特点是惊悸不寐,睡中时时惊醒,常伴有情绪抑郁或心烦易怒、胸胁胀满或胸闷胆怯、口苦恶心等症状,多为工作生活压力过大,情绪调控适当而致肝气不舒,气郁痰阻,痰热互结上扰心神所致。

2. 嗜睡

嗜睡也称多寐,是指睡意很浓,不论昼夜,时时欲睡易睡,唤之能醒,醒后复睡,提示机体阴阳失衡,处于阴盛而阳虚、阳气转出不能的一种状态。临床常见病理如下:

(1) 脾胃气虚:特点为饭后即感神疲困倦、嗜睡易睡,常伴有形体虚弱、纳呆食少、腹胀便溏、舌淡、脉细弱等症状,多为脾虚气弱,清阳不升,头面失养所致。

(2) 痰湿中阻:特点为常感困倦,思睡易睡,饮食油腻食物后更为明显,多伴有头身困重、头晕昏沉、胃脘痞闷、苔腻、脉濡或缓滑,多为痰湿中阻,湿困脾阳,脾不升清,清阳不升,头面失养所致。

(3) 心肾阳虚:特点为神疲气乏,嗜睡易眠,甚或出现精神委靡或意识朦胧,呼之即醒,"呈但欲寐"状,伴有畏寒肢冷、脉沉细等,多见于老年人或大病重病后期,多为心肾阳气虚衰,生发无力,阴寒内盛,机体功能衰减所致。

此外,临床亦可见温热火毒侵入营血,邪陷心包,心神被伤而致昏睡一证,其特点为昏睡或伴有谵语、身热夜甚,或发斑疹、舌绛、脉数等。临床上应与嗜睡鉴别。

(七) 问饮食与口味

询问饮食与口味,主要是为了解中焦脾胃的功能状态和机体内津液的盈亏及输布情况。通过诊查饮食与口味的异常改变及相关的不适症状,来大体推测并判断疾病的寒热虚实属性及病势的发展转归等情况。

1. 问口渴与饮水

口渴,是临床常见的一个症状。口渴与饮水的变化可以直接反映机体内水津生成与输布状况,并以此来推断病理的寒热虚实属性。如《景岳全书·传忠录》所言:"渴与不渴,可以察里证之寒热,而虚实之辨亦从以见。"临床上根据口渴的特点、饮水的多少及有关伴随症状来加以辨证分析。

(1) 口不渴:口不渴,且不想喝水,多提示机体内津液未伤,多见于疾病初期或寒证和湿证。因无燥热之邪气,机体内津液未受到损伤,故口不渴。

(2) 口渴多饮:常提示机体内津液受伤或是津液生成受限。若病人饮水量多且渴喜冷饮者，临床多见于实热证，多为火热伤津所致，常伴有身发热、心烦不寐、口干或口苦等症状；若病人口渴多饮且多食易饥、小便量多，但形体逐渐消瘦者，常为消渴病的特征，多阴虚为本，燥热为标。若口干口渴且喜热饮者，常为脾气虚弱，气不化津、津液不能上承所致。

（3）渴不多饮：常提示机体内津液输布障碍或轻度伤津。若口不甚渴，饮水量少，伴有身热夜甚者，多为温热病后期，温热邪气侵入营阴、虚火上扰所致；若口微渴，饮水量少，伴有身热不扬、头身困重等症状者，多为湿热内蕴，湿遏热伏所致；若渴喜热饮、饮水量少或水入即吐，伴有苔腻、脉滑者，多为痰饮内停，水津失布所致；若口干渴，但欲漱水不欲咽，伴肌肤甲错、舌暗、脉涩者，多为瘀血内阻，津液输布障碍所致。

2. 问食欲与食量

食欲食量的变化，临床上主要反映脾胃功能的强与弱。人以胃气为本，胃气的有无直接关系到病情轻重和转归预后，"有胃气主生，无胃气主死"。故询问病人的食欲和食量情况，主要考察脾胃的功能，以及判断病理的转归与预后情况。

（1）食欲不振 也称纳呆，是指食欲下降或是不思饮食，为脾胃功能失调的主要表现，有虚实之分。若是新病，多属实证，如食滞中焦胃肠道，或寒湿或湿热困阻脾胃，或肝郁脾失健运、胃失和降等；久病则多以虚证为主，多为慢性久病伤及中焦脾胃，导致脾胃气虚或脾胃阳虚功能下降所致。

（2）多食易饥：亦称消谷善饥，指进食量大且饥饿感强的表现，多为胃肠热盛，腐熟太过所致，临床上病人以多食易饥，且伴有大便秘结为主要表现；若病人多食易饥，但伴有大便溏泄者，多为胃火旺盛而脾气虚弱所致，也称胃强脾弱。

（3）饥不欲食：指有饥饿感但不想饮食的表现，多因胃阴不足，虚火内扰所致，多伴有口咽干燥、舌红少苔，多为火扰则饥，阴虚则胃脘纳食功能减弱所致。

（4）嘈杂：指胃中空虚，似饥非饥，似痛非痛，热辣不宁的表现，常伴有情绪抑郁、胸胁胀满、嗳腐吞酸等症状。临床病理多为肝气不舒，郁久化热，肝火横逆，克伐胃脘或酒食过量伤及肝胆所致。

（5）厌食：指厌恶进食，甚至恶闻饮食之味的表现。临床多见饮食积滞，或湿热蕴结于脾胃或肝胆之病证。厌食，若兼有脘腹胀满、嗳腐口臭、舌苔厚腻者，多为食积胃肠、食物郁腐所致；若厌食油腻、脘闷呕呃、便溏不爽者，多为湿热蕴脾、运化失职所致；若厌食油腻，口苦泛呃，胁肋胀满疼痛不适者，多为肝胆湿热，肝失疏泄、脾失健运所致。另外，妊娠期妇人出现厌食则为脾胃不和，大多属常态，若严重恶心呕吐者，则属妊娠恶阻，需要医治。

（6）除中：临床见于久病或重病之人，本已毫无食欲食量，却突然食欲大增，且能食或暴食，提示机体脾胃之气将绝，"回光返照"，预后转归多不佳。

（7）偏嗜食物：临床常见于脾胃失和的病理。如小儿嗜食生米、生肉等，伴有消瘦、腹胀腹痛者，多属虫积。若已婚女性，嗜食酸辣之物时，伴有月经闭止、恶心、脉滑数冲和者，应考虑妊娠。另外，正常人群中，由于地域及生活习惯的不同，也常有饮食的偏嗜。但偏嗜太过，容易诱发或导致一些疾病的发生，应该引起关注。

3. 问口味

一般而言，脾胃肠功能协调正常时，味觉灵敏，无异常口味变化。

口淡乏味，多为脾胃气虚或阳虚所致。

口中泛酸，多为肝胃不和或肝胃蕴热所致。

口中酸馊之味，多为食积胃肠所致。

口苦者，多属胃热证，心火、肝火证亦多见。

口咸者，多为下焦虚寒所致。

口中黏腻者，多为湿热所致。

口中干涩则多为燥热伤津或脏腑热盛、气火上逆所致。

另外，若病人在病中食欲、食量渐渐恢复，口渴饮水及口味无太大异常者，多提示疾病向愈之佳兆；反之，则疾病转归预后多不良。由于生活地域、生活习惯不同，病人可有饮食嗜味之异，不同脏腑的疾病也可产生不同的饮食嗜味，如肝病嗜酸等，临床可作参考。

（八）问二便

问二便，指询问病人大小便的有关情况，如大小便的次数、形质、颜色、气味及排便感觉等以推测病因病机的方法。大便的排泄，虽然直接由大肠所司，但与脾胃的腐熟运化、肝的疏泄、命门的温煦、肺气的肃降等有密切关系。小便的排泄，虽然直接由膀胱气化功能所司，却与肾气的调控、脾的运化转输、肺的宣发肃降、肝的疏泄、小肠的泌别清浊和三焦的决渎等功能密不可分。故询问大小便情况，不仅可以了解饮食水谷在人体内的新陈代谢过程如何，亦是判断相关脏腑病变和寒热虚实性质的重要依据。

有关二便的颜色、气味等内容，已分别于望诊、闻诊中述及，此处着重介绍二便的次数、性状、便量和排便异常感觉等。

1. 问大便

正常情况下成人应该每日排便一次。当然便次与便量常因所进食物的种类、进食量的多少及脾胃的功能状态因人而异。若排便顺畅，黄色成形软便，便内无脓血、黏液及未消化的食物等为常态。若气血津液失调，脏腑功能失常，便次、便质及排便感均可有异常改变。结合临床常见有下列情况：

（1）便次异常

1）便秘：大便难于排出，或蹲厕时间延长，或便次明显减少者，称为便秘，又称大便难。便秘者，一般表现为大便数日一行，粪质干硬，但也有排便次数正常，仅因粪质干燥而便下艰难，或大便虽不干燥，但排便无力而便难者。因此，不能单凭排便次数或便质干结就确定是否为便秘。

便秘总由大肠传导功能失常所致。大凡热结肠道而津伤，或肝脾气滞而不通，或阴寒内盛而凝滞所致者，属实证；阴虚肠失濡润，或血虚肠道失荣，或气虚传送无力，或阳虚阴寒凝滞所致者，属虚证。

便秘除常因肠道病变引起外，偶亦可有因肛周病变或肠外肿瘤压迫所致，故临证时应根据其不同特征而详加审辨。

2）泄泻：便次增多，而且便质稀薄，甚至粪如水样者，称为泄泻。

泄泻多由感受外邪、内伤饮食、情志失调等原因，导致脾失健运，小肠清浊不分，大肠燥化不及、传导太过所致。一般新病暴泻者多属实证；久病缓泻者多属虚证。

如泻下清稀，甚则如水样，纳少腹痛，或兼恶寒发热者，多为寒湿内盛，脾失健运，清浊不分所致。

泻下粪便臭如败卵，泻后痛减，脘胀嗳腐者，多因宿食内停，阻滞胃肠，传化失职所致。

泻下急迫，或泻而不爽，肛门灼热，舌苔黄腻者，多为湿热蕴结大肠，气机阻滞所致。

精神紧张之时发生腹痛泄泻，泻后觉舒者，多为肝气不舒，横逆犯脾，脾失健运所致。

若黎明前脐腹作痛,肠鸣即泻,泻后则安,形寒肢冷,腰膝酸软者,称为"五更泄",多由肾气亏虚,命门火衰,阴寒湿浊内积所致;大便时溏时泻,迁延反复,食后脘闷,神疲乏力者,因脾失健运,清浊不分所致。

(2)便质异常:除便秘、泄泻必然伴便质干燥或稀薄外,常见的便质异常还有以下几种。

1)完谷不化:大便中含有较多未消化的食物,称为完谷不化。久病体虚者见之,多因肾阳不足,命门火衰,不能温煦脾土,脾失健运,传化无力所致;新病暴食者见之,多因食滞胃肠,腐熟不及所致。

2)溏结不调:指大便时干时稀,或先结后溏,常伴有腹痛、肠鸣等症。大便时干时稀者,多因肝郁脾虚,肝脾不调所致;大便先结后溏者,多为脾胃气虚所致。

3)便血:指血液从肛门排出体外,或粪中带血,或粪、血相混,或便后滴血,或全为血便。便血颜色可呈鲜红、暗红或紫黑,甚或黑如柏油样。一般见于胃肠或肝病病人,多因脾胃虚寒,气不摄血,或胃肠积热,湿热蕴结,气滞血瘀所致。若血色暗红或紫黑或黑便如柏油状者,谓之远血,多与胃脘、肝病有关。若血色鲜红,血附便外或于排便前后滴出者,谓之近血,多见于内痔、肛裂、结肠憩室及锁肛痔(直肠癌)等肛门部的病变。除胃肠病变外,许多全身性疾病,如温热病、血液病、紫癜、食物中毒、药物中毒等,亦可见到便血。

4)脓血便:指粪便中带脓血黏液,多见于痢疾,常为湿热积滞蕴结,肠道络脉受损,气血瘀滞、血肉瘀腐所致。

(3)排便感异常

1)肛门灼热:指排便时感觉肛门灼热不适,多因大肠湿热下注,或郁热下迫直肠所致,常见于湿热痢疾、暑湿泄泻等病证。

2)里急后重:指腹痛窘急,时时欲便,肛门重坠,频频登厕,便出不爽的表现,多因湿热蕴结大肠,气血壅滞,腑气滞涩不畅所致。里急后重是痢疾的主症之一,常伴有赤白脓血便。

3)排便不爽:指排便不畅快,总有排便不尽之感。泻下如黄糜而黏滞不爽者,多因湿热蕴积大肠,气机不畅,传导不利所致;腹痛欲便而排出不爽,胁胀嗳气者,多因肝郁脾虚,肠道气滞所致;腹泻不爽,大便酸腐臭秽者,多因食积化腐,肠道气机不畅所致。

4)滑泄失禁:指排便失去控制,粪便从肛门流出不能自止,甚则便出而不自知者,称滑泄失禁或大便失禁,多因脾肾气虚阳衰、肛门失约所致,见于久病年老体衰,或久泻、久痢不止的病人。若新病泄泻势急而大便未能控制,或神志昏迷而大便自行流出,多见于食物中毒或昏迷病人。

5)肛门气坠:指自觉肛门有下坠感,重者可伴脱肛,常于劳累或排便后加重,多因脾气虚衰,中气下陷所致,常见于久泻久痢或体弱病人。

2. 问小便

问小便指通过询问尿量、尿次及排尿感异常等情况以诊断病情的方法。一般情况下,健康成人日间排尿4~6次,夜间排尿0~2次,24小时尿量为1000~2000ml。排尿次数和尿量,可受饮水、气温、出汗、年龄等因素的影响而略有不同。小便为津液所化,机体津液输布代谢或三焦气化功能失常时,即可出现异常情况。故问小便可诊察体内津液的盈亏和有关脏腑的气化功能状况。

(1)尿量异常

1)尿量增多:指排尿量明显多于正常。小便清长量多,常见于虚寒证,多因阳气虚弱,特别是肾气不固、下关失固所致。尿量增多,伴多饮、多食、消瘦者,为消渴病,多由肾阴亏虚,阴损及阳，肾失固摄所致。

2）尿量减少：指排尿量明显少于正常。热病以温热伤津、阴液耗损为特点，故源亏则尿少；大汗伤津，吐泻亡液，故尿量减少常见于汗、吐、下之后；水肿病尿量减少，多系肺失通调，脾失转输，肾失开阖，三焦水道不通，水停溢于周身而不出所致。湿热蕴膀胱结，阻塞或损伤尿路、水道不利亦可致尿量减少。

（2）尿次异常

1）小便频数：指单位时间内排尿次数明显增多，简称尿频。如新病小便频数，短赤而急迫者，多属膀胱湿热，气化失职所致；久病小便频数，量多色清，夜间尤甚者，多因肾阳不足，肾气不固，膀胱失约所致，常见于老年体衰，久病肾虚病人。

2）癃闭：指尿量减少而排尿困难，甚至小便不通的症状。小便不畅，点滴而出为癃，小便不通，点滴不出为闭，合称癃闭。癃闭的成因复杂，临床当首分虚实。因肾阳不足，无力气化，津液内停；或脾气不升，浊阴失降所致者，属虚证。若膀胱湿热，肺热气壅，或瘀血、结石阻塞下焦者，多属实证。

（3）排尿感异常

1）小便涩痛：指小便排出不畅而痛的症状，简称尿痛，多因湿热蕴结，膀胱气化不利所致，常见于淋证。临床应结合小便色、质等情况综合分析，以区别热淋、血淋、石淋、膏淋之不同。

2）余沥不尽：指小便后仍有少许尿液点滴流出的症状，又称尿后余沥，多因肾气不固，膀胱失约所致，常见于老年或久病体衰者。偶可见于湿热留着于尿路等所致的淋证病人。

3）小便失禁：指小便不能自己控制而自遗的症状，多因肾气亏虚，下元不固，或脾虚气陷及膀胱虚寒而失约所致。尿路损伤，或湿热、瘀血阻滞，使膀胱气化失司，亦可致小便失禁。若神志昏迷而小便自遗者，则属病情危重。

4）遗尿：指睡眠中小便不自主排出的症状，俗称尿床，多因禀赋不足，肾气亏虚，或脾虚气陷及膀胱虚寒失约所致。临床上亦有心火、肝热内扰，心神魂魄不能内守者，亦可见于3岁以下的健康婴幼儿。

（九）问妇人

在生命历程中，妇女有经、带、胎、产、乳等生理过程，故对妇女的问诊，应着重询问有关月经、带下、妊娠、产育、哺乳等方面的异常情况或病理特点。由于妇女月经、带下的异常，不仅是妇科的常见病证的表现，也是全身性病理改变的反映。因此，询问月经、带下的情况，可作为妇科或一般疾病的诊断依据。

1. 问月经

月经，指有规律的周期性子宫排血现象。因其按月来潮且潮之有时，因此，古有"月汛""月事"等称谓。月经第一次来潮，称为初潮，多在14岁左右，到49岁左右月经闭止，称为绝经。月经周期一般28天左右，行经3～5天，经量中等，经色正红，经质不稀不稠。询问月经的有关情况，可以诊察肾、肝、脾、胞宫、冲任二脉等脏腑组织的功能状况和气血的盛衰及运行情况。

问月经应注意了解月经的周期，行经的天数，月经的量、色、质，有无闭经或行经腹痛，初潮或绝经年龄及末次月经日期等。

（1）经期异常（亦称月经不调）

1）月经先期：若连续2个月经周期均出现月经提前7天以上的现象称为月经先期，又称

"月经提前"，多由气虚不固，或阳盛血热，或阴虚火旺，或瘀血阻滞冲任所致。

2）月经后期：若连续2个周期均出现月经推迟7天以上的现象为月经后期，又称"月经错后"，多因营血亏损、肾精不足，或因肾阳不足，无以化血，血海不能按时满溢所致者，此属虚证；因寒凝气滞，或痰湿阻滞，冲任不畅者，多属实证。

3）月经先后不定期：若经期不定，月经或提前或延后7天以上，并连续发生3个周期以上者称为月经先后不定期，又称月经衍期，多因肝气郁滞，或脾肾虚损，冲任气血失调，血海蓄溢失常所致。

（2）经量异常

1）月经过多：月经周期和持续时间基本正常，但月经量较正常量明显增加，多因热伤冲任，迫血妄行；或脾肾气虚，冲任不固；或瘀阻胞络，血不归经所致。

2）月经过少：指月经周期基本正常，但月经量较正常量明显减少，甚至点滴即净者。其虚证，多因精血亏少，或气血两虚所致；其实证，常因寒凝血瘀，冲任不畅所致。

3）闭经：指女子年逾18周岁，月经尚未来潮，或已行经后又停经3个月以上者。但在妊娠期、哺乳期或绝经期的月经停闭，属生理现象；还有部分少女初潮后的一时性停经，又无其他不适反应者，不作闭经论治。病理性闭经，其虚者，多由肝肾不足，气血亏少，血海空虚，经血无源可化所致；其实者，多因气滞血瘀，或阳虚寒凝，或痰湿阻滞，胞脉不通，经血无路可行所致。

4）崩漏：指非行经期间，阴道内大量出血，或持续下血，淋漓不止者。一般来势急，出血量多者，称为崩，或称崩中；来势缓，出血量少者，称为漏，或称漏下。崩与漏发病机制基本相同，又常互相转化，交替出现，故统称为崩漏。其形成多因热伤冲任，迫血妄行；或脾肾气虚，冲任不固；或瘀阻冲任，血不归经所致。

（3）经色、经质异常：经色、经质异常指月经颜色、经血质地异常的症状。经色淡红质稀，多属气虚或血少不荣；经色深红质稠，多属血热内炽；经色紫暗，夹有血块，兼小腹冷痛者，多属寒凝血瘀。

（4）痛经：痛经指经期或行经前后，出现周期性小腹疼痛，或痛引腰骶，甚至剧痛难忍的病证，又称经行腹痛。临床主要根据疼痛的性质特点及时间进行辨证。若经前或经期小腹胀痛或刺痛，多属气滞或血瘀；小腹冷痛，得温痛减者，多属寒凝或阳虚；经期或经后小腹隐痛，多属气血两虚，胞脉失养所致。

2. 问带下

带下是指妇女阴道分泌的少量、白色透明、无臭的分泌物，具有润泽阴道、防御外邪入侵的作用，称为生理性带下。若带下量过多，淋漓不断，或伴有颜色、质地、气味等异常改变者，称为病理性带下。问带下应着重询问带下的量、色、质和气味情况及伴随症状等。

白带：带下色白量多，质稀如清涕，淋漓不断，多属脾肾阳虚，寒湿下注所致。带下色白质稠，状如凝乳，或呈豆腐渣状，气味酸臭，伴阴部瘙痒者，多属湿浊下注所致。

黄带：带下色黄质黏，气味臭秽者，多属湿热下注所致。

赤白带：白带中混有血液，赤白杂见者，多因肝经郁热或湿热下注所致。

若中老年妇女带下黄赤略褐（古称五色带），伴气味臭秽异常者，多为湿热夹毒下注所致，预后多不良。应做妇科检查，以进一步明确诊断。妇女在月经期前后、排卵期或妊娠期，带下量略有增加，属生理现象。

（十）问小儿

儿科古称"哑科"，由于小儿表述不清，问诊比较困难，医生主要通过询问陪诊者获得有关的病情资料。小儿在生理上具有脏腑娇嫩，生机蓬勃，发育迅速的特点；在病理上具有发病较快，变化较多，易虚易实的特点。因此，问小儿除问一般内容外，还要结合小儿的生理病理特点，着重询问下列几个方面。

1. 问出生前后情况

新生儿（出生后至1个月）的疾病多与先天因素或分娩情况有关，故应着重询问妊娠期及产育期母亲的营养健康状况，有何疾病，曾服何药，分娩时是否难产、早产等，以了解小儿的先天情况。

婴幼儿（1个月至3周岁），发育较快，需要充足的营养供给，但其脾胃功能又较弱，如喂养不当，易患呕吐、泄泻、营养不良及"五软""五迟"等病。因此，应重点询问喂养方法及坐、爬、立、走、出牙、学语的迟早等情况，从而了解小儿后天营养状况和生长发育是否正常。

2. 问预防接种、传染病史

初生婴儿（特别是母乳喂养者）禀受母体抗病能力，因此，一般在6个月内很少有传染病。6个月至5周岁，从母体获得的先天免疫力逐渐消失，而后天自身的免疫功能尚未形成，故易感染水痘、麻疹等多种传染病。预防接种可帮助小儿建立后天免疫功能，以减少感染发病。若小儿患过某些传染病如麻疹，常可获得终身免疫力而不会再患此病。若密切接触过传染病的病人，如水痘、丹痧及某些肝病等常可引起小儿感染发病。因此，询问上述情况，有助于做出正确诊断。

此外，还应询问小儿发病原因及有无家族遗传疾病史。

附　问男子

由于男子有生殖生理和性生理的特殊性，故临床诊疗时对男子的问诊，应注意询问有无生殖或性生理的异常。如遗精、早泄、阳痿、阳强等情况，不仅是男科常见病，也是全身性病理改变的反映。因此，询问男子生殖及性生理有无异常等情况，可作为男科或一般疾病的诊断依据。

1. 遗精

遗精指不在性交或手淫的情况下而发生精液遗泄的症状。其中，因梦而遗精的称为"梦遗"；无梦而遗精，甚至清醒时精液自溢的谓之"滑精"。滑精虽较重于遗精，但两者病因基本一致。

遗精大多发生于未婚青壮年。凡成年未婚男子，或婚后夫妻分居，长期无性生活者，1个月遗精1~2次，为精满自溢的生理现象。若过度频繁的遗精，1周1次，甚至清醒时精液自出，伴有头晕等明显不适感者，则属病理表现。

遗精或滑精并伴随失眠多梦、腰膝酸软、颧红潮热者，多由肾阴亏虚，相火扰动精室所致。

若过劳则甚，心悸失眠，纳呆腹胀者，多由心脾两虚，气不摄精所致；遗精频作，甚则滑精、腰膝酸软、面色淡白、头晕耳鸣者，多由肾气亏虚，精关不固所致。

遗精或滑精并伴有小便混赤、苔黄腻者，多是湿热下注，扰动精室所致。

2. 早泄

早泄指性交时泄精过早，甚至未交精液即出的症状，早泄是最常见的男性性功能障碍症状之一，多与遗精、阳痿相伴出现。

早泄，伴阴肿、阴痒、口苦、苔黄腻者，多由肝经湿热下注，精关不固所致；若早泄伴性欲亢进、五心烦热者，多由肾阴不足，相火亢盛所致。

若早泄伴心悸怔忡、神疲乏力、食少便溏者，多由心脾两虚，气不摄精所致；早泄伴性欲减退、腰膝酸软、夜尿清长者，多由肾气损伤，封藏失职所致。

3. 阳痿

阳痿指阴茎萎软不举，或举而不坚，或坚而不久，不能进行性交的症状，今称"阴茎勃起功能障碍"。阳痿的病因十分复杂，临证时应详细询问其病史，了解其程度，是否伴有性欲减退、射精异常和性高潮障碍，既往是否患有影响勃起功能的疾病等。

阳痿伴腰膝酸软、畏寒肢冷者，多因命门火衰，性功能衰减所致。

阳痿伴心悸失眠、纳呆腹胀者，多因思虑过度，损伤心脾所致。

阳痿伴精神抑郁、胁胀脘闷者，多因肝气郁结，失于疏泄所致。

阳痿伴心悸易惊、胆怯多疑者，多系大惊卒恐，伤于心肾所致。

阳痿伴阴囊潮湿、睾丸坠胀作痛者，多因湿热下注，宗筋弛纵所致。

4. 阳强

阳强指在无性欲，无性刺激时阴茎长举不痿的症状，亦称"强中"，多责之于肝、肾二经病变。

阳强伴口苦、尿色黄赤、苔黄腻、脉弦数有力者，为肝经湿热、瘀滞闭阻玉茎，而致强中不得收所致，属实证。

阳强伴精液自泄、舌红口干、脉细数无力者，多系肾水亏乏，相火妄动，而致纵挺不收所致，属虚证。

三、问题分析

1.病人既有寒热症状，又有头身疼痛，中医辨寒热，常分寒热并见、寒热独见、寒热往来三种情况以辨表里寒热虚实。该病人先有恶寒发热并见，提示外出归来，外邪袭表，输液治疗后，恶寒缓解，见高热汗出、口渴、气喘等，提示表邪入里，里热炽盛。

中医辨疼痛，常问疼痛的时间、程度、喜恶、性质等以辨虚实。该病人头身疼痛2天，起病较急，病程较短，程度较重，多属表证、实证。与恶寒发热并见，提示邪气在表，经气不利，卫气失宣，不通则痛。

2.病人工作压力较大，经常加班熬夜，暗耗阴血，血不养心，致心神不宁，故而失眠；加之阴虚火浮，心神摇曳不定，而彻夜不眠。阴虚血亏形体失充，故形体瘦弱；阴血不充，"火不旺无以生土"，化气乏源，气虚推动无力，故常感形倦气怯不支、食纳一般。舌象与脉象均为气血、阴液亏虚，气化不足之象。中医药辨证为心肾水火失济，应施以滋养阴血，潜降虚火而安神之法。并非一味镇静剂而能愈。

四、小结

问现在症的具体内容列图如下（图5-3）：

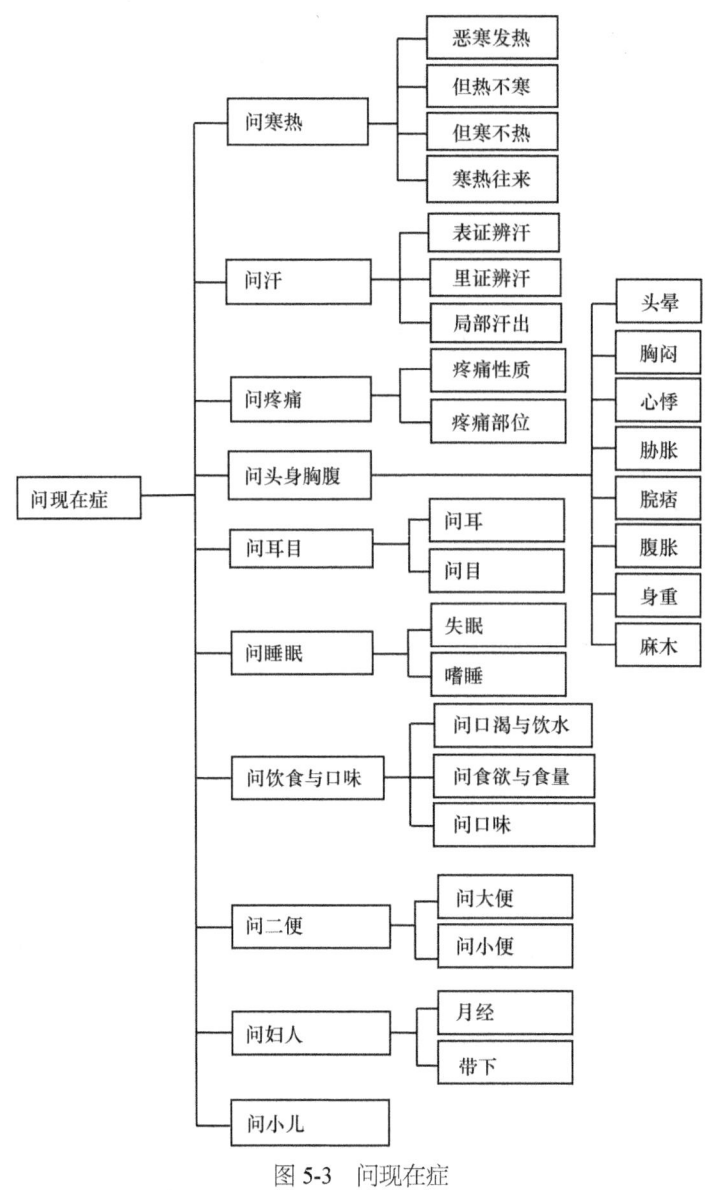

图 5-3 问现在症

五、思考题

1. 中医怎样辨发热?
2. 自汗、盗汗、战汗、绝汗的表现及临床意义如何?
3. 疼痛怎样辨虚实?
4. 失眠与嗜睡的机制如何?
5. 渴不欲饮常见哪些类型?
6. 食欲减退的病因病机如何?
7. 问二便的内容有哪些?
8. 问妇女的特殊内容包括哪几方面?
9. 小儿的生理病理特点如何? 常致小儿患病的原因有哪些?

第六章 切 诊

切诊是医生运用手指或手掌触摸、按压病人的脉搏或身体的某些部位,以了解病情、诊察病证的方法。切诊分为脉诊和按诊两个部分。

第一节 脉 诊

本节内容主要介绍脉诊的原理、部位、方法和意义,脉象要素、平脉特征、常见病脉特征与临床意义,相似脉的鉴别,相兼脉与主病,真脏脉的特点,诊妇人脉和小儿脉的特殊性及脉症的从舍。要求重点掌握脉诊的方法、正常脉象、28 脉的脉象特征及临床意义。在学习中除加强理论学习外,还要加强脉诊的实际训练,从实践体验中不断加深体会。

一、问题思考

病人吴某,男,33 岁,因彻夜不寐而就诊。病人自诉失眠 10 余年,时轻时重,甚至通宵不寐,曾口服地西泮、中药等治疗,症状时好时坏。近日因失眠症状加重而就诊。刻下诊:形体消瘦,双口角生疮,头昏痛,口渴多饮,纳可,大便偏干,日 1 次,小便可,舌质红、少苔,三部脉举、按皆沉而细,寸部细数明显。

本病案病位在哪?病机为何?为什么?该如何脉诊?脉诊时注意事项是什么?

二、主要内容

脉诊又称切脉、持脉、把脉、候脉等,是医生运用手指对病人身体某些特定部位的脉搏进行切按,体验脉动应指的形象,以了解病情、判断病证的诊察方法。脉诊历史悠久,公元前 5 世纪著名医家扁鹊就擅长切脉。《黄帝内经》中记载了诊脉的三部九候法;《难经》主张"独取寸口"切脉法;张仲景在《伤寒论》中确立了脉证并重的原则,对于平脉部位,采用寸口三部九候、人迎趺阳并重的方法;晋代王叔和在《脉经》中推广寸口切脉诊法,确立了 24 部脉;明代李时珍在《濒湖脉学》中提出 27 部脉;李士材在《诊家正眼》中增订为 28 种脉象。

(一)脉象的形成原理

脉象是指脉动应指的形象。脉象的形成与心脏的搏动、脉道的通利、气血的盈亏及各脏腑的协同作用密切相关。人体的血脉贯通全身，内而脏腑，外而肢节，运行气血，周流不休，所以脉象能够反映全身脏腑及气血阴阳的整体状况。

1. 心脏搏动是脉象形成的主要动力

心主血脉，心脏搏动推动血液在脉管中运行，从而形成脉搏。心脏一缩一张有节律地运动，也使脉管随之产生有节律的搏动。因此，心脏搏动是形成脉象的动力。而心脏的搏动和血液在血管中的运行均由心气所主宰，并为宗气所推动。所以《灵枢·邪客》曰："宗气积于胸中，出于喉咙，以贯心脉而行呼吸焉。"

2. 气血运行是脉象形成的物质基础

脉为血之府，而血液在脉管中运行赖气的推动，故脉管是气血运行的通道。气为血之帅，血液在脉管中正常运行需要气的推动与固摄，心脏搏动的强弱、节律也赖气的调节；血为气之母，血液为气的载体，脉管自身亦需要血液的濡养才能维持其正常功能。因此，气血在脉管内运行是脉象形成的物质基础。反过来，脉象可在一定程度上反映气血的状况。例如，气血充足，脉象和缓有力；气血不足，脉象细弱无力；气滞血瘀，脉象滞涩不畅。

3. 脏腑协同作用是脉象形成的前提条件

脉象的形成除与心、脉、气、血关系密切外，还与肺、脾、肝、肾等脏腑的协调、配合有关。肺主气、司呼吸，通过"朝百脉"参与宗气的生成而调节全身气血的运行，具有助心行血的功能。脾胃为"后天之本"，气血生化之源。脾胃运化功能正常，气血生化有源，脉道充实有力；脾胃运化失常，气血生成不足，脉道不充，缓怠而无力。因此，脾胃运化水谷精微的多寡，决定着脉之"胃气"的有无；脾主统血，维持血液在脉管内循行而不溢于脉外。肝藏血，主疏泄，既可调节血量，又可使气血运行畅通，经脉通利。肾藏精，为元气之根，是脏腑功能活动的原动力，肾气充盛，则尺脉沉取有力，按之不绝。即脉有"根"；另外，精可化血，肾精充足，化生血液充足，是血液生成的重要来源之一。因此，正常脉象的形成，与全身脏腑功能的协同、配合密不可分。

（二）脉诊的部位、方法和注意事项

1. 脉诊的部位

脉诊的部位可分为遍诊法、三部诊法和寸口诊法。其中寸口诊法由晋代王叔和在《脉经》中进一步完善、推广运用至今，遍诊法和三部诊法已较少运用，只在危急重症或两手寸口无脉时，才配合使用。

（1）遍诊法：遍诊法，即《素问·三部九候论》提出的"三部九候诊法"，是遍诊人体上、中、下三部有关的浅表脉搏，以诊察病情的一种脉诊方法。上为头部、中为手部、下为足部。上、中、下三部又各分为天、地、人三候，三三合而为九，故称为三部九候诊法。《素问·三部九候论》曰："人有三部，部有三候，以决死生，以处百病，以调虚实，以除邪疾。"指明人体上、中、下三部何处脉象有变化，便可提示相应的部位、经络、脏腑有发生病变的可能。目前，三部九候诊法已极少运用。具体切脉部位见表6-1及图6-1。

表 6-1　遍诊法诊脉部位及临床意义

三部	九候	相应经脉和穴位	诊断意义
上部（头）	天	足少阳经 太阳穴	候头角之气
	地	足阳明经 巨髎穴	候口齿之气
	人	手少阳经 耳门穴	候耳目之气
中部（手）	天	手太阴经 太渊穴、经渠穴	候肺之气
	地	手阳明经 合谷穴	候胸中之气
	人	手少阳经 神门穴	候心之气
下部（足）	天	足厥阴经 五里穴或太冲穴	候肝之气
	地	足少阴经 太溪穴	候肾之气
	人	足太阴经 箕门穴或足阳明经 冲阳穴	候脾胃之气

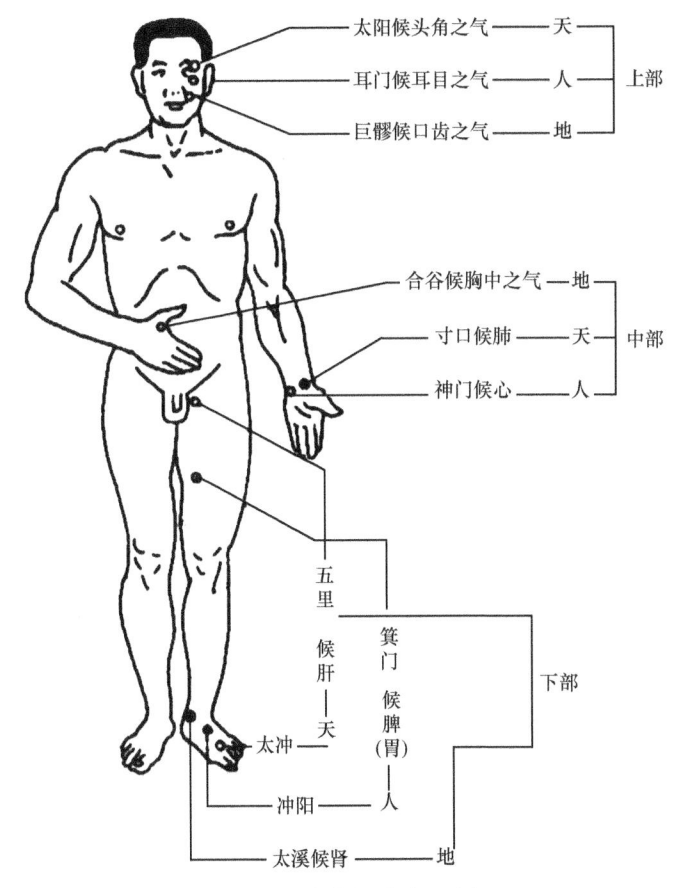

图 6-1　三部九候诊法示意图

（2）三部诊法：三部诊法，首见于张仲景《伤寒论》，即诊人迎、寸口、趺阳三脉。其中，以寸口脉候十二经之气，以人迎、趺阳脉分候胃气。也有加太溪脉以候肾气者（图 6-2 ~ 图 6-5）。

图 6-2 诊人迎脉

目前,三部诊法仅在危重病人两手寸口脉象微弱或无脉时,作为一种辅助诊断措施,以确定胃肾之气的有无。如危重病人两手寸口脉象微弱,而趺阳脉尚有力时,提示胃气尚存,具有救治的可能;若趺阳脉难以触及,则提示胃气已绝,难以救治。

（3）寸口诊法:寸口,又称气口或脉口,位于腕后高骨（桡骨茎突）内侧桡动脉所在部位。寸口诊法,始见于《黄帝内经》,详见于《难经》,后经晋代王叔和在《脉经》中推广运用至今。

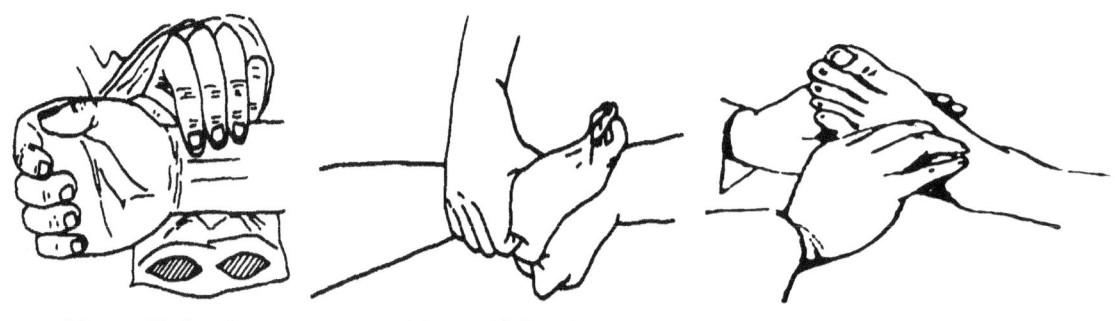

图 6-3 诊寸口脉　　　　图 6-4 诊太溪脉　　　　图 6-5 诊趺阳脉

1）寸口分部:寸口脉分为寸、关、尺三部。以腕后桡骨茎突为标记,其内侧的部位为关,关前（腕侧）为寸,关后（肘侧）为尺。左右两手各有寸、关、尺三部,共六部脉（图6-6）。《难经》将寸口的寸、关、尺三部,每部又分浮、中、沉三候,即寸口脉的三部九候,与遍诊法的三部九候名同而实异。

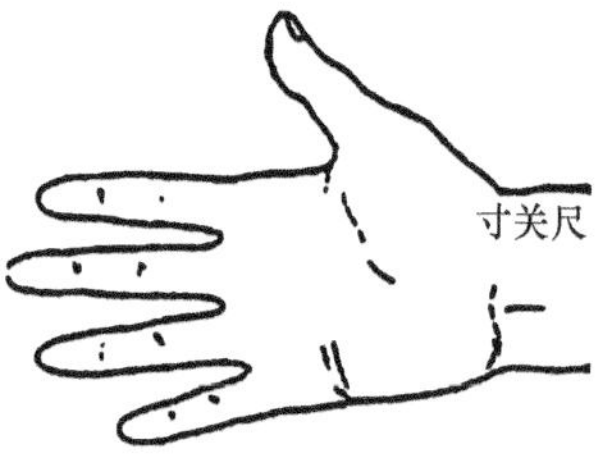

图 6-6 诊寸关尺示意图

2）寸口脉诊原理:一是寸口脉为手太阴肺经原穴太渊所在之处,十二经脉之气汇聚于此,称为"脉之大会"。"肺朝百脉",五脏六腑十二经气血运行皆起于肺而止于肺,故脏腑气血之病变皆可反映于寸口。二是手太阴肺经起于中焦,还循胃口,与脾经同属太阴,脾胃为后天之本,气血生化之源,因而在寸口可以诊察胃气的强弱,同时也可以了解全身脏腑气血的盛衰。三是寸口在腕后,此处,形体结构简单清晰,脉浅易辨,切按方便。

3）寸口分候脏腑:首见于《黄帝内经》。其所述的内容为:左寸外以候心,内以候膻中;右寸外以候肺,内以候胸中。左关外以候肝,内以候膈;右关外以候胃,内以候脾。左尺外以候肾,内以候腹中;右尺外以候肾,内以候腹中。之后历代医家有不同说法,具有代表性文献见表6-2。

以上几家学说,虽有分歧,但五脏所属部位的观点基本一致。

必须指出的是,寸口部寸关尺三部所候的是五脏六腑之气,而不是脏腑之脉出于某部。

2. 脉诊的方法

（1）时间:清晨是脉诊的最佳时间。《素问·脉要精微论》曰:"诊法常以平旦,阴气未动,阳气未散,饮食未进,经脉未盛,经络调匀,气血未乱,故乃可诊有过之脉。"因为清晨病人尚未饮食、活动时,体内外环境未受到外界各种因素的影响,气血经脉处于少受干扰的状态,因此脉象能比较准确地反映机体脏腑经脉气血的盛衰及运行状况,同时也能更确切地反映人体的病理变化。但也不是说其他时间就不能诊脉,汪机认为"若遇有病,则随时皆可以诊,

表 6-2　寸口分候脏腑的几种说法比较

文献	寸		关		尺		说明
	左	右	左	右	左	右	
《难经》	心	肺	肝	脾	肾	肾	大小肠配心肺，是表里相属
	小肠	大肠	胆	胃	膀胱	命门	右肾属火，故右尺亦候命门
《脉经》	心	肺	肝	脾	肾	肾	
	小肠	大肠	胆	胃	膀胱	三焦	
《景岳全书》	心	肺	肝	脾	肾	肾小肠	大肠配左尺是金水相从，小肠配右尺是火居火位
	心包络	膻中	胆	胃	膀胱 大肠	三焦 命门	
《医宗金鉴》	心	肺	肝	脾	肾	肾	小肠配左尺，大肠配右尺，是以尺候腹中的相应部位，故又以三焦分配寸、关、尺三部
	膻中	胸中	胆膈	胃	膀胱 小肠	大肠	

不必以平旦为拘也"。总的来说，诊脉时要求有一个安静的内外环境。诊脉之前，先让病人休息片刻，使气血平静，诊室也要保持安静，以避免外界环境的影响和病人情绪的波动，并有利于医生体会脉象。在特殊情况下应随时随地诊察病人，不必拘泥于这些条件。

（2）体位：诊脉时让病人取坐位或正卧位，手臂放平和心脏近于同一水平，直腕，手心向上，并在腕关节下背垫上脉枕，使寸口部充分暴露伸展，保证气血畅通无阻，以反映机体的真实脉象。不正确的体位，会影响局部气血的运行而影响脉象，比如侧卧，下面的手臂会受压，脉气不能畅通；上臂扭转，脉气运行不畅；手臂过高或过低，与心脏不在一个水平面上，都可能影响气血的运行，而使脉象失真。故诊脉采取正确的体位，才能获得准确的脉象。

（3）平息：一呼一吸称一息。诊脉时，医者要清心宁神，呼吸自然均匀，用自己一呼一吸的时间去计算病人脉搏的至数，如正常脉象及病理性脉象之迟、数、缓、疾等脉，均以息计。平息的意义在于：一是医生以一次正常的呼吸作为时间单位，来测量病人的脉搏跳动次数；二是要求医者在诊脉时，思想集中，全神贯注，以便仔细辨别脉象，即所谓"持脉有道，虚静为保"。

（4）布指：医者在诊脉时选用左手或右手的食指、中指和无名指三个手指，手指指端平齐，手指略呈弓形弯曲，以指目紧贴于脉搏搏动处。指目即指头和指腹交界棱起之处，与指甲二角连线之间的部位（图6-7），形如人目，触觉比较灵敏，而且推移灵活，便于寻找指感最清晰的部位。

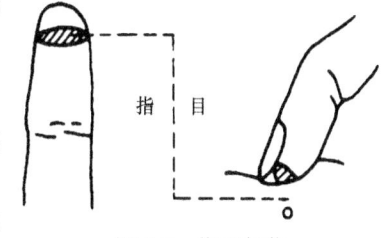

图 6-7　指目部位

医生和病人侧向坐，用左手按诊病人的右手脉，用右手按诊病人的左手脉。诊脉下指时，首先用中指按在掌后高骨内侧关脉位置，用食指按在关前的寸脉位置，无名指按在关后尺脉位置。布指的疏密要和病人的身长相适应，身高臂长者，布指宜疏，身矮臂短者，布指宜密。诊小儿脉时，因小儿寸口部短，不容三指定寸关尺，可用"一指（拇指）定关法"，而不细分三部。

（5）举按寻：医生运用指力的轻重和挪移，以探索脉象的手法，概括称为举按寻。元代滑寿在《诊家枢要》中曰："持脉之要有三：曰举、按、寻。轻手循之曰举，重手取之曰按，

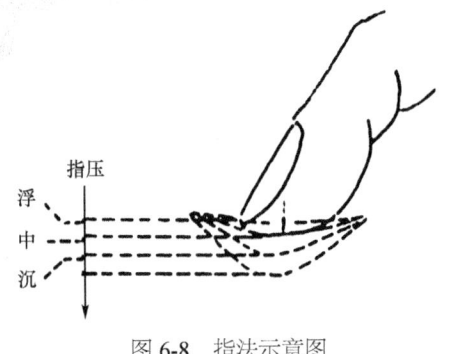

图6-8 指法示意图

不轻不重，委曲求之曰寻。"用轻指力按在皮肤上叫举，又叫浮取或轻取；用重指力按在筋骨间，叫按，又叫沉取或重取；指力从轻到重，从重到轻，左右前后推寻，以在寸关尺三部仔细寻找脉动最明显的部位叫寻。因此诊脉必须注意体会举、按、寻之间的脉象变化。此外，当三部脉有独异时，还必须逐渐挪移指位，内外推寻。寻者寻找之意，不是中取之义（图6-8）。

三指平布同时用力按脉，称为总按；为了重点体会某一部脉象，也可用一指单按其中一部脉象。临床上总按、单按常配合使用，单按分候寸口三部，以察病在何经何脏，总按以审五脏六腑的病变。

（6）五十动：五十动是指每次脉诊的时间，即医生对病人脉诊的时间一般不应少于50次脉搏跳动的时间。《灵枢·根节》篇曰："持其脉口，数其至也，五十动而不一代者，五脏皆受气。"古人认为，人体气血一昼夜运行五十周，因此每次脉诊必满五十动。其意义在于：一是便于仔细辨别脉搏的节律变化，尽可能减少或避免促、结、代等节律不齐的脉搏的漏诊；二是提醒医生诊脉时态度要严肃认真，不得草率行事，必须以辨清脉象为目的。每次诊脉时间一般每手不少于1分钟，两手以2～3分钟为宜，必要时可延至3～5分钟。正如张仲景在《伤寒论·序》中曰："动数发息，不满五十，短期未知决诊，九候曾无仿佛……夫欲视死别生，实为难矣。"

3. 脉诊注意事项

（1）保持环境安静：诊脉时应注意诊室环境安静，避免因环境嘈杂造成对医生和病人的干扰。

（2）注意静心凝神：医生诊脉时应安神定志，集中注意力认真体察脉象；病人也须平心静气，急走远行或情绪激动会使气血运行过速，而引起脉象变化，此时须让病人休息片刻，待其平静后再下指诊脉，以确保脉诊的真实性。

（3）选择正确体位：诊脉时，无论采取坐位或卧位，都应注意让病人的手腕与心脏在同一水平面上。避免让病人坐得太高或太低，不宜佩戴手表或其他首饰诊脉；肩上、手臂上不易挎包，也不要将一手搭在另一手上诊脉，以避免脉管受到压迫。卧位诊脉时不宜将病人的手臂过高抬起，也不宜侧卧诊脉。

（三）脉象要素及平脉特征

1. 脉象要素

中医脉象名目繁多，而不同类型的兼脉更难以计数，因此，将脉象按其要素归类论述，可以达到执简驭繁的目的。

脉象要素通常以位、数、形、势四个方面进行分析归纳。正如清代医家周学海在《脉义简摩·诊法直解》中曰："盖求明脉理者，须将位、数、形、势讲得真切，便于百脉无所不赅，不必立二十八脉之名也。"

（1）脉位：脉位指脉动显现部位的浅深。脉位的深浅主要是通过指力的轻重来体会。脉位表浅为浮脉，脉位深沉为沉脉。

（2）至数：至数指脉搏的频率。中医以一个呼吸周期为脉搏的计量单位。一呼一吸为"一息"。一息脉来四五至为平脉，一息五至以上为数脉，一息不足四至为迟脉。

（3）脉形：脉形指脉动范围的长短与宽窄，即脉动应指范围超越寸关尺三部称为长脉，应指不及寸、尺两部，但见关部或寸部者均称为短脉。脉道宽大的为大脉，狭小的为细脉。

（4）脉势：脉势指脉搏的力量强弱、往来的流利通畅程度、脉管的紧急或弛缓程度及脉动节律的均匀度等。

上述几项是构成脉象的基本要素，也是体察脉象的基本要点。掌握这些要素，能起到执简驭繁、知常识变的作用，从而逐步学会辨识各种脉象的形态特征。

2. 平脉

平脉即正常脉象，指人体在脏腑功能协调、阴阳平秘、气血调和、气机调畅、精神安和状态下的脉象。

（1）平脉的特点：正常脉搏的形象是：寸关尺三部有脉，一息四五至（相当于60～90次／分），不浮不沉，不大不小，从容和缓，节律一致，尺部沉取有一定的力量，并随生理活动、季节气候等的不同而有相应变化。古人将正常脉象的特点概括称为"有胃""有神""有根"。

1）有胃：即脉有"胃气"。《素问·玉机真藏论》曰："胃者五脏之本，脏气不能自至于手太阴，必因于胃气乃至于手太阴也。"脾胃为后天之本，气血生化之源，人体各脏腑、组织、形体管窍的功能活动，均有赖于胃气的充养，脉也赖脾胃化生的气血充养，气血充盛才能成脉，表现在指下则为从容、和缓、流利。平人脉象不浮不沉，不疾不徐，来去从容，节律一致，是谓脉有胃气。即使是病脉，不论浮沉迟数，但有冲和之象，便是有胃气。

人以胃气为本，脉亦以胃气为本，有胃气则生，少胃气则病，无胃气则死。正如清代程国彭在《医学心悟》中曰："凡诊脉之要，有胃气曰生，胃气少曰病，胃气尽曰不治。"因此，诊察脉象有无胃气，对于推断疾病的进退预后具有重要的意义。

2）有神：即脉有神气。心主血脉而藏神，脉为血之府，血、脉为神之基，神为血、脉之用。神由脾胃化生的水谷精气来充养，与胃气的盛衰关系密切，故周学海说："脉以胃气为神。"脉之有神的表现是节律整齐、柔和有力。即使微弱之脉，微弱之中不至于散乱而完全无力的为有神；弦实之脉，弦实之中仍带柔和之象、节律整齐的为有神。反之，脉来散乱，时大时小，时急时徐，时断时续，或弦实过硬，或微弱欲无，都是无神的脉象。

3）有根：即脉有根基。脉之有根无根与肾气的盛衰有关。肾藏精，乃先天之本，元气之根，是人体脏腑功能活动的原动力。有根脉主要表现为尺脉沉取应指有力，按之不绝。因为尺脉候肾，尺脉沉取有力，就是有根的脉象。若危重病证，尺脉沉取尚滑实有力，则为肾气未绝，尚有生机。反之，若尺脉沉取不应，则为肾气已败，病情危笃。因此，诊脉之有根无根，可测知肾精的盈亏与肾气的盛衰。

总之，脉有胃、有神、有根，是正常脉象的必备条件。胃、神、根三者相互补充而不能截然分开，即不论是何种脉象，只要节律整齐，有力中不失柔和，和缓中不失有力，尺部沉取应指有力，就是有胃、有神、有根的表现，说明脾胃、心、肾等脏腑功能不衰，气血精神未绝，提示健康无病，或虽病而病尚轻浅，正气未伤，生机仍存，预后尚好。

（2）平脉的生理变异

脉象随人体内外因素的影响而有相应的生理性变化，切脉时应注意辨别。

1）四季气候：季节气候的变化时时影响着人体的生命活动，反映在脉象上，平脉有春微弦、夏微洪、秋微浮、冬微沉的脉象变化。因为春季阳气初升，寒未尽除，气机有约束之象，故脉稍弦；夏天阳气隆盛，脉气来势盛而去势衰，故脉稍洪；秋天阳气欲敛，脉象洪盛已减，轻浮如毛，故脉稍浮；冬天阳气潜藏，脉气沉而搏指。此为应时之脉，属无病，反此则病。

2）地理环境：对脉象有影响。南方地势低下，气候温热、潮湿，人体肌腠疏松，故脉多细软或略数；北方地势高峻，空气干燥，气候偏寒，人体肌腠紧缩，故脉多沉实。

3）性别：性别不同，体质有差异，脉象亦不同。妇女脉象较男子濡弱而略快，妊娠期脉象常见滑数而冲和。

4）年龄：年龄越小，脉搏越快，婴儿每分钟脉搏约120次；五六岁的幼儿，每分钟脉搏90～110次；年龄渐长则脉象渐和缓。青年体壮脉搏有力；老人气血虚弱，精力渐衰，脉搏较弱。儿童脉象较软，老人脉多兼弦。

5）体质：身躯高大的人，脉的显现部位较长；矮小的人，脉的显现部位较短。瘦人肌肉薄，脉常浮；肥胖的人，皮下脂肪厚，脉常沉。运动员脉多缓而有力。

6）情志：一时的精神刺激，也可引起脉象变化。如喜则伤心而脉缓，怒则伤肝而脉急，惊则气乱而脉动等，当情志恢复平静之后，脉象也恢复正常。

7）劳逸：剧烈运动和远行之后，脉多急疾；入睡之后，脉多迟缓；脑力劳动之人，脉多弱于体力劳动者。

8）饮食：饭后、酒后脉多数而有力；饥饿时脉象稍缓而乏力。

此外，少数人脉不见于寸口，而从尺部斜向手背，叫斜飞脉；若脉出现在寸口的背侧，叫反关脉，还有出现于腕部其他位置的，都是因桡动脉解剖位置的变异所致，不属病脉。

（四）常见病理脉象及临床意义

诊脉时应对脉象的位、数、形、势等主要特征仔细体察，认真辨识。

（1）浮脉

脉象特征　轻取即得，重按稍减而不空。其脉位表浅，举之有余，按之不足。

临床意义　主表证，也可见于虚证。

脉理分析　邪袭肌腠，卫阳抵抗外邪，则脉气鼓动于外，应指而浮。但久病体虚也有见浮脉的，多浮大无力，不可误作外感论治。

生理性浮脉可见于形体消瘦而脉位相对表浅者。夏秋之时阳气升浮，脉象也可微浮。

相类脉

1）散脉

脉象特征　浮散无根，稍按则无，至数不齐。

临床意义　主元气离散，脏腑精气将绝。

脉理分析　气血衰败，阴阳不敛，元气欲绝，脉气散乱不收，故轻取浮散而不聚，重按则漫无根蒂，节律紊乱，古人形容为"散似扬花无定踪"，表示正气耗散，为脏腑之气将绝的危候。

2）芤脉

脉象特征　浮大无力而中空，如按葱管。

临床意义　主失血，伤阴。

脉理分析　因突然失血过多，血量骤减，营血不足以充实脉道，或津液大伤，血液量少而脉道不充，阴伤则阳无所附而散于外，均可见芤脉。

3）革脉

  脉象特征 浮而搏指，外坚而中空，如按鼓皮。

  临床意义 主亡血、失精、半产、漏下。

  脉理分析 因精血亏虚，脉道不充，正气不固，导致气无所恋而浮越于外，导致脉来浮大搏指，外强中空，如按鼓皮。

（2）沉脉

  脉象特征 脉位深沉，轻取不应，重按始得。

  临床意义 主里证，有力为里实，无力为里虚。

  脉理分析 病邪在里，正气相搏于内，气血内困，则脉沉而有力；若脏腑虚弱，正气不足，阳虚气陷，不能升举，脉气鼓动无力，故脉沉而无力。

  生理性沉脉可见于形体肥胖而脉管相对深沉者。若两手六部脉皆沉细而无临床症状者，称为六阴脉，属正常生理脉象。

相类脉

1）伏脉

  脉象特征 其脉位较沉脉更深，重手推筋按骨始得，甚则伏而不见。

  临床意义 主邪闭，厥证，也主痛极。

  脉理分析 因邪气内伏，或气机逆乱而厥，或气机不通而痛，脉气皆不得宣通而见伏脉。伏而无力为气血虚损，阳气欲绝，不能鼓脉于体表所致。若两手脉深伏，同时太溪与跌阳脉都不见者，属险候。

2）牢脉

  脉象特征 脉位沉而兼具弦、实、大、长之象，有坚牢不移之感。

  临床意义 主阴寒内实，疝气癥积。

  脉理分析 因阴寒内积，阳气沉潜于下所致。牢脉主实，有气血之分，癥积、肿块，是实在血分；癥瘕积聚、疝气，是实在气分。若牢脉见于失血、阴虚等证，则属危重征象。

（3）迟脉

  脉象特征 脉来迟慢，一息不足四至（相当于每分钟脉搏60次以下）。

  临床意义 主寒证，有力为实寒，无力为虚寒，亦可见于邪热结聚之里实热证。

  脉理分析 寒凝气滞，阳气被遏，血行迟滞，故脉象迟而有力；阳气虚衰，无力推动气血运行，故脉象迟而无力。若邪热结聚，阻滞气血运行，也可见迟脉，但迟而有力，按之必实。如伤寒阳明病肠热与燥矢内结，阻滞脉气流行，可见迟而有力之脉。

  生理性迟脉可见于久经锻炼的运动员，脉迟而有力。

相类脉

缓脉

  脉象特征 一息四至，来去缓慢，或脉形弛纵，缺乏足够的紧张度。

  临床意义 主湿病，脾胃虚弱，亦可见于常人。

  脉理分析 湿性重着黏滞，阻碍气机，阻压脉道，或脾胃虚弱，气血不足，脉道失于充盈鼓动，则脉来缓怠无力，弛纵不张。

  生理性缓脉指脉来从容不迫，应指均匀，和缓有力，是神气充沛的正常脉象。

（4）数脉

脉象特征 脉来急促，一息五六至（脉搏每分钟90～110次）。

临床意义 主热证，有力为实热，无力为虚热。

脉理分析 血遇热则行。热邪亢盛，逼迫气血运行加快，则脉象数而有力；久病阴虚，虚热内生，扰动血行，则脉象细数而力度稍弱；若虚阳外浮，则脉数大而无力，按之豁然内空。

婴幼儿脉象，一息五六至而无其他病态者，为年龄因素所致，不属病脉。运动和情绪激动时，脉率加快亦属正常。

相类脉

疾脉

脉象特征 脉来急促，躁动不安，一息七八至以上（每分钟120次以上）。

临床意义 主阳亢阴竭，元气将脱。

脉理分析 热邪亢盛之极，脉来急促而有躁动不安之象，是阳亢无制、真阴垂危之候；若疾而虚弱或散乱，是元气将脱之征。痨瘵病亦可见疾脉，多属危候。

生理性疾脉可见于剧烈运动后，婴儿脉来一息七至也是平脉，不作疾脉论。

（5）虚脉

脉象特征 三部脉举之无力，按之空虚。

临床意义 见于虚证，多为气血两虚。

脉理分析 气虚无力推动血行，故脉来无力；血不足以充盈脉道，则脉道空虚。因此，虚脉提示气血亏虚及诸虚劳损。

相类脉

短脉

脉象特征 首尾俱短，不及三部。

临床意义 有力为气郁，无力为气虚。

脉理分析 气不足，无力鼓动血行，故脉形短而无力；若气郁血瘀，或痰滞食积，阻碍脉道，以致脉气不伸，则脉短而有力。所以，短脉不可概作不足论。

（6）实脉

脉象特征 三部脉举按均有力，其势来去皆盛，搏坚而长。

临床意义 主实证，亦见于常人。

脉理分析 邪气亢盛而正气不虚，正邪相搏，气血壅盛，脉道坚满，故应指有力。

实脉也见于常人，必兼和缓之象，且无病证表现。两手六脉均实大者，称为六阳脉，是气血旺盛的表现。

相类脉

长脉

脉象特征 脉形长，首尾端直，超过本位。

临床意义 主阳证、热证、实证，亦可见于常人。

脉理分析 阳亢、热盛、痰火内蕴，使脉气盈满，脉道充实，故脉象长而有力，前、后超出寸、尺本位。

长脉亦可见于正常人。其脉象长而和缓有力，是气血充足、运行畅通、精神健旺之佳象，因此有"长则气治"的说法。

（7）洪脉

脉象特征 脉体宽大，充实有力，状若波涛汹涌，来盛去衰。

临床意义 主气分热盛，亦主邪盛正衰。

脉理分析 内热充斥，脉道扩张，气盛血涌，故脉见洪象；若久病气虚，或虚劳、失血、久泄等病证见洪脉，则多属邪盛正衰的危候。

夏季阳气亢盛，脉象稍显洪大，不属病脉。

相类脉

大脉

脉象特征 脉体宽大，但无脉来汹涌之势。

临床意义 主健康或提示病情加重。

脉理分析 寸口三部脉皆大，且大而和缓、从容、流利，为正气充足，体魄健壮之象。脉大而数实为邪实；脉大而无力则为正虚。

（8）细脉

脉象特征 脉细如线，但应指明显。

临床意义 主气血两虚，诸虚劳损，又主湿病。

脉理分析 营血亏虚不能充盈脉道，气虚则无力鼓动血液运行，故脉体细小而软弱无力；湿邪阻遏脉道，气血运行受限，也见细脉；若温热病神昏谵语见细数脉，是热邪深入营血或邪陷心包的证候。

冬季因寒冷外束，脉道收缩，脉象略见沉细者，不属病脉。

相类脉

1）弱脉

脉象特征 沉而细软无力。

临床意义 主气血不足、阳虚。

脉理分析 阳虚鼓动乏力，脉位深沉；阴血不足，脉道不充，则脉形细小；气虚无力运血，则脉搏乏力。病后正虚，见弱脉为顺；新病邪实，见弱脉为逆。

2）濡脉

脉象特征 浮而形细势软，重按不显。

临床意义 主虚证，湿证。

脉理分析 因阴虚不能敛阳则脉浮软；精血不充则脉细弱；湿邪外袭，阻压脉道，亦见濡脉。

3）微脉

脉象特征 极细极软，按之欲绝，若有若无。

临床意义 主气血大虚，阳气衰微。

脉理分析 气血大虚，脉道失充，则极细极软；阳衰气微，无力鼓动，则按之欲绝，若有若无。轻取似有似无，为阳气衰；重按似有似无，为阴气竭。久病脉微，是正气将绝；新病脉微，主阳气暴脱。

（9）滑脉

脉象特征 往来流利，应指圆滑，如珠走盘。

临床意义 主痰饮，食积，实热。

脉理分析 实邪壅盛于内，气实血涌，故脉势来往甚为流利，应指圆滑而无碍滞。火热波及血分，血行加速，则脉来亦滑，但必兼数。如《脉义简摩》曰："夫滑者，阳气之盛也，其为病本多主热而有余。"

妇女妊娠期见滑脉，以及青壮年脉滑而冲和者，是气血充盛、调和，营卫充实之象，皆属平脉。

相类脉

动脉

脉象特征 脉形如豆，滑数而短，厥厥动摇，关部尤显。

临床意义 主疼痛、惊恐。

脉理分析 痛则阴阳不和，气为血所阻滞；惊则气血紊乱，脉行躁动不安，阴阳相搏。故脉道随气血冲动而滑数有力，但脉体较短。

（10）涩脉

脉象特征 形细而迟，往来艰涩不畅，如轻刀刮竹。

临床意义 主精伤、血少，或气滞血瘀、痰食内停。

脉理分析 精亏血少，不能充养经脉，脉中气血往来不畅，故脉象涩而无力；若气滞血瘀或痰食胶固，气机受阻，血行壅滞，则脉象涩而有力。

（11）弦脉

脉象特征 端直而长，如按琴弦。

临床意义 主肝胆病，诸痛，痰饮，亦可见于虚劳、胃气衰败。

脉理分析 肝主调畅气机，喜柔和而恶刚硬。邪气犯肝，肝失疏泄，气机郁滞，或痰饮内阻，或经络不通而痛，脉气紧张，则出现弦脉。若虚劳内伤，中气不足，肝木乘脾，亦见弦脉；若弦细而劲急，如循刀刃，便是胃气全无，病多难治。

春季，脉象外应生发之气，故微弦而柔和。老年人阴血不足，脉管渐失柔和之弹性，亦可见弦脉。

相类脉

紧脉

脉象特征 脉来绷急不稳，左右弹指，状如牵绳转索。

临床意义 主实寒证、疼痛、宿食。

脉理分析 寒邪侵袭人体，阻碍阳气运行，正气与寒邪相搏，导致脉道紧张而拘急，而见紧脉。剧痛、宿食之紧脉，是因寒邪、食积与正气激烈搏斗所致。

（12）结脉

脉象特征 脉来迟缓，时而一止，止无定数。

临床意义 主阴盛气结，寒痰血瘀，癥瘕积聚；亦主气血虚衰。

脉理分析 阴盛邪结则阳气阻滞，故脉来缓慢而时有间歇，但结而有力。久病气血虚衰，阳气微弱，脉气不续，则脉来缓而时一止，且为结而无力。

相类脉

1）促脉

脉象特征 脉来急数，时而一止，止无定数。

临床意义 主阳盛热结，气血、痰饮、宿食停滞；亦主脏气虚弱，阴血衰少。

脉理分析 阳盛热结，阴阳不和，故脉来急数有力而时见歇止。若真元衰惫，脏气虚弱，阴血衰少，脉气不相接续，则脉促而细小无力，多属虚脱之象。

2）代脉

脉象特征 脉来时止，止有定数，良久方来。

临床意义 主脏气衰微；亦主风证、痛证、七情惊恐、跌打损伤。

脉理分析 脏气衰微，气血亏损，元气不足，以致脉气不能衔接而止有定数。风证、痛证、七情惊恐、跌打损伤诸病而见代脉，多因邪盛伤正而致脉气不能衔接所致。

（五）脉象的鉴别、相兼脉和真脏脉

1. 相似脉的鉴别

上述28种脉象在位、数、形、势上各具特点，可资鉴别，但有些脉象在某一要素上相似或相反，容易混淆不清，切脉时必须比较同异，加以区分。

（1）对举法：在相反脉象之间采取对比的鉴别方法，称为对举法。

浮脉与沉脉：脉位浅深相反。浮脉脉位表浅、轻取即得，主表属阳；沉脉脉位深沉，轻取不应，重按始得，主里属阴。

迟脉与数脉：脉率快慢相反。迟脉搏动较正常脉慢，一息不足四至，主寒；数脉搏动则较正常脉快，一息五六至，主热。

虚脉与实脉：脉势强弱相反。虚脉脉势弱，三部举按均无力，主虚证；实脉脉势强，举按均有力，主实证。

滑脉与涩脉：脉的流利度相反。滑脉往来流利通畅，指下圆滑，如珠走盘；涩脉往来艰涩不流畅，如轻刀刮竹。

洪脉与细脉：脉体宽度和气势均相反。洪脉脉体阔大如波涛汹涌，充实有力，来势盛而去势衰；细脉脉体细小如线，脉势较弱，但应指明显。

长脉与短脉：脉形长短相反。长脉的脉气搏动超过寸关尺三部，如循长竿；短脉则脉气不及，仅在关部明显，而在寸、尺部不明显。

紧脉与缓脉：脉的紧张度相反。紧脉紧张有力，如按索绳；缓脉脉势和缓松弛，且一息四至。

（2）类比法：在近似脉象之间采取同中求异的鉴别方法，称为类比法。现在一般多采用浮、沉、迟、数、虚、实六脉为纲，对28脉进行归类，然后在同一类脉象之间比较，提纲挈领、执简驭繁地鉴别相似脉（表6-3）。

表6-3 六纲脉比较表

脉纲	共同特点	相类脉		
		脉名	脉象	主病
浮脉类	轻取即得	浮	举之有余，按之不足	表证，亦主虚证
		洪	指下极大如波涛汹涌，来盛去衰	气分热盛，亦主邪盛正衰
		濡	浮而细软，不任重按	虚证，湿困
		散	浮散无根，至数不齐	元气离散，脏腑之气将绝
		芤	浮大中空，如按葱管	失血，伤阴
		革	浮而搏指，中空外坚，如按鼓皮	亡血，失精，半产，漏下

续表

脉纲	共同特点	相类脉		
		脉名	脉象	主病
沉脉类	重按始得	沉	轻取不应,重按始得	里证
		伏	重按推筋着骨始得	邪闭,厥证,痛极
		牢	沉按实大弦长,坚牢不移	阴寒内实,疝气癥积
		弱	极软而沉细	气血不足,阳虚
迟脉类	一息不足四至	迟	脉来迟慢,一息不足四至	寒证,亦见于邪热结聚
		缓	一息四至,来去怠缓	湿病,脾胃虚弱,亦见于平人
		涩	往来艰涩,如轻刀刮竹	精伤血少,气滞血瘀,痰食内停
		结	脉来缓而时一止,止无定数	阴盛气结,寒痰血瘀,亦主气血虚衰
数脉类	一息五至以上	数	一息五六至	热证,亦主虚证
		促	脉来数而时一止,止无定数	阳盛热结,气血痰饮宿食停滞
		疾	脉来急疾,一息七至以上	阳亢阴竭,元气将脱
		动	脉形如豆,厥厥动摇,滑数有力	疼痛,惊恐
虚脉类	应指无力	虚	举之无力,按之空虚	气血两虚
		微	极细极软,似有似无,至数不明	气血大虚,阳气衰微
		细	脉细如线,但应指明显	气血两虚,诸虚劳损,亦主湿证
		代	脉来时止,止有定数,良久方来	脏气衰微,元气不足,跌扑损伤
		短	首位俱短,不及本位	有力为气郁,无力为气虚
实脉类	应指有力	实	举按均有力	实证,平人
		滑	往来流利,应指圆滑	痰饮,食积,实热,孕妇,青壮年
		长	首尾端直,超过本位	阳证、热证、实证,亦见于平人
		紧	绷急弹指,状如牵绳转索	实寒证,疼痛,宿食
		弦	端直以长,如按琴弦	肝胆病,诸痛,痰饮
		大	脉体宽大,无汹涌之势	平人,病进

浮脉与濡、虚、芤、散脉:五者脉位均表浅。但浮脉举之有余,重按稍减而不空,脉形不大不小;濡脉浮而细软,重按不显;虚脉浮取无力,重按空虚;芤脉浮大中空,如按葱管;散脉浮散无力,漫无根蒂,重按则无。

沉脉与伏、牢脉:三者脉位均较深,轻取不应。但沉脉重取乃得;伏脉较沉脉部位更深,着于筋骨,重按亦无,须推筋着骨始得;牢脉沉取实大弦长,坚牢不移。

迟脉与缓脉:两者均比平脉为慢。迟脉一息不足四至;缓脉一息四至,稍快于迟脉而慢于平脉。

数脉与滑、疾脉:三者均有脉率快的感觉。但滑脉强调脉的形与势,表现为圆滑流利似数;数脉和疾脉以至数异常为主,但疾脉快于数脉,且有急促不安之象。

实脉与洪脉:两者脉势都充实有力。但洪脉状若波涛汹涌,盛大满指,来盛去衰,浮取明显;而实脉长大坚实,应指力强,举按皆然,来去俱盛。

细脉与微、弱、濡脉:四者都是脉形细小而软弱之脉。但细脉形虽小却应指明显;微脉则极细极软,按之欲绝,似有似无,起落模糊;弱脉沉细而无力;濡脉浮细而无力,脉位与弱脉相反,轻取可以触知,重按反不明显。

芤脉与革脉：两脉都有中空之象。但芤脉浮大无力而中空，如按葱管，其脉管柔软；革脉浮大搏指，弦急中空，如按鼓皮，其脉管较硬。

弦脉与长、紧脉：弦脉与长脉脉形皆长，但长脉超过寸关尺三部，长而不急；弦脉长而坚硬，如按琴弦。弦脉与紧脉脉气均紧张，但弦脉如按琴弦，端直以长，有锐利坚硬的指感；紧脉如按在绷紧的绳索上，在脉势绷急和脉形宽大两个方面超过了弦脉。

短脉与动脉：两者在脉形上均较短。但短脉仅以脉形短而不及寸关尺三部为主，脉力或强或弱；动脉脉形如豆，且滑数有力。

结脉与代、促脉：三者皆属节律失常而有歇止的脉象。但结、促脉均为不规则的间歇，且歇止时间较短；代脉则是有规则的歇止，且歇止时间较长。结脉与促脉虽都有不规则的间歇，但结脉是迟而一止，促脉是数而一止。

2. 相兼脉与主病

28脉中，有些脉象属单一特征脉，如浮、沉、迟、数等，有些脉则属复合特征脉，即由几种单一特征脉相兼复合而成，如动脉由短、滑、数、实四脉合成，牢脉由沉、实、大、弦、长五脉合成等。所谓相兼脉，即指两个或两个以上单一或复合脉象相兼出现的脉。相兼脉的主病，一般等于各组成脉象主病的综合。举例如下。

浮紧脉，浮脉主表，紧脉主寒，浮紧脉主表寒证，或风寒湿痹。

浮数脉，浮脉主表，数脉主热，浮数脉主表热证。

浮缓脉，浮脉主表，缓脉主虚，浮缓脉主太阳中风、营卫不和的表虚证。

浮滑脉，浮脉主表，滑脉主痰，浮滑脉主表证夹痰或风痰，常见于素体痰盛而又感受外邪者。

沉迟脉，沉脉主里，迟脉主寒，沉迟脉主里寒证，常见于脾肾阳虚、阴寒凝滞。

沉弦脉，沉脉主里，弦脉主肝胆病、痛证、痰饮，沉弦脉主肝郁气滞、寒滞肝脏或水饮内停。

沉涩脉，沉脉主里，涩脉主气滞血瘀或精亏血少，沉涩脉常见于阳虚而寒凝血瘀者。

沉缓脉，沉脉主里，缓脉主虚、主湿，沉缓脉主脾虚而水湿停留。

弦数脉，弦脉主肝胆病，数脉主热，弦数脉主肝热证，常见于肝郁化火或肝胆湿热等证。

弦细脉，弦脉主肝胆病，细脉主阴血亏虚，弦细脉主肝肾阴虚、血虚肝郁或肝郁脾虚。

弦滑数，弦脉主肝胆病，滑数脉主痰主热，弦滑数脉见于肝郁夹痰、风阳上扰或痰饮内停等证。

细数脉，细脉主阴血亏虚，数脉主热，细数脉主阴虚内热。

3. 真脏脉

真脏脉即指无胃、神、根的脉象，又称怪脉、败脉、死脉、绝脉。无胃气之脉的特征是脉象无柔和之意；无神之脉的特征为脉率无序而散乱；无根之脉的特征为无论虚大或微弱，均沉取不应。怪脉首见于《黄帝内经》，如屋漏脉、弹石脉等。之后元代危亦林整理为十怪脉。

偃刀脉：脉来弦急，如循刀刃，应指坚搏，毫无柔和之感。此为肝之危脉。

鱼翔脉：脉在皮肤，头定而尾摇，似有似无，如鱼在水中游动。此为三阴寒极，亡阳于外之候。

转豆脉：脉动短小而坚搏，如循薏苡仁之状，毫无柔和之感。此为心之危候。

虾游脉：脉在皮肤，如虾游冉冉，时而跃然而去，须臾又来，其急促躁动之象如虾游水。此为阴绝阳败，主死候。

屋漏脉：脉在筋肉之间，如屋漏残滴，良久一滴，即脉搏极迟缓，搏动无力。此为胃气荣卫将绝之候。

釜沸脉：脉在皮肤，浮数之极，至数不清，如釜中沸水，浮泛无根。此为三阳热极，阴液将绝。

雀啄脉：脉在筋肉间，连连数急，三五不调，止而复作，如雀啄食之状。此为脾之谷气绝之于内。

解索脉：脉在筋肉之间，乍疏乍密，如解乱绳状，为时快时慢、散乱无序的脉象。此为肾与命门之气皆亡之候。

弹石脉：脉在筋肉之下，如指弹石，辟辟顶指，毫无柔和软缓之象。此为肾水枯竭、阴液亡绝、孤阳独亢、风火内燔之象。

麻促脉：应指如麻子之纷乱，细微至甚，即脉急促零乱，极细而微。此为卫枯荣血独涩、气不运血、气衰血枯之象。

真脏脉均见于疾病的危重阶段，提示脏腑之气衰竭，胃气衰败，生命垂危。但并非必死无疑，仍应尽最大努力进行救治。

（六）诊妇人脉和小儿脉

1. 妇人脉

妇人有经、孕、产育等特有的生理变化及相关疾病，其脉象亦有一定的特殊性。

（1）诊月经脉：妇人左关、尺脉忽洪大于右手，口不苦，身不热，腹不胀，是月经将至。寸关脉调和，而尺脉弱或细涩者，月经多不利。

妇人闭经有虚实之分。尺脉虚细而涩者，为精血亏少的虚证；尺脉弦或涩者，为气滞血瘀的实证；脉象弦滑者，是痰湿阻于胞宫。

（2）诊妊娠脉：已婚妇女，月经正常，突然停经，脉来滑数冲和，尺脉尤显，兼饮食异常，如嗜酸或呕吐等症者，为妊娠之候。

劳损、积聚等亦可闭经。但劳损之脉，多虚细或弦涩；积聚之脉，多弦紧涩结或沉伏；而孕脉必滑而兼数，且带柔和之象。

（3）诊死胎脉：凡妊娠必阳气动于丹田，脉见沉滑，才能温养胎形。如果脉见沉涩，是精血不足，胎孕可能受损，或是死胎。

（4）诊临产脉：妇人临产之时，脉象有所变化，一是尺脉转为紧急而数；二是中指顶节两旁脉动较平时明显而剧烈。

2. 小儿脉

小儿脉与成人不同，其寸口脉位狭小，难分寸关尺三部；而且小儿临诊时常哭闹惊动，脉气随之紊乱，故难于掌握。因此，对3岁之内的婴幼儿，除须望食指络脉及注重四诊合参外，其脉诊也有其特色。

（1）一指三部诊法：小儿寸口部位短，难以布三指以分三关，故常采用一指总候三部诊法，即"一指定三关"。医生用左手握小儿手，对3岁以内的婴幼儿，用右手拇指按在腕后高骨脉上，分三部以定息数；对4~5岁病儿，则以高骨中线为关，向高骨两侧转动以寻三部；对6~8岁病儿，可以向高骨的前后两侧挪动拇指，分别诊寸、关、尺三部；对9~10岁病儿，可以次第下指，依寸关尺三部诊脉；对10岁以上的病儿，可以按成人三部诊法取脉。

（2）小儿脉象主病：小儿脏腑娇嫩，形气未充，且又生机旺盛，发育迅速，故正常小儿的脉象较成人脉软而数，年龄越小，脉搏越快。如按成人正常呼吸定息，3岁以下小儿，一息七八至为平脉；五六岁小儿，六至为平脉。

小儿疾病多较单纯，其病脉也不似成人复杂。主要以脉的浮、沉、迟、数辨病证的表、里、寒、热，以脉的有力、无力定病证的虚、实。浮脉主表证，浮而有力为表实，浮而无力为表虚；沉脉主里证，沉而有力为里实，沉而无力为里虚；迟脉主寒证，迟而有力为实寒，迟而无力为虚寒；数脉主热证，浮数为表热，沉数为里热，数而有力为实热，数而无力为虚热。

（七）脉诊临床意义和脉症从舍

1. 脉诊的临床意义

（1）辨别病变部位：脉象的浮沉，可以反映病位的浅深。而疾病的脏腑定位，可以通过左、右寸关尺三部的脉象变化识别。左脉寸关尺分属心、肝胆、肾，右脉寸关尺分属肺、脾胃、肾。某部脉象发生变化，则考虑相应脏腑发生了病变。

（2）分析病因病性：《素问·经脉别论》曰："人之居处、动静、勇怯，脉亦为之变乎……凡人之惊恐、恚劳、动静，皆为变也。"说明各种病因均可引起脉象的相应变化。例如，长期忧愁，情志不遂，脉象多弦涩；暴饮暴食，食积胃肠，脉象多滑数。

疾病的性质不外寒热、虚实，而迟脉、紧脉多主寒证，数脉、滑脉多主热证，虚、弱、细、微之脉常提示正气不足，实、洪、弦、长之脉多提示邪气充盛。

（3）推断进退预后：脉象的动态变化，对推断疾病的进退预后有重要的临床价值。如外感病脉象由浮转沉，表示病邪由表入里；由沉转浮为病邪由里出表。久病而脉渐趋和缓，是胃气渐复，病退向愈之佳兆；若虚劳、失血、久泄等病突见洪实扎革等脉，则多属邪盛正衰之危候。外感热病，热势渐退，脉象出现缓和，是将愈之候；若脉急数而见烦躁，则病情加重；又如战汗，汗出脉静，热退身凉，为病退向愈；若脉躁疾而高热不退者，则为病进危候。

2. 脉症顺逆与从舍

脉象是机体生理病理变化在寸口的反映，症是疾病在发生、发展、演变过程中出现的各种异常表现。一般情况下，脉象与病证、症状属性是一致的，但由于病情复杂多变，往往出现与病证不相符的情况。脉症相应者为顺，不相应者为逆。例如，外感表实证脉浮而有力反映邪盛正实，正气与邪气交争剧烈，是脉症相应的顺证；若表实证出现细、微、虚、弱等虚脉，提示正气已虚或正气被邪郁闭，脉象先于症状出现，为脉症相反的逆证。久病脉来沉、细、微、虚、弱者，提示正气虽不足而邪气亦不盛，脉象反映了病证的真实属性，为顺证；若久病见浮、洪、实、数脉，提示病情加重，为逆证。当脉症不相应时，必须辨明孰真孰假，以决定脉症的从舍。

舍脉从症：在症真脉假的情况下，必须舍脉从症。例如，症见腹胀满，疼痛拒按，大便燥结，舌红苔黄厚焦躁而脉迟者，其症为实热内结肠胃，属真，脉迟主寒，与病证的实热病机不相符，为假象，是热邪阻滞血脉运行所致，应当舍脉从症。

舍症从脉：在症假脉真的情况下，必须舍症从脉。例如，形瘦纳少，腹部胀满，脉见微弱，结合四诊，其症属于脾胃虚弱所致的虚胀，脉虚弱则反映的是真虚，故当舍症从脉。又如，热邪郁闭于里，症见胸腹灼热，渴喜冷饮，心烦尿黄，四肢厥冷，舌红苔黄，脉滑数。症状中四肢厥冷的寒象与病因病机不相符，而舌脉真实地反映了疾病的本质，故舍症从脉。

总之，脉与症的从舍应四诊合参，仔细辨别，综合分析病情后才能取舍得宜，做出正确判断。

三、问题分析

本病案病位在心、肾。病机为心肾不交。本病人失眠时间较长，失眠程度较重，根据口角生疮，头昏痛，口渴多饮、舌质红、舌边尖红刺、少苔，三部脉举、按皆沉而细，寸部细数明显，脉、舌、色、症相参，辨证为心肾不交。心火独亢，不能下温肾水，肾阴不足，不能上济于心，而致心肾不交，水火不济。心火亢盛，可见口角生疮、口渴多饮、舌质红、舌边尖红刺；肾阴肾阳为一身阴阳之根本，肾阴不足，全身阴液不足，脉道不充，而见沉细脉；阴虚而阳偏亢，见舌红少苔、脉细数；心火亢盛，不能下交于肾，寸脉数而显现。本案阴虚而有热象，脉细数相兼。脉诊时须举按寻并重、寸关尺三部合参，仔细辨识。

诊脉时要让病人取坐位或仰卧位，手臂放平和心脏近于同一水平，直腕，手心向上，使寸口部充分暴露伸展，保证气血畅通无阻，并在腕关节下背垫上脉枕。医生诊脉时应安神定志，集中注意力，三部脉举、按、寻认真体察，并结合临床病证做出综合判断。

四、小结

本节脉诊小结见图 6-9。

图 6-9　脉诊小结

五、思考题

1. 脉诊的临床意义是什么?
2. 什么是真脏脉,临床意义是什么?
3. 脉象的构成要素有哪些?
4. 试述平脉的形态、特点及生理变异。
5. 试根据脉象的位、数、形、势特征,分类描述28脉的脉象及主病。

第二节 按 诊

本节内容主要介绍按诊的方法和意义、按诊的内容。要求掌握按诊的方法,熟悉按诊的内容,了解按诊的意义。

一、问题思考

病人刘某,男,55岁。自诉上腹部胀痛3年,加重1个月。病人3年来反复出现上腹部胀满隐痛,伴烧心、嗳气、食欲不振,每于进食硬食后加重。曾经纤维胃镜检查诊断为慢性萎缩性胃炎。先后服枸橼酸铋钾冲剂、多酶片、多潘立酮、温胃舒、气滞胃痛冲剂等多种药物,症状反复发作,时轻时重。近1个月来,上腹部胀痛加重。常感胃脘隐痛,胀满不舒,饭后加重,并伴有烧心、嗳气、睡眠差,纳差口干,大便干,舌质红、苔黄,脉细数。胃镜检查示慢性萎缩性胃炎,并伴幽门螺杆菌感染。

本病案病位在哪?为什么?如何进行按诊?按诊时应该注意哪些问题?

二、主要内容

按诊是医生运用手指或手掌对病人的肌肤、手足、胸腹等部位进行触、摸、扣、按,以了解病体的寒热、润燥、软硬、肿胀、疼痛等异常变化,从而推断疾病部位、性质和病情轻重的诊察方法。按诊是切诊的重要组成部分,对临床辨证起着重要的作用。

(一)按诊的方法和意义

1. 按诊的方法

按诊时,要选择正确的体位,充分暴露所要按诊的部位。根据检查的目的和部位不同,病人取坐位或仰卧位。病人取坐位时,医生面对病人,用左手稍扶病体,右手触摸或按压身体的某一部位,此体位多用于皮肤、手足、腧穴的按诊。胸腹或腰背按诊时,常采取仰卧位或俯卧位,病人头垫低枕,全身放松,医生立于病人右侧,用右手或双手对病人胸腹或腰背某些局部进行按诊。

按诊时,医生态度要严肃认真,举止要稳重得体,手法要轻巧柔和,避免突然施重力或用冷手按压。同时,边按诊边询问病人的感觉,观察其表情变化,从而了解其病痛之所在。

按诊的常用手法有触、摸、按、叩四法。

（1）触法：触法是医生运用手指或手掌轻轻接触病人局部皮肤，如头额、四肢、胸腹的皮肤，以了解其冷热、润燥等情况，从而辨别寒热、外感内伤、阴阳属性及津血盈亏状况。

（2）摸法：摸法是医生用手指稍用力抚摸病人局部肌肤，如腧穴、胸腹、肿胀部位等，以探察局部的感觉情况，如肿物的范围及肿胀程度等，从而辨别疾病的病位与病性。

（3）按法：按法是医生重手按压或推寻局部，如胸腹或深部肿物，以了解压痛程度，肿物的形态、大小、质地、活动度等，从而判别脏腑的虚实及邪气的痼结情况。

（4）叩法：叩法是医生用手叩击病人身体某部，使之震动产生叩击音、波动感或震动感，以了解病变部位、性质及程度的一种诊察方法。叩法分为直接叩击法和间接叩击法。

1）直接叩击法：是医生用手指中指指尖或并拢的二、三、四、五指的掌面轻轻地直接叩打或拍打病人被检部位的检查方法。

2）间接叩击法：①拳掌叩击法（图6-10），是医生用左手掌平贴于受检部位体表，右手握成空拳叩击左手背，边叩边询问病人叩击部位的感觉，如有无局部疼痛等，以推测病变部位和程度。临床上本法常用以诊察腹部和腰部的病变。②指指叩击法（图6-11），是医生用左手中指第二指节紧贴病体诊察部位，其他手指稍微抬起，勿与体表接触，右手自然弯曲，第二、四、五指微翘起，以中指指端叩击左手中指第二指节前段，叩击方向与叩击部位垂直，叩击时用腕关节与掌指关节活动之力，指力要均匀适中，叩击后右手中指立即抬起，以免影响音响。本法常用于胸背腹部及肋间的诊察。

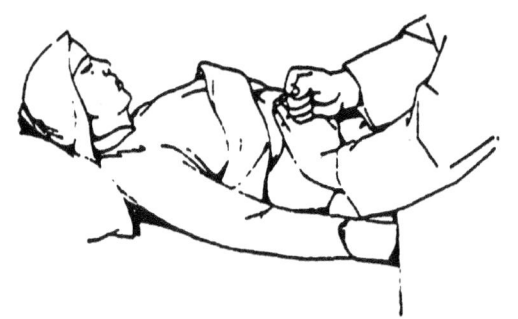 

图6-10 拳掌叩击法　　　　图6-11 指指叩击法

2. 按诊的意义

按诊是四诊中不可缺少的一环。按诊能在望、闻、问诊的基础上进一步探明病变的部位、性质和程度，尤其是对脘腹部疾病的诊断有着更为重要的作用，可以充实和完善临床资料，为辨证论治提供依据。如清代俞根《重订通俗伤寒论》曰："胸腹为五脏六腑之宫城，阴阳气血之发源。若欲知其脏腑何如，则莫如按胸腹。"

（二）按诊的内容

按诊的运用范围相当广泛，涉及内、外、妇、儿等各科疾病的诊察，尤其对脘腹疾病的诊察更为重要。临床常用的按诊检查有按胸胁、按脘腹、按肌肤、按手足、按腧穴等内容。

1. 按胸胁

胸胁即前胸和侧胸部的统称。前胸即缺盆（锁骨上窝）至横膈以上，其中间部分谓之"膺"，左乳下心尖搏动处为"虚里";侧胸部又称胁部,即胸部两侧,由腋下至十一、十二肋骨端的区域(图6-12)。胸内藏心肺,胁内居肝胆,所以胸胁按诊,除诊察局部肌肤、骨骼、经络病变之外,主要是诊察心、肺、肝、胆、乳房等重要脏器的病变。按胸胁包括按胸部、虚里和胁部三部分。

(1)按胸部:胸部为心肺所居之处,按胸部可以了解心、肺、虚里、胸膜及乳房等的病变情况。

胸部按诊病人多采取坐位,若不能坐时,可先仰卧位诊察前胸,然后侧卧位诊察侧胸及背部。方法多采用触法、摸法和指指叩击法。采取指指叩击法时,左手中指应沿肋间隙滑行(与肋骨平行),右手指力应适中。顺序由上而下地按前胸、侧胸和背部,并注意两侧对称部位的比较。

正常胸(肺)部叩诊呈清音,但胸肌发达者、肥胖者或乳房较大者叩击稍浊,背部较前胸音浊,上方较下方音浊。胸部自上而下叩诊时,清(浊)音与实音交界处即为肺下界。平静呼吸时,肺下界在锁骨中线第六肋(左侧可因胃脘鼓音区影响而有变动)、腋中线第八肋、肩中线第十肋。

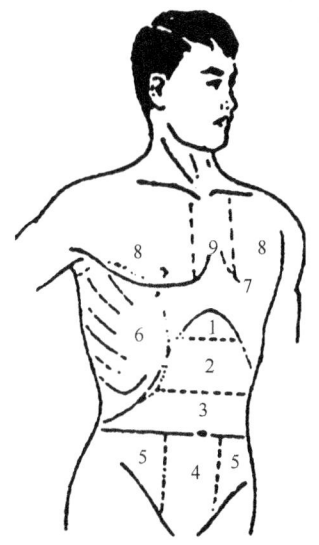

图6-12 胸腹部位划分图
1.心下;2.胃脘;3.大腹;4.小腹;5.少腹;
6.胁肋;7.虚里;8.左、右胸;9.胸膺

肺下界下移见于肺胀、腹腔脏器下垂等;肺下界上移见于肺痿、悬饮、臌胀、腹内肿瘤或癥积等。前胸高突,叩之膨膨然有如鼓音,其音清者,系肺气壅滞所致,多为肺胀,亦可见于气胸;扣之音浊或呈实音,并有胸痛,多为饮停胸胁,或肺痈损伤,或肺内有肿瘤,或为肺痈、痰热壅肺者。胸部压痛,有局限性青紫肿胀者,为外伤(如肋骨骨折等)所致。

正常乳房按诊时呈模糊的颗粒感和柔韧感,质地均匀一致,无触痛。乳房局部压痛,可见于乳痈、乳发、乳疽等病变。

若发现乳房内有肿块时,应注意肿块的数目、部位、大小、外形、硬度、压痛和活动度,以及腋窝、锁骨下淋巴结的情况。

妇女乳房有大小不一的肿块,边界不清,质地不硬,活动度好,伴有疼痛者,多见于乳癖。乳房有形如鸡卵的硬结肿块,边界清楚,表面光滑,推之活动而不痛者,多为乳核。乳房有结节如梅李,边缘不清,皮肉相连,病变发展缓慢,日久破溃,流稀脓夹有豆渣样物者,多为乳痨。乳房肿块质硬,形状不规则,边界不清晰,腋窝多可扪及肿块,应考虑乳癌的可能。女子月经将行的青春发育期,或男子、儿童一侧或两侧乳晕部有扁圆形稍硬肿块,触之疼痛,称为乳疬。

(2)按虚里:虚里位于左乳下第四、五肋间,乳头下稍内侧,即心尖搏动处,为诸脉之所宗,又为宗气之外候。按虚里可知宗气之强弱、疾病之虚实、预后之吉凶。诊虚里时,病人取坐位或仰卧位,医生站其右侧,用右手平抚虚里部,适当调整力度。注意诊察动气之强弱、至数和聚散。

正常情况下,虚里搏动不甚明显,仅按之应手,其搏动范围直径为2~2.5cm,动而不紧,缓而不怠,动气聚而不散,节律清晰,一息四五至,是平人心气充盛、宗气积于胸中的正常表现。

虚里按之其动微而不显者,为不及,是宗气内虚之征,也可因饮停心包所致。虚里搏动迟弱，或久病体虚而动数者，多为心阳不足。若动而应衣，为太过，是宗气外泄之象。按之弹手，洪大而搏，或绝而不应者，是心气衰绝，证属危候。胸高而喘，虚里搏动散漫而数者，为心肺气绝之兆。孕妇胎前产后或痨瘵病，虚里动高者为危候。

至于惊恐、大怒或剧烈运动后，虚里动高，休息片刻即能平复如常者，不属病态。肥胖之人因胸壁较厚，虚里搏动不明显，属生理现象。

（3）按胁部：按胁部要在胸侧腋下至肋弓部位进行按、叩，也应由上腹部向肋弓方向轻循，并按至肋弓下，以了解胁内脏器状况。

若胁痛喜按，多为肝虚；胁下肿块，刺痛拒按，多为血瘀；胁痛拒按，每于咳嗽、转体时加剧，为悬饮；右胁胀痛，摸之有热感，手不可按者，可能为肝痈；右胁下肿块，质硬，表面平或呈小结节状，边缘锐利，压痛不明显，为肝积；右胁下肿块，按之表面凹凸不平，边缘不规则，多为肝癌；若右侧腹直肌外缘与肋缘交界处附近触及梨形囊状物，并有压痛，为胆石、胆胀等胆囊病变；左胁下痞块，为肥气等脾脏病变；疟疾后左胁下触及痞块，按之硬者为疟母。

2. 按脘腹

按脘腹是指通过触按脘腹部，了解局部的凉热、软硬、胀满、肿块、压痛等情况，以此来推断有关脏腑的病变及证候的寒热虚实（图6-13）。

脘腹各部位的划分：脘腹泛指心下（剑突）至毛际（耻骨联合）的体表部位。大体分为心下、大腹、胃脘、脐腹、小腹、少腹等部分。剑突下方称为心下，反映心、膈功能；心下至脐上为大腹，反映肝、胆、脾、胃、肠等功能；

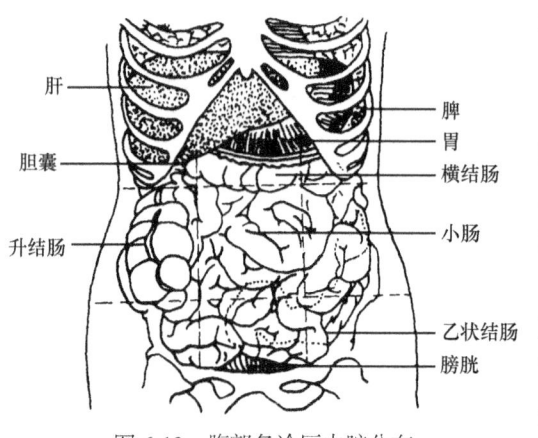

图6-13 腹部各诊区内脏分布

大腹的上半部为胃脘，为胃腑所在之处；脐周部位称脐腹；脐下至毛际为小腹，为肠、胞宫、膀胱所居；小腹两侧称为少腹，为肝经所络。按脘腹部主要诊断肝、胆、脾、胃、肾、小肠、大肠、膀胱、胞宫及其附件病证。

（1）按脘部：按脘部主要诊察胃腑病证。

脘部痞满，按之较硬而疼痛拒按者属实证，为实邪聚结胃脘；按之濡软无痛而喜按者属虚证，为胃腑虚弱；脘部按之有形而胀痛，推之辘辘有声者，为胃中有水饮。

（2）按腹部：按腹部主要诊断肝、脾、小肠、大肠、膀胱、胞宫等病证。通过腹部的凉热、软硬、胀满、肿块、压痛及脏器大小等变化来推断脏腑病变和证候性质。

按诊腹部皮肤温凉，对判断真热假寒证有非常重要的意义，一般来说，凡腹部肌肤凉而喜按者，属寒证；腹部肌肤灼热而喜凉者，属热证；无论病人四肢温凉与否，只要胸腹灼热，就基本可以断定疾病的实热本质。腹痛喜按，按之痛减，腹壁柔软者多属虚证；腹痛拒按，按之痛甚，并伴有腹部硬满者多属实证。若局部肿胀拒按者，多为内痈；按之疼痛，固定不移，多为内有瘀血；按之胀痛，痛处按此联彼者，为病在气分，多为气滞。

若腹部有肿块，按诊时要注意肿块的部位、形态、大小、硬度、有无压痛和能否移动等情况。凡肿块推之不移，痛有定处者，为癥积，病属血分；肿块推之可移，痛无定处，聚散不定者，为瘕聚，病属气分。肿块大者为病深；形状不规则，表面不光滑者为病重；坚硬如石者为恶候；肿块生长迅速者多预后不良。若腹中结块，按之起伏聚散，往来不定，或按之形如条索状，久按转移不定，或按之手下如蚯蚓蠕动者，为虫积。若腹痛的同时，伴见腹正中、或脐部、或腹股沟有肿块凸起，按之可回复，属疝气。

若腹部有压痛，多提示该处腹腔脏器疾患。如上腹部压痛，多见于肝、胆、胃脘及结肠等病变。

1）按大腹：腹满多指大腹部的胀满。腹满有虚实之别，凡脘腹部按之手下饱满充实而有弹性、有压痛者，为实满；若脘腹部虽然膨满，但按之手下虚软而缺乏弹性，无压痛者，为虚满。脘部按之有形而胀痛，推之辘辘有声者，为胃中有水饮。腹部高度胀大，如鼓之状者，称为臌胀。鉴别臌胀时，医生两手分置于腹部两侧相对位置，一手轻轻叩拍腹壁，另一手有波动感，按之如囊裹水者，为水鼓；一手轻轻叩拍腹壁，另一手无波动感，以手叩击如鼓之膨膨然者，为气鼓。当腹腔内有过多液体潴留时，因重力的关系，可通过体位的改变，在腹腔低处叩击呈浊音；若肠内有气体存在，叩击呈鼓音，此鼓音区域多漂浮在腹水浊音区上面。另外，肥胖之人腹大如鼓，按之柔软，无脐突，无病症表现者，不属病态。

2）按小腹和少腹：右少腹剧痛而拒按，弹痛（反跳痛）或按之有包块者，多为肠痈。若时时发热，自汗出，微恶寒，脉沉紧者，为脓未成；若腹皮急，按肿块濡软，身无热，脉洪数者，为脓已成。左少腹作痛，按之累累有硬块者，为肠中有宿粪。小腹部触及肿物，若触之有弹性，不能被推移，呈横置的椭圆或球形，按压时有压痛，有尿意，排空尿后肿物消失者，多系因积尿所致而胀大的膀胱；排空尿后小腹肿物不消，若系妇女停经后者，多为怀孕而胀大的胞宫；否则可能是胞宫或膀胱的肿瘤。

3. 按肌肤

按肌肤是医生用手触摸病人某些部位的肌肤，通过诊察其寒热、润燥、滑涩、疼痛、肿胀、皮疹、疮疡等情况，以分析病情的寒热虚实及气血阴阳盛衰的诊察方法。

（1）按寒热：触摸病人肌肤的寒热，可了解病体阴阳盛衰、表里虚实和邪气轻重。

凡身热初按热甚，久按不热者，为热在表；若久按热愈甚者，为热在里。肌肤寒冷，为阳气衰少；肌肤灼热，为阳热炽盛。肌肤寒冷而大汗淋漓、面色苍白、脉微欲绝者，为亡阳之证；汗出如油，四肢肌肤尚温而脉躁疾无力者，为亡阴之证。身灼热而手足厥冷者，为里热壅盛，阳气闭阻不得外达四末，属真热假寒证。

（2）按润燥滑涩：触摸病人肌肤的润燥与滑涩，可了解汗出情况和气血津液盛衰。

一般情况下，皮肤湿润者，为有汗；皮肤干燥者，为无汗，或津液不足。肌肤滑润为气血充盛；肌肤枯涩为气血不足或津液亏虚；肌肤甲错为瘀血日久，血虚不荣。

（3）按疼痛：按病人疼痛部位，可分辨疾病的疼痛范围、程度和虚实。

医生在病人疼痛部位进行力度不同的按压，若肌肤濡软，按之痛减者，为虚证；肌肤硬痛拒按者，为实证；轻按即痛者，为病在表浅；重按方痛者，为病在深部。

（4）按肿胀：触压病人肌肤肿胀之处，可辨水肿和气肿。

医生重手按压肿胀部位，若有凹陷，不能即起者为水肿；按之凹陷，皮肤粗厚，举手即起，无压痕者为气肿。

（5）按疮疡：触按病人疮疡局部的软硬及有无灼手之感，可辨阴阳属性及是否成脓。

凡疮疡按之肿硬而不热，根盘平塌漫肿者，为阴证；按之红肿灼手，根盘紧束而有压痛者，

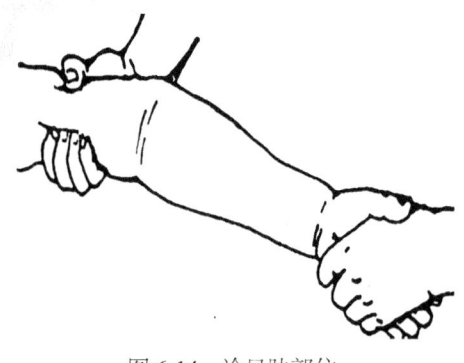

图 6-14 诊尺肤部位

为阳证。按之硬而热不甚者,为无脓;按之边硬顶软,有波动感而热甚者,为有脓。轻按即痛者为脓在浅表;重按方痛者是脓在深部。按之陷而不起者,为脓未成;按之有波动感者,为脓已成。

(6)按尺肤：尺肤为肘部内侧至掌后横纹之间的肌肤。触尺肤早在《灵枢·论疾诊尺》就有记载"余欲无视色持脉,独调其尺,以言其病,从外知内。审其尺之缓急、小大、滑涩,肉之坚脆,而病形定矣",通过触按尺肤可以了解疾病的寒热虚实等性质。

诊尺肤可采取坐位或仰卧位。诊左尺肤时(图 6-14),医生用右手握住病人上臂近肘处,左手握住病人手掌,同时向桡侧旋转前臂,使前臂内侧面向上平放,尺肤部充分暴露。医生用指腹或手掌平贴尺肤处并上下滑动来感觉尺肤的冷热、滑涩、缓急;诊右尺肤时,医生操作手法同上,左、右手位置互换,方向相反。注意左、右尺肤的对比。

健康人尺肤温润滑爽而有弹性。若尺肤热甚,兼脉象洪滑数的为温热之证;尺肤冷凉,兼脉象细小者,多为泄泻、少气;按尺肤窅而不起者,多为风水肤胀;尺肤粗糙如枯鱼之鳞者,多为精血不足,或瘀血内阻,肌肤失养,亦可见于脾阳虚衰,水饮不化之痰饮病。此即《灵枢·论疾诊尺》所谓:"尺肤滑而泽脂者,风也。尺肤涩者,风痹也。尺肤粗如枯鱼之鳞者,水洪饮也。尺肤热甚,脉盛躁者,病温也……尺肤寒,其脉小者,泄、少气。"

4. 按手足

按手足部位的冷热程度可辨别阴阳盛衰及病邪属性,凡四肢手足俱冷者,为阳虚阴盛,属寒;四肢手足俱热者,多为阳盛或阴虚,属热。内伤虚热者,手心热于手背;外感发热者,手背热于手心。热证见手足热者,属顺候;热证反见四肢厥冷者,属逆候。若额上热甚于手心热者为表热;手心热甚于额上热者为里热。

在儿科方面,小儿指尖冷主惊厥;中指独热主外感风寒;中指末独冷,为麻痘将发之象。

5. 按腧穴

腧穴是脏腑经络之气转输之处,是内脏病变在体表的反应点。按腧穴是按压身体上某些特定的穴位,通过穴位的变化和反映来判断内脏病变的方法。

病理情况下,内脏病变常在腧穴有敏感的反应点。因此,腧穴按诊并结合脉症,对推断内脏的某些疾病有一定意义。当在腧穴发现有结节或条索状物,或有压痛及其他异常反应,常提示相应的脏腑发生了病变。如在肺俞穴触摸到结节,或在中府、太渊穴有压痛,常提示肺病;在巨阙、膻中或大陵穴有压痛,常提示心脏疾病;在肝俞或期门穴有压痛,常提示肝病;在胃俞穴或足三里穴有压痛,常提示胃病;在上巨虚穴(阑尾穴)有压痛,常提示肠痈。另外,按压腧穴做试验性治疗,有助于鉴别诊断。例如,指压双侧胆俞穴而右上腹疼痛缓解,可初步考虑为胆的病变。

三、问题分析

本案病位在胃脘部,根据病人反复上腹部胀满疼痛,伴烧心、嗳气、食欲不振,每于进食硬食后症状加重等特点,可以确定本病病位在胃脘。按诊时,须让病人保持仰卧位,两腿屈膝;医者立于病人右侧,右手触摸按压病人的脘腹部,感知脘腹部的柔韧度、紧张度,有无肿块等。

按诊时应注意让病人保持正确体位、放松心情,配合医生的检查;医者态度要严肃认真,手法轻灵,由轻到重,边按边观察病人的表情,认真辨识疾病的病位、病性。

四、小结

本节按诊小结见图6-15。

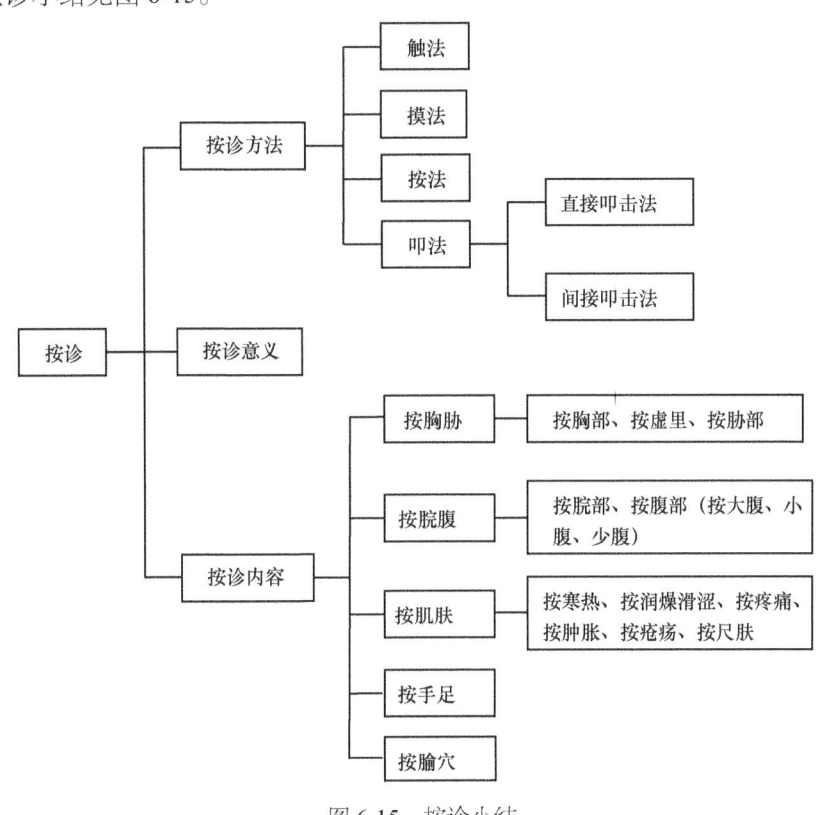

图6-15 按诊小结

五、思考题

1. 按诊的手法有哪些?
2. 如何通过按诊辨别腹满的性质?
3. 如何通过按诊辨别腹部肿块的性质及临床意义?

下篇

第七章　八纲辨证

第一节　八纲辨证的概念与源流

一、八纲辨证概念

八纲，是指阴、阳、表、里、寒、热、虚、实八类辨别证候的纲领。八个纲领是既相互独立又紧密联系，不可分割的。临床分析归纳病情资料、判别病证时，八纲是指导辨证思维的基本纲领。因此，八纲辨证，是中医辨证的理论基础之一，也是最基本的辨证方法。

通过四诊收集掌握病情资料后，运用八纲理论进行分析、辨识，根据病位深浅、病邪性质、正邪盛衰、证候类别等辨证基本要素，最终归纳出上述八类不同证候的思维过程及方法，故称为八纲辨证。

在众多辨证方法中，八纲辨证是基础性与纲领性的重要辨证方法。虽然疾病表现错综复杂，但基本都可以运用八纲来进行分析、归纳，从病证类别来判断，可归属于阳证或阴证；从病位深浅来分析，可分为表证或里证；从疾病性质来区分，可分为寒证或热证；从邪正盛衰来概括，可分为虚证或实证。因此，通过八纲辨证可以找出疾病的关键所在，明确其证候类型，为临床治疗指明正确方向。

八纲是从各种具体证候中概括、抽取出的共性要素，因此八纲辨证是着重分析病证本质共性的纲领，是对疾病辨证诊断的原则性要求。辨明八纲，对病情的认识能起到提纲挈领、执简驭繁的作用，是进一步准确认识、诊断疾病的关键和要领。

表里、寒热、虚实、阴阳，是从不同方面来辨识疾病本质，八纲不同证候相对独立但并非完全孤立、毫不相关。因为疾病的复杂性、多样性，它们之间存在复杂而密切的相兼、错杂、转化、真假等关系。因此，学习和运用八纲辨证时，在熟练掌握八纲各基本证的基础上，还要熟悉八纲之间各种相互关系形成、变化的内在规律，以及各种复合证候的特点，从而有利于更好地正确认识疾病的全貌。

二、八纲辨证源流

八纲具体内容的论述，最早可以追溯到《内经》。在《伤寒杂病论》中张仲景也具体运用了八纲进行辨证论治。虽然有辨证的具体运用，但此时八纲没有作为独立的辨证纲领明确提出来。到了明代，许多医家开始重视并积极阐述八纲理论，张景岳在总结前人理论的基础上，在《景岳全书·传忠录》中设"阴阳篇"与"六变篇"，第一次对八纲进行了全面、系统的论述，明确提出了"二纲六变"作为辨证的纲领。清代医家程钟龄、徐灵胎等,进一步对八纲理论深入阐释,大力倡导张景岳的八纲辨证理论。虽然八纲辨证的理论内容在明代已经确立,但是"八纲"名称的提出,直到 20 世纪 40 年代,医家祝味菊在《伤寒质难》中说:"夫病变万端,大致不出八纲范围,明八纲,则施治有所遵循,此亦执简御繁之道也","所谓八纲者,阴阳表里寒热虚实是也。"至此,八纲名称正式提出。之后,"八纲辨证"成为中医诊断学中重要组成部分。

第二节 八纲辨证基本证候

本节主要介绍八纲各基本证候的概念、常见临床表现、证候分析及辨证要点,并对八纲辨证中易混淆的相关证候进行鉴别。

一、问题思考

张某,男,65 岁。病人半年来每日清晨必腹泻一次,便意急迫,下利清谷,而且便后头晕乏力,肛门重坠。伴有食欲不振,腰膝酸软,头晕目眩,畏寒肢冷,舌淡苔白,脉细弱。

请运用八纲理论分析本病的病位、病性及邪正盛衰的关系,该如何辨别本病证的阴阳属性?

二、主要内容

(一)表里辨证

表、里,是用于分析、辨别病变部位浅深和病势进退的一对纲领。

表里概念有广义和狭义的不同。从机体组织结构来讲,表、里是相对的概念,一般躯体和内脏而言,躯体属表,内脏属里;就经络与脏腑关系,经络属表,脏腑属里;经络中三阳经和三阴经又可以相对分成,三阳经属表,三阴经属里;脏与腑相对而言,腑属表,脏属里。狭义之表里,则指在辨证时,机体皮毛、肌腠、经络在外为表,邪气侵袭为病属于表证;脏腑、骨髓、气血在内属里,病发于此,称为里证。但在辨证范畴中,病变部位的表、里,不应单一、机械地理解为位置浅深外内,还应结合特征性的临床表现来辨别。

在外感病发生发展传变过程中,外感病邪,从肌表入侵,随病邪入里一层,则病情加深一层,反之,病邪出表一层,病情减轻一层。故在外感病辨证中,表里浅深的辨别显得尤为重要。它可以通过了解病位变化而反映出病情轻重和病势进退。从广义来说,即使内伤杂病,同样可以通过分析疾病部位的浅深来判断病情的轻重,推测疾病的变化规律和演变趋势。

因此,辨明病位表里,为采用相应的辛散解表或清、消、下、和里等治疗方法提供重要的临床依据。

1. 表证

概念 外邪(六淫、疫疠)经皮毛、口鼻侵袭人体,机体卫气(正气)奋起抗邪的初起阶段,正邪交争于肌表而产生的证候。

表证是个特定的概念，是以外邪侵犯肌表，卫气护卫肌表功能失调为主要病理改变的一类轻浅证候。虽然狭义之表里区分，肌肤皮毛属于表，但不能简单地以固定的解剖位置皮肤之"表"而代替"表证"。辨别表、里证候时，主要以邪正斗争导致的病理变化、功能失调所反映的部位浅深而言。以出现特定的证候表现为判断依据。

证候表现　新起恶寒（或恶风）发热，头身疼痛，或鼻塞，流涕，喷嚏，咽痒咽痛，微咳嗽。舌苔薄，脉浮。

证候分析　表证多见于外感病初期阶段，起病较急，病程一般较短，病情相对轻浅。

六淫、疫疠等外邪袭表，卫气受阻遏，肌表得不到正常温煦，则出现恶寒；外邪束表，阻遏卫阳，运行失常，郁而发热；由于起病较急，故见新起恶寒发热；邪气阻滞肌表经络，经气不畅，不通则痛，所以有头身关节疼痛；皮毛内合于肺，鼻为肺之窍，故皮毛、口鼻受邪，内传于肺，肺气不畅，鼻咽不利，故见鼻塞流涕，咽喉痒痛，微咳嗽；邪气尚在浅表，未伤及内在脏腑气血，未影响到胃气功能，故舌象没有明显病理改变，苔薄；正气抗邪于肌表，气血鼓动于外，所以脉象偏浮。

辨证要点　有外感病史，以新起恶寒发热、脉浮、苔薄等外邪束表的症状为辨证要点。

表证病情轻浅，祛邪外出则病能较快痊愈；若病邪入里则转为里证，病势加重。由于外邪性质各有不同，故表证的证候表现可有差异。但都以新起恶寒发热、苔薄、脉浮等肌表失和表现为主，内脏症状不明显为共性特征。

2. 里证

概念　里证是与表证相对而言的概念，泛指邪正交争于里，病变发生在脏腑、气血、骨髓等部位所表现的一类证候。

证候表现　与表证相对而立，用于区别病位深浅不同的纲领证候，里证含义较为笼统而抽象。里证病变范围涉及广泛，致病因素较多而病机变化错综复杂，因此临床表现也复杂、多样，难以详细、全面、正确列述其表现。在以后辨证各章节中将逐一论述。

但为了有利于从整体上理解里证的含义和具体表现，应当从病位归类的角度出发，将里证与表证联系在一起，将里证理解为区别于表证（及半表半里证）的一类证候，也就是"非表即里"，我们将在表证与里证鉴别要点中详细论述。

证候分析　形成里证的原因较复杂，大概主要有三种情况：一是外邪侵袭肌表，表邪不解，内传入里，损伤脏腑；二是邪气亢盛，或正虚不足，外邪直接侵犯脏腑；三是情志刺激、饮食不节、劳逸失度等因素，引起气血紊乱，精髓亏虚，脏腑功能失调。脏腑气血失和甚至还可能进一步引起病理产物停聚、蓄积体内，导致更多、更复杂的里证。

辨证要点　病位已不在表（无恶寒）或半表半里（无寒热往来）；以脏腑、气血、精髓的病变为主要表现。

里证多见于外感病中、后期和内伤疾病，与表证相比，起病可急可缓，病程较长，病情较重，病位深在，病机复杂，以气血阴阳失和、脏腑功能失调为主。所以里证的具体证候还应结合气血辨证，脏腑辨证等进行辨别。

3. 半表半里证

概念　半表半里证是病变既非完全在表，又未完全入里，邪正交争相搏于表里之间所表现的一类证候。临床常见于伤寒病的少阳病证。

证候表现　寒热往来，胸胁满闷，神情默默，心烦喜呕，不欲饮食，口苦，咽干，目眩，脉弦。

证候分析 半表半里证，是外邪由表入里，邪郁少阳胆经，且病邪又未全离肌表的过渡阶段，病势徘徊于表里之间所表现出来的证候。

因病位在半表半里，正邪分争，正胜则发热，邪盛则恶寒，寒热交替出现，既是寒热往来；胆之经脉循行两胁，邪犯其处，经气不畅，故见胸胁满闷；胆气不利，郁而化热，热郁则心烦；胆热犯胃，胃气失和，故神情默默，不欲饮食；胃气上逆则喜呕；胆火上炎，灼伤津液，故口苦、咽干；少阳之脉起于目锐眦，且胆与肝合，肝开窍于目，邪热循经上干清窍，故头目昏眩；脉弦是肝胆气郁、失于柔和、经脉劲急的反映。

辨证要点 以寒热往来、胸胁满闷、脉弦等为主要表现。

4. 表里证鉴别要点

辨别表证和里证，主要可审察寒热表现形式，舌象、脉象变化等。具体内容见下表7-1。

表 7-1 表证和里证鉴别表

鉴别点	表证	里证
寒热出现形式	新起恶寒发热并见	但寒不热或但热不寒
舌象	舌苔薄，舌质未有明显变化	舌苔厚或有其他舌象变化
脉象	脉浮	脉沉或其他多种病理脉象
其他兼症	肺卫症状为主，鼻塞流涕、头身疼痛、微有咳嗽、咯痰等，脏腑症状不明显	脏腑症状为主，如咳喘、心悸、呕吐、腹痛腹泻、尿黄等

（二）寒热辨证

在八纲辨证中，寒热是辨别疾病性质的一对纲领。原本体内阴阳盛衰变化才是决定疾病性质的根本，然而《类经·疾病类》中说："水火失其和，则为寒为热。"《景岳全书·传忠录》也说："寒热者，阴阳之化也。"因此寒热是对机体阴阳盛衰最直接、最具有特征性的反映，"阳盛则热，阴盛则寒，阴虚则热，阳虚则寒"即是此道理。

辨识寒证、热证，要注意区别寒证与寒象，热证与热象之间的不同。例如，恶寒、发热，是疾病外在的、个别的寒象和热象，不能根据单一的恶寒或发热就判断是寒证或热证。因为寒证、热证是根据一系列具有内在病机联系的症状、体征所做出的综合分析、诊断，是对疾病本质的判断，是对机体阴阳盛衰的真实体现。所以应当在四诊资料归纳基础上整体分析、辨别寒证和热证。

辨清病证的寒热性质，方可以进一步确定"寒者热之，热者寒之"等相应的治则治法，为临床用药提供依据。

1. 寒证

概念 多由于感受寒邪，或机体阳虚阴盛，导致机体产热减少，蒸化不足，组织经脉收引，功能活动减退所表现出的一类证候。

证候表现 怕冷喜温，形寒肢冷，面色㿠白，口淡不渴或喜热饮，冷痛，痰、涎、涕清稀，小便清长，大便稀溏，舌淡苔白润，脉迟或紧。

证候分析 本证多因外感寒邪，或年老久病，机体阳气耗伤，或过服寒凉生冷之品等所致。寒邪内盛或阳气虚弱，阳气失其温煦，故见怕冷喜温，形寒肢冷，冷痛；阴寒内盛，气

化不利，津液不运，故见口淡不渴，痰涕清稀，小便清长，大便稀溏，苔白润；阴盛阳虚，推动血行无力则面色㿠白，舌淡白，脉迟或紧。

辨证要点　有感寒或伤阳的病史，以怕冷、面白、脉迟（或脉紧）、分泌排泄物清稀、肢体蜷缩等具有"冷"、"凉"、"润"、"静"特征的症状为主要表现。

根据病因病机不同，临床可有表寒证、里寒证、实寒证、虚寒证等不同。

2. 热证

概念　多由于感受热邪，或机体阳盛、阴虚阳亢，导致机体产热增加，体液消耗增多，功能活动亢进所表现出的一类证候。

证候表现　发热，身热喜凉，面红，口渴喜冷饮，痰、涎、涕黄稠，烦躁，小便短黄，大便干结，舌红，脉数。

证候分析　本证多因外感热邪，或寒邪入里化热，或机体阳气亢盛，或情志不畅，郁而化热，或过食辛辣温热之品，或久病、房劳耗伤阴精等所致。

阳热亢盛或阴液亏耗，失其宁静，所以发热，身热喜凉；阴液亏耗或阳热伤津，故见口渴喜冷饮，痰、涎、涕黄稠，小便短黄，大便干结；热扰心神，则烦躁；热迫血妄行，或虚热内扰，血行加速则有面红，舌红，脉数。

辨证要点　有受热或伤阴的病史，以发热、面赤、脉数、分泌排泄物稠浊干燥、烦躁等具有"温"、"热"、"燥"、"动"特征的症状为主要表现。

根据病因病机不同，临床可有表热证、里热证、实热证、虚热证等不同。

3. 寒热证鉴别要点

根据一系列临床表现，综合判断，才能辨别清楚寒证与热证的本质不同。具体可从以下几方面进行辨别（表7-2）。

表7-2　寒证和热证鉴别表

鉴别点	寒证	热证
寒热特征及喜恶	怕冷喜温	发热恶热喜凉
面色	白	红
四肢	冷凉	温热
口渴以否	不渴或喜热饮	渴喜冷饮
分泌物（痰、涕）	白而清稀	黄而稠厚
二便	小便清长	小便短黄
	大便稀溏	大便干结
舌象	舌淡苔白	舌红苔黄
脉象	脉迟或紧	脉数

（三）虚实辨证

虚实是辨别邪正盛衰的一对纲领。正如《素问·通评虚实论》所说："邪气盛则实，精气夺则虚"，邪气亢盛即为实，正气不足即为虚。正邪斗争是疾病发生发展的根本矛盾，正确分析疾病中双方力量对比，明确正邪相争的状态，就可以采取"虚者补之，实者泻之"的相应治法，故虚实辨证准确与否至关重要，否则就可能发生"虚虚实实"的错误。

1. 虚证

概念 以正气亏损不足，即人体气、血、阴、阳、精髓、津液亏虚为主所产生的一大类证候。

证候表现 人体生命活动的基础物质即气、血、阴、阳、精、津等亏虚，以及各脏腑功能减弱所表现的证候，均属于虚证，涉及内容较多，症状表现亦不相同，例如，精神不振，乏力懒言，形体消瘦，自汗盗汗，畏寒肢冷，心悸气短，舌娇嫩或瘦瘪、少苔，脉弱无力等，但均以基础物质不足、功能减退低下为共同特征。

证候分析 虚证多因先天禀赋不足，或后天饮食失调，或情志、劳逸失度，或久病耗伤，或年老体弱等所致，多见于疾病后期或者慢性疾病。一般病程较长，病情发展缓慢。

辨证要点 多见于体质素弱、久病渐起病人，以体内气血阴阳津液精髓等物质耗损较多、脏腑功能减弱所导致的症状为主要表现。

虚证以正气虚弱、营养物质耗损不足，机体失于濡养，脏腑功能减弱为主，临床表现以衰退、低下、不足、松弛、无力为主要特征。

2. 实证

概念 因感受外邪，或机体气血阴阳运行障碍，或脏腑功能失调引起体内病理产物蓄积，导致以邪气盛实为主，正气未衰，邪正斗争剧烈所表现的一类证候。

证候表现 由于致病因素不同，病位广泛，所以实证的临床表现复杂多样。例如，壮热，烦躁，神昏谵语，声高息粗，咳喘痰多，腹胀痛拒按，小便不通或淋漓涩痛，大便不通或里急后重，舌质苍老，舌苔厚腻，脉实有力等均属于实证。一般以病邪蕴积、功能亢进或障碍为共同特征。

证候分析 实证常因感受外邪，或脏腑功能失调而引起瘀血、痰饮、水湿、宿食、寄生虫等病理产物蓄积体内，阻滞经络，血行不畅所致。

如阳热亢盛而致壮热，热扰心神而见烦躁、神昏谵语、邪气壅滞、肺失宣肃，故见声高息粗、咳喘痰多；实邪积聚胃肠，气机不利，故有腹胀痛拒按，大便不通或里急后重；水湿内停，气化不利则见小便不通或淋漓涩痛；实邪内积，正邪交争故常见舌质苍老，舌苔厚腻，脉实有力等征。

辨证要点 体质壮实、新病暴起者，以体内邪气壅盛、功能障碍为主要表现。病势较急迫、亢奋，证候表现以有余、结实、亢盛、壅滞、强烈为特点。

3. 虚实证鉴别要点

实证与虚证虽然有着本质的不同，但有些症状既可见于实证，也可见于虚证，因此，要鉴别虚实两证，必须四诊合参，结合发病及病程特点、体质强弱、精神好坏、声息高低、疼痛剧缓、姿态动静、寒热喜恶及舌象、脉象等方面的特征，进行综合分析与鉴别。具体内容见表7-3。

表7-3 虚证和实证鉴别表

鉴别点	虚证	实证
起病	缓和	急骤
病程	内伤久病病程长（间断性、反复性）	新病初起病程短
体质	弱	强
精神状态	萎靡、乏力	兴奋、烦躁

续表

鉴别点	虚证	实证
声音气息	声低息弱	声高息粗
疼痛	隐痛、喜按	剧痛、拒按
	时痛时止	持续不解
动态	喜静蜷卧	喜动仰卧
怕冷	畏寒得温可解	恶寒得温不解
发热	微热、低热	壮热
舌象	舌质娇嫩少苔或无苔	舌质苍老苔厚腻
脉象	脉虚无力	脉实有力

（四）阴阳辨证

阴阳是辨别病证属性的两个纲领。

阴阳学说，是中医学基础理论的重要组成部分之一。阴阳学说被广泛运用于阐述机体生理活动和病理过程中对立统一的属性及关系。八纲辨证时，依然受到阴阳学说的深刻影响和指导。正如《素问·阴阳应象大论》中所说："善诊者，察色按脉，先别阴阳。"张景岳也曾说："凡诊脉施治，必先审阴阳。"

1. 阴阳是类证的纲领

《灵枢·阴阳系日月》中说："阴阳者，有名而无形"，根据所指对象不同，阴阳代表的内容各不相同，既可用于分析各种具体临床现象，又可在八纲辨证归纳分析疾病共性时，用于概括病位、病性、病势等病理情况。如八纲中的表证、实证、热证，皆可归为阳证一类；里证、虚证、寒证，皆可归属阴证范畴。因此阴阳是分类病证的基本方法与基本纲领，是八纲中的总纲，对其他六纲具有统领作用，故八纲也称为"二纲六要"。

（1）阴证

概念 凡临床表现具有"阴"的一般属性的证候，其病因为阴邪致病，病位深在，病势发展缓慢的皆属阴证。

证候表现 阴证包括里证、虚证、寒证，不同疾病所表现的阴证证候不尽相同，一般表现为：精神萎靡、倦怠乏力、少气懒言、面色淡白或晦暗、畏寒肢冷、蜷卧身重、纳差、口淡不渴、大便稀溏、小便清长、舌淡胖嫩、脉沉迟、细弱等。

证候分析 精神萎靡、倦怠乏力、少气懒言是虚证的表现。面色淡白或晦暗，畏寒肢冷，蜷卧身重，纳差，口淡不渴，大便稀溏，小便清长是里虚寒的征象。舌淡胖嫩，脉沉迟、细弱均为虚、虚寒之征。

辨证要点 以阴邪致病、病情变化相对缓慢的里证、寒证、虚证的症状为主要表现。

（2）阳证

概念 凡临床表现具有"阳"一般属性的证候，其病因为阳邪致病，病位浅表，病势发展急剧的均属阳证。

证候表现 "阳"证包括特表证、实证与热证，不同病证的阳证证候不尽相同，常见表现为：恶寒发热或壮热烦躁，喘促痰鸣，声高息粗，面色红赤，肌肤温热，口干渴，大便干结，小便短赤，舌红绛，苔黄或焦黑，脉浮数、滑实、洪大等。

证候分析 恶寒发热，脉浮为表证的特征表现。壮热烦躁，肌肤温热，面色红赤，口干喜饮，大便干结，小便短赤是实热证的临床表现。声高息粗，喘促痰鸣为实证之征。舌红绛有芒刺，苔黄焦黑，脉数洪大滑均为实热之征象。

辨证要点 以阳邪致病、病情变化相对较快的表证、热证、实证的症状为主要表现。

2. 阴阳具体的辨证内容

阴阳作为八纲的总纲，主要用于辨别、归类疾病属性和证候类别。其概念相对抽象、笼统、内涵广泛。然而，若用于阐述构成人体和维持生命活动基础物质时，阴阳则具体代表机体阴液和阳气，因此阴阳两纲还可用于分析辨别机体的阴阳盛衰。

阴阳偏盛偏衰，具体表现为三大类证候：一类是阴阳偏盛，阴盛则属实寒证，阳盛则为实热证，此部分见"病因辨证"中相关内容；二类是阴阳偏衰的阴虚证和阳虚证；三类为阴阳偏衰发展到极度严重的危急重证，亡阳证和亡阴证。

（1）阳虚证

概念 由于机体阳气虚弱，温煦、推动无力，气化不行，寒邪内盛所表现的虚寒证候。

证候表现 畏寒喜温，四肢厥冷，面色㿠白，神疲乏力，少气懒言，口淡不渴或喜热饮，形体浮肿，小便清长或尿少，大便稀溏，舌淡白胖嫩或有齿痕，苔白滑，脉沉迟无力。

证候分析 本证多因久病耗伤阳气，或久服过量寒凉之品，或年老命门火衰所致。

阳气亏虚，温煦失职，见畏寒喜温，四肢厥冷；气化无力，水液内停则口淡不渴或喜热饮，形体浮肿，小便清长或尿少，大便稀溏，苔白滑；阳气不足，推动无力，故见面色㿠白，神疲乏力，少气懒言；舌淡白胖嫩或有齿痕，脉沉迟无力均是阳虚内寒征象。

辨证要点 以畏寒肢冷、神疲乏力、舌淡胖苔白滑、脉沉迟无力为辨证要点。

（2）阴虚证

概念 因阴液亏损，失其滋润濡养，无力制约阳热而致虚热内扰所表现的证候。

证候表现 颧红盗汗，夜间低热，骨蒸潮热，五心烦热，形体消瘦，咽干口燥，大便干结，小便短少，舌红绛，少苔或无苔，脉细数。

证候分析 本证多由于温热病后期伤阴，久病或劳逸失度，或思虑太过，耗损阴液，或过食温燥之品，暗耗阴液所致。

虚热扰动，迫津外泄，则颧红盗汗；阴虚阳亢，虚热内扰，则见夜间低热，骨蒸潮热，五心烦热；阴虚失于滋润、充养，则形体消瘦，咽干口燥，大便干结，小便短小；舌红绛，少苔或无苔，脉细数均是阴虚内热的表现。

辨证要点 以颧红盗汗、潮热消瘦、咽干口燥、舌红少苔、脉细数为辨证要点。

（3）亡阳证

概念 机体阳气严重耗损而衰微欲脱所表现的危重证候。

证候表现 冷汗淋漓，质稀味淡，面色苍白，神情淡漠，呼吸微弱，四肢厥冷，口淡不渴或渴喜热饮，舌质淡润，脉微欲绝。

证候分析 亡阳是阳气虚衰进一步恶化而致，也可因阴寒极盛导致阳气暴伤；或因大汗、剧烈吐泻，或大失血等导致阳随阴脱；或因中毒、严重外伤、痰瘀阻塞心窍而使阳气暴脱。

阳气衰微暴脱，温摄失职，津液外泄故冷汗淋漓，质稀味淡；阳气虚衰，推动无力，气化失职，血行迟滞，则面色苍白；阳衰无力温煦形体则四肢厥冷，阳亡无以温振精神，则神情淡漠，呼吸微弱；口淡不渴或渴喜热饮，舌质淡润，脉微欲绝，皆为阳微虚寒之征。

辨证要点 以冷汗淋漓、四肢厥冷、面色苍白、脉微欲绝为辨证要点。

（4）亡阴证

概念 机体阴液严重耗损而欲竭所表现的危重证候。

证候表现 热汗如油，味咸而黏，身热肢温，烦躁甚或昏聩，面红颧赤，躁扰不安，呼吸急促，目眶凹陷，皮肤皱瘪，口唇干燥，舌红干瘦，脉细数或疾而无力。

证候分析 热盛伤津耗液，或久病阴虚，或汗、吐、泻太过，或大失血，或严重烧伤等均可导致阴液亡脱。

阴液将竭，或仍有火热阳邪内炽，蒸逼残阴外泄，故汗热黏如油，味咸而黏；阴竭阳亢，虚火内炽，扰乱心神则见面红颧赤，身热肢温，烦躁甚或昏聩，呼吸急促，脉细数或疾而无力；阴液耗竭，失却滋润充盈与濡养，则目眶凹陷，皮肤皱瘪，口唇干燥，舌红干瘦。

辨证要点 以汗出如油、身热烦渴、面赤唇燥、脉细数或疾而无力为辨证要点。

亡阳证和亡阴证均属危急重证。阴阳之间互根互用，在病变中也可互损，亡阴可进一步发展为亡阳，亡阳也伴有阴液的亡失、耗竭，最终可致阴阳俱亡。但在具体病证中，要注意分辨因果、先后、主次的不同，治疗时有所侧重。亡阳证、亡阴证鉴别要点具体见表7-4。

表7-4 亡阳证和亡阴证鉴别表

鉴别要点	亡阳证	亡阴证
汗出特点	冷汗淋漓，清稀如水	热汗如油，味咸而黏
寒热	身凉恶寒	身热恶热
面色	苍白	面赤颧红
四肢	厥冷	温热
神情	淡漠	躁扰昏聩
气息	气弱息微	呼吸急促
舌象	舌淡白苔润	舌红绛苔少而干
脉象	脉微欲绝	脉细数疾而无力

三、问题分析

根据八纲理论分析，本案脏腑病位在里，属里证；病性为寒，属寒证；以正气虚弱为主，属虚证；归属为阴证范畴。病人为老年男性，阳气已衰，以腹泻为主症，下利清谷，肛门重坠，且病程长，多提示病变以脏腑功能低下为主，所以诊其病位在里；畏寒肢冷，舌淡苔白为虚寒证的表现；头晕乏力，食欲不振，腰酸腿软，头晕目眩等为虚证的表现。"五更"为寅卯之交，阴气极盛，阳气未复，肠中腐秽欲去，故黎明前泄泻。泻下清谷，是脾肾阳气虚衰，不能温化水谷所致。久泄耗气，气虚则会出现头晕乏力，肛门重坠。脾阳虚，运化失健则食欲不振；肾阳虚，不能温养腰膝，则腰膝酸软；阳虚肢体失温，则畏寒肢冷。舌淡苔白，脉细弱为阳虚之象。

第三节 八纲证候间的关系

八纲的表里、寒热、虚实、阴阳，是从不同侧面来反映疾病某一方面的病理本质。

在辨证诊断时，它们之间并不是绝对对立、静止不变的。它们之间既相互独立，又紧密联系。辨明表里，还须进一步辨清病性之寒热和病势之虚实，方有辨证意义；同样辨清寒热后，还需区分病位之表里，邪正之虚实；论病情虚实更要明确病位和病性。并且随着疾病的发展变化，八纲证候还可能兼夹同时存在；或在一定条件下，遵循病机规律发生转变；或者在病变危急、复杂时出现"假象"等，从而表现出八纲之间错综复杂的关系。因此，分析判断具体的证候时，应在掌握八纲各自基本证候的基础上，综合考虑八纲之间的相互联系，并进行动态分析，方能准确、全面地认识与把握病证的本质。

八纲证候之间的相互关系和变化规律，可概括为证候相兼、证候错杂、证候转化、证候真假四种类型。

一、问题思考

田某，男，18岁，患高热达42℃，住县医院已8天，伴有怕冷感，选用抗生素多种治疗，热势不减，心烦，口渴，喜冷饮食，大便每日十余行，便时肛门灼热，下利不爽，舌红苔黄而干，脉数有力。

本病证的病位在何处？为什么？可用何种证候关系来概括？

二、主要内容

（一）证候相兼错杂

证候相兼，有广义、狭义之分。广义相兼，泛指各种证候结合并存，一起出现。此处所讲，主要指狭义的证候相兼，是指八纲中不存在对立关系的两纲或两纲以上证候结合并见，同时存在。证候相兼并存类型，是根据临床实际情况来辨析，由内在病机规律所决定，并不是简单地两两叠加、组合。临床常见的证候相兼关系有：表与寒、热、虚、实的相兼，得出的辨证结果常见表寒证、表热证、表实证、表虚证；里证与寒、热、虚、实的相兼，临床辨证结果常为里实寒证、里虚寒证、里实热证、里虚热证。临床表现多为相关纲领证候的特征表现的融合。具体内容可参见前面阴阳辨证和之后第八章病因辨证相关篇章。

证候错杂，是指在疾病某一阶段，八纲中性质相反，相互对立的两纲证候交错互杂，同时出现。性质相对的两纲证候均反映疾病的本质。临床辨别时，应分析错杂证候之间的因果、主次、轻重及标本缓急关系，才能明确疾病主要矛盾，确保辨证论治的正确性。临床常见的证候错杂，有表里同病、寒热错杂、虚实夹杂三种类型。

1. 表里同病

表里同病指肌表与内脏，通过经络相通联，表里可以先后或同时受邪而为病。在同一时期内病人身上即有表证也表现里证。

例如，表邪未解，病邪已深入于里，如初有恶寒发热，无汗，微咳嗽，咳白稀痰，日久失治误治，渐见咳喘加重，咳痰黄稠，壮热，口渴，汗多，微恶寒等；或表里同时感邪，既有恶寒发热，头身疼痛，无汗，又见呕吐清水，腹痛腹泻等；或因久病未愈，复感外邪，如素来阴虚之潮热，颧红，盗汗，脉细数，新感风寒，则见恶寒发热，无汗，面红赤，咽干，头身疼痛，脉浮细数等。

表里同病证候也同时存在病性寒热、病势虚实的不同，所以证候错杂和相兼是交互并见的。常见的有表里俱寒、表里俱热、表里俱实、表里俱虚、表寒里热、表热里寒等多种情况。

2. 寒热错杂

寒热错杂指同一病人身上寒证、热证同时并存、交错。形成寒热错杂的病因病机不同，病位、病情也比较多样、复杂。结合病位，常见类型有上寒下热、上热下寒、表寒里热、表热里寒等。

例如，既有面红目赤，胸中烦热，咽痛口干，牙龈肿痛等上焦热证，又有腹痛喜温喜按，大便稀溏等中焦寒证的上热下寒。

3. 虚实夹杂

虚实夹杂指正虚与邪实并存，在病人身上既有虚证，亦见实证表现。虚实错杂证候需注意辨别错杂各方力量的孰多孰少，矛盾主次，方能为临床遣方用药提供依据。

临床根据病势的缓急，虚实轻重的多少，矛盾主次的不同，又有实证夹虚、虚证夹实、虚实并重几种类型。

例如，既有心气虚的心悸怔忡，气短，神疲乏力，畏寒肢冷等表现，同时又有心胸憋闷刺痛，唇舌紫暗，脉涩或结代等瘀血阻滞心脉的症状。

（二）证候转化

在疾病发展过程中，在一定条件下，八纲中某纲证候可能向着对立方面转变，导致证候性质、表现与原来证候截然相反。

证候转化的发生，并非随意的相互转化，而是遵循内在病机规律，需要一定的条件，如感邪的轻重，体质的强弱，治疗是否恰当等，故临证时应注意分析转化的条件，影响转化的因素，把握转化的发展趋势。

1. 表里出入

在一定条件下，病邪可"由表入里"，也可"由里出表"。表、里的相互转化取决于正邪斗争的力量对比。

（1）表邪入里：指表证不解，表邪深入里，里证显现，表证消失的证候。多因邪气太盛，或失治误治，护理不当，或体质虚弱，机体不能积极抗邪外出，邪气内传入里所致。

例如，病人原来有恶寒发热，鼻塞流涕，咽痛，微咳，苔薄，脉浮等症，继而恶寒消失，发热渐显，出现高热，烦躁，咳喘胸闷，咳痰黄稠或痰血，舌红苔黄，脉滑数有力等。

（2）里邪出表：指部分里证，由于体质增强，或治疗、护理得当，在里邪气能向外透达的病理状态。例如，上述里实热证，经过及时有效治疗，病人汗出，热势渐退，精神安静，咳喘渐平，即为"里邪出表"。

此外，如麻疹等发疹类疾病，疹毒深入，可见发热、烦躁、咳喘胸闷，若及时治疗，护理得当，可使麻疹逐渐透发，同时热退，喘平，身凉，脉静，这也是里邪出表的证候表现。多提示邪有出路，病情向愈。因此，里邪出表更多是表明一种病变发展趋势，并不是真正的由里证转变为表证。

因此，病邪由表入里，病位由浅入深，则病势由轻变重，反之病邪由里透表，病位由深转浅，则病势由重转轻。辨明表里出入，对判断病势转归具有重要意义。

2. 寒热转化

（1）寒证转化为热证：指在一定条件下，寒证与热证可互变，原病为寒证，后出现热证，热证出现而寒证消失。

例如，风寒束肺证病人，初起恶寒发热，无汗，咳喘，咳白清稀痰，苔白滑，脉浮紧。若因人体阳气充盛，邪气易从阳化热；或过服温燥药物，寒邪郁而化热，则见恶寒消失，而发热加剧，伴随咳喘，胸痛，咳痰黄稠，舌红苔黄，脉滑数等痰热壅肺的证候。

（2）热证转化为寒证：指先见热证，而后现寒证，寒证出现时则热证消失，此为热证转寒。

本证多由于机体阳气不足，阴寒内盛，病邪易从寒化，或是正不胜邪，阳气严重耗伤虚衰，病情恶化，故热证转化而成的寒证，其本质多为虚寒证。如热毒壅盛证，病人先有高热大汗，烦躁不安，由于高热伤津，气随汗泄，津脱阳亡，又突然出现面色苍白，四肢厥冷，冷汗淋漓等阳亡虚寒的危象，属于热证转化为寒证。

3. 虚实转化

在疾病发展过程中，由于正邪双方斗争在不断变化，故虚证、实证之间可以相互转化。

（1）实证转为虚证：指病本为实证，由于邪气太盛，或失治误治，导致正气损耗太过，病程迁延，逐渐转为虚证。如里实热证，发热，大汗出，烦躁，面红目赤，口渴欲饮，咳嗽咳痰黄稠，咽肿痛，舌红苔黄腻，脉滑数，病程迁延，热邪伤阴耗液，病症逐渐出现乏力、倦怠，消瘦，纳少，口干，舌红绛少苔或无苔，脉细无力等虚热证。

（2）虚证转为实证（因虚致实）：指原为虚证，由于正气虚弱，气化无力，血行不畅，导致病邪壅滞，病理产物停积，而出现某些明显、突出的实证证候，相比较虚证暂时不明显、不典型，故究其本质，应属因虚致实，虚实夹杂。

如脾虚失运，饮食不化，出现脘腹痞胀，嗳腐吞酸，大便泻下臭秽，苔厚腻等。另如心脉痹阻证，心悸气短，神疲乏力，胸闷等虚证日久未愈，突然出现心胸刺痛不移，唇舌紫暗，脉沉涩等瘀血内阻，心脉不畅等实证表现。

综上可见，证候的转化，决定要素主要在于正气（阳气）强弱力量和邪正斗争盛衰的态势。

（三）证候真假

某些疾病在危重阶段，可出现八纲中性质相反的两类证候，其中一类证候代表病变本质，称为真象；另一些证候与病变本质的常规表现属性相反，称为假象。证候真假主要有寒热真假、虚实真假。证候真假多见于重病、久病，是病变错综复杂，病情危重的反映，临证时应对证候真假进行全面审察，仔细辨别，谨慎对待，以认清假象，抓住疾病本质，防止失治误治。

1. 寒热真假

寒证、热证发展到严重、极期阶段，有时会出现一些与疾病本质相反的假象。

一般情况下，疾病的内在本质与外在现象之间应当是一致的，如阳盛则热，热证则表现热象；阴盛则寒，寒证即见寒象。然而当病情发展到复杂、严重阶段，则可能会出现阴阳不相顺接，阴阳格拒的状况，这时就可能出现真热假寒证、真寒假热证。

（1）真热假寒证：指内有真热而外见假寒之象的"热极似寒"证候。本证多由于阳热壅盛郁伏与体内，而不能外达，从而出现格阴于外，四肢、外部失其温养的一些假寒现象，故本证又称"阳盛格阴"。

如恶寒，四肢厥冷，脉沉迟等似寒证；但同时虽恶寒却不欲近衣被，四肢厥冷却胸腹灼热，脉沉迟却按之有力，并有口干口臭，渴喜冷饮，尿短赤，大便秘结，舌红苔黄燥或焦黑，甚至神昏谵语等里热炽盛的表现。综合分析，其内在阳热炽盛为本为真，外部、肢末的寒象为假。

（2）真寒假热证：指内有真寒而外见假热之象的"寒极似热"证候。究其原理，多为阴寒内盛，阳气虚衰至极，阳不制阴，被格拒于外，虚阳浮越于外，故又称为"阴盛格阳"。

临床可见身热、面色红、咽痛、口渴、脉大等热象，但仔细分析可发现，身热却欲盖衣被、近火取暖，面色虽红却是浮红如妆，时隐时现，并非满面通红，口虽渴却喜热饮，咽虽痛但不红肿，脉虽大却按之无力；此外还有四肢厥冷，尿清便溏，舌淡苔白润，所以两个方面联系比较可知，内部、下部的阴寒内盛为真，上部、外部的热象则是假象。

对于寒热真假证候一定要细心辨别，善于比较分析，一般假象多表现在外部（皮肤、面色）、四肢，而内部脏腑气血症状、舌象、脉象则多反映疾病的真实本质。

2. 虚实真假

当病情发展到较为复杂时，虚证、实证也可出现真实假虚、真虚假实的证候。

（1）真实假虚证：病本属实证，由于邪实壅盛，反而见类似"虚羸"之象，也称为"大实有羸状"。多因实邪内结、积聚，如热邪、痰食、瘀血等闭阻经络，气血不能通畅外达，而出现类似虚证的表现，如神情默默不语、倦怠、泄泻、脉沉细等类似虚证的征象，但仔细辨识，虽默默不语，但语时却声高有力，虽倦怠而动后反觉舒适，脉虽沉细，但重按有力，综合分析比较，实为病变本质，虚为病理假象。

（2）真虚假实证：病本为虚证，正衰至极，反见类似"盛实"的征象，即所谓"至虚有盛候"。多是久病脏腑虚衰，正气虚弱，气血运行无力，故而出现一些类似气血不畅，阻滞不通的实证表现，如腹部胀满疼痛，呼吸喘促，大便秘结，脉象弦、洪、大，但经过仔细辨析，虽有腹胀满但时有缓解，并非持续不解，虽有腹痛但喜揉喜按，脉虽弦、大但沉取无力，故知虚证其病理本质，实则为证候假象。

临床辨别虚实真假，应全面审察，注意从病程新久，体质强弱，舌质老嫩，脉象沉取有力无力，语声高低强弱等方面区分真假。

总之，出现证候真假，常提示疾病的复杂性，隐蔽性。真正的病变本质常隐藏在假象背后，难以正确诊察，把握。如何去伪存真，需注意以下几个方面：首先，整体动态地认识证候表现，真象一般始终存在于整个疾病的发展过程中，而假象多出现在某一阶段，且多在病情危重、复杂时的疾病中、后期。其次，全面收集病情资料，比较各种临床表现之间是否性质一致。如四肢厥冷，若是真正寒证，肢厥同时势必也有恶寒，身怕冷喜温。如果四肢厥冷而身体灼热，恶热喜凉，两者不一致，则要考虑有真假之别存在。再者，认真观察各证候，善于分析，注意把握各自的特征。假象毕竟有自己的特点，如假热之面红，多为面色㿠白而两颧泛红如妆，游移不定，而真热证的满面通红，其色由内透发而出，且兼目赤肿痛。

三、问题分析

本案病位在表里，属于表里同病关系中的表里俱热证。病人高热42℃，伴有怕冷感，说明发热重，恶寒轻，为表热证，但部分表邪已入里化热，热邪内盛，故同时出现了里热证。

热邪扰心,心神不安,故见烦躁;热伤津液,饮水自救,则喜冷饮食。热邪随经下泻,则大便下利、肛门灼热。舌红苔黄而干,脉数有力均为热邪炽盛于里之象。

第四节　八纲辨证的意义

八纲辨证理论,是中医辨证体系的重要组成部分,也是临床各种辨证方法的基础和纲领。通过八纲,从不同侧面分析疾病本质属性,为临床辨证概括、提炼出共性要素(病位、病性、病势),是归纳、判断病证的纲领性思维。

学习和运用好八纲辨证思维,非常重要。首先掌握八纲各个纲领证候的特征表现,再进一步深刻领会八纲之间相兼、错杂、转化、真假等错综复杂的关系,做到将八纲综合辨证,以便更好地分析、探查证候间的内在联系和变化规律,对整体、动态地开展临床辨证论治具有重要、普遍的指导意义。

一、小结

八纲辨证小结见图 7-1。

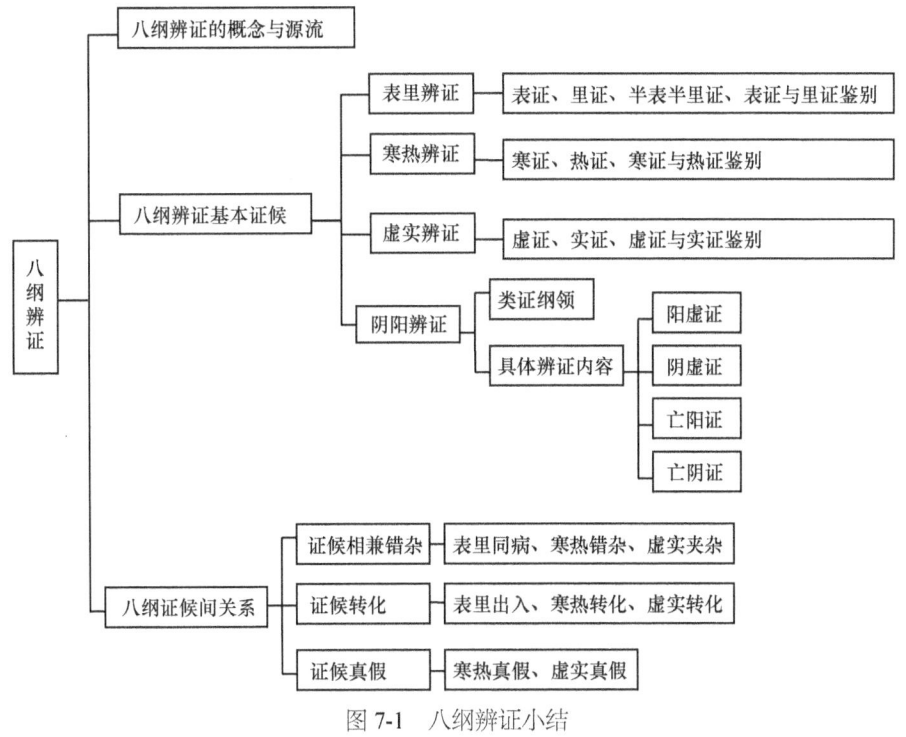

图 7-1　八纲辨证小结

二、思考题

1. 试述表证、里证、半表半里证在临床表现上的鉴别点。
2. 试述寒热真假与寒热错杂有何不同?

第八章 病因辨证

病因辨证是以中医病因理论为依据，通过对临床资料的分析，识别疾病属于何种因素所致的一种辨证方法。

病因辨证的主要内容，概括起来可分为六淫疫疠、七情、饮食、劳逸及外伤四个方面，其中六淫、疫疠属外感性病因，为人体感受自然界的致病因素而患病。七情、饮食、劳逸为内伤性病因，通过影响脏腑功能，使人生病。外伤属于人体受到外力损害出现的病变。

第一节 外感病因辨证

本节首先简要介绍六淫、疫疠邪气致病特点，主要内容是常见病证的概念、临床表现、辨证分析及辨证要点。

一、问题思考

姚某，女，8岁，学生。发热、咽痛10天，全身浮肿1天。近10天来，病人恶寒，发热，咳嗽，咽痛。昨晨起目窠浮肿，入暮则足踝亦肿。现全身浮肿，且小便短少，口不渴，纳少，舌质淡红，苔薄白，脉浮。

本病案的病人感受是什么邪气？证候名称是什么？其相似的证候有哪些？该如何鉴别？

二、主要内容

（一）六淫辨证

六淫包括风、寒、暑、湿、燥、火六种外来的致病邪气。六淫的致病特点：一是与季节和居住环境有关，如夏季炎热，患暑病的人多；久居潮湿之地，易感受湿邪；二是六淫属外邪，多经口鼻、皮毛侵入人体，病初常见表证；三是六淫常相合致病，而在疾病发展过程中，又常常相互影响或转化。

1. 风淫证

概念 风淫证指风邪侵袭人体肤表、经络，卫外机能失常，表现出符合"风"性特征的证候。

证候表现 恶风寒，微发热，汗出，脉浮缓，苔薄白，或有鼻塞、流清涕、喷嚏，或伴咽喉痒痛、咳嗽。或为突起皮肤瘙痒、丘疹；或为突起肌肤麻木、口眼㖞斜；或肢体关节游走作痛；或新起面睑肢体浮肿等。

证候分析 风为阳邪，其性开泄，易袭阳位，善行而数变，常兼夹其他邪气为患。故风淫证具有发病迅速、变化快、游走不定的特点。风淫证根据其所反映病位与证候的不同，而有不同的证名。

风邪袭表，肺卫失调，腠理疏松，卫气不固，则具有恶寒发热、脉浮等表证的特征症状，并以汗出、恶风、脉浮缓为特点，是为风邪袭表证；外邪易从肺系而入，风邪侵袭肺系，肺气失宣，鼻窍不利，则见咳嗽、咽喉痒痛、鼻塞、流清涕或喷嚏等症，而为风邪犯肺证。

风邪侵袭肤腠，邪气与卫气搏击于肤表，则见皮肤瘙痒、丘疹，从而形成风客肌肤证。风邪或风毒侵袭经络、肌肤，经气阻滞，肌肤麻痹，则可出现肌肤麻木、口眼㖞斜等症，是为风邪中络证。风与寒湿合邪，侵袭筋骨关节，阻痹经络，则见肢体关节游走疼痛，从而形成风胜行痹证。风邪侵犯肺卫，宣降失常，通调水道失职，则见突起面睑肢体浮肿，是为风水相搏证。

风邪可与寒、热、火、湿、痰、水、毒等邪兼并为病，而有不同的名称，如风寒证、风热证、风火证、风湿证、风痰证、风水证、风毒证等。

内风证是由于机体内部的病理变化，如热盛、阳亢、阴虚、血虚等所致，以出现类似风性动摇为主要表现的证候，又称为"动风"。而风淫证主要是感受外界风邪所致，证候表现亦与内风有所不同，临床时应加以鉴别。

辨证要点 可表现为新起恶风、微热、汗出、脉浮缓，或突起风团、瘙痒、麻木、肢体关节游走疼痛、面睑浮肿等症。

2. 寒淫证

概念 寒淫证指寒邪侵袭机体，阳气被遏，以恶寒甚、无汗、头身或胸腹疼痛、苔白、脉弦紧等为主要表现的实寒证候。

证候表现 恶寒重，或伴发热，无汗，头身疼痛，鼻塞或流清涕，脉浮紧。或见咳嗽、哮喘、咳稀白痰；或为脘腹疼痛、肠鸣腹泻、呕吐；或为肢体厥冷、局部拘急冷痛等。口不渴，小便清长，面色白甚或青，舌苔白，脉弦紧或脉伏。

证候分析 寒淫证主要是因感受阴寒之邪所致，感受寒邪的常见途径有淋雨、下水、衣单、露宿、在冰雪严寒处停留、食生、饮冷等。寒为阴邪，具有凝滞、收引、易伤阳气的特性。

寒淫证常分为"伤寒"（即"伤寒证"）和"中寒"（即"中寒证"）。伤寒证与中寒证在病因、病位、证候表现、病机等方面有异有同。

"伤寒证"是指寒邪外袭于肤表，阻遏卫阳，阳气抗邪于外所表现的表实寒证，又称外寒证、表寒证、寒邪束表证、太阳表实证、太阳伤寒证等。寒为阴邪，其性清冷，遏制并损伤阳气，寒性凝滞、收引，阻碍气血运行，郁闭肌肤，阳气失却温煦，故见恶寒、头身疼痛、无汗、苔白、脉浮紧等症。

"中寒证"是指寒邪直接内侵脏腑、气血，遏制及损伤阳气，阻滞脏腑气机和血液运行所表现的里实寒证，又称内寒证、里寒证等。寒邪客于不同脏腑，可有不同的证候特点，寒邪客肺，肺失宣降，故见咳嗽、哮喘、咳稀白痰等症；寒滞胃肠，使胃肠气机失常，运化不利，则见脘腹疼痛、肠鸣腹泻、呕吐等症。此外，临床上寒淫证还有多种类型，如寒滞肝脉证、寒滞心脉证、寒凝胞宫证、寒胜痛痹等，均可见肢冷、患部拘急冷痛、无汗、面白或青、苔白、脉沉紧甚至脉伏等症。

寒邪常与风、湿、燥、痰、饮等邪共存，而表现为风寒证、寒湿证、凉燥证、寒痰证、寒饮证等。寒邪侵袭，常可形成寒凝气滞证、寒凝血瘀证，耗伤阳气则可演变成虚寒证，甚至导致亡阳。

本证属实寒证，与由于机体阳气亏虚所形成的虚寒证有所不同，主要根据是否感受寒邪、发病及病势的新久缓急、病体的强弱等方面进行鉴别。

辨证要点　新病突起，病势较剧，有感寒原因可查，以寒冷症状为主要表现。

3. 暑淫证

概念　暑淫证指感受暑热之邪，耗气伤津，以发热口渴、神疲气短、心烦头晕、汗出、小便短黄、舌红苔黄干等为主要表现的证候。

证候表现　发热恶热，汗出，口渴喜饮，气短，神疲，肢体困倦，小便短黄，舌红，苔白或黄，脉虚数。或发热，猝然昏倒，汗出不止，气喘，甚至昏迷、惊厥、抽搐等；或见高热、神昏、胸闷、腹痛、呕恶、无汗等。

证候分析　暑与火热的性质同类，但暑邪致病有严格的季节性，其病机与证候也与一般火热证有一定的差别。暑证是指夏月炎暑之季，感受暑热之邪所致的病理变化。暑为阳邪，具有暑性炎热升散、耗气伤津、易夹湿邪等致病特点。

由于暑性炎热升散，故见发热恶热，汗出多；暑邪耗气伤津，而见口渴喜饮，气短神疲，尿短黄等症；暑夹湿邪，阻碍气机，故见肢体困倦，苔白或黄；暑闭心神，引动肝风，则见神昏，甚至猝然昏倒、昏迷、惊厥、抽搐；暑闭气机，心胸气滞而见胸闷；脾胃运化失司，气机升降失调，则表现为腹痛、呕恶；肺气闭阻，玄府不通，则为无汗、气喘。

临床上常见的暑淫证有暑伤津气证、暑湿袭表证、暑闭气机证、暑闭心包[神]证、暑热动风证等，各自可表现出不同的证候特征。

辨证要点　夏月有感受暑热之邪的病史，发热、口渴、汗出、疲乏、尿黄等为常见症状。

4. 湿淫证

概念　湿淫证指感受外界湿邪，或体内水液运化失常而形成湿浊，阻遏气机与清阳，以身体困重、肢体酸痛、腹胀腹泻、纳呆、苔滑脉濡等为主要表现的证候。

证候表现　头昏沉如裹，嗜睡，身体困重，胸闷脘痞，口腻不渴，纳呆，恶心，肢体关节、肌肉酸痛，大便稀，小便浑浊。或为局部渗漏湿液，或皮肤出现湿疹、瘙痒，妇女可见带下量多。面色晦垢，舌苔滑腻，脉濡缓或细等。

证候分析　湿淫证既可因外湿侵袭，如淋雨下水、居处潮湿、冒受雾露等而形成，又可因脾失健运，水液不能正常输布而化为湿浊，或多食油腻、嗜酒饮冷等而湿浊内生，前者称为外湿，后者称为内湿。但湿淫证常是内外合邪而为病，故其证候亦常涉及内外。湿为阴邪，具有阻遏气机、损伤阳气、黏滞缠绵、重浊趋下等致病特点。

湿邪阻滞气机、困遏清阳，故湿淫证以困重、闷胀、酸楚、腻浊、脉濡缓或细等为证候特点。外湿、内湿在证候表现上，有一定的差异，外湿以肢体困重、酸痛为主，或见皮肤湿疹、瘙痒，或有恶寒微热，病位偏重于体表，是因湿郁于肤表，阻滞经气所致；内湿以脘腹痞胀、纳呆、恶心、便稀等为主，病位多偏重于内脏，是因湿邪阻滞气机，脾胃运化失调所致。

湿为阴邪，故临床多见寒湿，但湿郁又易化热，则成湿热。寒湿相合的寒湿证、湿热蕴结的湿热证，临床均颇为常见，如有寒湿凝滞筋骨证、寒湿困脾证、湿热蕴脾证、肠道湿热证、肝胆湿热证、膀胱湿热证、湿热下注证等。辨证时应注意区分寒与湿的孰轻孰重，是湿重于热、热重于湿，抑或是湿热俱盛。

此外，湿邪还可与风、暑、痰、毒等邪气合并为病，而为风湿证、暑湿证、水湿证、痰湿证、湿毒证，以及湿遏卫表证、湿痰犯头证等，各自可有不同的证候表现。

辨证要点 起病较缓而缠绵，以困重、酸闷、腻浊等为证候特点。

5. 燥淫证

概念 燥淫证指外界气候干燥，耗伤津液，以皮肤、口鼻、咽喉干燥等为主要表现的证候。

证候表现 皮肤干燥甚至皲裂、脱屑、口唇、鼻孔、咽喉干燥，口渴饮水，舌苔干燥，大便干燥，或见干咳少痰、痰黏难咯，小便短黄，脉象偏浮。

凉燥常有恶寒发热，无汗，头痛，脉浮缓或浮紧等表寒症状；温燥常见发热有汗，咽喉疼痛，心烦，舌红，脉浮数等表热症状。

证候分析 燥邪具有干燥、伤津耗液、损伤肺脏等致病特点。燥淫证的发生有明显的季节性，是秋天的常见证候，发于初秋气温者为温燥，发于深秋气凉者为凉燥。

燥邪侵袭，易伤津液，而与外界接触的皮肤、清窍和肺系首当其冲，所以燥淫证的证候主要表现为皮肤、口唇、鼻孔、咽喉、舌苔干燥、干咳少痰等症；大便干燥，小便短黄，口渴饮水，系津伤自救的表现。

由于燥淫证主要是感受外界燥邪所致，所以除了"干燥"的证候以外，还有"表证"的一般表现，如轻度恶寒或发热、脉浮等。初秋之季，气候尚热，余暑未消，燥热侵犯肺卫，故除了干燥津伤之证候表现外，又见类似风热表证之象；深秋季节，气候既凉，气寒而燥，人感凉燥，除了燥象之外，必见类似寒邪袭表之表寒证候。

临床上常见的燥淫证，有燥邪犯表证、燥邪犯肺证、燥干清窍证等，各自症状虽可有所偏重，但由于肌表、肺系和清窍常同时受累，以至三证的症状常相兼出现，因而辨证时可不严格区分，而主要在于辨别凉燥与温燥。

燥淫证与由于血虚、阴亏所导致的机体失于濡润而出现的干燥证候不同，前者因于外感，属外燥；后者因于内伤，属内燥。但两者亦可相互为因、内外合病。

辨证要点 常见于秋季或处气候干燥的环境，具有干燥不润的证候特点。

6. 火淫证

概念 火淫证指外感火热邪毒，阳热内盛，以发热、口渴、胸腹灼热、面红、便秘尿黄、舌红苔黄而干、脉数或洪等为主要表现的证候。

证候表现 发热恶热，烦躁，口渴喜饮，汗多，大便秘结，小便短黄，面色赤，舌红或绛，苔黄干燥或灰黑，脉数有力（洪数、滑数、弦数等），甚者或见神昏、谵语、惊厥、抽搐、吐血、衄血、痈肿疮疡。

证候分析 火、热、温邪的性质同类，仅有轻重、缓急等程度之别。程度上认为"温为热之渐，火为热之极"，病机上有"热自外感，火由内生"之谓，但从辨证学的角度看，火证与热证均是指具有温热性质的证候，概念基本相同。

形成火热证的原因，可有外界阳热之邪侵袭，如高温劳作、感受温热、火热烧灼，过食辛辣燥热之品，寒湿等邪气郁久化热，情志过极而化火，脏腑气机过旺等。火为阳邪，具有炎上、耗气伤津、生风动血、易致肿疡等特性。

阳热之气过盛，火热燔灼急迫，气血沸涌，则见发热恶热，颜面色赤，舌红或绛，脉数有力；热扰心神，则见烦躁不安；邪热迫津外泄，则汗多；阳热之邪耗伤津液，则见口渴喜饮，大便秘结，小便短黄等。

由火热所导致的病理变化,最常见者为伤津耗液,甚至亡阴;火热迫血妄行可见各种出血;火热使局部气血壅聚,血肉腐败而形成痈肿疮疡;火热炽盛可致肝风内动,则见抽搐、惊厥;火热闭扰心神,则见神昏谵语等,其中不少为危重证候。

火热证的临床证候,可因病变发生脏腑、组织等部位的不同,所处阶段的不同,以及轻重程度的不同,而表现出各自的特点。常见证有风热犯表证、肺热炽盛证、心火亢盛证、胃热炽盛证、热扰胸膈证、肠热腑实证、肝火上炎证、肝火犯肺证、热闭心包(神)证、火毒入脉证、热入营血证、热(火)毒壅聚肌肤证等。

按八纲归类,火热证有表实热、里实热之分。热邪外袭,卫气抗邪于外为表实热证;邪热传里,或火热之邪直接内侵,或体内阳热有余,以热在脏腑、营血等为主要表现者,为里实热证。

外感温热类疾病的基本病性是热(火)。卫气营血辨证主要是说明温(火)热类疾病在不同阶段、层次及轻重、演变等方面的证候特点。

火热证常与风、湿、暑、燥、毒、瘀、痰、饮等邪同存,而为风热证、风火证、湿热证、暑热证、温燥证、火(热)毒证、瘀热证、痰热证、热饮证等。

病久而体内阴液亏虚者,常出现低热、五心烦热、口渴、盗汗、脉细数、舌红少津等症,辨证为阴虚证。阴虚证虽与火热证同属热证范畴,但本质上有虚实的不同,火热证以阳热之邪有余为主,发热较甚,病势较剧,脉洪滑数有力。

辨证要点 新病突起,病势较剧,以发热、口渴、便秘、尿黄、舌红或绛、苔黄干、脉数有力等为主要表现。

(二)疫疠证候

概念 疫疠证候是指由感染瘟疫病毒而引起的传染性病证。

疫疠的一个特点是有一定的传染源和传染途径。其传染源有二:一是自然环境,即通过空气传染;二是人与人互相传染,即通过接触传染,其传染途径是通过呼吸道与消化道等。疫疠致病的另一特点是传染性强,死亡率高。

证候表现 病初恶寒发热俱重,继之壮热,头身疼痛,面红或垢滞,口渴引饮,汗出,烦躁,甚则神昏谵语,四肢抽搐,舌红绛,苔黄厚干燥或苔白如积粉,脉数有力。

若兼有头面、颈部红肿疼痛,咽喉剧痛,为大头瘟。

兼有发热,咽喉红肿糜烂疼痛,全身遍布猩红色皮疹,为烂喉痧。

兼有咽喉肿痛,复盖白膜,咳声嘶哑,状如犬吠,吞咽、呼吸困难,为疫喉。

兼有腹痛,下痢赤白脓血,里急后重,时时欲泻,为疫毒痢。

证候分析 疫疠之邪从口鼻而入,或内伏膜原,表里分传,故病初即见恶寒发热俱重,疫毒迅速弥漫三焦,则致壮热,头身疼痛。瘟疫疠邪上攻,则见面红,舌红绛。若移浊疫邪上蒸于舌面,可致苔白如积粉,面色垢滞。热盛迫津外泄,故汗出量多。热扰神明,则见烦躁,重者神昏谵语。热极生风,筋脉拘急,可见四肢抽搐。

若风温毒邪壅滞于少阳胆经,致使气血壅滞于局部,而见头面、颈部红肿疼痛,咽喉剧痛。

若疫毒壅滞于肺胃,上攻咽喉,则咽喉红肿糜烂,舌体鲜红;外泄于肌肤,全身遍布猩红色皮疹。

若燥火疫毒从口鼻而入,毒聚咽喉不散,则咽喉肿痛;复生白膜,拭之不去;若白膜覆盖,阻滞气道，致咳声嘶哑，状如犬吠，吞咽、呼吸困难。

若饮食不洁，湿热疫毒侵袭胃肠，阻滞气机，灼伤气血，致腹痛，时时欲泻，里急后重，下痢赤白脓血。

辨证要点　本证以起病急骤，高热、恶寒，旋即神昏，具有一定传染性。

三、问题分析

本病案病人感受的是风邪，证名为风水相搏证。病人以发热、咽痛、新起全身浮肿为主症，伴随恶寒、咳嗽等症，由于风为阳邪，其性开泄，易袭阳位，善行而数变，所以诊其为风水相搏证。风邪袭表，肺卫失调，腠理疏松，卫气不固，故恶寒发热；风邪侵袭肺系，肺气失宣，则见咳嗽、咽痛；风邪侵犯肺卫，宣降失常，通调水道失职，则见新起全身浮肿，小便不利，口不渴；舌质淡红，苔薄白，脉浮均为风水相搏之征。

本证应与肾虚水泛证相鉴别：两者均可见水肿、小便不利，但风水相搏证以新起面、睑、肢体浮肿为主要表现，伴随发热恶寒、咽喉肿痛等卫表症状；肾虚水泛证则是腰以下肿甚，并伴有肾阳虚的表现。

第二节　情志辨证

本节首先简要介绍七情致病特点，主要内容是常见病证的概念、证候表现、辨证分析及辨证要点。

一、问题思考

情志乃人体正常的生理活动，为何又会导致疾病的发生？

二、主要内容

情志活动，是人体的精神意识对外界事物的反应，主要有喜、怒、忧、思、悲、恐、惊"七情"。情志证候，是指由于精神刺激过于强烈或过于持久，人体不能调节适应，导致神气失常，脏腑、气血功能紊乱所表现出的证候。

辨情志证候，是根据病人所表现的症状、体征等，对照情志致病的特点，通过分析，辨别疾病当前病理本质中是否有情志证候的存在。

（一）喜伤证

概念　喜伤证是指由于过度喜乐，导致神气失常，以喜笑不休、精神涣散等为主要表现的情志证候。

证候表现　喜笑不休，心神不安，精神涣散，思想不集中，甚则语无伦次，举止失常，肢体疲软，脉缓等。

证候分析 喜为心志，适度喜乐能使人心情舒畅，精神焕发，营卫调和。然喜乐无制，则可损伤心神，使心气弛缓，神气不敛，故见肢体疲软，喜笑不休，心神不安，精神涣散，思想不集中等症；暴喜过度，神不守舍，诱发痰火扰乱心神，则见语无伦次，举止失常等症。

辨证要点 有导致过喜的情志因素存在，以喜笑不休、精神涣散等为辨证要点。

（二）怒伤证

概念 怒伤证是指由于暴怒或过于愤怒，导致肝气横逆、阳气上亢，以烦躁多怒、胸胁胀闷、面赤头痛等为主要表现的情志证候。

证候表现 烦躁多怒，胸胁胀闷，头胀头痛，面红目赤，眩晕，或腹胀、泻泄，甚至呕血、发狂、昏厥，舌红苔黄，脉弦劲有力。

证候分析 怒为肝志，怒则气上。大怒不止，可使肝气升发太过，阳气上亢而成本证。肝气郁滞而欲发，则见胸胁胀闷，烦躁易怒；肝气上逆，血随气涌，故见面红目赤，头胀头痛，眩晕，甚至呕血；阳气暴涨而化火，冲扰神气，可表现为发狂，或突致昏厥；肝气横逆犯脾，则见腹胀、泻泄；舌红苔黄，脉弦劲有力，为气逆阳亢之征。

辨证要点 有导致愤怒的情志因素存在，以烦躁易怒、胸胁胀闷、面赤头痛等为辨证要点。

（三）思伤证

概念 思伤证是指思虑过度，导致心脾功能紊乱、神思恍惚所表现的情志证候。

证候表现 倦怠少食，健忘怔忡，嗜卧，消瘦，脉沉结。

证候分析 脾在志为思。思虑太过则气结而不散，故倦怠少食；忧惕思虑则伤神，神主于心。心脾伤，血不养心，神失所守，故健忘怔忡；脾虚中气不能运化，充于肢体，故嗜卧，消瘦，由于中气失其所运，故脉沉结。

辨证要点 以神思恍惚、纳呆、胸闷、腹胀为辨证要点。

（四）悲伤证

概念 悲伤证是指因悲伤过度以致气消，导致神气涣散、意志消沉所表现的情志证候。

证候表现 善悲欲哭，烦热燥乱，面色惨淡，神气不足，甚则心悸怔忡，健忘失眠，意志消沉，脉紧或结。

证候分析 悲由精神拂逆烦恼而成。肺主气为娇脏，其位最高，荫覆诸脏，在志为悲。悲则气消，气消则神气不足。肺主气，气消则善悲。所谓善悲者，不必实有可悲之事，心中只是快悒不快，虽遇可喜，亦只强为欢笑而已。气消而神亦涣散，故面色惨淡而神气不足。气消血行不畅则脉结。

辨证要点 以善悲喜哭、精神沮丧、神气不足、意志消沉为辨证要点。

（五）恐伤证

概念 恐伤证是指恐惧过度，致使肾虚气陷，恐惧不安所表现的情志证候。

证候表现 善恐，忧惕不安，常欲闭户独处；暴病则二便失禁，肢体不支；久病则骨酸痿厥，或遗精早泄，遗尿。

证候分析 恐为肾之志，故"恐伤肾"，正如《灵枢·本神》所云："恐惧不解则伤精，精伤则骨酸痿厥，精时自下。"而过恐则心怯胆虚故怵惕不安，常欲闭户独处。暴恐则势急，可见身体不支，二便失禁；久惧则势缓，恐令气下，尤易伤肾，可见遗精早泄，遗尿等证。

辨证要点 以怵惕不安，或二便失禁，或滑精早泄为辨证要点。

(六) 惊伤证

概念 惊伤证是指因受到惊骇导致气机逆乱、惊悸胆怯所表现的情志证候。

证候表现 胆怯不宁，惊悸怔忡，坐卧不安，健忘失眠，恶梦纷纭，情绪波动，惊慌失措，甚则精神错乱。

证候分析 大惊骤然致病，以致心无所依，神无所归，虑无所定，则见胆怯不宁，惊悸怔忡，坐卧不安；气机逆乱，神魂失藏，可见健忘失眠，噩梦纷纭，惊慌失措，甚至神志错乱。

辨证要点 以胆怯不宁、惊悸怔忡、情绪惊慌为辨证要点。

(七) 忧伤证

概念 忧伤证是指多因忧伤太过、抑郁气机、忧愁不乐所表现的情志证候。

证候表现 忧愁不乐，情绪抑郁，善太息，少气倦怠，腹胀胸闷，干咳少痰，甚则咯血或痰中带血，面色无华，形体消瘦，脉涩。

证候分析 肺在志为忧，过于忧愁则伤肺，肺伤则失于宣降，气机闭塞，正如《灵枢·本神》所谓："愁忧者，气闭塞而不行"，则见胸闷，干咳少痰等症；忧伤过度，气机不舒，则情志抑郁，善太息；肺病及脾，子盗母气，致使脾失健运，则出现少气倦怠，腹胀，面色无华，形体消瘦；脉涩乃气滞不宣之象。

辨证要点 以忧愁不乐，善太息，或胸闷干咳，消瘦倦怠为辨证要点。

三、问题分析

虽有"人有五脏化五气，以生喜、怒、忧、思、悲、恐、惊"的理论，但若情志反应过于强烈、突然；或消极的情感活动持续过久；或消极的情感活动持续过久；或个体体质虚弱、人格缺如，心理调节失衡，超出了个体自身心理生理活动的调节范围与耐受能力，则可引起脏腑气机紊乱，继之影响脏腑功能，使情志转变为致病因素，导致不同情志病证。

第三节 劳伤辨证

本节首先简要介绍劳逸过度、房劳过度的致病特点，主要内容是常见病证的概念、证候表现、辨证分析及辨证要点。

一、问题思考

何谓五劳？

二、主要内容

劳累太过，则易耗伤正气，以致积劳成疾。过度的安逸，缺少劳动锻炼，会使气血运动不畅，亦可招致疾病。房室太过，或醉以入房，以致精、气、神耗伤。

（一）劳逸所伤证

概念 劳逸所伤证，是指因体力或脑力过度劳累，或过度安逸所引起的一类病证。

证候表现 过度劳累，则精神困顿，筋疲力竭，甚则气喘心悸，内热自汗，心烦不安等。过逸，则肢软乏力，动则喘甚，心悸短气，或体肥行动弛软等。

证候分析 过度劳力，脏腑、经络内外之气，皆发越于肢体，久之其气耗竭，则精神困顿，筋疲力竭。心气耗则悸，肺气损则喘。卫外之气发越不固，则自汗出。所以过劳不仅耗伤阳气，而且亦损阴气，阳损而虚则生内热。又由于阴虚生内热，故又可出现心烦不安的现象。

过逸，则气血运行不周，肌肉松缓，筋骨脆弱，故常感肢体乏力而易疲劳。其实这种现象，乃是真气运动不周、筋骨活动懈惰的现象。由于真气运行不周，稍事活动或活动加重时，则气即难乎为继，故动则喘甚，心悸短气，人体摄入的水谷精气，赖脾气的运化，以熏肤充身，泽毛，过逸脾气虚，运动失调，水谷精气，停聚于肌腠之间，则体肥而行动弛缓。

辨证要点 有过劳或过度安逸的病史，以神疲懒言、气短乏力、肢体酸软、活动不便为辨证要点。

（二）房室所伤证

概念 房室所伤证是指性生活过度，或早婚，产育过多，导致肾亏而表现为生殖系统疾患的病症。

证候表现 头晕，耳鸣，神疲，气弱，腰膝酸软，心悸怔忡；男子阳痿，梦遗，滑遗，滑精；女子经少，梦交，宫冷不孕。

证候分析 房室太过，耗损肾精，肾精不足，无以生髓，髓海空虚，元神失其所养，真气涣散，故头晕、耳鸣、神疲、气弱；腰为肾之府。肾之精气既亏，髓失所生，骨失所养，则腰膝酸软；肾精亏于下，心气动于上，故心悸怔忡；肾具水火，为真阴、真阳所寓。肾阳不足，真火失其温煦之能，故男子阳痿、滑精，女子经少、宫冷不孕。真阴不足，真火失其润养，虚火浮越，则男子梦遗，女子梦交。

辨证要点 以腰膝酸软、遗精早泄、月经不调为辨证要点。

三、问题分析

《素问·宣明五气》篇曰："五劳所伤，久视伤血，久卧伤气，久坐伤肉，久立伤骨，久行伤筋。"

第四节 食积辨证

本节首主要介绍食积证的概念、证候表现、证候分析及辨证要点。

食积辨证是运用饮食失宜的致病特点对病人当前的症状、体征、病史等资料综合分析，判断是否有食积证候的辨证方法。

概念 食积证是因暴饮暴食、过食生冷或肥甘厚味等致使饮食停滞于胃肠所表现的一类证候。

证候表现 腹胀气逆，胸膈痞塞；吞酸嗳气，如败卵臭；或呕逆恶心，欲吐不吐，恶闻食气；或胃口作痛，手按腹痛；或泄泻黄白而绞痛尤甚；或憎寒壮热头痛，似外感寒热之症。

证候分析 食为有形之物，阻滞中焦；气机不畅，则腹胀气逆，胸膈痞塞；食积于胃，郁而为热，热与胃液相煎，则吞酸嗳气，如败卵臭；食滞与热相搏，胃气失于下降，则呕逆恶心，欲吐不吐，恶闻食气；食滞胃脘，气不通降，不通则痛，则胃口作痛，手按腹疼；若食与热下迫于大肠，则泄泻黄白而绞痛尤甚。食滞夹热，郁蒸于胃，胃为郁热所蒸；经气郁滞，则见憎寒壮热头痛，有似外感寒热之症。

辨证要点 以厌食、脘腹胀满或脐腹疼痛、嗳腐吞酸、大便不爽、臭如败卵为辨证要点。

第五节 虫积辨证

本节主要介绍虫积证的概念、证候表现、辨证分析及辨证要点。

概念 虫积证是指某些寄生虫在人体内发育繁殖，耗伤机体营血，阻滞气机所表现的一类证候。

证候表现 蛔虫病，脐腹部疼痛，时痛时止；严重的腹痛甚剧，并可触到索状物。时聚时散，心下疼痛，气上冲心，甚则呕吐，或手足微冷者为蛔厥。

赤虫病，有食生菱角、生荸荠史。轻度腹痛，泄泻或恶心，呕吐，重者精神疲乏，或腹胀、浮肿等。

蛲虫病，以肛门奇痒为主症，因痒可致睡不安；病久则面色萎黄，嗜食指甲等。

证候分析 以上三虫病的发生，是由于吞食不洁的食物，虫卵从食物进入人体，寄生于肠道，以致湿热内聚生虫。虫积久则影响脾胃的正常受纳和运化功能，而致食物不振或喜食异物，腹痛阵作。如蛔虫病，蛔虫窜动肠道则脐腹作痛，虫静则痛亦止。所以，其痛以时痛时止为特点。虫聚则气不通，在疼痛的时候，腹部可触索状物，若虫窜散则索状物消失。故腹部触诊，索状物又有时聚时散的特点。如蛔虫上扰于胃或窜入胆道，则痛时有气上冲心之感，甚则呕吐，或手足微冷，形成蛔厥证候。

赤虫踞于小肠，轻者无症状，重者虫滞小肠，气不宣通则腹部作痛，肠鸣，泄泻，或便秘交替出现；气上于胃则呕吐；病久脾气不运，湿热郁滞，则现精神疲乏，或腹胀，浮肿等。

蛲虫，寄生肠道，夜则窜出肛门产卵，故致肛门奇痒。久则酿成湿热，郁滞脾胃，亦可导致面色萎黄及嗜食指甲等症状的发生。

辨证要点 以腹痛时做时止，吐虫便虫；或触及虫团，面黄肌瘦；大便镜检发现虫卵为辨证要点。

第六节　外伤辨证

本节首先简要介绍金刃、跌打的致病特点，主要内容是常见病证的概念、证候表现、辨证分析及辨证要点。

外伤证候，是指外受创伤，如金刃、跌打所引起的局部症状及整体所反映的症候。外伤致病主要伤及皮肉筋骨，导致气血瘀滞。其次为染毒，毒邪入脏，神明失主，甚至危及生命。

一、金刃伤证候

概念　金刃伤，指金属器刃损伤肢体所致的创伤病候。除有局部的创伤、出血、疼痛之外，亦可伤筋、折骨，甚至引起虚脱、创伤感染及破伤风等。

证候表现　有明确的金刃损伤史，局部破损虫伤，或红肿疼痛；若伤筋折骨，则疼痛剧烈，肿胀明显。或出血过多，则出现面色苍白，头晕眼花，脉微等虚脱证候。如有寒热，筋惕，牙关紧闭，面如苦笑，阵发抽搐，角弓反张，痰涎壅盛，胸胀闷等症状为破伤风。

证候分析　金刃伤，轻者，局部皮肉破损、流血、血渗肌肤、瘀积肿痛；重者伤筋折骨，疼痛剧烈，血出不止。血出过多，则气随血脱，致出现面色苍白，头晕，眼花，脉象微弱等虚脱证候。

创伤后，若风毒之邪从创口侵入，袭于经络，营卫失调，邪气郁闭。则寒热，筋惕；邪郁动风，则牙关紧闭，面如苦笑，风气相搏，袭于肢体，则阵发抽搐；风搏经输不利，则角弓反张；风邪内搏，聚液成痰，则痰涎壅盛，胸腹胀闷而成为"破伤风"。

辨证要点　以外伤病史，局部疼痛，出血，甚则神昏抽搐为辨证要点。

二、跌扑伤证候

概念　跌扑伤证候指是跌扑、坠堕、撞击、闪挫、压扎等损伤所引起的证候。

证候表现　有上述损伤病史。一般局部红肿疼痛，瘀血；若被重物压扎或挤压，或从高处坠下，可致吐血、尿血；若坠堕时头颅着地，骨陷伤脑则眩晕不举，戴眼直视，口不能语，甚至昏厥。

证候分析　跌扑伤的病理，主要是由跌扑时，气血郁滞，除局部疼痛，瘀血或肿胀外，其病变要视跌扑时损伤的部位及其是否伤及内脏而定。如跌扑、挤压于胸部，严重者除胸廓损伤外，内及心肺，则现心肺的症状，或口鼻出血。又如从高坠下，头颅着地，颅骨粉碎，骨陷伤脑，则现戴眼直视，甚至昏厥等。

辨证要点　以跌扑病史，伴有局部疼痛、出血，甚或脏器损伤为辨证要点。

三、小结

病因辨证小结见图 8-1。

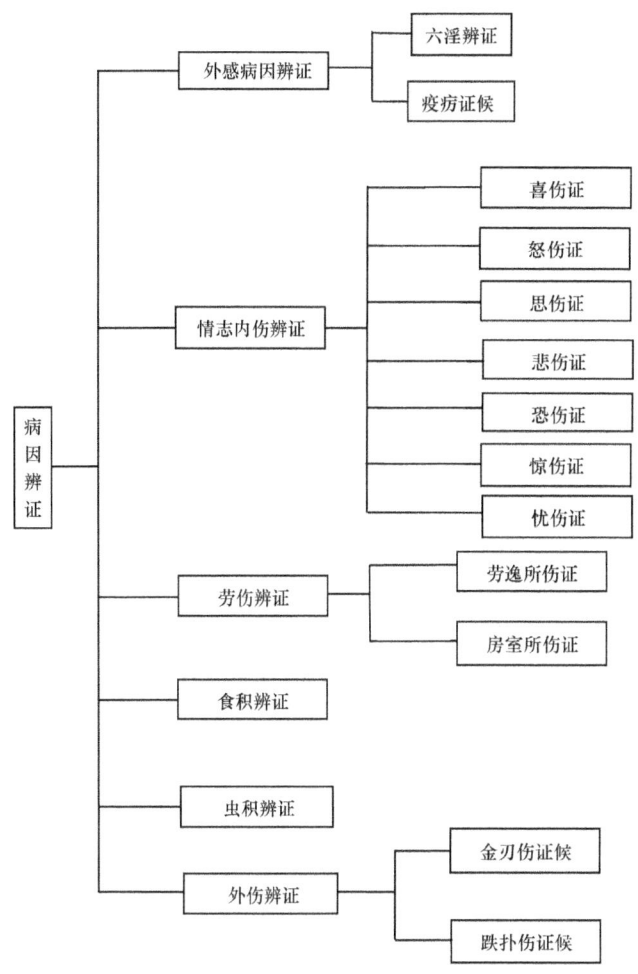

图 8-1 病因辨证小结

四、思考题

1. 试述暑淫证候与湿淫证候临床表现的异同点。
2. 试述情志证候包括哪些类型？有何共同点？

第九章 气血津液辨证

气、血、津液是人体生命活动的物质基础，宜充足协调、运行代谢正常。如果因某些原因导致气、血、津液的亏虚，或气、血的运行异常，津液的代谢障碍，疾病就可发生。故《素问·调经论》云："气血不和，百病乃变化而生。"

气血津液辨证是根据气、血、津液的生理功能和病理特点，对四诊所收集的病情资料进行分析，从而判断疾病中有无气、血、津液的亏虚或运行、代谢障碍证候存在的一种辨证方法。

气血津液辨证既是八纲辨证在气、血、津液层面的深化和具体化，也是对病因辨证不可缺少的补充。病因辨证的重点是探讨六淫外邪等致病的规律，确定疾病的原发病因，如六淫、疫疠、情志内伤、饮食不节、劳逸失调等；而气血津液辨证的重点是诊察病人体内生命物质的盈亏及其功能状况。同时，气血津液辨证也是脏腑辨证的基础，因为气、血、津液总是与脏腑的功能活动联系在一起的。在生理上，气、血、津液是脏腑功能活动的物质基础，而其生成与运行、代谢均有赖于脏腑功能活动的正常；在病理上，脏腑的病理变化必然会导致气、血、津液的亏虚和（或）运行、代谢紊乱，而气、血、津液的亏虚或运行、代谢障碍，脏腑的功能活动亦必然受到影响。所以，气血津液的病变，是不能离开脏腑功能的失调而存在的。掌握气血津液病变的一般规律，可以为辨别脏腑病变的病理性质奠定基础。

气、血、津液病变一般可分为两个方面：气、血、津液的亏虚或不足，如气虚、血虚、津液亏虚；气、血、津液的运行或代谢发生障碍，表现为气滞、气逆、血瘀、津液内停等。此外，由于气、血、津液三者之间有着密切的关系，在疾病过程中，气血津液三者的病变之间可形成因果、兼并等病理关系，如气血两虚、气虚血瘀、气滞血瘀、气虚津停、气滞津停、津血俱亏等，从而增加了气血津液病变的复杂性。

第一节 气病辨证

本节先介绍气病的病机特点，再以虚实为纲介绍气病常见的七大证型，主要内容是气病的病机特点，各证型的概念、形成原因、临床表现和辨证要点。

一、问题思考

刘某，女，60岁，退休工人。年轻时产育较多，工作及家务较劳累。8年来常感神疲乏力，腹胀便溏，未经系统治疗，病情时好时坏。半个月前又因劳累而发作，未进行任何治疗。现自觉阴道中有物突出，并有下坠感，神疲乏力，气短，头晕眼花，纳少便溏。面白无华，舌淡苔白,脉弱。

本病案病证的病位在何处?证候名称是?其相似的证候有哪些?该如何鉴别?

二、主要内容

气既是构成和维持人体生命活动的精微物质,更是各种生命功能活动的体现。因此,气的病变常先于精、血、津液的病变而出现,具有致病广泛、多变,并常引起血、津液病变等特点。

气病的证型,常见的有七类,以虚实为纲可分为气病虚证(气虚证、气陷证、气脱证、气虚不固证)和气病实证(气滞证、气逆证、气闭证),其中,气虚证、气滞证分别是气病虚证和实证的基础证型。

(一)气虚证

概念 气虚证指元气不足,导致气的推动、温煦等基本功能减退,或脏腑组织的功能活动减退所表现的虚弱证候。

证候表现 神疲乏力,少气懒言,声低息弱,或面白少华,头晕,自汗,易感冒,活动后诸症加剧,舌淡,脉虚。

证候分析 多因先天不足、后天失养致使元气生成不足;或久病、重病、过劳而使元气耗损太过;或因年老脏腑机能减退而元气自衰等。

人体脏腑组织功能活动与气的盛衰有密切关系,由于元气亏虚,脏腑功能活动减退,形神失养,故可见神疲乏力、少气懒言、声低息弱;气虚推动无力,清阳不升,头面失养,故面白少华、头晕;气虚卫外不固,腠理疏松,故自汗;"劳则气耗",故活动或劳累后诸症加重;气虚推动血行乏力,血不能上荣于舌,故舌淡;运血无力,故脉虚。

元气亏虚,临床可表现为以某一脏腑功能减退的证候为主,常见证型有脾气虚证、心气虚证、肺气虚证、胃气虚证等。

由于气血津液三者之间关系密切,气虚亦可导致多种病理变化,如气虚生化不足,可致血液亏虚;气化功能减退,可致津液内停,产生痰、饮、水、湿等病理产物,出现痰证、饮证、水证和内湿证;气虚推动无力可致气或血的运行不畅,而致气滞、血瘀等;同时,气虚可进一步发展为阳虚,亦可与血虚、阴虚等虚证相兼为病,而为气血两虚、气阴两虚等证。

辨证要点 神疲乏力、少气懒言、声低息弱、动则加剧。

(二)气陷证

概念 气陷证指因气虚升举无力、清阳下陷所表现的虚弱证候。

证候表现 头晕眼花,神疲乏力,少气懒言,面色淡白或淡黄少华;脘腹坠胀感,大便溏泄,或便意频频,或久泻久痢;或胃、肾下垂,脱肛,阴挺;舌淡、脉虚或弱。

证候分析 多由气虚证进一步发展而来,或是气虚的一种特殊表现形式,一般指脾气的下陷。

气虚而功能减退,故见神疲乏力;清阳之气不升,头面诸窍失养,故见头晕眼花、面色淡白或淡黄少华;气虚升举无力,腹内脏器不能维持其正常位置,故脘腹坠胀感,甚或见胃下垂、肾下垂、脱肛、阴挺；气虚脾失健运，升清功能不及，水谷精微下趋，则见大便溏泄，或便意频频，或久泻久痢；气陷常由气虚发展而来，故本证可兼有气虚的一般表现。

辨证要点 神疲乏力与脘腹坠胀、久泻久痢或脏器下垂共见。

（三）气虚不固证

概念 气虚不固证指因气虚而导致气对精、血、津液的固摄功能减退所表现的虚弱证候。

证候表现 神疲乏力，少气懒言，声低息弱，动则加剧，面白舌淡，脉虚；自汗不止，涎、唾、涕、泪清稀量多，尿频清长，或尿后余沥不尽，或遗尿，或二便失禁；或各种慢性出血症；或滑精早泄，月经、白带量多，滑胎等。

证候分析 多由气虚证发展而来，故有气虚的一般表现，即神疲乏力、少气懒言、声低息弱、动则加剧、面白舌淡、脉虚等，并以气对精、血、津液的固摄功能减退为主要表现。气虚固摄功能减退，不能固摄津液，津液外泄于腠理、官窍，可表现为自汗不止，涎、唾、涕、泪清稀量多，白带量多；气虚不能固摄二便，则尿频清长、尿后余沥不尽、遗尿、二便失禁；气虚不能统摄血行，血溢脉外，而见月经量多及多种慢性失血症。气虚不能固藏肾精，可见滑精、早泄，或滑胎。

辨证要点 自汗不止、二便不固，或精不固，或血不固与神疲乏力、少气懒言、动则加剧等气虚表现共见。

（四）气脱证

概念 气脱证指元气亏虚已极而欲外脱所表现的危重证候。

证候表现 呼吸微弱或不规则，神情淡漠或昏愦，大汗不止，面色苍白，口开目合，手撒身软，二便失禁，舌淡，脉微。

证候分析 可由气虚证、气不固证进一步发展恶化而来，如在大汗、大吐、大泻、大失血下出现，也可在极度疲劳、急性中毒、严重外伤等状况下迅速出现。气脱证乃临床危急重证，应及时抢救。

元气衰竭，欲脱于外，则心、肺、肝、脾、肾五脏之气皆欲衰竭。肺主气司呼吸，肺气衰竭，则见呼吸微弱或不规则；心主血脉、藏神，其华在面，在液为汗，心气衰竭，则神情淡漠或昏愦、脉微、面色苍白、大汗不止；肝藏血主筋，开窍于目，脾主肌肉、四肢，开窍于口，肾藏精，开窍于二阴，肝、脾、肾脏气衰竭，故可见口开目合、手撒身软、二便失禁。

辨证要点 呼吸微弱或不规则、神情淡漠或昏愦、面色苍白、脉微。

（五）气滞证

概念 气滞证指人体局部或某一脏腑经络的气机阻滞，运行不畅所表现的证候。

证候表现 局部或全身胀满、痞闷、甚或胀痛、窜痛，部位不固定，且症状时轻时重，常随情绪变化而加重或减轻，或因太息、嗳气、矢气而减轻，脉弦，可无明显舌色变化。

证候分析 多因情志不遂而致气机郁滞，运行不畅；或因外邪侵袭、内生病理产物如痰饮、瘀血阻滞，或跌扑闪挫等使气机运行障碍而致气行不畅；亦可因脏气虚弱，运行乏力而致气机阻滞。

因情志不遂引起的气机运行不畅所表现的证候常称为"气郁证"或"肝气郁结证"。

气运行于全身，贵在流通舒畅。气的运行发生障碍，气机不畅可见局部胀、满、痞、闷；气机阻滞，不通则痛，故可表现为胀痛、窜痛。情志不舒，气机郁滞加重，故常可导致或加重局部胀满疼痛等症状；太息、嗳气、矢气或情志舒畅时，气机暂时得以通畅，故胀、痛等症可缓解。弦脉乃气机不畅、肝气不舒之象。因病在气，舌色可无明显变化。

由于引起气滞的病因不同，气滞于不同的脏腑、经络部位，其证候表现尚有各自的特点。因此，辨证时既要辨明导致气滞的病因，也要联系病位，如食积胃脘多致胃脘胀满疼痛，胁肋胀痛以肝胆病变多见，四肢关节疼痛多为经络之气不畅。临床常见的气滞证有肝气郁结证、肝胃气滞证、胃肠气滞证等。

由于气、血、津液三者的密切关系，气滞常可导致血液运行不畅而形成气滞血瘀；若气机不利影响津液运行或输布则可产生痰饮水湿内停；气机郁滞日久亦可化热、化火。

辨证要点 局部痞闷胀满或胀痛或窜痛，并随情志波动而变化，脉弦。

（六）气逆证

概念 气逆证指体内气机升降失常，应降反升或升发太过所表现的证候。

证候表现 咳嗽，喘为肺气上逆；恶心，呕吐，嗳气，呃逆，为胃气上逆；头目胀痛或重痛，眩晕，面红目赤，急躁易怒，吐血，甚至晕厥，为肝气上逆。

证候分析 多为气滞基础上的一种表现形式，人体脏腑、经络的气机如因外邪入侵、情志过激等而使气机运行不畅或紊乱，当表现为气机的升降失常，气逆于上，如应降反升或升发太过时，则形成气逆证。临床以肺、胃、肝气上逆最为多见。

肺司呼吸主宣降，外邪侵袭或痰浊阻滞等使肺失宣降，肺气上逆，则见咳嗽、喘。胃为水谷之海，以通降为顺，如因食积、痰浊等停留于胃，阻滞气机，胃失和降而上逆，则见恶心、呕吐、嗳气、呃逆。肝主疏泄、藏血，其气主升发，但须调顺有制，若情志过激，郁怒伤肝，肝气升发太过，气逆于上，血随气并走于上，气血上壅，可见头目胀痛或重痛、眩晕、面红目赤、急躁易怒、吐血、甚至晕厥。

辨证要点 以相应脏腑气机运动方式向上的表现为辨证要点，呼吸道、上消化道有逆气上冲经口鼻而出为肺、胃气上逆，头面气血过度壅盛或瘀滞为肝气上逆。

（七）气闭证

概念 气闭证指人体某些脏腑及其官窍的气机闭塞不通所引起的危急证候。

证候表现 突然头、胸、腰、腹等处剧痛或绞痛，呼吸急促，或喘，甚窒息，二便闭塞，甚或神昏，脉沉实。

证候分析 因强烈情志刺激，使气机闭塞；瘀血、痰浊、结石、寄生虫等有形实邪阻塞某些脏腑及其官窍，导致相应脏腑及其官窍的气机闭塞不通。脏腑及其官窍的气机闭塞不通，可严重影响脏腑的功能甚至危及生命，故气闭证乃临床危急重证。

突然强烈的情志刺激可导致气机逆乱，心神失守，故可突然昏仆；有形实邪阻滞于内，气机闭塞不通，则可突然出现头、胸、腹、腰部剧痛或绞痛，或伴见二便不通；肺气闭塞，息道不通，故可见呼吸急促，或喘、甚窒息；证因实邪内阻所致，故脉见沉实。

辨证要点 突然出现头、胸、腰、腹等处剧痛（或绞痛），或二便闭塞、呼吸急促，甚或昏仆。

三、问题分析

本病案病位在气,为虚证。

病人因孕产过多,失于调护而导致。脾气虚弱,升举无力,中气下陷,故见子宫脱垂。脾虚健运失职,故食少便溏;清阳不升,头目失养,故头晕目眩;化源不足,脏腑功能活动减退,形神失养,故神疲乏力、气短、面白无华;舌淡苔白、脉缓弱,为气虚之征象。

其证候诊断为气陷证。

本证应与气虚证相鉴别:两者均有气虚的表现,即神疲乏力、少气懒言、声低息弱、动则加剧。但气陷证的表现以脘腹坠胀或脏器下垂为主症,同时亦有气虚的表现。

第二节 血病辨证

本节先介绍血病的病机特点,再以虚实为纲介绍血病常见的四大证型,主要内容是血病的病机特点,各证型的概念、形成原因、临床表现和辨证要点。

一、问题思考

朱某,男,52岁。病人自述近半年来经常心悸、夜寐多梦,记忆力减退。近月来因劳累自觉心悸加重,前天起开始发作频繁,每日可发作数次,头晕眼花,多梦,记忆力明显减退。检查:精神欠佳,面色无华,唇色淡,舌淡白,脉细无力。

本病案病证的病位在何处?证候名称是?其相似的证候有哪些?该如何鉴别?

二、主要内容

血是人体维持生命活动最宝贵的营养物质,它必须有规律地在脉管内循环运行而布散周身。血病的基本病机,多表现为血液不足和运行失常两个方面。

血病的证型,常见的有血虚证、血瘀证、血热证和血寒证四类,以虚实为纲分为血病虚证、血病实证,其中,血虚证、血瘀证分别是血病虚证和血病实证的基础证型。

(一)血虚证

概念 血虚证指血液不足导致脏腑、组织、器官失去濡养所表现的虚弱证候。

证候表现 面白无华或萎黄,口唇、眼睑、爪甲、舌质的颜色淡白,头晕眼花,心悸健忘,多梦,肌肤干涩,手足麻木,妇女月经后期、量少色淡,甚或闭经,脉细无力。

证候分析 可因血液耗损过多,见于各种出血之后,或久病、大病之后,或劳神太过、暗耗阴血,或虫积肠道、耗损营血等;或因血液生化不足,见于脾胃虚弱,或进食不足,或因他脏功能减退不能化生血液,或瘀血阻塞脉络,局部血行不畅,影响新血化生,即所谓"瘀血不去新血不生"等。

血液亏虚,濡养失职,不能上荣头、面、舌,故头晕眼花、面白无华或萎黄、口唇眼睑舌色淡;

血虚不能濡养爪甲、肌肤、经脉，故爪甲淡白无华、肌肤干涩、手足麻木；心主血脉而藏神，肝藏血而主魂，血虚则心肝失养，神魂不宁，故心悸健忘、多梦、脉细无力；女子以血为用，血虚则冲任失充，故月经后期、量少色淡，甚或闭经。

由于心主血而肝藏血，血虚一般是指心血虚证和肝血虚证。此外，血虚尚可形成血虚肠燥和血虚肤燥生风证等。

辨证要点 以面唇舌颜色淡白、头晕心悸多梦、脉细为辨证要点。

（二）血瘀证

概念 血瘀证指脉管内血液运行迟滞、或血溢脉外而停蓄体内所引起的证候。

证候表现 有疼痛、肿块、出血、瘀血色脉征等方面的表现。其疼痛，以刺痛为主，痛处固定不移而拒按、常夜间加重；其肿块，体表者色青紫而突起，腹内者或可触及质硬而推之不移的肿块；其出血，色紫暗或夹血块，多反复不已，女子见经闭或崩漏；瘀血色脉征主要有面色暗或黧黑，或唇甲青紫，舌紫暗或有瘀点瘀斑，或舌下络脉粗长青紫，或腹部青筋显露，或皮下紫斑，或皮肤丝状红缕，或肌肤甲错，脉细涩。

证候分析 可因外伤、跌仆等损伤脉管造成出血，离经之血未能及时消散或排出，瘀积于体内；或气滞而致血行不畅、或气虚推动血行无力，血行迟缓或瘀滞；或血寒而使血脉凝滞、血热而使血行壅滞或煎熬血液，以及湿热、痰浊等阻滞脉络，导致血行不畅。

瘀血停滞于内，阻碍局部气机，气血运行不畅，不通则痛，刺痛、痛处固定不移而拒按，夜间更甚正是瘀血作为有形阴邪致痛的特征。血液运行不畅而凝聚于内，日久不散而成肿块，在体表可见色青紫而突起，在体内或可触及坚硬而推之不移的肿块。离经之血，排出体外则可见出血；停积体内，阻滞脉络，血液不能循经运行而溢出脉外，成为再出血的原因，因所出之血乃停聚未行之血，故色多紫暗且夹有血块，反复不已。瘀血阻滞，气血运行不畅，日久肌肤失养，则可见肌肤甲错、面色暗或黧黑。唇甲紫暗、舌紫暗或有瘀点瘀斑，舌下络脉粗长青紫，脉细涩，皆为瘀血之象。

由于瘀血阻滞的部位不同，症状表现亦有差异，而有不同的血瘀证名，如心脉瘀阻证、瘀阻脑络证、瘀阻胞宫证等，这些证型除有血瘀证的一般表现外，多表现为瘀血阻滞于相应脏腑、组织的证候特点，如瘀阻于皮下，则见皮下紫斑；瘀阻于浅表络脉，则皮肤出现丝状血缕；瘀阻肝脉，则腹部青筋显露；瘀血内阻，冲任不通，则见经闭或崩漏。

辨证要点 以局部刺痛拒按、出血、肿块、瘀血色脉征（面、唇甲和舌色青紫、晦暗，脉细涩）等为辨证要点。

（三）血热证

概念 血热证指火热之邪侵入血分，迫血妄行所表现的证候。

证候表现 咯血、吐血、尿血、便血、鼻衄、齿衄、肌衄等急性出血，色深红质稠，或月经提前、量多，或崩漏，或皮疹紫红密集，或疮疡红肿热痛，发热，面赤口渴，心烦失眠，舌红绛，脉滑数。

证候分析 多因外感火热之邪或其他病邪化热，传入血分，或因情志过激，气郁化火，或过食辛辣，火热内生，侵扰血分等所致，属实热证范畴。此证既可见于外感温热病中，因

温热之邪内传深入血分，形成卫气营血辨证中的"血分证"；又可见于内伤杂病中，即一般火热之邪侵入血分迫血妄行而致咯血、吐血、尿血等；亦可见于妇科疾病的月经提前、量多、崩漏等，或见于外科疾病中的疮疡疖疗等。

火热为阳邪，热入血分，迫血妄行，血溢脉外，故可表现为各种出血，具有来势急、量较多、色深红质稠的特点；由于火热之邪所伤脏腑不同，出血部位有异，如肺络伤则多见咯血，胃络伤则多见吐血；火热之邪侵入血分，血行加速，气血充盈肌肤脉络，故见发热面赤，或皮疹紫红密集，舌红绛、脉滑数；火热炽盛，耗伤津液，故口渴；火热内扰心神，故心烦、失眠；火热壅积于局部，腐败血肉，则局部红肿热痛而生疮疡。

辨证要点　出血势急、量多色深红，或疮疡红肿热痛与发热口渴、心烦、舌红绛等热象共见。

（四）血寒证

概念　血寒证指寒邪客于血脉，凝滞气血，而致血行不畅所表现的证候。

证候表现　手足、颜面、耳垂等处冷痛，得温痛减，患处发凉肤色紫暗，或少腹拘急冷痛，或月经后期、经色紫暗夹有血块，或痛经；恶寒肢冷，舌淡紫，苔白，脉沉迟或涩。

证候分析　多因寒邪侵犯血脉，或阴寒内盛，凝滞血脉而成，属实寒证的范畴。

寒为阴邪，其性凝滞收引，若从体表、四肢末端侵袭，客于血脉，脉道收引，血行不畅，则可见手足、颜面、耳垂等处冷痛；血得温则行，得寒则凝，故兼患处发凉，得温痛减；女性若在经期贪凉饮冷，可致寒凝胞宫，冲任气血凝滞，而见少腹拘急冷痛，或痛经，或月经后期；寒为阴邪，易伤阳气，阳气被遏不能外达肌肤，故见恶寒肢冷；患处肤色紫暗，经色紫暗夹有血块，舌淡紫，脉沉迟或涩等，皆为血行不畅之瘀血征象。

辨证要点　局部冷痛、色紫暗与恶寒肢冷、舌淡紫等寒象共见。

三、问题分析

本病案病位在血。

病人以心悸多梦健忘为主诉，伴有头晕眼花，主要表现为血液亏虚，脏腑组织器官失养。血虚，濡养功能失职，血脉不充盈，故见面色无华、头晕眼花、唇色淡、舌淡白、脉细无力。心主血脉藏神，血液亏虚，心神失养，故见心悸、多梦、健忘。

其证候诊断为（心）血虚证。

血虚证应与气虚证相鉴别：气虚证多表现为气的推动激发等基本功能减退的临床表现，如神疲乏力、少气懒言、声低息弱、动则加剧等。而血虚证则以血液亏虚，脏腑组织器官失养为主要临床表现，如色诊的面、唇、舌颜色浅淡，以及头晕眼花、心悸健忘等。

第三节　津液病辨证

本节先介绍津液病的病机特点，再以虚实为纲介绍津液病常见的两大证型，主要内容是津液病的病机特点，各证型的概念、形成原因、临床表现和辨证要点。

一、问题思考

魏某，男，36岁。

腰痛、下肢水肿反复发作6年，一月来下肢水肿再作。现诉腰部隐隐冷痛，喜温喜按，下肢水肿，按之凹陷不起，小便量少，畏寒肢冷，神疲乏力，伴食欲不振，腹胀便溏，头晕眼花，舌淡胖嫩，脉沉细。

本病案病证的病位在何处？证候名称是？其相似的证候有哪些？该如何鉴别？

二、主要内容

津液是体内一切正常水液的总称，具有滋润、濡养功能和平衡阴阳的作用，其生成、输布与排泄是维持人体生命不可缺少的代谢活动，主要与肺、脾、肾三脏密切相关。

津液的病变，主要涉及津液的亏虚、津液的输布或排泄失常。津液的生成不足或丢失过多，可出现伤津、脱液的津液亏虚证；其输布、排泄异常，引起津液代谢障碍，导致津液内停，产生痰、饮、水、湿等病理产物。因此，津液病的证型可分为津液亏虚证和津液内停证。

（一）津液亏虚证

概念 津液亏虚证指体内津液不足，导致脏腑、组织、孔窍失却滋润、濡养所表现的证候。

证候表现 口、鼻、唇、咽干燥，皮肤干燥或皲裂，口渴喜饮，小便短黄，大便干结难解，舌红，苔少津或干，脉细无力，神疲乏力等；甚则目眶凹陷，皮肤枯瘪，唇干裂，少尿甚无尿，烦躁不安，舌红瘦，少苔或无苔，脉细数或疾。

证候分析 多因摄入不足，或丢失过多所致。摄入不足，多见于饮水过少，或某些疾病导致；丢失过多，多见于高热、大汗、大吐、大下、烧伤等使津液大量丢失。

津液缺乏，不能滋润肌肤、濡润组织孔窍，则见皮肤干燥或皲裂，口、鼻、唇、咽干燥，口渴喜饮，大便干结难解；津液不足而致其排泄减少，故有小便短黄；苔少津或干、脉细，为津液不足之象；津乃气之载体，津伤则气亦不足，故可见神疲乏力等气虚之征象。

若津液严重不足，以致不能充养、濡润脏腑组织，则可见目眶深陷、皮肤枯瘪；津液匮乏，尿无化源，故少尿甚无尿；津液乃阴液的重要组成部分，津液大伤致使阴液不足，阴阳平衡失调，虚热内生，心神被扰，故可见烦躁不安；舌红瘦、少苔或无苔、脉细数或疾等均为阴虚之征象。

津液不足，必然造成体内水分缺乏而以肌肤孔窍干燥为主要临床表现，因此又称为"内燥"，它与六淫中燥邪所致的"外燥"有虚实之异。

津液亏虚程度较轻者，一般称为津亏证，程度较重者，称为液脱证。临床根据津液亏虚具体病位的不同，常见的有肺燥津伤证、胃燥津亏证、肠燥津亏证等。

辨证要点 津亏证以口渴、肌肤孔窍干燥与气虚症状共见为辨证要点，液脱证以尿少、皮肤枯瘪与阴虚症状共见为辨证要点。

（二）津液内停证

津液的输布、排泄障碍，可导致水液停聚于体内，从而产生痰、饮、水、湿等病理产物，进而形成痰证、饮证、水证及内湿证。

痰、饮、水、湿四者同源异形，既可相互转化，又可结合致病，因而常连称，如痰饮、水湿、痰湿、水饮之类。

1. 痰证

概念 痰证指痰阻滞于局部或停聚于脏腑、经络、组织之间所表现的证候。

证候表现 咳喘咯痰，痰多而黏稠，喉中痰鸣，呕吐痰涎；瘿瘤、瘰疬、痰核、乳癖；眩晕、胸闷脘痞，肢体麻木，半身不遂，舌强言謇；神志不清或昏仆，癫、狂、痫、痴呆，梅核气；形体肥胖，白带量多；苔腻，脉滑。

证候分析 痰是体内水液停聚所形成的稠浊而黏滞的病理产物，由于多种因素如外感六淫、饮食不节、情志内伤、劳逸失宜等，影响肺、脾、肾的气化功能，以致津液未能正常输布而停聚凝结而形成。

痰可停聚于人体的任何部位。痰阻于肺，气机不畅，肺失宣降，肺气上逆，则见胸闷、咳喘咯痰、痰多而黏稠，或喉中痰鸣等症；痰浊阻滞中焦，气机不畅，胃失和降，可见脘痞、呕吐痰涎；痰质地黏稠，流动性小而难以消散，常停积于某些局部，而见瘿瘤、瘰疬、痰核、乳癖、梅核气等症；痰亦可随气升降而流窜全身，如痰浊上犯清阳，蒙蔽清窍，则头晕目眩；痰浊蒙蔽心神，则神志不清或昏仆，或为癫、狂、痫、痴呆；痰浊蓄积于肌肤腠理，可表现为形体肥胖；痰浊停滞于胞宫，冲任受阻，则白带量多；痰停滞于经络、关节，气血运行不利，可见肢体麻木、半身不遂、舌强言謇；苔腻脉滑，为痰浊内阻之征象。

痰有有形和无形之分，常与体内其他病邪结合，致病具有多样性和奇异性，故有"百病多因痰作祟"和"痰多怪症"之说。

痰证的临床表现复杂，辨证时应结合痰停聚或阻滞于不同部位时的特殊症状，尚需根据痰的色、量、质地等鉴别寒痰、热痰、湿痰、燥痰等的不同。

辨证要点 有形之痰，可见、可闻、可及；无形之痰，多根据特定症状或体征而推断。以咳吐痰涎量多，或喉中痰鸣、包块、苔腻脉滑，或神昏癫狂等症状为辨证要点。

2. 饮证

概念 饮证指由饮邪停聚于体内所引起的证候。

证候表现 根据饮邪停留的部位不同而出现相应不同的临床表现。

脘痞腹胀，呕吐清水，肠鸣辘辘；或胸胁饱满胀痛，咳唾、转侧则疼痛加剧；或胸闷心悸，咳嗽气喘，痰清稀色白量多，甚或倚息不能平卧，水肿；舌淡胖苔白滑，脉弦。

证候分析 饮是体内水液停聚所形成的较痰清稀而易流动的病理产物，多由中阳素虚，或胸阳不振，复因外感风寒湿邪、饮食劳倦所伤等，以致津液的输布发生障碍，从而停聚为饮。

饮属有形之邪，常停积于胸胁、肺、胃肠、肌肤等部位。饮邪停滞于局部，主要影响局部气机的运行，导致脏腑机能的失常。《金匮要略》根据饮邪停聚部位的不同，将饮分为四种：饮停胃肠谓之"痰饮"（《脉经》、《千金翼方》俱作"淡饮"）；饮停胁下谓之"悬饮"；饮停胸膈谓之"支饮"；饮溢四肢、肌肤肤谓之"溢饮"。

饮邪停留于胃肠，阻滞气机，胃失和降，可见脘痞腹胀，呕吐清水，肠鸣辘辘。

饮邪流注胁下（胸胁），阻碍气机，致肝气不利，肺气不降，则见胸胁胀痛、咳嗽。有形之邪停聚，故胸胁饱满，咳唾、转侧则气滞加重，故而疼痛加剧。

饮邪停于胸膈（心肺），胸中气机不畅，可见胸闷；肺失宣降，气逆于上，可见咳嗽气喘，饮邪凌心而见心悸，甚或倚息不得卧；饮为阴邪兼有寒象，故见痰清稀色白量多；肺外合皮毛，水饮犯肺并外溢肌肤，故可见水肿。

饮证多因阳虚津液不化所致，舌淡胖苔白滑、脉沉弦为阳虚饮停于内之象。

辨证要点 以舌淡胖、苔白滑及脘痞腹胀、呕吐肠鸣，或胸胁饱满胀痛、咳唾转侧加剧，或胸闷心悸、咳喘痰多等为辨证要点。

3. 水证

概念 水证指体内水液停聚，泛溢肌肤引起以肢体浮肿、小便不利为主要表现的证候。

证候表现 水肿，小便短少不利，苔白润或滑。

若浮肿先见于眼睑、颜面，迅速遍及全身肌肤，小便短少，伴恶风发热，头身疼痛，咽痛，咳嗽，舌红或暗红，苔薄白，脉浮紧或数，为阳水。

若水肿先见于足胫、下肢，逐渐发展至全身，腰以下为甚，按之肌肤凹陷而不能即起，甚腹部胀大，按之有波动感，叩之音浊，小便短少不利，神疲乏力，畏寒肢冷，面色㿠白，舌淡胖，苔白滑，脉沉迟无力，为阴水。

证候分析 多由风邪外袭，或湿邪内阻，或劳倦内伤、久病正虚等，影响肺脾肾的气化功能，使津液输布、排泄失常而致。

水为有形之邪，质地清稀，流动性大，易于渗透到肌肤、腠理等组织间隙及停蓄于空腔，导致全身或局部水肿，甚或胸、腹腔积水，并可随体位改变而变动。水邪泛溢肌肤，则见局部或全身浮肿，故水证以水肿为主症；津液输布、排泄失常，停蓄而不泄，故小便短少不利。苔白润或滑，乃水液内停之征象。

临床有阳水、阴水之分。水肿性质属实者，为阳水。多由外感风邪，或水湿浸淫等所致。肺为水之上源，通调水道，外合皮毛，风邪侵袭，肺卫受病，通调失职，水津失布，停聚于内，泛溢肌肤而成水肿、小便短少不利。风性轻扬、升散，善行而数变，风水相搏，故浮肿先见于头面，并迅速遍及全身。风邪侵袭，肺卫失宣，故见恶风发热、头身疼痛、咽痛、脉浮等表证之象。

水肿性质属虚者，为阴水。多由劳倦内伤，或病久正虚等所致。脾肾阳虚，气化失司，水液停聚而泛溢肌肤，发为水肿，多先见于下肢，逐渐发展至全身，腰以下为甚，小便短少不利；水肿严重者可见腹部膨隆，按之有波动感，叩之音浊；神疲乏力，畏寒肢冷，面色㿠白，舌淡胖苔白滑，脉沉迟无力，皆为阳虚之象。

临床根据水证形成的病机及水液停聚的部位不同，可有风水相搏证、水湿困脾证、脾虚水停证、肾虚水泛证、水气凌心证等。

辨证要点 以水肿、小便不利为主症。阳水以发病急、进展迅速、水肿先从眼睑头面开始、上半身肿甚为辨证要点；阴水以发病缓、来势徐、水肿先从足部开始、腰以下肿甚为辨证要点。

三、问题分析

本案病位在津液。病人以腰痛下肢水肿为主诉，为水证。脾主运化水湿，肾为水脏，脾肾阳虚，水湿泛滥肌肤则为水肿。病人反复水肿，小便量少，腰部冷痛，喜温喜按，为肾阳不足，温煦、气化功能减退的表现。食欲不振，腹胀便溏为脾气亏虚，运化功能失职的表现。头晕目眩，畏寒肢冷，舌淡胖嫩，脉沉细是阳气不足的表现。综合分析，病人属脾肾阳虚，水湿不化的阴水。

其证候诊断为阴水。

阴水应与阳水鉴别：水肿性质属实者，为阳水，多表现为发病急、进展迅速、水肿先从眼睑头面开始、上半身肿甚；而阴水以发病缓、来势徐、水肿先从足部开始、腰以下肿甚为辨证要点。本证病程较长、病势徐缓、水肿以下肿为主，为阴水。

第四节 气、血、津液兼病辨证

本节先介绍气血津液兼病的病机特点，再介绍气血津液兼病常见的十大证型，主要内容是气血津液兼病的病机特点，各证型的概念、形成原因、临床表现和辨证要点。

一、问题思考

姜某，女，33岁。病人自诉近三月每于经前或经期小腹疼痛。今日正值行经第一天，症见小腹胀痛拒按，经血量少，行而不畅，血色紫黯有块，血块下后疼痛暂时缓解，乳房胀痛，胸闷不舒，舌紫暗有瘀点，脉弦。

本病案病证的病位在何处？证候名称是？其相似的证候有哪些？该如何鉴别？

二、主要内容

气属阳，血、津液属阴，气、血、津液三者之间关系密切。"气主煦之"，"血主濡之"，"气为血之帅，血为气之母"。气和血两者，生理上相互依存、相互资生、相互为用，病理上常可相互影响，血和津液同属阴，两者生理上互相补充和转化，病理上彼此累及和影响。因此，在疾病过程中，气、血、津液的病变既可同时发病，亦可互为因果，并常兼挟并见，形成多种兼病证型。临床气血津液兼病常见的证候有气血两虚证、气虚血瘀证、气不摄血证、气随血脱证、气滞血瘀证、气虚津泄证、气随津脱证、气滞津停证、津血俱亏证、痰瘀互结证。

（一）气血两虚证

概念 气血两虚证指气虚证和血虚证同时存在的复合证候。

证候表现 面色淡白无华或萎黄，唇甲色淡，神疲乏力，少气懒言，自汗，头晕眼花，动则加剧，心悸健忘，形体消瘦，肢体麻木，或有月经量少色淡、甚闭经，舌淡，脉细无力。

证候分析 多由久病不愈，气血两伤；或先因气虚，不能生化而继见血虚；或先有血虚，气无所依附随之亏虚导致。

气血亏虚，不能上荣于头面、外养肌肉四肢，则见面色淡白或萎黄，头晕眼花，形体消瘦、肢体麻木；气虚形神失养，故见神疲乏力；脏腑功能活动减退，可见少气懒言、动则加剧；气虚卫外不固，腠理疏松，可见自汗；"劳则气耗"，故活动或劳累后诸症加重；血虚不能充盈脉络，故见唇甲色淡、舌淡、脉细；血虚心神失养，故心悸健忘。血液不足致使血海空虚，冲任失养，故见月经量少、色淡，甚或闭经。

辨证要点　面色淡白或萎黄、头晕心悸健忘、神疲乏力、动则加剧、舌淡脉细无力为辨证要点。

（二）气虚血瘀证

概念　气虚血瘀证指气虚运血无力而致血行瘀滞所表现的证候。

证候表现　面色淡白或暗滞或青灰，神疲乏力，少气懒言，局部刺痛不移而拒按，或局部青紫、肿胀，或可触及肿块而质硬，舌淡紫或有瘀点瘀斑，脉细涩。

证候分析　多因久病、重病、过劳等致气虚，推动血行无力，血行不畅而瘀滞，形成气虚血瘀，为虚中夹实。气虚多在前、为因、为本，血瘀在后、为果、为标。

气虚脏腑功能减退，故见神疲乏力、少气懒言、脉细无力。气为血之帅，气虚推动血行无力，血不能上荣于面、舌，则面色淡白、舌淡；气虚运血无力，血行迟缓，脉络瘀滞，故亦可见面色晦暗或青灰、舌淡紫或有瘀点瘀斑，或局部青紫、肿胀；瘀血内阻，经络气血运行不畅，不通则痛，故可见局部刺痛不移而拒按、脉涩；血瘀日久，结聚日深，可逐渐形成肿块而质硬。

辨证要点　以神疲乏力、少气懒言和局部刺痛或青紫肿胀、舌淡紫为辨证要点。

（三）气不摄血证

概念　气不摄血证指气虚摄血无力而致血溢脉外，以出血为主症的证候。

证候表现　咯血、吐血、便血、尿血、齿衄、肌衄、崩漏等出血症，并见面色淡白无华，神疲乏力，少气懒言，头晕心悸，动则加剧，舌淡，脉弱。

证候分析　多由久病、过劳、饮食不节等致气虚，气不能统摄血行，血溢脉外而成。一般气虚在先、为因，出血在后、为果，虽可视为气血兼病，但也可视为"气虚不固证"的一个方面。

气对血具有统摄功能，气虚统摄无权，血不循经运行而溢于脉外，故见咯血、吐血、便血、尿血、齿衄、肌衄、崩漏等多种出血症状；气虚脏腑功能减退，故见神疲乏力、少气懒言、动则加剧；气虚推动血行无力，络脉不充，加之失血，故见面色淡白无华、头晕心悸、舌淡、脉弱。

辨证要点　出血与此前或同时有神疲乏力、少气懒言、动则加剧等气虚症状共见。

（四）气随血脱证

概念　气随血脱证指由于大失血而引起气脱的危重证候。

证候表现　大量出血（如咯血、吐血、便血、崩漏、产后大出血、外伤出血等）的同时，见面色苍白，神情淡漠，甚晕厥，四肢厥冷，大汗出，气少息微，舌淡，脉微。

证候分析　常由外伤，或肺、胃、肝等脏器本有宿疾，或妇女血崩、产后等突然大量出血所致。

血为气之母，血以载气，大出血时气无所依附，气亦随之而脱，阳气亡脱，气血不能上荣于面，故见面色苍白；气随血亡脱于外，神明无主，则见神情淡漠、甚晕厥；气脱致宗气不足，则气少息微；阳气亡脱，不能温煦肌体，故见四肢厥冷；不能固护肌表，津随气泄，可见大汗出；血失气脱，舌体失养，故见舌淡；气随血亡脱于外，脉道失于充盈，可见脉微。

本证虽起于大失血，但随后元气随之亡脱，气脱证表明病势危急，故诊断和治疗应以气脱证为先为急，此即所谓"有形之血不能速生，无形之气所当急固"之意。

辨证要点　大出血的同时，出现神情淡漠、面色苍白、气少息微、脉微等气脱征象。

（五）气滞血瘀证

概念　气滞血瘀证指由于气机郁滞而致血行瘀阻，或由于血瘀而致气机郁滞所表现的复合证候。

证候表现　胸胁或局部痞满、胀痛或窜痛，或刺痛不移而拒按；或肿块坚硬，局部青紫肿胀；情志抑郁或急躁易怒，或面色青紫晦暗；或妇女乳房胀痛、或痛经、闭经，或经色紫暗夹血块；舌紫暗或有瘀点瘀斑，脉弦涩。

证候分析　多由情志不遂，或外邪侵袭，或跌仆闪挫，气机郁滞，血行不畅而成。本证大多气滞在先、为因，血瘀在后、为果，由气滞而致血瘀，但也有先血瘀而致气滞者。

肝主疏泄，喜条达恶抑郁，情志不遂，或外邪侵袭，致肝失疏泄，气机郁滞，故见胸胁或局部痞满、胀痛或窜痛、情志抑郁或急躁易怒；气为血之帅，气行则血行，气滞则血瘀，局部气血瘀滞，可见疼痛更甚或呈刺痛不移而拒按，或肿块坚硬、局部青紫肿胀、面色青紫晦暗、舌紫暗或有瘀点瘀斑、脉涩；肝脉绕阴器，抵小腹，过两乳，肝气郁滞，血行不畅，可见乳房胀痛、或有痛经、经色紫暗夹血块；肝藏血，肝血瘀滞，冲任受阻，可见闭经。

气滞无形而易变，血瘀有形而难消，本证临床表现虽有气滞和血瘀症状相兼出现，但多以血瘀为重点。

辨证要点　以胸胁或局部胀满疼痛、刺痛拒按、情志抑郁或易怒、舌紫暗或有瘀点瘀斑为辨证要点。

（六）气虚津泄证

概念　气虚津泄证指气虚不能固摄津液而导致津液过度外泄的证候。

证候表现　神疲乏力，少气懒言，声低息弱，自汗不止，或涕泪清稀量多，咳吐大量清稀痰涎，或尿频清长，遗尿或尿后余沥不尽，便溏或久泻，甚小便失禁、大便失禁，或妇女带下清稀量多，舌淡苔薄白，脉缓或弱。

证候分析　汗、唾、涕、泪、白带等孔窍的分泌物、人体代谢的废物小便、大便及病理产物痰等均与津液的代谢有关，气的固摄功能可以防止津液过度外泄。气虚则固摄津液的功能减退，以致津液排泄过多、过频且质地清稀。气虚腠理不固，则自汗不止；肺卫气虚，涕清稀量多，或咳吐大量清稀痰涎；脾胃气虚，可见呕吐清涎、便溏或久泻，带下清稀量多；肾气主封藏，开窍于前后二阴，肾气虚弱，可见尿频清长，遗尿或尿后余沥不尽，甚则小便失禁、大便失禁。神疲乏力、少气懒言、声低息弱、舌淡苔薄白、脉缓或弱，均为气虚之征象。

津液与精、血皆由气统摄，因而本证亦可视为"气虚不固证"的一个方面。

辨证要点　汗、涕、涎、白带、二便等任何一方面排泄过多且清稀与一般气虚症状共见。

（七）气随津脱证

概念 气随津脱证指因津液严重外泄导致气脱的危重证候。

证候表现 在大汗不止、反复呕吐或暴泻等病程中，出现面色苍白，气息微弱，神情淡漠或昏愦，四肢厥冷，舌淡瘦而干，脉微。

证候分析 津能化气、载气，津液大量、急剧的耗失，气无所依附，可致气的暴脱而发生气脱证。短期大量的汗出、呕吐或泄泻等导致津液急剧耗损，气随之外逸，可见面色苍白、气息微弱、神情淡漠或昏愦、四肢厥冷、脉微等气脱证的表现。舌淡瘦而干为气津两伤之征象。

本证与气随血脱证一样，诊断和治疗均应以气脱证为先为急。

辨证要点 伴随急剧大量的津液外泄的症状随之出现气脱证的主要表现。

（八）气滞津停证

概念 气滞津停证指气机阻滞导致津液内停的复合证候。

证候表现 由气滞证和津液内停证结合组成，气滞证主要表现为局部痞闷、胀满，或胀痛、窜痛，且症状时轻时重，常随情绪变化而加重或减轻；津液内停证可以表现为痰证、或饮证、或水证、或内湿证的临床表现。

证候分析 多由情志不遂，或外邪侵袭，或跌仆闪挫等导致气机郁滞，气滞证先见为因，津液内停所形成的痰证、饮证、水证、内湿证为果。

气的推动和气化功能是津液生成、输布和排泄的动力及前提，气行则津行，气滞则津停，津液内停可产生痰、饮、水、湿等内生病邪，进而分别形成痰证、饮证、水证及内湿证。一般来说，本证的临床表现以津液内停证的表现为主，气滞的表现则为次要方面。

辨证要点 津液内停证和气滞证并见，其中，尤以头身困重或浮肿小便不利、咳喘痰多、呕恶纳呆、脘痞腹胀、小便不利、苔滑或腻、脉弦滑为辨证要点。

（九）津血俱亏证

概念 津血俱亏证指津液亏虚证和血虚证同时存在的复合证候。

证候表现 口、唇、鼻、咽喉、皮肤干燥或燥裂，毛发干枯，口渴喜饮，小便短少，大便干结，面、唇、爪甲淡白无华，头晕眼花，心悸健忘，手足麻木，四肢拘急，形体消瘦，舌淡而干瘦，脉细数无力。

证候分析 津血同源，人体内津、血互化、互补，津液亏虚可致血虚，反之，血虚亦可致津液亏虚，最终形成津血俱亏。若津亏导致血虚，证候表现以津亏证为主；因血虚导致津亏，证候表现则以血虚证为主。

津液亏损，则肌肤、孔窍失于濡润，故口、唇、鼻、咽喉、舌苔干燥、皮肤干燥甚至皲裂，毛发干枯，口渴喜饮；津液亏虚，排泄减少，故见尿少、便结。血虚，头目、心神失养，则见面唇淡白无华、头晕眼花、心悸健忘；津、血不足，肌肤、筋脉、脏腑失其滋润濡养，则见形体消瘦、手足麻木、四肢拘急。舌淡而干瘦、脉细数无力，均为津血不足之征象。

辨证要点 孔窍干燥、口渴尿少与面唇舌淡、眩晕心悸健忘、脉细共见。

（十）痰瘀互结证

概念 痰瘀互结证指痰浊和瘀血互结而停滞于人体某一部位所引起的复合证候。

证候表现 起病缓慢，病情复杂，病势缠绵，或见局部持续性胀痛、刺痛、闷痛，痛处不移而拒按，或肿块坚硬难消，或胸闷脘痞，喉中痰鸣，或关节肿大变形，或肢体麻木、偏瘫，或癫、狂、痴呆，面色晦暗无华，舌淡紫或紫暗或有瘀斑瘀点，苔厚腻，脉弦滑或沉涩。上述症状多见于一些疑难病证之中，如胸痹、中风、瘿瘤、癥积、痴呆、尪痹等。

证候分析 痰为津液代谢障碍的病理产物，瘀为血行不畅瘀滞的产物，两者俱属有形之邪，生理上津血同源，病理情况下津停和血瘀可相互影响，痰阻可致血瘀，瘀阻也可致痰聚，日久痰、瘀可互结于内而致病情复杂，缠绵难愈。

痰瘀互结的常见部位多为心、脑、肺、肝、胃、肠及关节等处。局部持续性胀痛、刺痛、闷痛，痛处不移而拒按，为痰瘀阻滞于局部、气血运行不畅的表现。痰瘀互结于心脑，则可见心胸闷痛或刺痛、绞痛，或头目胀痛，癫、狂，痴呆，偏瘫；痰瘀互结于肺，则见胸闷、胸痛、咳喘，喉中痰鸣；痰瘀互结于腹中，则见腹部癥积坚硬难消，或胀痛、刺痛拒按；痰瘀互结于经络、关节，则见瘿瘤，关节肿大变形，或肢体麻木；面色晦暗无华，舌淡紫，或紫暗，或有瘀斑瘀点，苔厚腻，脉弦滑或沉涩，俱属痰浊、瘀血内停之征象。

辨证要点 本证兼有痰证和血瘀证的基本表现，以起病缓慢、缠绵难愈、持续性疼痛而拒按不移、肿块坚硬难消、舌紫暗苔厚腻、脉弦滑为辨证要点。

三、问题分析

本证病位在气血同病。

病人以每于经前或经期小腹疼痛为主诉，诊断为痛经。气机郁滞，不通则痛，故见乳房胀痛，胸闷不舒，小腹胀痛拒按；血行不畅，冲任气血郁滞，经血不利，故见经血量少，行而不畅，血色紫暗有块，血块下后痛暂减轻；舌紫暗，脉弦，为气滞血瘀之征象。

其证候诊断为气滞血瘀证。

本证与气虚血瘀证的鉴别：两证都有血瘀的表现，即局部胀痛刺痛拒按，舌紫暗，出血色紫暗或挟有血块，血块排除后疼痛减轻。但本证是因气滞导致血瘀，故可见局部胀满疼痛，脉弦。而气虚血瘀证是因气虚导致血瘀，应有神疲乏力、少气懒言、声低息弱、动则加剧等气虚表现。

四、小结

气血津液辨证小结见图 9-1。

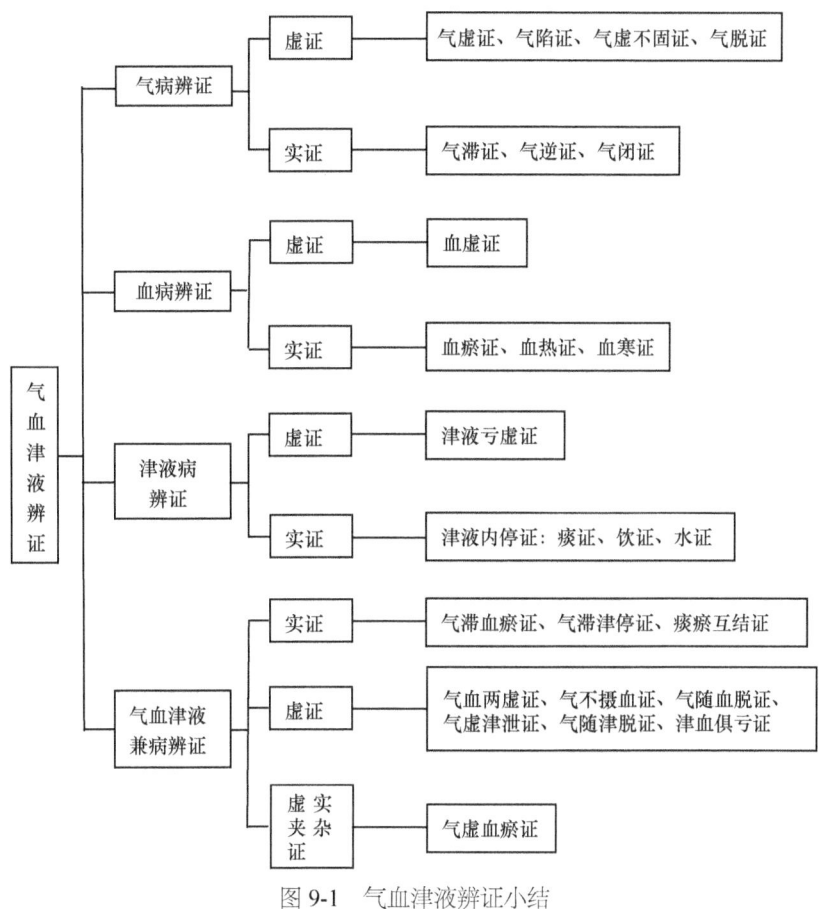

图 9-1 气血津液辨证小结

五、思考题

1. 试述气虚证与血虚证如何区别。
2. 试述气滞血瘀证与气虚血瘀证的异同点。
3. 痰证的辨证要点如何？

第十章 脏腑辨证

脏腑辨证，是在认识脏腑的生理功能和病理变化特点的基础上，对四诊所获取的症状、体征及有关病情资料，进行综合分析，判断疾病的病因病性，确定疾病所在的脏腑部位的一种辨证方法。脏腑辨证作为病位辨证的方法之一，其重点是辨别疾病所在的脏腑部位，是临床各科的诊断基础，是中医学辨证体系中的重要组成部分。

脏腑辨证的内容，主要包括脏病辨证、腑病辨证，以及脏腑兼病辨证。其中以五脏病证为辨证的重点，六腑病证通常归纳在脏病之中，脏腑兼病则仍以脏与脏病相兼为主。在判断脏腑病位的同时，还应进一步辨明其病因病性，脏腑辨证与病性辨证之间，有着相互交织的关系，临床既可按脏腑病位为纲，区分不同的病性，也可在辨别病性的基础上，根据脏腑的病理特点，而确定脏腑病位。其中脏腑虚证，一般可根据阴、阳、气、血等不足的规律来判断；脏腑实证，则可根据风、火、寒、湿、痰、瘀等病因的性质和致病特点的不同来判断。再者，进行脏腑辨证，应从整体观的角度来分析脏腑病变所属证候。

第一节　肝与胆病辨证

本节首先简要介绍肝的一般生理功能及主要病理表现特征，主要内容是常见病证的概念、临床表现、证候分析及辨证要点，同时对肝胆病辨证中易混淆的相关证候进行鉴别。

一、问题思考

李某，女，38岁。产后头晕、视物模糊反复发作2个月。2个月前顺产，但出血较多，自觉时有头晕、视物模糊，夜间尤甚，揉之好转，但反复发作，未曾诊治。刻诊：面色欠华，目眦淡白，爪甲不荣，乳汁量少，眠浅梦多，肢体时有麻木感，舌淡，脉细。

本病例病位在何脏腑？证候名称是什么？其相似的证候有哪些？该如何鉴别？

二、主要内容

肝位于右胁，胆附于肝，肝胆经脉属络，互为表里。足厥阴肝经绕阴器，循少腹，布胁肋，络胆，系目，交巅顶。肝开窍于目，在体合筋，其华在爪。肝为"将军之官"，主疏泄，其性升发，喜条达恶抑郁，调畅气机，调节情志；疏泄胆汁，助脾胃运化，促进食物的消化吸收；有助于女子调经、男子泄精。肝主藏血，具有贮藏血液和调节血量的功能。胆为"中清之府"，能贮藏和排泄胆汁,并主决断。

肝病的常见症状主要表现为疏泄与藏血功能失常:情志抑郁,急躁易怒,胸胁少腹胀痛或窜痛,头目晕眩或胀痛,肢体震颤,手足抽搐,以及目部症状,月经不调,睾丸疼痛等。胆病的常见症状主要表现为贮藏和排泄胆汁功能失常:口苦,黄疸,胆怯易惊,惊悸不宁等。

肝病常见证候有虚、实和虚实夹杂不同表现。实证常见肝郁气滞证、肝火炽盛证、肝经湿热证、寒滞肝脉证;虚证常见肝血虚证、肝阴虚证;虚实夹杂证常见肝阳上亢证、肝风内动证。胆病的常见证型有胆郁痰扰证及肝胆同病的肝胆湿热证。

(一) 肝血虚证

概念 肝血虚证指肝血不足,其所系组织官窍失养,以头目眩晕、视力减退、妇女经少、肢体麻木及血虚症状为主要表现的证候。

证候表现 头目眩晕,视力减退,或雀盲,爪甲不荣,失眠多梦,妇女月经量少、色淡,甚则闭经,肢体麻木,或关节拘急不利、手足震颤、肌肉瞤动,面唇淡白,舌淡,脉细。

证候分析 多由脾胃虚弱,或肾精亏少,生血不足;久病耗伤肝血,或失血过多等所致。

肝血不足,头目失养,故头晕目眩,视力减退或雀盲;爪甲失养则不荣;筋脉、肌肉失养,血虚生风则肢体麻木、关节拘急不利、手足震颤、肌肉瞤动;肝血不足,神魂不安,故失眠多梦;女子以血为本,肝血不足,血海空虚,冲任失充,故经少色淡,甚则闭经;血虚不能上荣于面、唇、舌,则见面、唇、舌淡白;血虚不能充盈脉道则脉细。

辨证要点 眩晕、视力减退、妇女经少、肢体麻木与血虚症状共见。

(二) 肝阴虚证

概念 肝阴虚证指肝阴不足,目、筋及胁络失于濡养,虚热内生,以眩晕、目涩、胁肋隐隐灼痛及虚热症状为主要表现的证候。

证候表现 头目眩晕,两目干涩,视物模糊,胁肋隐隐灼痛,伴口燥咽干、五心烦热、两颧潮红、潮热盗汗,舌红少苔,脉弦细数。

证候分析 多因五志化火伤阴;或热病后期,耗伤肝阴;或多服久服辛燥药物,耗伤阴液;或肾阴不足,水不涵木,累及肝阴所致。

肝阴亏虚,头目失养,故头晕眼花,两目干涩,视物不清;阴虚内热,则肝络失养,虚火内灼,故胁肋隐隐灼痛;阴津亏虚,口咽失润,故口干咽燥,阴虚不能制阳,虚热内蒸,故五心烦热,午后潮热;阴虚内热,虚热内蒸,迫津外泄,故见盗汗;虚火上炎,故两颧潮红;舌红少苔;脉弦细数为肝阴不足,虚热内生之象。

辨证要点 眩晕、目涩、胁肋隐痛与阴虚症状共见。

(三) 肝郁气滞证

概念 肝郁气滞证指肝失疏泄,气机郁滞,以情志抑郁,胸胁、少腹胀痛及气滞症状为主要表现的证候。

证候表现 胸胁、少腹胀满疼痛，走窜不定，情志抑郁，善太息，妇女可见乳房胀痛、月经不调、痛经、闭经。苔薄白，脉弦。或见梅核气，或见癥瘕，或见瘿瘤，或见胁下肿块。

证候分析 多因精神刺激，情志不遂，郁怒伤肝，或因其他病邪侵犯，以致肝疏泄失职，气机不畅而成。

肝失疏泄，经气不利，故胸胁、少腹胀满疼痛；肝气不疏，情志失调，则情志抑郁，善太息；肝失疏泄，气血失和，冲任失调，故月经不调，痛经或闭经；肝气失疏，脉气紧张，故见弦脉。

肝主疏泄，调畅气机，有助于水和血的运行。若肝气郁滞进一步发展，可导致水液和血液运行障碍，日久则生痰致瘀。痰气搏结于咽喉，可见咽部异物感；搏结于颈部，则为瘿瘤、瘰疬；气血瘀阻，结于胁下，日久形成肿块。

辨证要点 情志抑郁，胸胁、少腹胀痛，脉弦与气滞症状共见。

（四）肝火炽盛证

概念 肝火炽盛证指火热炽盛，内扰于肝，气火上逆，以头痛、胁痛、烦躁、耳鸣及实热症状为主要表现的证候。

证候表现 头目胀痛，眩晕，面红目赤，口苦口干，急躁易怒，失眠多梦，耳鸣耳聋，或耳痛流脓，或胁肋灼痛，或吐血衄血，大便秘结，小便短黄，舌红苔黄，脉弦数。

证候分析 多因情志不遂，气郁化火；或外感火热之邪；或嗜烟酒辛辣之品，酿热化火，犯及肝经，以致肝胆气火上逆而成。

肝火炽盛，气火循经上逆于头面，故头目胀痛，眩晕，面红目赤，口苦咽干；肝火内灼，则胁肋灼痛；火热内扰，神魂不安，则急躁易怒，失眠多梦；肝胆气火上冲于耳，故见耳鸣耳聋，甚则耳痛流脓；火热炽盛，迫血妄行，则见吐血、衄血；火热灼津，故口渴，小便短黄，大便秘结。舌红苔黄，脉弦数，皆肝火炽盛之征。

辨证要点 头目胀痛、胁痛、烦躁、耳鸣等与实热症状共见。

（五）肝阳上亢证

概念 肝阳上亢证指肝肾阴亏，阴不制阳，阳亢于上，以眩晕耳鸣、头目胀痛、面红烦躁、腰膝酸软等上盛下虚症状为主要表现的证候。

证候表现 头目胀痛，眩晕耳鸣，面红目赤，急躁易怒，失眠多梦，腰膝酸软，头重脚轻，舌红少津，脉弦或弦细数。

证候分析 多因肝肾阴亏，不能潜阳，使肝阳亢逆；或长期恼怒焦虑，气火内郁，暗耗阴液，阴不制阳，阳亢于上而成。

肝阳亢逆，气血上冲，故头目胀痛，眩晕耳鸣，面红目赤；肝肾亏虚，肝阳亢盛，肝失柔和，故急躁易怒；阳热内扰，神魂不安，故失眠多梦；肝肾阴亏，腰膝失养，则腰膝酸软；肝肾阴亏于下，肝阳亢逆于上，上盛下虚，故头重脚轻；舌红少津，脉弦或弦细数为肝肾阴亏，肝阳上亢之象。本证表现为"上盛下虚"、"阴亏阳亢"的病理特点。

辨证要点 头目胀痛、眩晕耳鸣、急躁易怒、腰膝酸软、头重脚轻等上盛下虚症状共见。

肝阳上亢证与肝火上炎证的鉴别：两者相同点表现在病机与症状上，均有阳热亢逆的病理变化和头面部的阳热症状，如头晕胀痛，面红目赤，耳聋耳鸣等，并伴见急躁易怒，失眠多梦等神志不安的症状。两者的不同点是，肝火上炎证是肝经火盛，气火上逆，病程较短，病势较急，病性纯属实证，故以口苦口渴，便干尿黄，耳痛流脓，两胁灼痛，舌红苔黄，脉弦数为特点；肝阳上亢证则是肝肾阴虚，肝阳偏亢，病程较长，病势略缓，属上盛下虚，虚实夹杂，故以腰膝酸软，头重脚轻，舌红少津，脉弦细数为临床特点。

（六）肝风内动证

肝风内动证指以眩晕、抽搐、震颤、麻木等"动摇不定"的症状为主要表现的证候。临床常见有热极生风、肝阳化风、阴虚动风、血虚生风四证。

1. 热极生风证

概念 指邪热亢盛，燔灼筋脉，引动肝风，以高热、神昏、抽搐与实热症状为主要表现的证候。

证候表现 高热神昏，躁动谵语，颈项强直，四肢抽搐，角弓反张，牙关紧闭，舌质红绛，苔黄燥，脉弦数。

证候分析 多因外感温热，邪热亢盛，燔灼筋脉，热闭心神，以致肝风内动。

阳热炽盛，蒸腾内外，故高热不退；热扰神明，心神不安，故躁动不安；热入心包，热闭神志，则神昏谵语；邪热内炽，燔灼肝经，筋脉挛急，故现抽搐项强，角弓反张等风动症状；舌质红绛，脉弦数乃为肝经热盛之象。

辨证要点 高热、神昏、抽搐与实热症状共见。

2. 肝阳化风证

概念 指阴虚阳亢，肝阳升发无制，引动肝风，以眩晕、肢麻、震颤为主要表现的证候。

证候表现 眩晕欲仆，头摇而痛，言语謇涩，手足震颤，肢体麻木，步履不正，或卒然昏倒，不省人事，口眼歪斜，半身不遂，喉中痰鸣。舌红苔腻，脉弦。

证候分析 多因素体肝肾阴液不足，或久病阴亏，或肝火内伤营阴等，导致阴亏不能制阳，肝阳亢逆化风，导致肝风内动。

肝阳亢逆，气血上冲，故头晕头痛；阳亢无制化风，筋脉挛急，故见手足震颤，肢体麻木；阳亢于上，阴亏于下，上盛下虚，故步履不正，飘浮欲仆；风阳挟痰，蒙蔽清窍，则可卒然昏倒，不省人事，喉中痰鸣；风痰阻络，则见口眼歪斜，半身不遂，语言不利，甚则舌强不语；阴虚阳亢，风痰内盛，故舌红苔腻，脉弦。

辨证要点 眩晕，肢麻，震颤，或突然昏倒，半身不遂等症状共见。

3. 阴虚动风证

概念 指肝阴亏虚，筋脉失养，虚风内动，以手足震颤或蠕动及虚热症状为主要表现的证候。

证候表现 手足震颤或蠕动，眩晕耳鸣，两目干涩，视物模糊，五心烦热，潮热盗汗，舌红少苔，脉弦细数。

证候分析 多因肝阴虚证进一步发展，或外感热病后耗伤阴液，或久病伤阴，以致阴液亏虚，筋脉失养，导致虚风内动。

阴液不足，筋脉失养，虚风内动而拘挛，故见手足颤动或蠕动；阴液不足，头目失养，故眩晕耳鸣，目干涩，视物模糊；阴虚则生内热，故见潮热，盗汗，五心烦热；舌红少苔，脉弦细数，皆属肝阴不足，虚热内生之征。

辨证要点　手足震颤或蠕动与阴虚症状共见。

4. 血虚生风证

概念　指血液亏虚，筋脉失养，虚风内动，以手足颤动、肢体麻木及血虚症状为主要表现的证候。

证候表现　手足震颤，头晕眼花，夜盲，失眠多梦，肢体麻木，肌肉𥆧动，皮肤瘙痒，爪甲不荣，面唇淡白，舌淡苔白，脉细或弱。

证候分析　多由肝血不足，不能濡养筋脉，筋脉挛急，导致虚风内动。

血虚不能养筋，筋脉挛急，故见手足震颤，肌肉𥆧动；肝血亏少，头目失养，故见头晕眼花，夜盲；肝血不足，则神魂不安，故失眠多梦；肝血亏少，筋脉、爪甲、面唇失养，故肢体麻木，爪甲不荣，则面唇淡白；舌淡白，脉细为血虚之象。

辨证要点　手足颤动、肢体麻木与血虚症状共见。

肝阳化风、热极生风、阴虚动风、血虚生风四证的鉴别：热极生风证以高热神昏，手足抽搐，颈项强直，两目上视及实热表现为辨证要点；肝阳化风证有轻重之分，轻者眩晕欲仆，头摇肢颤，语言謇涩，步履不正；甚者突然昏倒，口眼㖞斜，半身不遂，喉中痰鸣为辨证要点；阴虚动风证是以手足蠕动与阴虚共见为辨证要点；血虚生风证是以手足震颤，肌肉𥆧动，肢体麻木与血虚共见为辨证要点。

（七）寒凝肝脉证

概念　寒凝肝脉证指寒邪侵袭，凝滞肝经，以少腹、前阴、巅顶冷痛及实寒症状为主要表现的证候。

证候表现　少腹冷痛，阴囊收缩，睾丸抽痛，或巅顶冷痛，遇寒痛甚，得温痛减，恶寒肢冷，舌苔白，脉沉弦或沉紧。

证候分析　多因感受寒邪，凝滞、收引肝脉，使气血不畅，筋脉拘急而成。

足厥阴肝经绕阴器，循少腹，上巅顶。寒邪侵入肝经，凝滞气血，收引筋脉，故以少腹、前阴挛缩冷痛及巅顶冷痛为其临床特点；遇寒则寒更盛，故痛甚，得温则寒能散，故痛减；阴寒内盛，阻遏阳气，机体失温，故恶寒肢冷；舌苔白，脉沉弦或沉紧为寒盛之征。

辨证要点　少腹、前阴、巅顶冷痛与实寒症状共见。

（八）肝胆湿热证

概念　肝胆湿热证指湿热内蕴肝胆，致使肝胆疏泄失常，或湿热下注肝经，以身目发黄、胁肋胀痛、或阴痒及湿热症状为主要表现的证候，又称肝经湿热（下注）证。

证候表现　胁肋胀痛，纳呆腹胀，泛恶欲呕，口苦厌食，大便不调，小便短黄，或身目发黄，或寒热往来，或阴部潮湿、瘙痒、湿疹，阴器肿痛，妇女带下黄臭等，舌红，苔黄腻，脉弦数或滑数。

证候分析　多由感受湿热外邪，或嗜酒肥甘化生湿热；或脾胃纳运失常，湿自内生，郁而化热，以致湿热阻于肝胆所致。

湿热内蕴，肝胆疏泄失职，气机不畅，故胁肋胀痛；湿热阻滞，脾胃纳运失司，则纳呆腹胀，甚则厌食，泛恶欲呕；胆气上溢，则口苦；若湿浊下注偏盛，则大便稀溏，若湿阻气滞，则排便不爽，热偏盛则大便干结；湿热郁蒸，胆汁不循常道，泛溢肌肤，则身目发黄；湿热内蕴肝胆，少阳枢机不利，正邪相争，则寒热往来。若湿热循肝经下注，则阴部潮湿瘙痒，或男子睾丸肿胀热痛，或妇人带下黄臭。小便短黄，舌红，苔黄腻，脉弦数或滑数为湿热常见之征。

辨证要点　肝胆湿热以胁肋胀痛、纳呆呕恶，或身目发黄等与湿热症状共见；肝经湿热以阴部瘙痒、带下黄臭等与湿热症状共见。

（九）胆郁痰扰证

概念　胆郁痰扰证指痰热内扰，胆气不宁，以胆怯易惊、心烦失眠及痰热症状为主要表现的证候。

证候表现　惊悸失眠，胆怯易惊，烦躁不安，犹豫不决，口苦呕恶，胸胁闷胀，眩晕耳鸣，舌红，苔黄腻，脉弦数。

证候分析　多由情志不遂，胆气郁结，气郁生痰化火，以致痰火内扰，胆气不宁而成。

痰热内盛，扰乱于胆，胆气不宁，失于决断，故惊悸失眠，胆怯易惊，烦躁不安，处事犹豫不决；胆气上溢，则口苦呕恶；胆郁气滞，则胸闷胁胀；痰阻清阳，火扰清窍，故眩晕耳鸣；舌红苔黄腻，脉弦数为痰热之征。

辨证要点　惊悸失眠、胆怯易惊与痰热症状共见。

三、问题分析

本案脏腑病位在肝，证名为肝血虚。病人以头晕、视物模糊为主症，伴随爪甲不荣，眠浅梦多、乳汁量少、肢体麻木等症，由于肝主藏血与疏泄，开窍于目，主筋脉，其华在爪，本病主要表现为肝所主组织官窍症状为主，所以诊其病位在肝，且同时伴随乳汁量少、面色欠华，目眦淡白，舌淡，脉细等血虚的表现，所以诊其证名为肝血不足。因肝血不足，头目失养，故头晕，视力模糊；爪甲失养则不荣；筋脉失养则肢体麻木；肝血不足，神魂不安，故失眠多梦；肝血不足，则乳汁来源不足而量少；血虚不能上荣于面、唇、舌，则见面、唇、舌淡白；血虚不能充盈脉道则脉细。

应与肝阴虚证鉴别：两者皆有头晕目眩，视力减退等头目失养的症状。但前者为血虚，常见爪甲不荣，肢体麻木，育龄期妇女可见经少闭经，哺乳期则见乳汁量少，舌淡，脉细，且无热象；后者为阴虚，虚热表现明显，常见胁肋灼痛，眼干涩，潮热，颧红，五心烦热等症。

四、小结

肝胆病辨证见图 10-1。

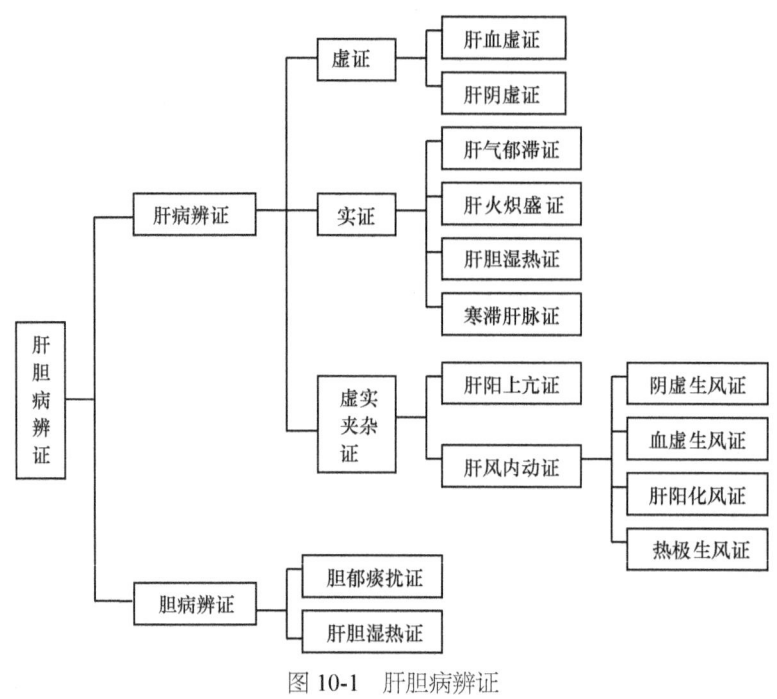

图 10-1　肝胆病辨证

第二节　心与小肠病辨证

本节首先简要介绍心与小肠的一般生理功能及主要病理表现特征，主要内容是常见病证的概念、临床表现、证候分析及辨证要点，同时对心与小肠病辨证中易混淆的相关证候进行鉴别。

一、问题思考

朱某，女，50岁。入睡困难1个月。刻下见入睡困难，眠浅易醒，多梦心烦时有燥热汗出，甚则面红目赤，口干多饮，胸闷呕恶，纳食不馨，大便干结，小便短黄，舌红，苔黄腻，脉滑数。本病例病位在何脏腑？证候名称是什么？其相似证候有哪些？该如何鉴别？

二、主要内容

心居胸中，心包络护卫于外，其经脉下络小肠，与小肠相表里。其华在面，开窍于舌，在体为脉。心为"君主之官"，主血脉，又主神志，为五脏六腑之大主。小肠为"受盛之官"，具有受盛化物、泌别清浊的功能。

心病的主要病理表现为主血脉和藏神的功能失常。常见症状有：心悸、怔忡，心痛，心烦，失眠，健忘，神昏，精神错乱，脉结代或促及某些舌体病变等。小肠病变主要反映在泌别清浊功能失常，常见症状为：脐腹胀痛，肠鸣腹泻或小便赤涩疼痛等。

心病的常见证型中，虚证有心血虚证、心阴虚证、心气虚证、心阳虚证及心阳虚脱证；实证有心火亢盛证、心脉痹阻证、痰蒙心神证、痰火扰神证及瘀阻脑络证。小肠病实证有小肠实热证。

（一）心血虚证

概念 心血虚证指心血不足，心失濡养，以心悸、失眠、健忘及血虚症状为主要表现的证候。

证候表现 心悸、甚则怔忡，失眠多梦，健忘眩晕，面色淡白或萎黄，唇舌色淡，脉细弱。

证候分析 多因脾失健运或肾精亏损，生血之源不足；或失血过多，或久病失养，或劳神过度，心血暗耗所致。

心血不足，心失所养，心神不安，故见心悸、甚则怔忡；心神失养，神不守舍，则为失眠、多梦；血虚不能上荣头、面，故见头晕眼花、健忘、面色淡白或萎黄，唇、舌色淡；血虚不能充盈脉道，故脉细弱。

辨证要点 心悸、失眠、健忘与血虚症状共见。

（二）心阴虚证

概念 心阴虚证指心阴亏虚，心失滋养，虚热内扰，以心悸、心烦、失眠及阴虚症状为主要表现的证候。

证候表现 心悸、甚则怔忡，心烦不安，失眠多梦，形体消瘦，口燥咽干，或潮热盗汗，两颧潮红，手足心热，舌红少苔，脉细数。

证候分析 多因思虑劳神太过，暗耗心阴；或温热火邪，灼伤心阴；或久病耗伤心阴而成。

心阴不足，心失濡养，心神不安，故见心悸、甚则怔忡；虚热扰心，神不守舍，故见心烦不安，失眠，多梦；阴虚失润，故口燥咽干，形体消瘦；阴不制阳，虚热内生，故潮热盗汗，手足心热，舌红少苔，脉细数。

辨证要点 心悸心烦、失眠多梦与虚热症状共见。

心血虚证与心阴虚证鉴别：两者相同点是均可见心悸怔忡、失眠多梦等心失所养，心神不安的症状。两者不同点是心血虚证以血虚头目失养则见眩晕，肌肤组织失养则见面色淡白、唇舌色淡，脉道失充则见脉细弱为特征；心阴虚证以阴虚阳亢，虚热内生则见口燥咽干，形体消瘦，两颧潮红，手足心热，潮热盗汗等阴虚内热之象为特征。

（三）心气虚证

概念 心气虚证指心气不足，鼓动乏力，以心悸怔忡及气虚症状为主要表现的证候。

证候表现 心悸怔忡，气短胸闷，倦怠乏力，或有自汗，动则诸症加剧，面色淡白，舌淡苔白，脉虚。

证候分析 多因先天禀赋不足，或久病失养，或劳倦过度，或年高气衰等原因耗伤心气而成。

心气亏虚，鼓动乏力，心动失常，故见心悸怔忡；心居胸中，心气不足，胸中宗气推动无力，故气短胸闷；心神失养，故见倦怠乏力；汗为心液，心气虚卫外失固，故自汗；动则气耗，故活动劳累之后诸症加剧；气虚推动血脉运行无力，气血不足，血脉不荣，故面色淡白、舌淡、脉虚。

辨证要点 心悸、胸闷与气虚症状共见。

（四）心阳虚证

概念 心阳虚证指心阳虚衰，温运乏力，虚寒内生，以心悸怔忡、胸闷或疼痛及阳虚症状为主要表现的证候。

证候表现 心悸怔忡，胸闷或疼痛，畏寒肢冷，气短自汗，神疲乏力，面色㿠白，或面唇青紫，舌质淡胖或紫暗，苔白滑，脉弱或结、代。

证候分析 多因心气虚进一步发展而来。

心阳虚衰不振，鼓动无力，心动失常，轻则心悸，重则怔忡；心阳不足，胸阳不展，心脉失其温通而痹阻不畅，故见胸闷气短，甚则心胸疼痛；阳虚失于温煦，故见畏寒肢冷；阳虚卫外不固，故见自汗；心阳虚温运乏力，面部血脉失充，血行不畅，故见面色㿠白或面唇青紫，舌质紫暗，脉弱、或结或代；阳虚水湿不化，故见舌淡胖嫩，苔白滑。

辨证要点 心悸怔忡、心胸憋闷或疼痛与阳虚症状共见。

（五）心阳虚脱证

概念 心阳虚脱证指心阳衰极，阳气暴脱，以心胸剧痛、汗冷肢厥、脉微欲绝为主要表现的证候。

证候表现 在心阳虚症状的基础上，突然冷汗淋漓，面色苍白，四肢厥冷，呼吸气微，或心胸剧痛，唇舌青紫，甚则神志昏糊，舌淡或淡紫，脉微欲绝。

证候分析 多因心阳虚衰或在心脉痹阻不通的基础上进一步发展导致心阳暴脱亡阳而成；也可因失血亡津，气无所依，心阳随之外脱而成。

心阳衰亡，津随气泄，故见冷汗淋漓；阳气外脱，脉道失充，故面色苍白，舌淡或淡紫，不能温煦四肢，故见四肢厥冷；阳气暴脱，宗气外泄，不能助肺以司呼吸，故见呼吸微弱；阳气衰微，血脉失于温通，则见心痛剧烈，口唇青紫；阳气外脱，心神涣散，则见神志昏糊；心阳衰极，故脉微欲绝。

辨证要点 心胸剧痛、神志昏糊与亡阳症状共见。

心气虚证、心阳虚证和心阳虚脱证鉴别：三者在发病过程中有密切联系，是心的功能失司由轻到重，由重而衰的不同发展阶段。临床辨证心气虚证以心悸、胸闷兼有如气短、神疲、自汗、动则诸症加剧等气虚证为特征；心阳虚证在心气虚证的基础上出现心胸疼痛、畏寒肢冷等虚寒症状为特征；心阳虚脱证，是在心阳虚的基础上出现亡阳症状，以冷汗肢厥，或心胸剧痛，神志模糊或昏迷为特征。

（六）心火亢盛证

概念 心火亢盛证指心火炽盛，扰神迫血，火热上炎下移，以心烦失眠、口舌生疮、吐衄、尿赤及火热症状为主要表现的证候。

证候表现 心烦失眠，甚则狂躁谵语，神志不清；或口舌生疮，溃烂疼痛；或吐血、衄血；或小便短赤，灼热涩痛。伴见发热面红，口渴，便秘，尿黄，舌质红、尖红绛，苔黄，脉数有力。

证候分析 多因火热之邪内侵；或情志抑郁，郁久化火；或过食辛辣厚味食物、温补之品，久蕴化热生火，热扰心神而成。

心主神明，火热炽盛，扰乱心神，轻则心烦失眠，甚则狂躁谵语，神识不清；心火上炎舌窍，故见舌上生疮，溃烂疼痛；火热迫血妄行，故见吐血，衄血；心火下移小肠，故见小便赤涩，灼热疼痛。热蒸于外故发热面红，热盛伤津故口渴、便秘尿黄；舌质红、尖红绛，苔黄，脉数有力为心热内盛之象。

辨证要点 心烦失眠、口舌生疮、吐衄、尿赤与实热症状共见。

（七）心脉痹阻证

概念 心脉痹阻证指瘀血、痰浊、阴寒、气滞等因素导致心脉阻痹，以心悸怔忡、心胸憋闷疼痛为主要表现的证候。

证候表现 心悸怔忡，心胸憋闷疼痛，痛引肩背或内臂，时作时止。或以刺痛为主，舌质紫暗、或有青紫斑点，脉细涩或结代；或以心胸闷痛为主，体胖痰多，身重困倦，舌苔白腻，脉沉滑；或以突发剧痛为主，遇寒加重，得温痛减，形寒肢冷，舌淡或青紫苔白，脉沉迟或沉紧；或以胀痛为主，与情志变化有关，胁肋不舒，喜太息，舌淡红，脉弦。

证候分析 本证为本虚标实之候，多因正气先虚，心阳不振，运血无力，逐渐发展而成。常因气滞、血瘀、痰阻、寒凝等因素诱发。

心阳不振，心脉失于温养，心动失常，故见心悸怔忡；阳气不运，气血阻滞，心脉不通，故见心胸憋闷疼痛；手少阴心经之脉横出腋下，循肩背、内臂后缘，故痛引肩背或内臂。

瘀阻心脉：以刺痛为特点，伴见舌质紫暗，或有青紫色斑点，脉细涩或结代等瘀血内阻的症状。

痰阻心脉：以闷痛为特点，多伴体胖痰多，身重困倦，苔白腻，脉沉滑等痰浊内盛的症状。

寒凝心脉：以突发剧痛，遇寒加剧，得温痛减为特点，伴见形寒肢冷，舌淡或青紫苔白，脉沉迟或沉紧等寒邪内盛的症状。

气滞心脉：以胀痛为特点，其发作多与神志因素有关，常伴见胁肋不舒，善太息，脉弦等气机郁滞的症状。

辨证要点 心悸怔忡、心胸憋闷疼痛，痛引肩背或内臂与血瘀、痰阻、寒凝或气滞症状共见。

（八）痰蒙心神证

概念 痰蒙心神证指痰浊内盛，蒙蔽心神，以精神抑郁、错乱、痴呆、昏迷及痰浊症状为主要表现的证候，又称为"痰迷心窍证"。

证候表现 神识痴呆，意识模糊，甚则昏不知人；或精神抑郁，表情淡漠，喃喃独语，举止失常；或突然昏仆，不省人事，口吐涎沫，喉有痰声；并见面色晦暗，胸闷呕恶，舌苔白腻，脉滑等症。

证候分析 多因湿浊蕴久酿痰；或因情志不遂，气郁生痰，痰气互结；或痰浊内盛，挟肝风内扰，致痰浊蒙蔽心神而成。

痰浊蒙蔽心窍，心神不清，故见神情痴呆，意识模糊，甚则昏不知人；肝失疏泄，气郁生痰，痰气搏结，蒙蔽心神，则见精神抑郁，表情淡漠，喃喃独语，举止失常；痰浊内盛，引动肝风，肝风挟痰上窜，蒙闭心神，故见突然昏仆，不省人事，口吐涎沫，喉中痰鸣；痰浊内阻，清阳不升，浊气上犯，故面色晦暗；痰阻胸阳，胃失和降，则胸闷呕恶。舌苔白腻，脉滑，均为痰浊内盛之象。

辨证要点　精神抑郁、错乱、痴呆、昏迷与痰浊症状共见。

（九）痰火扰神证

概念　痰火扰神证指痰火内盛，扰乱心神，以躁狂、神昏等神志失常及痰热症状为主要表现的证候，又称痰火扰心证。

证候表现　发热口渴，面红目赤，烦躁不安，失眠多梦，甚则神昏谵妄，或胸闷气粗，咳吐黄痰，喉间痰鸣；或狂躁妄动，打人毁物，不避亲疏，胡言乱语，哭笑无常；舌红，苔黄腻，脉滑数。

证候分析　本证多因精神刺激，气郁化火，熬津为痰，痰火内盛；或外感热邪，热邪灼伤津液，化而为痰，痰火内扰而成。

邪热内盛，热蒸火炎，故见发热口渴，面红目赤；痰火内盛，扰动心神，轻则烦躁不安，失眠多梦；重则痰火蔽窍，扰乱神志，故神昏谵妄；痰火内壅，气机不畅，故胸闷气粗，吐痰黄稠，喉间痰鸣；若痰火扰乱心神，精神错乱，故见狂妄躁动，打人毁物，不避亲疏，胡言乱语，哭笑无常。舌红，苔黄腻，脉滑数，均为痰火内盛之象。

辨证要点　烦躁不宁、失眠多梦，甚则狂躁、神昏谵语与痰热症状共见。

（十）瘀阻脑络证

概念　瘀阻脑络证指瘀血阻滞脑络，以头痛、头晕及血瘀症状为主要表现的证候。

证候表现　头晕头痛，经久不愈，痛如针刺，痛处固定，健忘，失眠，心悸，或头部外伤后昏不知人，面色晦暗，舌质紫暗或有瘀斑、瘀点，脉细涩。

证候分析　多因头部外伤，或久病入络，瘀血阻于脑络而成。

瘀血阻滞，脑络不通，故头痛如刺，痛处固定，经久不愈；脑络不通，脑窍失于气血荣养，则头晕时作；瘀血不去，新血不生，心神失养，故健忘，失眠，心悸；头部外伤严重，元神无主，故昏不知人；面色晦暗，舌质紫暗或有瘀点瘀斑，脉细涩，为瘀血内阻之征。

辨证要点　头痛、头晕经久不愈与血瘀症状共见。

（十一）小肠实热证

概念　小肠实热证指心火下移小肠，致使小肠内热炽盛，热迫膀胱，气化失司，以小便赤涩疼痛、心烦、舌疮及实热症状为主要表现的证候。

证候表现　小便短赤、灼热涩痛，尿血，心烦失眠，面赤口渴，口舌生疮，脐腹胀痛，舌红，苔黄，脉数。

证候分析　多因心经有热，下移小肠而成。

心火下移小肠，小肠内热炽盛，热迫膀胱，气化失司，故小便短赤、灼热涩痛；热伤血络，故尿血；邪热扰心，故心烦失眠；心火炎上，故面赤；火热伤津，故口渴；火热上炎舌窍，故口舌生疮；小肠气机失调，故脐腹胀痛；舌红苔黄，脉数，均为实热之征。

辨证要点　小便赤涩疼痛、心烦、舌疮与实热症状共见。

三、问题分析

本案脏腑病位在心,证名为痰火扰神证。心主血脉与神志,病人以入睡困难为主症,伴随眠浅易醒,多梦心烦等症,为心神失守的表现,所以诊其病位在心。且伴燥热汗出、面红目赤,口干多饮,胸闷呕恶,纳食不馨等痰热内蕴的表现,故诊其证名为痰火扰神证。痰火内盛,扰动心神,故见入睡困难,眠浅易醒,心烦不安;邪热内盛,热蒸火炎,故见面红目赤,燥热汗出;热耗阴津,则口干多饮;痰浊内阻,气机不畅,胃失和降,则胸闷呕恶,纳食不馨;大便干结,小便短黄,舌红,苔黄腻,脉滑数为痰火内盛之象。

本证应与心火亢盛证及痰蒙心神证相鉴别:

三者相同点是病位在心,均可出现精神情志的异常表现。不同点是三者在痰浊、火热等致病因素方面各有侧重。

痰火扰神证则既有痰,又兼火,症状以躁烦、狂乱、谵语等"阳主动"表现为主,除苔腻、脉滑等痰浊内盛的表现以外,兼见舌红苔黄、脉数等火热症状。

心火亢盛证为心火炽盛,扰神迫血,火热上炎下移,以心烦失眠、口舌生疮、吐衄、尿赤为主,兼见发热面红,口渴,便秘,尿黄,舌质红、尖红绛,苔黄,脉数有力等火热症状,无明显的痰浊内蕴临床表现。

痰蒙心神证为痰浊蒙蔽心窍,症状以意识模糊、抑郁、错乱、痴呆为主,兼见苔腻、脉滑等痰浊内盛的症状,无明显火热证表现。

四、小结

心小肠病辨证见图10-2。

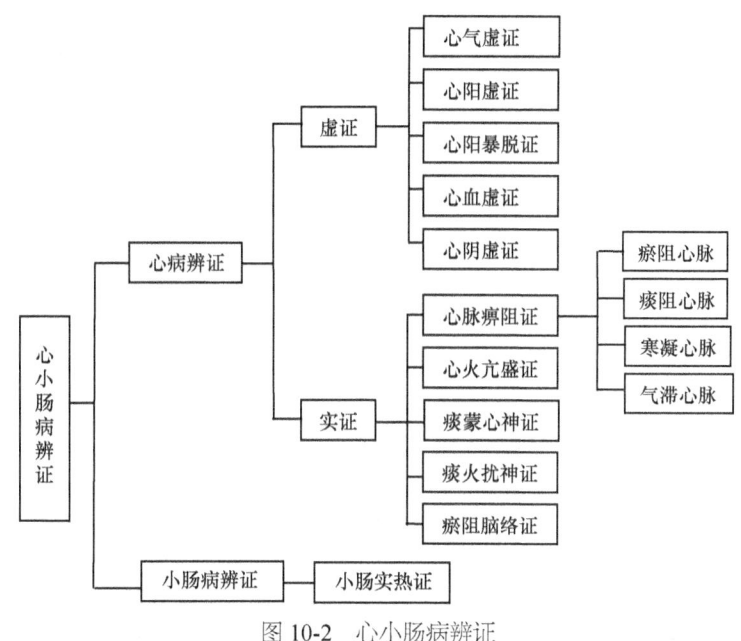

图10-2 心小肠病辨证

第三节 脾与胃病辨证

本节首先简要介绍脾与胃的一般生理功能及主要病理表现特征,主要内容是常见病证的概念、临床表现、证候分析及辨证要点,同时对脾与胃病辨证中易混淆的相关证候进行鉴别。

一、问题思考

杨某,男,50岁。胃脘部疼痛反复发作3年余,加重1周。3年来胃脘部灼痛隐隐,反复发作,曾在某医院行胃镜检查诊为"慢性萎缩性胃炎",自服理气和胃之剂无明显效果。近1周来日胃脘疼痛频发灼痛加重,伴食欲不振,嗳气时作,口干咽燥,饮水较多,眠差,大便秘结难行,小便短黄。刻下诊见形体消瘦,舌质略红,少津无苔,脉细数。

本病例病位在何脏腑?证候名称是什么?其相似证候有哪些?该如何鉴别?

二、主要内容

脾与胃同居中焦,两者经脉相互络属而具有表里关系。脾为先天之本,气血生化之源,脾主运化,消化水谷并转输精微和水液,脾主升清,上输精微并升举内脏,脾喜燥恶湿;脾在体合肉、主四肢,开窍于口、其华在唇。胃主受纳、腐熟水谷,胃主通降、以降为顺,胃喜润恶燥。脾胃阴阳相合,燥湿相济,升降相因,纳运相助,共同完成饮食物的消化吸收及精微的输布过程。

脾病主要病理表现为运化、升清、统血功能的失常,其常见的症状有:食少纳呆、腹胀、便溏、浮肿、内脏下垂、慢性出血等;胃病主要病理表现为受纳、和降、腐熟功能障碍,其常见的症状有:胃脘胀满痛、嗳气、恶心、呕吐、呃逆等。

脾病和胃病常见证型均有虚、实之分。脾病虚证有脾气虚证、脾虚气陷证、脾阳虚证、脾不统血证;脾病实证有湿热蕴脾证、寒湿困脾证。胃病虚证有胃气虚证、胃阳虚证、胃阴虚证;胃病实证有寒滞胃脘证、胃热(火)炽盛证、食滞胃脘证、瘀滞胃脘证;胃病虚实夹杂证有胃虚停饮证。

(一)脾气虚证

概念 脾气虚证是指脾气不足,运化功能失职所表现的证候。

临床表现 纳少或不欲食,腹胀,食后胀甚,大便溏薄,神疲乏力,少气懒言,肢体倦怠,或浮肿,或消瘦,或肥胖,面色萎黄,舌淡苔白,脉缓或弱。少气懒言,倦怠乏力,消瘦,面色萎黄,或肢体浮肿,舌淡苔白,脉缓弱。

证候分析 本证多因饮食不节;或劳累过度、思虑伤脾;或年老体衰、久病耗伤脾气所致。

脾主运化水谷,脾气虚,运化无力,水谷不化,故见不欲食或纳少,腹胀,食后脾气益困,故腹胀更甚;脾虚水湿不运,流注肠中则大便溏薄,浸淫肌肤则肢体浮肿;脾气不足,生化乏源,肢体失养，则倦怠乏力，消瘦；中气不足故见少气懒言；气血不荣则面色萎黄；舌淡苔白，脉缓弱为脾气虚之象。

辨证要点　以纳少、腹胀、便溏与气虚症状共见为辨证要点。

（二）脾虚气陷证

概念　脾虚气陷证指脾气虚弱，升举无力，清阳下陷，以眩晕、脘腹重坠、内脏下垂、久泻久痢及气虚症状为主要表现的证候，又名中气下陷证。

证候表现　眩晕耳鸣，脘腹重坠作胀，便意频数，肛门重坠，或久泻久痢，或小便浑浊如米泔，或脱肛、子宫脱垂、胃肾等内脏下垂、眼睑下垂；神疲乏力，气短懒言，面白无华，纳少，舌淡苔白，脉缓或弱。

证候分析　多由脾气虚进一步发展，或因久泄久痢，或劳倦太过，或妇女孕产过多，产后失于调护等所致。

脾气下陷，失于升清，清窍失养，则见眩晕耳鸣；升举无力，气坠于下，故脘腹重坠作胀；水谷精微不能上升而下陷及脾虚水湿不化，乃致清浊混杂，下注于肠道，则泄泻；精微不得输布前走膀胱，则小便浑浊如米泔；中气下陷，内脏失于举托，则便意频数，肛门重坠，甚或脱肛，或见眼睑下垂，或见胃、肾、子宫等脏器下垂；脾气虚弱，健运失职，则纳少；脾气虚，气血生化乏源，气虚推动乏力，血虚充养不足，则神疲乏力，气短懒言，面白无华，舌淡，脉缓或弱。

辨证要点　眩晕、久泄久痢、脘腹重坠、内脏下垂与气虚症状共见。

（三）脾阳虚证

概念　脾阳虚证是指脾阳亏虚，失于温运，阴寒内生所表现的证候。

临床表现　纳少或不欲食，腹胀，腹痛绵绵，喜温喜按，口淡不渴，形寒肢冷，大便溏稀或完谷不化，或见肢体浮肿，小便短少，或见带下清稀色白量多，舌淡胖有齿痕，苔白滑，脉沉迟无力。

证候分析　本证多由脾气虚进一步发展形成，多因过食生冷、误用寒凉药物，攻补太过；或久病耗伤阳气所致。

脾阳虚衰，运化失职，故纳呆腹胀；阳虚生内寒，寒凝气机，则腹冷痛绵绵，喜温喜按，不能温煦肌肤，故见形寒肢冷。中阳虚寒，不能温化水津，水湿内盛则口淡不渴；水湿甚至食物不化，流注肠中则见便溏或完谷不化；水湿溢于肌肤则肢体浮肿、尿少；水湿下注带脉不固，则见女子带下清稀色白量多；舌淡胖有齿印苔白滑，脉沉迟无力，均为阳虚内寒之象。

辨证要点　以脾气虚与虚寒见症为辨证要点。

（四）脾不统血证

概念　脾不统血证指脾气虚弱，统摄血行功能失常，以致血溢于脉外，以各种出血及脾气虚症状为主要表现的证候，又名气不摄血证。

证候表现　各种出血，如呕血、便血、尿血、肌衄、鼻衄、齿衄，或妇女月经过多、崩漏等，食少便溏，食后腹胀，神疲乏力，气短懒言，面色淡白或萎黄，舌淡苔白，脉细弱。

证候分析 多由久病脾虚,或劳倦过度、忧思日久,损伤脾气而统血失职、血溢脉外所致。

脾气亏虚,统血无权,则血溢于脉外而见各种慢性出血:血液溢于胃肠,则见呕血或便血;溢于膀胱,则见尿血;溢于肌肤,则见肌衄;溢于鼻、齿龈,则为鼻衄、齿衄;脾虚冲任不固,溢于胞宫,则妇女月经过多,甚或崩漏。脾气虚弱,运化失健,故食少便溏,食后腹胀;气虚推动乏力,则神疲乏力,气短懒言;脾气亏虚,气血生化不足,加之反复出血,营血愈亏,面、舌、脉失于充养,故面色淡白或萎黄,舌淡苔白,脉细弱。

辨证要点 各种慢性出血与脾气虚症状共见。

(五)湿热蕴脾证

概念 湿热蕴脾证指湿热内蕴中焦,脾失健运,以腹胀、纳呆、便溏及湿热症状为主要表现的证候。

证候表现 脘腹痞闷胀满,纳呆厌食,恶心欲呕,口苦口黏,渴不多饮,肢体困重,便溏不爽,小便短黄,或见身目发黄鲜明如橘皮色,皮肤瘙痒,或身热不扬,汗出热不解,舌质红,苔黄腻,脉濡数。

证候分析 多因外感湿热之邪;或过食肥甘厚味,嗜酒无度,酿成湿热,内蕴脾胃所致。

湿热蕴结脾胃,气机阻滞,纳运失司,升降失常,则脘腹痞闷胀满,纳呆,恶心欲呕;湿热蕴于中焦,上蒸于口,则口苦口黏,渴不多饮;脾主肌肉,湿热困脾,湿性重着,故肢体困重;湿热下注大肠,则便溏而不爽;湿热下注膀胱,则小便短黄;湿热蕴结脾胃,熏蒸肝胆,肝失疏泄,胆汁不循常道而泛溢肌肤,则身目发黄鲜明如橘皮色,皮肤瘙痒;湿遏热伏,热处湿中,则身热不扬,汗出热不解;舌质红,苔黄腻,脉濡数,均为湿热内蕴之象。

辨证要点 腹胀、纳呆、便溏与湿热症状共见。

湿热蕴脾与肝胆湿热证鉴别:均可见湿热内阻的表现,常见发热、纳呆、恶心、黄疸、苔黄腻等症状。不同点在于:前者病位在脾,常见脾失健运的表现,以纳少、腹胀、便溏等症状为主,而无胁肋胀痛;后者病位在肝胆,故胁肋胀痛明显,或见阴痒等肝经湿热症状。

(六)寒湿困脾证

概念 寒湿困脾证指寒湿内盛,困阻脾阳,运化失权,以脘腹痞闷胀痛、纳呆、便溏、身重与寒湿症状为主要表现的证候。

证候表现 脘腹痞闷胀痛,纳呆便溏,泛恶欲呕,口淡不渴,头身困重,或身目发黄,色黄晦暗如烟熏,或肢体浮肿、小便短少,或妇女白带量多,舌淡胖苔白腻,脉濡缓或沉细。

证候分析 外感寒湿多因淋雨涉水,或气候阴冷潮湿,或居处寒湿等;内生寒湿多因过食肥甘、生冷等,以致寒湿内盛,脾阳失运所致。

寒湿内侵,脾阳受困,运化失权,中焦气滞,故轻则脘腹痞闷,重则腹胀腹痛;脾失健运,水谷不化,故纳呆;水湿下渗,则便溏;胃失和降,胃气上逆,故泛恶欲呕;寒湿内盛,则口淡不渴;湿性重着,遏郁清阳,则头身困重;寒湿困脾,土壅木郁,中焦气机不畅,肝胆疏泄失职,胆汁外溢,故身目发黄,黄色晦暗如烟熏;水湿不化,泛溢肌肤,则肢体浮肿,小便短少;寒湿下注,带脉不固,妇女可见白带量多;舌淡胖、苔白腻、脉濡缓或沉细,均为寒湿内盛之象。

辨证要点 脘腹痞闷胀痛、纳呆、便溏、身重与寒湿症状共见。

脾阳虚与寒湿困脾证鉴别:两者共同点是均属寒证,都有运化失司,水湿不化,均有纳少,腹冷痛，便溏，浮肿，带下清稀等的症状。两者不同点是病性有虚实之异，其中脾阳虚证为脾阳不足，健运失职，寒湿内生，属虚证，伴见阳虚症状；寒湿困脾证为寒湿内盛，中阳受阻，运化失司，属实证，兼见寒湿之症。两证又可相互影响，寒湿之邪，易伤脾阳，故寒湿困脾日久可导致脾阳虚；而脾阳虚，温化无权，可致寒湿内生而出现寒湿困脾现象。\

（七）胃气虚证

概念 胃气虚证指胃气虚弱，胃失和降，受纳腐熟功能失职所表现的证候。

临床表现 食少纳差，胃脘痞满，隐痛喜按，嗳气，面色萎黄，神疲乏力，少气懒言，舌质淡，苔薄白，脉弱。

辨证分析 本证多因饮食不节，劳逸失度，久病失养，损伤胃气所致。

胃气虚弱，受纳、腐熟功能减退，则食少；胃气虚弱，失于和降，气滞于中，则胃脘痞满，甚则隐痛；按之胃气暂得以通畅，故喜按；胃气虚弱，失于和降，逆而向上，故嗳气；胃虚日久，气血乏源，血虚不能上荣于面，则面色萎黄；气虚推动无力，则神疲乏力，宗气不足，则少气懒言，舌质淡，脉弱。

辨证要点 以胃脘痞满、隐痛喜按、纳差与气虚症状共见。

（八）胃阳虚证

概念 胃阳虚证指胃阳不足，胃失温养所表现的证候。

临床表现 胃脘冷痛绵绵，喜温喜按，食后缓解，泛吐清水或夹有不消化食物，纳差脘痞，口淡不渴，倦怠乏力，畏寒肢冷，舌淡胖嫩，脉沉迟无力。

辨证分析 本证多因嗜食生冷，过用苦寒，久病失养或脾胃阳气素弱等所致。

胃阳不足，虚寒内生，寒凝气机，故胃脘冷痛，时作时止，得温或食后可使胃得暂时温养、气得暂时疏通，故喜温喜按，食后疼痛缓解；胃阳虚失于温化水谷，则津液内停甚至食物不化，上逆于口，则泛吐清水或夹有不消化食物；胃阳虚，受纳腐熟功能减退，则纳差，脘痞；阳虚内寒，津液未伤，则口淡不渴；阳虚气弱，推动温煦功能减退，则倦怠乏力，畏寒肢冷，舌淡胖嫩，脉沉迟无力为阳虚之象。

辨证要点 以胃脘冷痛与阳虚症状共见。

（九）胃阴虚证

概念 胃阴虚证指胃阴不足，失于濡润、和降，以胃脘隐隐灼痛、饥不欲食及阴虚症状为主要表现的证候。

证候表现 胃脘隐隐灼痛，嘈杂不舒，饥不欲食，干呕呃逆，口燥咽干，大便干结，小便短少，舌红少苔乏津，脉细数。

证候分析 多因饮食失节，过食辛温香燥之品，或情志不遂，气郁化火伤阴，或热病后期，阴液耗伤，或吐泻太过，耗伤胃阴所致。

胃阴亏虚，虚热内生，胃失濡润，气失和降，则胃脘隐隐灼痛，嘈杂不舒；胃中阴亏热扰，纳腐失常，则饥不欲食；胃失和降，胃气上逆，可见干呕呃逆；阴亏而津不能上滋，则口燥咽干；不能下润，则大便干结；阴津不足，尿液化源不足，故小便短少；舌红少苔乏津、脉细数，为阴虚内热之征。

辨证要点 胃脘隐隐灼痛、饥不欲食与阴虚症状共见。

(十)寒滞胃脘证

概念 寒滞胃脘证指寒邪犯胃,胃气凝滞,气机失和,以胃脘冷痛、恶心呕吐及实寒症状为主要表现的证候。

证候表现 胃脘冷痛,甚则剧痛,得温痛减,遇寒加重,恶心呕吐,吐后痛缓,或呃逆嗳气,或口泛清水,口淡不渴,形寒肢冷,面白或青,舌淡苔白滑,脉沉紧或弦迟。

证候分析 多因过食生冷,或寒邪犯胃,胃气滞逆所致。

寒邪犯胃,气机凝滞,不通则痛,故胃脘冷痛,甚则剧痛;寒邪得温则散,故疼痛得温则减;遇寒气机凝滞加剧,则遇寒加重;胃失和降,胃气上逆,则恶心呕吐,呃逆嗳气;吐后气滞暂得舒缓,则吐后痛减;寒凝津停,积于胃脘,逆而向上,则口泛清水,口淡不渴;寒邪易伤阳气,形体失于温煦,则形寒肢冷;寒凝血脉,血不上荣,则面白或青;舌淡苔白滑、脉沉紧或弦迟,为阴寒内盛之象。

辨证要点 胃脘冷痛、恶心呕吐与实寒症状共见。

(十一)胃热(火)炽盛证

概念 胃热(火)炽盛证指胃中火热壅盛,胃气失于和降,以胃脘灼痛拒按,消谷善饥及实热症状为主要表现的证候。

证候表现 胃脘灼痛、拒按,消谷善饥,口臭,或齿龈红肿疼痛,甚则化脓、溃烂,或见齿衄,渴喜冷饮,便秘尿黄,舌红苔黄燥,脉滑数。

证候分析 多因过食辛辣、肥甘、温燥之品,化热生火;或五志过极,气郁化火犯胃;或为邪热内犯,胃火亢盛而成。

热炽于胃,胃脘气血壅滞不畅,故胃脘灼痛、拒按;胃火扰动,受纳腐熟太过,则消谷善饥;蒸腾胃中浊气上犯于口,则口臭;胃经行于齿龈,胃火循经上炎,气血壅滞,则齿龈红肿疼痛,甚则化脓、溃烂;热伤脉络,迫血妄行,则齿龈出血;热盛伤津,则渴喜冷饮,便秘尿黄;舌红苔黄燥、脉滑数,为火热内盛之象。

证候要点 胃脘灼痛、消谷善饥与实热症状共见。

(十二)食滞胃脘证

概念 食滞胃脘证指饮食停积胃脘,胃气阻逆,以胃脘胀痛拒按、厌食、嗳腐吞酸、泻下臭秽为主要表现的证候。

证候表现 胃脘胀满疼痛,拒按,纳呆厌食,嗳腐吞酸,或呕吐馊腐食物,吐后觉舒;或腹胀腹痛,肠鸣矢气,便溏不爽或便秘,大便酸腐臭秽如败卵,舌苔厚腻,脉滑。

证候分析 多因饮食失节,暴饮暴食,食积不化;或因素体脾胃虚弱,饮食不慎,食积于内而成。

胃主受纳腐熟,以通降为顺,食积于胃,胃失和降,气机不畅,故胃脘胀满疼痛,拒按;食积于内,腐熟不及,则拒于受纳,故纳呆厌食;胃失和降,胃气夹积食、浊气上逆,则嗳腐吞酸,呕吐酸馊食物;吐后食积得减,胃气暂得通畅,故吐后觉舒;若积食下移肠道,阻塞气机,则腹胀腹痛,肠鸣矢气;大肠传导失司,则便溏不爽或便秘;腐败食物下注,则泻下之物酸腐秽臭如败卵;胃中腐浊之气上蒸,则舌苔厚腻;脉滑为食积之象。

辨证要点 胃脘胀痛、厌食、嗳腐吞酸、泻下臭秽等症状共见。

（十三）瘀滞胃脘证

概念 瘀滞胃脘证指血液运行不畅，瘀血阻滞于胃脘，以胃脘刺痛拒按，舌质紫暗，脉涩为主要表现的证候。

证候表现 胃脘刺痛拒按，痛有定处，食后疼痛加重，纳少，消瘦，或吐血，或大便色黑呈柏油状，舌质紫暗有瘀斑、瘀点，脉涩。

证候分析 多因饮食失节，损伤胃络；或外感寒邪，胃阳被损，寒凝胃络；或情志不遂，气郁气滞，胃络血瘀所致。

胃病迁延，病久入络，瘀血停滞于胃络，不通则痛，故胃脘刺痛拒按，痛有定处；食后则饮食停积于胃，胃脘气机不畅，故食后疼痛加重；瘀滞于胃，失于和降，水谷难消，故纳少；食少难消，气血生化乏源，故见消瘦；瘀血阻滞胃络，血不循行常道，溢于脉外，随胃气上逆，则见吐血，血随大便而出，可见大便色黑呈柏油状；舌质紫暗有瘀斑、瘀点，脉涩，均为血瘀之象。

辨证要点 胃脘刺痛拒按、痛有定处，舌质紫暗，脉涩等症状共见。

（十四）胃虚停饮证

概念 胃虚停饮证胃虚停饮证是指胃阳不足，失于温化，导致水饮停于胃腑，以胃脘胀满，喜温喜按，胃有振水声，呕吐清涎为主要表现的证候。

证候表现 胃脘胀满，喜温喜按，胃有振水声，呕吐清水痰涎，食少纳呆，口淡不渴，或心悸眩晕，舌淡胖嫩苔白滑，脉沉弦或细迟。

证候分析 本证多因过食生冷食品、苦寒药物，损及胃阳；或劳倦内伤，影响脾胃运化，水液停聚于胃而成。

胃阳虚弱，津液失于温化，水饮停聚于胃，气机阻滞，则胃脘胀满，喜温喜按；饮邪清稀，流动性大，振之可闻及胃中沥沥有声；胃失和降，胃气上逆，饮邪上犯，则呕吐清水痰涎，口淡不渴；胃受纳腐熟功能减弱，则食少纳呆；饮邪阻滞清阳，甚则水气凌心，则见心悸眩晕；舌淡胖嫩苔白滑，脉沉弦或细迟为阳虚水饮内停之象。

证候要点 胃脘胀满伴有振水声，呕吐清涎与虚寒症状共见。

三、问题分析

本案脏腑病位在胃，证名为胃阴虚证。

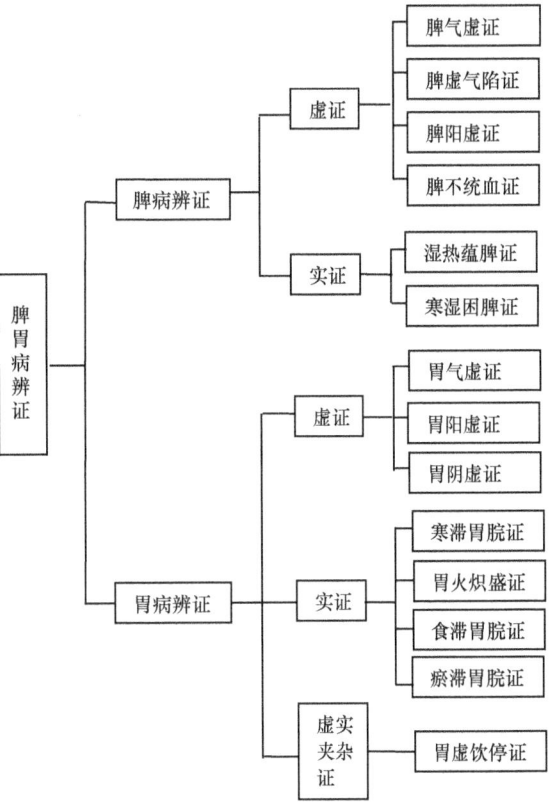

图 10-3 脾胃病辨证

胃主受纳，腐熟水谷，病人以胃脘部疼痛反复发作为主症，伴随食欲不振，嗳气时作等症，为胃失和降的表现，所以诊其病位在胃。且伴口干咽燥，饮水较多，形体消瘦，大便秘结难行，小便短黄等阴虚的表现，故诊其证名为胃阴虚证。胃阴亏虚，虚热内生，胃失濡润，气失和降，则胃脘灼痛隐隐；胃中阴亏热扰，纳腐失常，则食欲不振；胃失和降，胃气上逆，则见嗳气时作；虚热内扰，心神不宁，则眠差；阴亏而津不能上滋，则口燥咽干，饮水较多；阴亏不能下润，则大便秘结难行，尿液化源不足，故小便短黄；舌质略红，少津无苔，脉细数为阴虚内热之征。

证候诊断为胃阴虚证。

本证应与胃火炽盛证相鉴别：两者相同点是均属胃的热证，均可见胃脘灼痛，口渴，大便干结，小便短黄，舌红，脉数等症状；不同点是胃阴虚证为虚热证，常见胃脘隐隐灼痛，嘈杂不舒，饥不欲食，少苔（甚则无苔）乏津，脉细数；胃热炽盛证为实热证，常见胃脘灼痛、拒按，疼痛程度较前者重，伴有消谷善饥，口臭，牙龈肿痛，齿衄，苔黄燥、脉滑等症。

四、小结

脾胃病辨证见图10-3。

第四节　肺与大肠病辨证

本节首先简要介绍肺的一般生理功能及主要病理表现特征，主要内容是常见病证的概念、临床表现、证候分析及辨证要点，同时对肺与大肠病辨证中易混淆的相关证候进行鉴别。

一、问题思考

周某，女，10岁，学生。3天前放学后冒雨回家，次日即发热，流清鼻涕，稍有咳嗽，服西药和中药2剂（药物不详）未效。今卧床不起，咳嗽加剧，气急而喘，并诉喉咙痛，时欲冷饮，小便短少颜色深黄。刻见：体温38.9℃，面赤唇干，鼻翼煽动，皮肤干燥，咽部轻度红肿，两肺呼吸音粗糙，舌质鲜红，苔薄黄而干，脉数有力。

本病例病位在何脏腑？证候名称是什么？其相似的证候有哪些？该如何鉴别？

二、主要内容

肺居胸中,大肠位于腹中,两者互为表里。肺主气,司呼吸,朝百脉,主宣发肃降,通调水道,外合皮毛,开窍于鼻。大肠主传导,排泄糟粕。

肺病以呼吸功能障碍、水液输布失常、卫外功能失调及宣降失司等为主要病理变化，故肺病常见症状有咳嗽、气喘、咯痰、胸部胀闷或痛、鼻塞流涕、喉痒音哑、浮肿等。大肠病以传导功能失常为主要病理变化，常见症状有便秘、泄泻、腹胀、腹痛、肠鸣矢气、里急后重等。

肺病常见证候有肺气虚证、肺阴虚证、肺阳虚证、风寒束肺证、风热犯肺证、燥邪伤肺证、肺热炽盛证、痰热壅肺证、寒痰阻肺证等。大肠病常见证候有大肠湿热证、肠燥津亏证、虫积肠道证、大肠虚寒证等。

（一）肺气虚证

概念 肺气虚证是肺气虚弱，卫表不固，宣降无力所表现的证候。

证候表现 咳喘无力，少气不足以息，动则益甚，咯痰色白清稀，面色淡白，声低懒言，神疲体倦，自汗畏风，易于感冒，舌淡苔白，脉虚。

证候分析 多因久病咳喘，肺气耗伤；或脾胃气虚，生化不足，母病及子所致。

肺气虚弱，宣降无权，气机上逆，故咳喘无力。宗气不足，则少气不足以息，动则益甚，声低懒言。肺气亏虚，津液失于通调，聚而为痰饮，随肺气上逆，则咯痰色白清稀。肺合皮毛，肺气虚则卫外不固，腠理疏松，故自汗畏风，易于感冒。气虚，则面色淡白，神疲体倦，舌淡苔白，脉虚。

辨证要点 以咳喘无力，咯痰清稀与气虚见症为辨证要点。

（二）肺阴虚证

概念 肺阴虚证是肺阴亏损，虚热内生所表现的证候。

证候表现 干咳无痰，或痰少而黏，不易咯出，甚至痰中带血，口燥咽干，声音嘶哑，形体消瘦，五心烦热，午后潮热，颧红盗汗，舌红少苔，脉细数。

证候分析 多因燥热、痨虫耗伤肺阴；或热病后期，肺津受损；或房劳伤肾，肾阴虚累及肺阴所致。

肺主宣降，性喜清润，肺阴不足，虚热内生，肺为热灼，气机上逆则为干咳或痰少难咯，甚则虚火灼伤肺络，则痰中带血。阴液亏虚，不能上润咽喉，故口燥咽干，声音嘶哑；不能充润肌肤，则形体消瘦。虚火内炽，则五心烦热，或午后夜间潮热；虚火上炎，则两颧发红；热扰营阴，迫津外泄，则为盗汗。舌红少苔少津，脉细数，为阴虚之象。

辨证要点 以干咳无痰或痰少而黏与阴虚见症为辨证要点。

（三）肺阳虚证

概念 肺阳虚证是阳气亏虚，肺失温煦，虚寒内生所表现的证候。

证候表现 面色晦暗或㿠白，咳喘无力，痰白清稀量多或如泡沫，胸闷气短，神疲乏力，畏寒肢冷，或面浮肢肿，舌淡紫胖嫩苔白滑，脉虚大或迟而无力。

证候分析 多因久病咳喘，或年老体弱，阳气耗伤所致。

肺主宣降，肺阳虚弱则失于宣降，故咳喘无力，胸闷气短。肺主通调水道，肺阳虚则津液失布失摄，痰饮停肺，则咯痰色白清稀量多如泡沫；水湿外溢肌肤，故见面浮肢肿。兼气虚，故神疲乏力。阳虚失于温煦，则面色晦暗或㿠白，畏寒肢冷。舌淡紫胖嫩苔白滑，脉虚大或迟而无力，为阳气虚弱、痰湿内停之象。

辨证要点 以咳喘无力，痰白清稀量多与虚寒见症为辨证要点。

（四）风寒犯肺证

概念 风寒犯肺证是风寒外袭肺脏，肺卫失宣所表现的证候。

证候表现 咳嗽，气喘或哮喘，咯痰色白清稀，喉痒不适，微恶寒发热，鼻塞流清涕，身痛无汗，舌苔薄白，脉浮紧。

证候分析 多因外感风寒，侵袭肺卫所致。

肺合皮毛，风寒之邪从体表侵入肺脏，致肺气失宣而上逆，则咳嗽，气喘或哮喘，喉痒不适。肺失通调，津液不布，聚为痰饮，故咯痰色白清稀。寒邪外束，卫阳被遏，肌表失于温煦，则恶寒；卫阳郁遏化热，则发热；腠理闭塞，则无汗。肺气失宣，鼻窍不利，则鼻塞流清涕。寒邪凝滞气血，经气不利，故头身疼痛。舌苔薄白，脉浮紧，为外感风寒之象。

辨证要点 以咳嗽气喘，痰白清稀加上风寒表证为辨证要点。

（五）风热犯肺证

概念 风热犯肺证是风热外袭肺脏，肺卫失宣所表现的证候。

证候表现 咳嗽，咯痰黄稠，发热微恶风寒，头痛肢酸，鼻塞流浊黄涕，口干咽痛，舌尖红苔薄黄，脉浮数。

证候分析 多因外感风热，侵袭肺卫所致。

风热犯肺，肺失清肃而上逆，则咳嗽。风热为阳邪，灼液为痰故咯痰黄稠。肺卫失宣，风热客于肌表，故发热而微恶风寒。鼻为肺窍，肺气失宣，且津液为风热所熏灼，故鼻塞流浊黄涕。风热上犯头咽，灼伤津液，则头痛、口干而咽痛。舌尖红苔薄黄，脉浮数，为风热外袭之象。

辨证要点 以咳嗽，咯痰黄加上风热表证为辨证要点。

（六）燥邪犯肺证

概念 燥邪犯肺证是指燥邪外袭肺脏，肺失清润所表现的证候。

证候表现 干咳无痰，或痰少难咯，甚则痰中带血或胸痛，唇、舌、鼻、咽干燥，尿少便干，轻微发热恶寒，头身酸痛，舌尖红苔薄而干，脉浮数或浮紧。

证候分析 多因秋令外感燥邪，耗伤肺津所致。

肺喜润恶燥，燥邪伤肺，易伤肺津，肺失滋润，清肃失职，故干咳无痰，或痰少难咯；重者燥伤肺络，则痰中带血或胸痛。燥邪伤肺，官窍失润，则见唇、舌、鼻、咽干燥；脏腑津亏，故大便秘结，小便短少。燥邪袭表，肺卫失宣，故见轻微发热恶寒，头身酸痛。若燥与热合，称为温燥，则少汗，舌尖红苔薄黄而干，脉浮数；若燥与寒并，称为凉燥，较少见，则无汗，苔薄白而干，脉浮紧。

辨证要点 以干咳少痰，口鼻干燥加上轻微表证为辨证要点。

本证与肺阴虚证均以干咳，或痰少难咯等为主症，且兼失润之干燥症。但本证为外燥证，病程短，伴有燥邪袭表的表卫失和见症；而肺阴虚属内燥证，病程长，伴有阴虚内热的虚热症状。

（七）寒痰阻肺证

概念 寒痰阻肺证是寒邪与痰饮结合壅阻于肺，导致肺失宣降所表现的证候。

证候表现 咳喘，咯痰量多色白清稀，甚则哮喘痰鸣，背心寒冷，胸中窒闷，形寒肢冷，口淡不渴，舌淡胖苔白滑，脉沉紧或弦滑。

证候分析 多因素有痰饮伏肺，复感风寒；或脾阳不足，寒从中生，聚湿生痰，寒痰阻

肺所致。

寒邪郁滞痰饮客肺，肺失宣降，肺气上逆，则咳喘，咯痰量多色白清稀。寒痰伏肺，阻塞息道，呼吸不畅，故自觉背心寒冷，胸中窒闷，哮喘痰鸣。寒邪伤阳，肌肤失于温煦，故形寒肢冷。舌淡胖苔白滑，脉沉紧或弦滑，俱为寒饮内停之象。

辨证要点　以咳喘哮鸣，咯痰量多清稀与实寒见症为辨证要点。

寒痰阻肺证与风寒犯肺证均属肺之寒证，皆以咳嗽，痰白清稀为主症，但前者为寒痰内盛的里寒证，后者则伴有风寒表证。

（八）肺热炽盛证

概念　肺热炽盛证是指邪热壅肺，肺失宣降所表现的证候。

证候表现　咳嗽喘急，甚则鼻煽气灼，面赤气粗，发热烦渴，口鼻干燥，胸痛汗多，咽喉肿痛，尿黄便秘，舌红苔黄燥，脉洪数有力。

证候分析　多因外感风热犯肺，或风寒化热入肺，热邪壅盛所致。

热邪犯肺，肺失宣降，肺气逆滞，故见咳嗽喘急，气粗鼻煽；热邪壅盛、上熏，故发热烦躁，渴喜冷饮，面赤气灼，咽喉肿痛，汗多胸痛。热盛伤津，则尿黄便秘。舌红苔黄燥，脉洪数有力，为肺热炽盛之征。

辨证要点　以咳喘气急，咽喉肿痛与里实热证为辨证。

肺热炽盛证与风热犯肺证均为肺之热证，表现为咳嗽伴有热象，但前者是伴里实热证，后者是伴表热证。

（九）痰热壅肺证

概念　痰热壅肺证是痰热蕴结于肺，肺气壅逆所表现的证候。

证候表现　咳嗽气喘，气促胸闷，喉间痰鸣，咯痰黄稠量多或为脓血腥臭痰，甚则鼻煽胸痛，身热烦躁，大便秘结，小便短黄，舌红苔黄腻，脉滑数。

证候分析　多因温热之邪犯肺，或素有宿痰化热，壅阻于肺所致。

痰热蕴结于肺，肺失清肃而气上逆，故咳喘，咯痰黄稠量多；若痰热阻滞肺络，壅滞气血，腐败血肉，则见脓血腥臭痰，或痰中带血，胸痛。痰热交阻，息道不利，故气促胸闷，喉间痰鸣，鼻翼煽动。热盛伤津，故身热烦躁，大便秘结，小便短黄。舌红苔黄腻，脉滑数，为痰热内盛之象。

辨证要点　以咳喘，咯痰黄稠或脓血腥臭痰与里实热证为辨证要点。

痰热壅肺证与肺热炽盛证均见咳嗽及里实热证，但前者兼有痰浊壅盛的见症，后者则痰证不明显。

（十）风水相搏证

概念　风水相搏证是指风邪袭肺，宣降失司，通调水道失职，水液泛溢肌肤所表现的证候。

证候表现　眼睑头面先浮肿，继而遍及全身，上半身肿甚，来势迅猛，皮薄而亮，小便量少，或见恶寒重，发热轻，无汗，舌苔薄白，脉浮紧；或见发热重，恶寒轻，咽喉肿痛，舌质红，脉浮数。

证候分析　多因风邪外感，肺卫失司，宣降无权，通调失职，风遏水停，风水相搏，水

溢肌肤而成。

肺为华盖，通调水道，为水上之源；风属阳邪，风邪外袭，肺先受之，宣降失司，通调水道失职，风水相搏，水液泛溢肌肤，则浮肿起于眼睑头面，上半身肿甚，此为阳水；因风邪新感，其性善行而数变，则发病较快，水肿迅速继而遍及全身，皮肤发亮；肺失宣降，水液难以下输于膀胱，则小便量少。若风夹寒侵，则伴见恶寒重，发热轻，无汗，苔薄白，脉浮紧等症；若风夹热袭，则伴见发热重，恶寒轻，咽喉肿痛，舌质红，脉浮数等症。

辨证要点 以骤起睑面浮肿与表证见症为辨证要点。

（十一）大肠湿热证

概念 大肠湿热证是湿热蕴结大肠，致大肠传导功能失常所表现的证候。

证候表现 下痢脓血黏液便，或暴泻而见黄褐臭秽稀便，腹痛，里急后重，肛门灼热，小便短赤，或发热烦渴，舌红苔黄腻，脉滑数。

证候分析 多因夏秋之季，外感暑湿之邪侵犯大肠；或饮食不洁，湿热内生，蕴结肠道所致。

湿热熏灼肠道，肠络受损，血肉腐败，则下痢脓血黏液便（红白冻子）；若湿热下注大肠，传导失司，则暴泻黄褐臭秽稀便，肛门灼热。湿热蕴结肠道，腑气滞涩不畅，故见腹痛，里急后重。热邪内盛，则发热烦渴，小便短赤。舌红苔黄腻，脉滑数，为湿热内盛之象。

辨证要点 以下痢脓血黏液或暴泻，腹痛，里急后重与湿热证为辨证要点。

（十二）肠热腑实证

概念 肠热腑实证是热邪与大肠糟粕互结，导致腑气不通所表现的证候。

证候表现 脐腹胀满疼痛，拒按，大便秘结或热结旁流，高热或日晡潮热，汗出口渴，或失眠狂乱，神昏谵语，舌苔黄厚干焦，或起芒刺，甚则焦黑燥裂，脉沉迟有力或滑数。

证候分析 多因热邪炽盛，津液暗耗，或误用发汗，津液外泄，致使肠中燥屎内结所致。

大肠属阳明经，阳明经气旺于日晡，而热邪客于大肠，蒸津外出，故日晡潮热或高热，手足汗出。邪热与糟粕互结肠道，形成燥屎，腑气不通，故脐腹胀满疼痛，拒按，大便秘结；或燥屎内结，迫肠中津液从旁而下，则为热结旁流。热邪蒸腾，上灼心神，则失眠、狂乱、神昏谵语。热结津亏，故口渴，舌苔黄厚干焦，或起芒刺，甚则焦黑燥裂。燥热内结，热迫血行加速，则脉见滑数；若燥屎坚结，壅滞脉道，则脉见沉迟有力。

辨证要点 以腹满硬痛，便秘与里热炽盛见症为辨证要点。

（十三）肠燥津亏证

概念 肠燥津亏证是大肠津液亏虚，肠失濡润所表现的证候。

证候表现 大便干结难解，数日一行，口燥咽干，或伴头晕，口臭，嗳气，腹胀，舌红少津苔黄燥，脉细涩。

证候分析 多因素体阴亏，或年老阴血不足；久病伤阴，或吐泻、高热、产后等津液耗伤所致。

肠道津液不足，失于濡润，则传导不利，故大便干燥秘结难解，甚至数日一行，腹胀。津亏不能上承，则口燥咽干。大便日久不解，腑气不通，秽浊之气不得下泄而反上逆，故可见头晕、口臭、嗳气。阴液不足，燥热内生，故舌红少津，苔黄燥；津亏则血少，脉中血行涩滞，故脉细涩。

辨证要点　以大便燥结难行与津亏见症为辨证要点。

（十四）大肠虚寒证

概念　大肠虚寒证是指大肠阳气虚衰，排便失摄所表现的证候。

证候表现　泄泻不止，或大便滑脱失禁，甚则脱肛，腹部隐痛，喜温喜按，畏寒肢冷，神疲乏力，舌淡苔白滑，脉沉弱。

证候分析　多因久泄、久痢失治误治，以致大肠阳气虚衰，传导、排便失于固摄而形成。

久泄久痢伤阳，大肠气虚失于固摄，故见泄泻不止，大便失禁，甚则脱肛。阳虚则生内寒，寒凝气滞，故腹部隐痛，喜温喜按。肢体得不到阳气的温煦，故畏寒肢冷。舌淡苔白滑，脉沉弱，皆为阳虚阴盛之象。

辨证要点　以泄泻无度，大便失禁及虚寒见症为辨证要点。

（十五）虫积肠道证

概念　虫积肠道证是指蛔虫等寄生虫积于肠道所表现的证候。

证候表现　脐腹部疼痛，时发时止，反复发作，或腹部可触及条索状虫团，或大便排虫，面黄肌瘦，胃脘嘈杂，大便不调，烦躁不安，或厌食、嗜食、异食，或鼻痒，睡中磨牙，面部白斑，白睛蓝斑，下唇黏膜小粟粒状隆起，或突发脘腹剧痛而汗出肢厥，呕吐蛔虫。

证候分析　多因饮食不洁，虫卵随食入口，寄生于肠道所致。

虫居肠道，扰乱气机，则脐腹部疼痛时作，虫动则痛，虫静则止，痛无定时，反复发作，或随排便而泄出。若虫抱聚成团，堵塞肠道，则腹痛按之有条索状虫团。虫居胃肠而吮吸水谷精微，故病人觉胃中嘈杂，久则面黄肌瘦。若虫动扰乱脾胃的受纳、消磨及运动功能，则可见厌食、嗜食、异食，大便或泻或秘。阴血不足，虚火内生，则烦躁不安，睡中磨牙。虫积肠道，湿热浊气循阳明经上熏，故见鼻痒、面部白斑、下唇黏膜小粟粒状隆起。肺与大肠相表里，白睛属肺，虫居肠道，故可见白睛蓝斑。若蛔虫上窜，侵入胆道，以致气机闭塞逆乱，则胁腹剧痛、呕吐，甚至汗出肢厥，称为"蛔厥"。

辨证要点　以脐腹时痛，大便排虫或粪检见虫卵为辨证要点。

三、问题分析

本案脏腑病位在肺，证名为肺热炽盛证。病人以发热，咳嗽，气喘为主症，由于肺主气，司呼吸，所以诊其病位在肺，且同时伴随喉咙痛，时欲冷饮，小便短少颜色深黄，面赤唇干，鼻翼煽动，皮肤干燥等里实热证的表现，所以诊其证名为肺热炽盛证。本例病人病起淋雨感寒，始出现发热，流清鼻涕，稍有咳嗽等风寒犯肺的表现，后因治之不当，外邪内传入里，寒邪郁而化热，而形成肺热炽盛之证。热邪犯肺，肺失宣降，肺气逆滞，故见咳嗽，气急而喘，鼻翼煽动；热邪壅盛、上熏，故发热，面赤唇干，喉咙痛，时欲冷饮；热盛伤津，则皮肤干燥，小便短少颜色深黄。舌质鲜红，苔薄黄而干，脉数有力，为肺热炽盛之征。

应与风热犯肺证鉴别：两者均为肺之热证，表现为咳嗽伴有热象，但前者是伴里实热证，后者是伴表热证。

四、小结

肺大肠病辨证见图10-4。

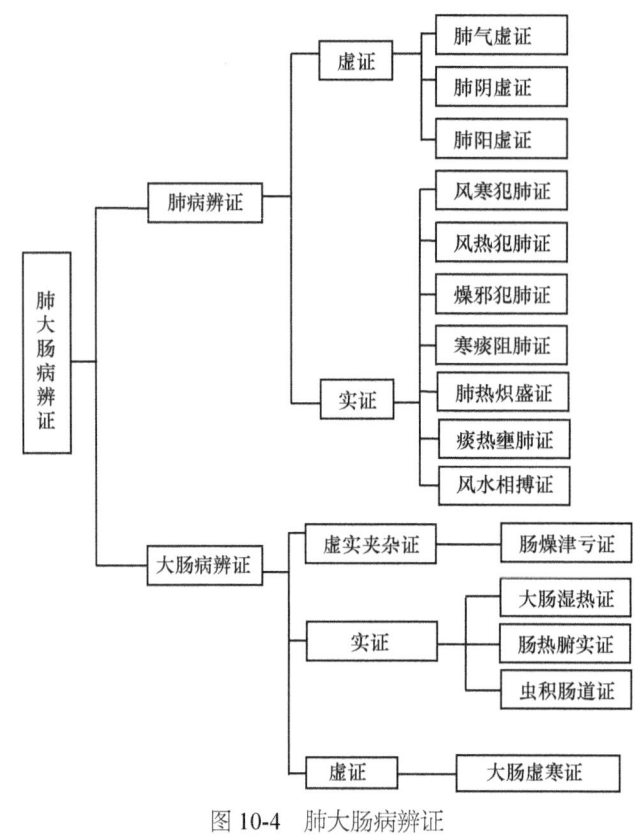

图10-4 肺大肠病辨证

第五节 肾与膀胱病辨证

本节首先简要介绍肾与膀胱的一般生理功能及主要病理表现特征，主要内容是常见病证的概念、临床表现、证候分析及辨证要点，同时对肾与膀胱病辨证中易混淆的相关证候进行鉴别。

一、问题思考

黄某，男，30岁。遗精频繁半年。病人曾有手淫史，近半年遗精频繁，三五天一次，时而有梦，曾服六味地黄丸无效。刻见：形体逐渐消瘦，神情颇为紧张，夜间心烦失眠，白天则腰酸膝软，头晕眼花，偶有耳鸣，舌质红少苔，脉细数无力，两尺尤甚。

本病证病位在何脏腑？证候名称是什么？其相似的证候有哪些？该如何鉴别？

二、主要内容

肾居腰部，左右各一，膀胱位于小腹，肾经与膀胱经互为络属，故两者互为表里。肾藏精，主生殖、生长和发育，为先天之本；肾主骨生髓充脑，其华在发，开窍于耳及二阴；又主水，主纳气。膀胱有贮存和排泄尿液的功能。

肾病以人体生长、发育和生殖机能障碍，呼吸功能减退，水液代谢失常和骨、髓、脑、发、耳等功能失常为主要病理变化，故肾病常见症状有腰膝酸软或痛，耳鸣耳聋，齿摇发脱，男子阳痿遗精、精少不育，女子经少、经闭不孕，水肿，虚喘，二便排泄异常等。膀胱病以排尿异常为主要病理变化，常见症状有尿频，尿急，尿痛，尿闭，遗尿，小便失禁等。

肾病常见证候有肾阳虚证、肾阴虚证、肾精不足证、肾气不固证、肾不纳气证、肾虚水泛证等。膀胱病的常见证候为膀胱湿热证。

（一）肾精不足证

概念 肾精不足证是由于肾精不足，以致生长发育迟缓、生殖功能低下及早衰所表现的证候。

证候表现 小儿发育迟缓，囟门迟闭，智力低下，身材矮小，动作迟钝，骨骼痿软；成人性功能减退，男子精少不育，女子经少或经闭不孕；成人早衰，腰膝酸软，发脱齿摇，耳鸣耳聋，健忘痴呆，足痿无力，舌淡，脉细弱。

证候分析 多因先天禀赋不足，或后天失于调养，久病伤肾，或房劳过度，耗伤肾精等。

肾精主生长、发育，肾精不足，不能化气生血，也不能化髓长骨养脑，故小儿发育迟缓，囟门迟闭，身材矮小，骨骼痿软，智力低下，动作迟钝。肾精主生殖，肾精亏虚，生殖功能低下，故成人性功能减退，男子精少不育，女子经少或经闭不孕。若肾精不足，可致成人早衰。肾之华在发，肾精不足则发易脱；齿为骨之余，肾精亏则齿摇早脱；耳为肾窍，脑为髓海，精少髓亏，脑海失充，故耳鸣耳聋，健忘痴呆；精亏髓减，则骨骼失养，故腰膝酸软，足痿无力。舌淡，脉细弱，亦为精血亏虚之象。

辨证要点 以小儿生长发育迟缓，成人生殖功能低下及早衰征象为辨证要点。

（二）肾阴虚证

概念 肾阴虚证是肾阴亏虚，有关组织器官失养和虚火内生所表现的证候。

证候表现 腰膝酸软而痛，眩晕耳鸣，失眠多梦，形体消瘦，潮热盗汗，五心烦热，咽干颧红，男子阳强易举，遗精早泄，女子经少经闭，或见崩漏，舌红少苔或无苔，脉细数。

证候分析 多因久病及肾，温热病后期伤阴；或过服温燥劫阴之品，或房室不节，耗伤肾阴所致。

肾阴为人身阴液之根本，具有滋养、濡润各脏腑组织器官，并制约阳亢之功。肾阴不足，脑、骨、耳窍失养，故腰膝酸软而痛，眩晕耳鸣。心肾为水火相济之脏，肾水亏虚，水火失济则心火偏亢，致心神不宁，则见失眠多梦。肾阴亏虚，阴不制阳，虚火内生，故见形体消瘦，潮热盗汗，五心烦热，咽干颧红。肾阴不足，相火妄动，则男子阳强易举，精室被扰则遗精早泄；女子以血为用，阴亏则经血来源不足，故经少或经闭；阴虚火旺，迫血妄行，则见崩漏。舌红少苔或无苔，脉细数，为阴虚内热之象。

辨证要点 以腰酸耳鸣，男子遗精，女子月经失调与阴虚见症为辨证要点。

肾精不足证与肾阴虚证同属阴精亏损的证候，但肾阴虚证必兼阴虚内热的表现，而肾精不足证则无，此乃二证的主要区别。

（三）肾气不固证

概念 肾气不固证是肾气亏虚，其藏精和摄尿功能失职所表现的证候。

证候表现 腰膝酸软，耳鸣耳聋，神疲乏力，小便频数，或尿后余沥不尽，遗尿，夜尿多，小便失禁，白浊，男子滑精、早泄，女子带下量多清稀，或胎动易滑，舌淡苔白，脉弱。

证候分析 多因年幼肾气未充，或年高肾气亏虚，或房劳过度，或久病伤肾所致。

腰为肾之府，肾主骨生髓，开窍于耳，肾气亏虚，骨髓、耳窍失养，故腰膝酸软，耳鸣耳聋。气虚，则神疲乏力。肾主水，肾脏有化气摄尿之功，肾气亏虚，气化无力，膀胱失约，则小便频数，尿后余沥不尽，遗尿，小便失禁，夜尿多。肾藏精，为封藏之本，肾气虚精关不固，故男子滑精、早泄、白浊，女子带下量多清稀，胎元不固则易滑胎。舌淡苔白，脉弱，为肾气虚衰之象。

辨证要点 以小便失摄症状和滑精，滑胎，浊带为辨证要点。

（四）肾阳虚证

概念 肾阳虚证是肾阳虚衰，其温煦、生殖、气化功能下降所表现的证候。

证候表现 腰膝酸软冷痛，畏寒肢冷，下肢尤甚，面色㿠白或黧黑，神疲乏力；或见性欲冷淡，男子阳痿、滑精、早泄，女子宫寒不孕、白带清稀量多；或大便稀溏，或五更泄泻，尿频清长，夜尿多，舌淡苔白，脉沉细无力，尺部尤甚。

证候分析 多因素体阳虚，或年高肾亏、久病伤阳，或房劳过度等所致。

肾主骨，腰为肾之府，肾阳虚衰，不能温养筋骨、腰膝，故腰膝酸软冷痛。肾居下焦，为阳气之根，肾阳不足，失于温煦，则畏寒肢冷，下肢尤甚。阳虚无力运行气血，面络不充，故面色㿠白；若肾阳衰惫，阴寒内盛，则本脏之色外现而面色黧黑。阳虚不能鼓舞精神，则神疲乏力。肾阳为生殖的动力，肾阳虚弱，故性欲冷淡，男子阳痿，女子宫寒不孕。肾阳虚弱，固精摄尿之力减退，则男子滑精早泄，女子白带清稀量多，尿频清长，夜尿多。肾阳虚衰，火不生土，脾阳易虚，则大便稀溏或五更泄泻。舌淡苔白，脉沉细无力，尺部尤甚，为肾阳不足之象。

辨证要点 以腰膝冷痛，生殖能力下降与虚寒见症为辨证要点。

（五）肾虚水泛证

概念 肾虚水泛证是由于肾阳虚衰，气化无权，水邪泛溢所表现的证候。

证候表现 全身水肿，腰以下为甚，按之没指，小便短少，腰膝酸软冷痛，畏寒肢冷，腹部胀满，或心悸气短，咳喘痰鸣，舌淡胖苔白滑，脉沉迟无力。

证候分析　多因素体虚弱，久病及肾，或房劳伤肾，肾阳亏耗所致。

肾主水，肾阳不足，气化失司，津停为水，水邪泛溢肌肤，则全身水肿，小便短少。此为阴水，水性下趋，故腰以下肿甚，按之没指。水积腹腔，气机阻滞，则腹部胀满。肾阳虚，肢体失去温煦，故腰膝酸软冷痛，畏寒肢冷。水气上逆，凌心射肺，则见心悸气短，咳喘痰鸣。舌淡胖苔白滑，脉沉迟无力，均为肾阳亏虚、水湿内停之征。

辨证要点　以水肿，腰以下肿、小便不利甚与肾阳虚见症为辨证要点。

（六）肾不纳气证

概念　肾不纳气证是指肾气亏虚，纳气无权所表现的证候。

证候表现　久病咳喘，呼多吸少，气不接续，动则喘甚，腰膝酸软，或自汗神疲，声音低怯，舌淡苔白，脉沉弱。或喘息加剧，冷汗淋漓，肢冷面青，脉浮大无根；或气短息促，颧红心烦，口燥咽干，舌红少苔，脉细数。

证候分析　多因久病咳喘，肺虚及肾；或年老肾亏，劳伤太过，致肾气不足，不能纳气所致。

肺为气之主，司宣降，肾为气之根，主摄纳。咳喘久延不愈，肺虚及肾，致肺肾气虚，则肾不纳气，气不归元，故呼多吸少，气不得续，动则喘息益甚。肾虚，则腰膝酸软乏力。肺气虚则神疲乏力、声音低怯，卫气不固则自汗。舌淡苔白，脉沉弱，皆为气虚之象。肾气虚极则肾阳亦衰，甚至虚阳浮越欲脱，则见喘息加剧，冷汗淋漓，肢冷面青，脉浮大无根；阴阳互根，肾气虚衰，若久延伤阴，或素体阴虚，均可致气阴两虚，而见气短息促，以及颧红心烦、口燥咽干、舌红少苔、脉细数等阴虚内热之象。

辨证要点　以久病咳喘，呼多吸少，动则尤甚等与肾虚见症为辨证要点。

（七）膀胱湿热证

概念　膀胱湿热证是湿热蕴结膀胱，而致气化不利、排尿失常的证候。

证候表现　尿频尿急，尿道灼痛，小便短黄，或浑浊，或尿血，或尿中见砂石，小腹胀痛，或腰、腹掣痛，或伴发热，舌红苔黄腻，脉滑数。

证候分析　多因外感湿热，蕴结膀胱；或饮食不节，湿热内生，下注膀胱所致。

湿热蕴结膀胱，气化不利，故小腹胀痛。湿热下迫尿道，则尿频尿急，尿道灼痛。湿热熏灼津液，则小便短黄或浑浊；湿热灼伤血络，则为尿血；湿热久郁，煎熬尿中杂质成砂石，则尿中可见砂石。若膀胱湿热累及肾脏，可见腰、腹牵引而痛。若湿热外蒸，可见发热。舌红苔黄腻，脉滑数，乃湿热内蕴之征。

辨证要点　以尿频尿急，尿痛尿黄与湿热见症为辨证要点。

三、问题分析

本案脏腑病位在肾，证名为肾阴虚证。病人以遗精频繁为主症，伴随腰膝酸软，头晕眼花，耳鸣等症，由于腰为肾之府，肾藏精，主骨生髓充脑，所以诊其病位在肾，且同时伴随形体逐渐消瘦，夜间心烦失眠等阴虚的表现，所以诊其证名为肾阴虚证。肾阴不足，相火妄动，则遗精频繁；肾阴不足，脑、骨、耳窍失养，故腰膝酸软而痛，头晕眼花，耳鸣；心肾为水火相济之脏，肾水亏虚，水火失济则心火偏亢，致心神不宁，则见夜间心烦失眠多梦；虚热内生则形体消瘦；舌质红少苔，脉细数无力，两尺尤甚为肾阴虚之象。

应与肾精不足证鉴别：肾阴虚证与肾精不足证均可见腰膝酸软、头晕耳鸣、等表现，但前者有阴虚内热的表现，后者主要表现为生长发育迟缓，早衰，生育机能低下，无虚热表现。

四、小结

肾膀胱病辨证见图 10-5。

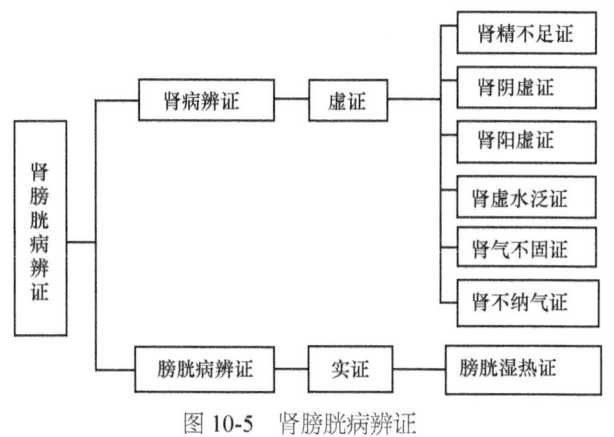

图 10-5　肾膀胱病辨证

第六节　脏腑兼病辨证

凡两个或两个以上的脏腑证候同时出现者，称为脏腑兼证。

人体各脏腑之间是一个有机的统一体，它们既相互独立又相互联系，共同完成机体各种复杂的生理过程，以维持人体生命活动。在发病时，各脏腑之间也相互影响，出现脏腑兼证。

但脏腑兼证并不是两个或两个以上脏腑证候的简单相加，而是发生兼证的脏腑之间，在生理病理上存在内在联系和相互影响的规律，如脏腑之间的表里、生克、乘侮关系及某些功能协同作用等。因此，在学习脏腑兼证辨证时，应当注意辨析各脏腑证候有无先后、主次、因果、生克等关系，对于掌握脏腑病证的发生、发展和传变规律，正确认识和处理临床上各种复杂病情，具有重要意义。

脏腑兼证在临床上表现多种多样，证候表现也十分复杂。这里重点介绍常见的临床证型。

一、问题思考

方某，男，40 岁。反复腹痛、泄泻 2 年余。两年前夏季，天气炎热，暴饮冷水，饮食不节，损及胃肠，以后经常泄泻，每日 3～5 次不等，若稍受凉或食油腻之品，则泄泻次数增多，甚则日 10 余次。腹部常有不适感，下腹隐痛，嗳气，腹胀肠鸣。曾经多家医院检查，诊断为"过敏性结肠炎"，治疗均未见效。近几个月来上述症状加剧，反复发作。刻见：形体消瘦，面色无华，神疲乏力，睡眠不佳，多梦易醒，腰酸耳鸣，舌质暗淡，苔薄白，脉虚细无力，重按则空。

本病证病位在何脏腑？证候名称是什么？其相似的证候有哪些？该如何鉴别？

二、主要内容

（一）心肾不交证

概念 心肾不交证是指心肾水火既济失调，心肾阴虚火旺所表现的证候。

证候表现 心烦惊悸，失眠多梦，头晕耳鸣，腰膝酸软，男子遗精，五心烦热，口干咽燥，潮热盗汗，舌红少苔，脉细数。

证候分析 多因久病虚劳，房室不节，耗伤肾阴，不能上承于心，心火偏亢；或劳神太过，或情志抑郁，化火伤阴，心火扰动，不能下济于肾，均可导致水火既济失调。

肾阴亏损，水不济火，不能上养心阴，心火偏亢，扰动心神，则心烦惊悸，失眠多梦；肾阴亏虚，脑髓失养，骨髓失充，则头晕耳鸣，腰膝酸软；虚火内炽，相火妄动，扰动精室，精关不固，则男子遗精；阴虚阳亢，虚热内生，津液亏耗，失其濡养，则五心烦热，口咽干燥，潮热盗汗；舌红少苔，脉细数，为阴虚火旺之象。

辨证要点 以心烦失眠，腰膝酸软，遗精多梦与阴虚见症为辨证要点。

（二）心肾阳虚证

概念 心肾阳虚证是指心肾阳气俱衰，失于温煦，气化失司所表现的证候。

证候表现 心悸怔忡，腰膝酸软，畏寒肢冷，肢体浮肿，小便不利，神疲乏力，精神萎靡或嗜睡，唇甲青紫，舌淡暗或青紫，苔白滑，脉弱。

证候分析 多因心阳虚衰，久病及肾，阴寒内盛，水气内停；或肾阳亏虚，温煦失职，气化无权，水气凌心所致。

心肾阳虚，鼓动无力，或肾阳不足，水气上凌于心，心动失常，则心悸怔忡；阳虚则寒，温煦失职，形体失养，则腰膝酸软，畏寒肢冷；肾阳亏虚，气化失司，决渎不利，水湿内停，外溢肌肤，则肢体浮肿，小便不利；阳气虚衰，推动无力，则神疲乏力，精神委靡，甚则嗜睡；阳虚温运无力，气血运行不畅，则唇甲青紫，舌淡暗或青紫；苔白滑，脉弱，为心肾阳虚，水湿内停之象。

辨证要点 以心悸怔忡，浮肿尿少与虚寒见症为辨证要点。

（三）心肺气虚证

概念 心肺气虚证是指心肺两脏气虚，其功能活动减退所表现的证候。

证候表现 胸闷心悸，咳嗽气喘，少气懒言，动则尤甚，咯痰清稀，神疲乏力，自汗恶风，面色淡白，舌淡苔白，甚者口唇青紫，脉弱或结代。

证候分析 多因久病咳喘，耗伤肺气，累及于心，心气不足；或心气不足，久病及肺，肺气虚衰；或禀赋不足，年高体弱，劳倦过度，精气减损所致。

心气亏虚，鼓动无力，气机不畅，则胸闷心悸；肺气亏虚，肃降无权，肺气上逆，则咳嗽气喘；肺气虚弱，宗气不足，则少气懒言；心肺气虚，津液输布无力，水液停聚为痰，则咯痰清稀；气虚脏腑功能减弱，机体失养，则神疲乏力；肺气亏虚，卫表不固，腠理失密，则自汗恶风；劳则耗气，气虚益甚，则活动后诸症加重；面色淡白，舌淡苔白，脉弱，为气虚之象。

辨证要点　以心悸，胸闷，咳喘与气虚见症为辨证要点。

（四）心脾两虚证

概念　心脾两虚证是指心血亏虚，脾气虚弱，气血两虚所表现的证候。

证候表现　心悸怔忡，失眠多梦，食欲不振，腹胀便溏，面色萎黄，或淡白无华，头晕健忘，神疲乏力，或见各种慢性出血，妇女月经量少色淡，淋漓不尽，舌淡嫩，脉细弱。

证候分析　多因思虑过度，暗耗心血；或饮食不节，脾胃失调，或慢性失血，气血亏耗，或久病失养，心脾气血亏虚所致。

脾气亏虚，气血化源不足，心失所养，心神不宁，则心悸怔忡，失眠多梦；气血亏虚，头面失养，则头晕健忘，面色萎黄，或淡白无华；脾气虚弱，运化失职，水谷不化，则食欲不振，腹胀便溏；脾气亏虚，气不摄血，血不归经，则见各种慢性出血，妇女月经量少色淡，淋漓不尽；神疲乏力，舌淡嫩，脉弱，均为气血亏虚之象。

辨证要点　以心悸失眠，食少便溏，慢性出血与气血两虚见症为辨证要点。

（五）心肝血虚证

概念　心肝血虚证是指心肝两脏血虚，失于濡养所表现的证候。

证候表现　心悸怔忡，失眠多梦，头晕健忘，视物模糊，爪甲不荣，肢体麻木，甚则震颤拘挛，面白无华，妇女月经量少色淡，甚则闭经，舌淡白，脉细。

证候分析　多因思虑过度，暗耗心血，肝血失藏；或失血过多，或久病亏损，气血化源不足，心肝血虚，失于濡养所致。

心血亏虚，心失所养，心神不安，则心悸怔忡，失眠多梦；心肝血虚，头目失养，则头晕健忘，视物模糊；肝血不足，爪甲、筋脉失于濡养，则爪甲不荣，肢体麻木，甚则震颤拘挛；女子以血为本，心肝血虚，血海空虚，冲任失养，则月经量少色淡，甚则闭经；面白无华，舌淡白，脉细，为血虚之象。

辨证要点　以心悸失眠，目、筋失养与血虚见症为辨证要点。

（六）脾肺气虚证

概念　脾肺气虚证是指由于脾肺两脏气虚，其基本功能减退所表现的证候。

证候表现　久咳不止，气短而喘，咳痰清稀，食欲不振，腹胀便溏，面白无华，神疲乏力，少气懒言，自汗恶风，或面浮肢肿，舌质淡，苔白滑，脉缓弱。

证候分析　多因久病咳喘伤肺，子病及母，肺虚及脾；或饮食劳倦伤脾，土不生金，脾病及肺所致。

久病咳喘，肺气虚损，呼吸功能减弱，宣降失职，气逆于上，则久咳不止，气短而喘；脾气亏虚，运化失职，则食欲不振，腹胀便溏；肺脾气虚，水津不布，聚湿生痰，则咳痰清稀；肺脾气虚，推动无力，肌肤失养，则面白无华，神疲乏力，少气懒言；气虚卫表不固，腠理失密，则自汗恶风；脾虚水湿不运，泛溢肌肤，则面浮肢肿；舌质淡、苔白滑，脉缓弱，为肺脾气虚之象。

辨证要点　以食少腹胀便溏，咳喘气短与气虚见症为辨证要点。

（七）肺肾阴虚证

概念 肺肾阴虚证是指肺肾两脏阴液亏虚，虚热内扰所表现的证候。

证候表现 干咳少痰，或痰中带血，口燥咽干，或声音嘶哑，腰膝酸软，形体消瘦，骨蒸潮热，颧红盗汗，男子遗精，女子月经不调，舌红少苔，脉细数。

证候分析 多因久咳伤肺，肺阴亏损，损及肾阴；或痨虫、燥热耗伤肺阴，病久及肾；或房劳过度，肾阴亏虚，损及肺阴所致。

肺肾两脏，金水相生。肺阴亏损，失于滋养，虚火内生，清肃失职，则干咳少痰；虚火伤络，血溢脉外，则痰中带血；虚火熏灼，咽喉失润，则口燥咽干，声音嘶哑；肾阴亏虚，腰膝失养，则腰膝酸软；阴虚火旺，扰动精室，精关不固，则男子遗精；阴液亏虚，冲任失养，则女子月经量少；若虚火内盛，迫血妄行，则女子崩漏；肺肾阴亏，失于滋养，虚热内生，则形体消瘦，骨蒸潮热，颧红盗汗；舌红少苔，脉细数，为阴虚内热之象。

辨证要点 以干咳痰少，腰酸，遗精，月经不调与虚热见症为辨证要点。

（八）肝火犯肺证

概念 肝火犯肺证是指肝火炽盛，上逆灼肺，肺失清肃所表现的证候。

证候表现 胸胁灼痛，急躁易怒，头胀头晕，咳嗽阵作，痰黄黏稠，甚则咳血，面红目赤，烦热口苦，舌质红，苔薄黄，脉弦数。

证候分析 多因郁怒伤肝，气郁化火，循经犯肺，或邪热内蕴，肝火炽盛，上犯于肺，肺失清肃所致。

肝气郁结，气郁化火，经气不利，肝失条达，则胸胁灼痛，急躁易怒；肝火上扰，气血上逆，则头胀头晕，面红目赤；肝火炽盛，上逆犯肺，木火刑金，肺失清肃，肺气上逆，则咳嗽阵作；火热灼津，炼液成痰，则痰黄黏稠；火灼肺络，迫血妄行，络损血溢，则为咳血；热蒸于胆，胆气上逆，则烦热口苦；舌质红，苔薄黄，脉弦数，为肝火内盛之象。

辨证要点 以咳嗽或咳血，胸胁灼痛，急躁易怒与实热见症为辨证要点。

（九）肝胃不和证

概念 肝胃不和证是指肝郁气滞，横逆犯胃，胃失和降所表现的证候。

证候表现 胃脘、胁肋胀痛或窜痛，嗳气呃逆，吞酸嘈杂，食少纳减，情志抑郁，善太息，急躁易怒，舌苔薄白或薄黄，脉弦或弦数。

证候分析 多因情志不遂，肝气郁结，横逆犯胃，胃失和降所致。

肝失疏泄，气机不畅，则情志抑郁，善太息；若气郁化火，肝失柔顺，则急躁易怒；肝气郁结，肝失疏泄，横逆犯胃，胃气郁滞，故胃脘、胁肋胀满窜痛，胃脘痞满；胃气上逆，胃失和降，则呃逆嗳气；肝胃气滞，郁而化火，则吞酸嘈杂；胃纳失职，则食少纳呆；苔薄白，脉弦，为肝气郁滞之象；苔薄黄，脉弦数，为气郁化火之象。

辨证要点 以情志抑郁，胃脘、胁肋胀痛，嗳气吞酸为辨证要点。

（十）肝郁脾虚证

概念 肝郁脾虚证是指肝失疏泄，脾失健运所表现的证候。

证候表现 情志抑郁，善太息，或急躁易怒，胸胁胀满窜痛，腹胀纳呆，腹痛欲泻，泻后痛减，或便溏不爽，肠鸣矢气，或溏结不调，舌苔白，脉弦或弦缓。

证候分析 多因情志不遂，郁怒伤肝，木郁克土；或思虑伤脾，劳倦过度，脾失健运，反侮肝木所致。

肝失疏泄，气机不畅，则情志不遂，善太息；若气郁化火，肝失柔顺，则急躁易怒；肝失疏泄，经气郁滞，则胸胁胀满窜痛；肝气不舒，横逆犯脾，脾失健运，水谷不化，气滞湿阻，则纳呆腹胀，便溏不爽，肠鸣矢气，或大便溏结不调；肝气横逆犯脾，气机郁滞，运化失调，则腹痛欲泻，泻后气机条畅，则泻后痛减；舌苔白，脉弦或弦缓，为肝郁脾虚之象。

辨证要点 以情志抑郁，胸胁胀痛，腹胀便溏为辨证要点。

（十一）肝肾阴虚证

概念 肝肾阴虚证是指肝肾两脏阴液亏虚，虚热内扰所表现的证候。

证候表现 头晕目眩，耳鸣健忘，失眠多梦，腰膝酸软，胁肋灼痛，口燥咽干，五心烦热，颧红盗汗，男子遗精，女子经少，舌红少苔，脉细数。

证候分析 多因久病失调、情志化火、房事太过等耗伤精血，或温热病后期肝肾阴亏所致。

肝肾阴亏，水不涵木，肝阳上扰，则头晕目眩；肝肾阴虚，肝络失滋，肝经经气不利，则胁肋隐痛；肝肾阴亏，目失濡养，则两目干涩；肾阴亏虚，髓海不充，脑失所养则耳鸣健忘，腰府失养则腰膝酸软；虚火上扰，心神不安，则失眠多梦；肝肾阴亏，相火妄动，扰动精室，精关不固，则男子遗精；肝肾阴亏，血海不充，冲任失养，则女子月经量少；阴虚失润，虚热内盛，则口燥咽干，五心烦热，盗汗颧红；舌红少苔，脉细数，为阴虚内热之象。

辨证要点 以头晕耳鸣，腰膝酸软，胁痛失眠与虚热见症为辨证要点。

（十二）脾肾阳虚证

概念 脾肾阳虚证是指由于脾肾两脏阳气亏虚，失于温煦，虚寒内生，气化失司所表现的证候。

证候表现 腰膝或腹部冷痛，久泄久利，或五更泄泻，粪质清稀，完谷不化，便质清冷，或面浮肢肿，小便不利，畏寒肢冷，面色㿠白，舌淡胖，苔白滑，脉沉迟无力。

证候分析 多因久病，耗伤脾肾之阳；或久泄久利，脾阳受损，累及肾阳；或肾阳亏虚，伤及脾阳；脾肾阳虚，温化失职所致。

肾阳亏虚，温煦失职，则腰膝、腹部冷痛；脾阳虚弱，运化失常，则久泄不止；寅卯之交，阴气极盛，阳气未复，命门火衰，阴寒凝滞，则黎明前腹痛泄泻，粪质清稀，完谷不化，便质清冷，此为"五更泻"；脾肾阳虚，气化失司，水液内停，泛溢肌肤，则面浮肢肿，小便不利；脾肾阳虚，失于温煦，虚寒内生，则畏寒肢冷，面色㿠白；舌淡胖、苔白滑，脉沉迟无力，为虚寒之象。

辨证要点 以腰腹冷痛，久泄久利，五更泄泻与虚寒见症为辨证要点。

三、问题分析

本案脏腑病位在脾肾，证名为脾肾阳虚证。病人以反复腹痛、泄泻为主症，伴随腰膝酸软，头晕耳鸣等症，由于脾主运化，肾主骨生髓充脑，且腰为肾之府，所以诊其病位在脾肾，且同时伴随腹部冷痛，面色㿠白，神疲乏力等阳虚的表现，所以诊其证名脾肾阳虚证。病人2年前暴饮冷水，饮食不节，损及胃肠，导致脾阳受损，脾阳虚弱，运化失常，则久泄不止；脾阳受损，累及肾阳，肾阳亏虚，温煦失职，则腹部冷痛，腰膝酸软；阳虚推动无力，气血失荣于头面，则头晕耳鸣，面色㿠白；阳虚不振，则神疲乏力；舌淡胖，苔白滑，脉沉迟无力，为虚寒之象。

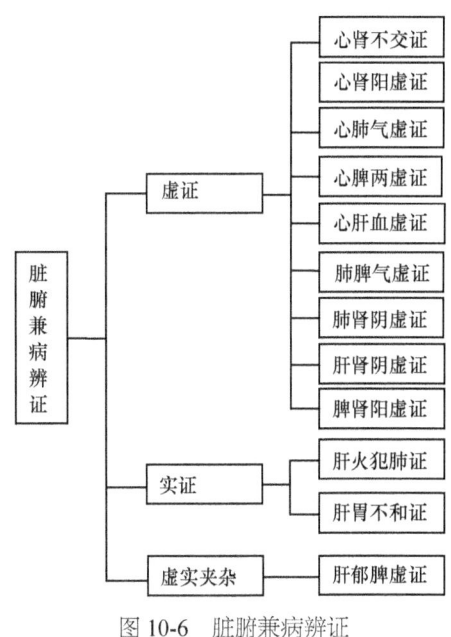

图10-6 脏腑兼病辨证

应与心肾阳虚证鉴别：两者均可见形寒肢冷，面浮身肿，以下肢尤甚，小便短少，苔白滑，脉沉细等共症，总由阳气虚衰，阴寒内盛，肾的气化功能障碍，水液代谢失常所致。但心肾阳虚证还伴有：①心阳虚衰，血行瘀滞的症状：面色、口唇、爪甲淡暗青紫，舌质淡暗或青紫有瘀斑；②心神失养的表现：心悸怔忡，神疲，朦胧欲睡。脾肾阳虚证尚具备有：①运化功能减退的久泻久痢；②五更泄泻症状：黎明腹痛，肠鸣即泻、泻后则安、下利清谷。

四、小结

脏腑兼病辨证见图10-6。

五、思考题

1. 试述风寒束肺证、风热犯肺证、燥邪犯肺证三者如何区别。
2. 试述肾阴虚证、肾阳虚证、肾精不足证如何区别。
3. 心肾不交证与心肾阳虚证的病机和主要临床表现有何不同？
4. 试述血虚生风、阴虚生风、热极生风、肝阳化风四者的异同点。
5. 试述心阴虚证、心火亢盛证、痰火扰神证的异同点。
6. 试述脾气虚证、脾阳虚证、脾气下陷证、脾不统血证四证之间的关系。

第十一章 六经辨证

六经辨证来源于《伤寒杂病论》，是东汉医家张仲景所创立的一种用于外感病的辨证方法。六经指太阳、阳明、少阳、太阴、少阴、厥阴，六经辨证中六经的含义与经络学说中六经的含义不尽相同，它是外感病发展过程中所表现的不同阶段，是疾病部位、脏腑气血、邪正盛衰情况的高度概括。

六经辨证以阴阳为纲，将外感病分为太阳病、少阳病、阳明病、太阴病、少阴病、厥阴病六大类，说明其病变部位，邪正盛衰，病势进退等情况，作为论治的依据。其中，三阳病是以六腑及阳经病变为基础，病性以实为主，三阴病是以五脏及阴经病变为基础，以虚或虚实夹杂为病性特点。

第一节 辨六经病证

本节主要简要介绍六经病证的概念、临床表现、辨证分析及辨证要点。

一、问题思考

赵某，男，28岁。恶寒，头身痛，无汗2天。两天前加班时，劳动出汗，减衣劳作，并自恃身体健壮，下班后用冷水擦身，第2天感头痛，全身酸痛不适，恶寒颤栗，加衣被而不解；稍有发热，偶咳嗽，口不渴，无汗出，鼻塞流清涕。刻诊：恶寒，体温38.5℃，无汗，头身痛，手足凉，说话带鼻音。舌质淡红，苔薄白而润，脉浮紧。

本病案按照六经辨证属于何证？其依据是什么？

二、主要内容

（一）太阳病证

太阳病证是外感病发展的初期阶段所表现的证候。太阳主一身之表，为诸经之藩篱。外邪侵袭人体多从太阳而入，正气奋起抗邪，正邪搏击于肌表，而表现为太阳病，以头项强痛、恶寒发热，脉浮为临床特点。

太阳病证包括太阳经证和太阳腑证，其中太阳经证主要包括太阳中风证和太阳伤寒证，太阳腑证包括太阳蓄水证和太阳蓄血证。

1. 太阳经证

太阳经证，是指风寒之邪侵袭肌表，邪正相争，营卫失和所表现出来的病证。根据邪气的不同及病人的体质差异，有太阳中风和太阳伤寒的区别。

（1）太阳中风证

概念 太阳中风证是指风邪袭表，导致营卫失调，卫外不固所表现的证候，又称为表虚证、中风表虚证。

证候表现 发热，恶风，头痛，自汗出，脉浮缓，或见鼻鸣、干呕。

证候分析 太阳主表，风邪侵袭肌表，卫气奋起抗邪，正邪相争则发热。腠理疏松，卫外不固则恶风。邪气袭表，经气不利则头痛。风性开泄，腠理疏松，营阴不能内守则汗出。邪气在表，正气趋表以抗邪，脉气鼓动于外，故脉浮；表疏汗出，营阴不能内守，故脉缓。若外邪侵及肺胃，肺气失宣则鼻鸣，胃气失于和降则干呕。

辨证要点 恶风，发热，汗出，脉浮缓。

（2）太阳伤寒证

概念 太阳伤寒证是指寒邪袭表，导致卫阳被束，营阴郁滞所表现的证候，又称为表实证、伤寒表实证。

证候表现 恶寒，发热，头身疼痛，无汗，脉浮紧，或见气喘。

证候分析 寒邪袭表，卫阳被遏，肌表失于卫气之温煦，故恶寒；卫气与邪气相争，故发热。寒性收引，导致腠理致密，毛孔闭塞，营阴郁滞则无汗。寒邪收引凝滞，使经气不利，故头项强痛，身体骨节疼痛。外邪袭表，卫气趋表抗邪，脉气鼓动于外则脉浮。寒邪袭表，卫阳被束，正气欲驱邪于外，而寒邪紧束于表，故脉气浮而紧。寒邪束表，肺气不宣，则见气喘。

辨证要点 恶寒，无汗，头身疼痛，脉浮紧。

2. 太阳腑证

太阳腑证，是指太阳经证不解，循经入腑，膀胱小肠气化失司所表现的证候，根据病机和临床表现的不同，又有蓄水证、蓄血证的区别。

（1）太阳蓄水证

概念 太阳蓄水证是指太阳经证不解，邪气内传，膀胱气化不利，水液停蓄所表现的证候。

证候表现 发热，恶寒，小腹满，小便不利，口渴，或水入即吐，脉浮或浮数。

证候分析 太阳经证未解，故恶寒、发热、脉浮等表现仍在，邪气内传于腑，与水内结于膀胱，膀胱气化不利，水液内停，故小腹胀满，小便不利；气不化津，津液不能上承，故见口渴；水液内停于里，故见水入即吐。

辨证要点 小腹满，小便不利与太阳经证症状共见。

（2）太阳蓄血证

概念 太阳蓄血证是指太阳经证未解，邪气内传，邪热与瘀血互结于少腹所表现的证候。

证候表现 少腹急结或硬满，小便自利，如狂或发狂，善忘，大便色黑如漆，脉沉涩或沉结。

证候分析 太阳经证未解，邪热循经内传，与血博结，瘀热阻于下焦少腹，故而少腹急结，硬满胀痛；邪在血分，膀胱气化如常，因此小便自利；瘀热互结，上扰心神，轻则如狂、善忘，重则发狂；瘀热下行随大便而出，故可见大便色黑。脉沉涩或沉结，为瘀热内阻，肠道不通所致。

辨证要点 少腹急硬，小便自利，便黑。

（二）阳明病证

阳明病证是外感病发展过程中以阳热亢盛、胃肠燥热为主要表现的病证，属于里实热证，分为阳明经证和阳明腑证两种。

1. 阳明经证

概念 阳明经证是指里热炽盛，邪热弥漫全身，充斥表里，但尚未与肠道糟粕相结所表现的证候。

证候表现 身大热，大汗出，大渴引饮，面赤心烦，舌苔黄燥，脉洪大。

证候分析 邪入阳明，热邪炽盛，充斥表里，故身大热；里热炽盛，蒸迫津液外泄，则大汗出；热盛伤津，汗出津更耗，则大渴引饮；里热炽盛，扰乱心神，则面赤心烦；热甚津伤，舌苔失润则呈现黄燥。阳热亢盛，正邪剧争，故脉洪大。

辨证要点 大热，大汗，大渴，脉洪大。

2. 阳明腑证

概念 阳明腑证是指邪热传里，与肠中糟粕相搏结而形成的燥热结实，腑气不通所表现的证候。

证候表现 日晡潮热，手足汗出，脐腹胀满硬痛而拒按，大便干结，烦躁，甚则谵语、狂乱、不得眠，舌苔黄厚干燥，或起芒刺，甚至苔焦黑燥裂，脉沉迟而实，或滑数。

证候分析 阳明腑证的主要病理特点是里热炽盛，与肠中糟粕相结，腑气不通。阳明经气旺于日晡（申时），此时正邪交争更为剧烈，所以日晡热甚；邪热与肠中燥屎相搏结，燥结成实，腑气不通，则大便秘结，腹部胀满，疼痛拒按；四肢禀气于阳明，热蒸津液，故手足汗出；邪热炽盛，上扰心神，轻则烦躁、不得眠，重则见谵语，甚至狂乱不宁；邪热内结而津液被劫，故舌苔黄厚干燥，边尖起刺，甚则焦黑燥裂；邪热与燥屎内结于肠，脉道壅滞，故见脉沉迟而实；若邪热迫急，结而不甚，亦可见脉滑数。

辨证要点 日晡潮热，手足汗出，便秘，腹满硬痛，苔黄燥，脉沉实。

（三）少阳病证

概念 少阳病证是指邪气犯于少阳，结于半表半里，正邪分争，枢机不利，气机郁滞所表现的证候。

证候表现 寒热往来，胸胁苦满，口苦，咽干，目眩，默默不欲饮食，心烦喜呕，脉弦。

证候分析 邪气结于半表半里，邪正分争，正胜则发热，邪胜则恶寒，邪正互有胜负，因而形成寒热往来；邪结少阳，经气不利，则胸胁苦满；气机郁滞，气不条达，则神情默默、心烦。气机不畅，影响胃腑，胃失和降，则时时欲呕，不欲饮食；邪郁少阳，胆热上扰则口苦、咽干、目眩；胆气被郁，气不条达，故脉弦。

辨证要点 寒热往来，胸胁苦满，口苦，咽干，目眩，脉弦。

（四）太阴病证

概念 太阴病证是指外感病发展过程中出现的脾阳虚弱，邪从寒化，寒湿内生所表现的证候。

证候表现 腹满而吐，食不下，自利，口不渴，时腹自痛，舌淡苔白腻，脉缓弱。

证候分析 本证是以脾虚湿盛为主要病机。由于脾阳虚弱，中焦虚寒，气机不利，则腹部胀满；脾虚失于健运，水谷不化，则食不下，胃失和降，气机上逆，则呕吐；脾阳不振，寒湿内盛，则下利；中焦虚寒，寒气阻滞，气机不畅，则时而腹部疼痛；脾虚湿盛，津液未伤，故口不渴；舌淡，苔白腻，脉缓弱，均为脾虚寒湿之象。

辨证要点 腹满时痛，自利，口不渴与虚寒症状共见。

（五）少阴病证

少阴病证是外感病发展到后期阶段，出现心肾亏虚，全身性阴阳衰惫所表现的证候。由于心属火，肾属水，因而少阴兼有水火二气的作用。少阴病既可从阴化寒，又可从阳化热，故临床上有寒化、热化两种不同的证候。

1. 少阴寒化证

概念 少阴寒化证是指邪入少阴，心肾阳气虚衰，病邪入里，从阴化寒，阳微阴盛的全身性虚寒证候。

证候表现 畏寒蜷卧，精神委靡，但欲寐，手足逆冷，下利清谷，呕不能食，或食入即吐，脉沉细微；甚或身热反不恶寒，面赤。

证候分析 少阴阳气衰微，阴寒独盛，机体失于温煦，故身体畏寒蜷卧，手足逆冷；阳气衰微，神失所养，则见精神委靡，困倦似睡；阳气衰微，无火以腐熟、温运水谷，则出现下利清谷；胃失和降，气机上逆，则呕不能食，或食入即吐；阳气衰微，无力鼓动气血，则脉微细。若阴寒盛极，格阳于外，虚阳外浮，则表现为身热而不恶寒、面色发红之假热之象。

辨证要点 无热恶寒，四肢厥冷，下利清谷，脉微细。

2. 少阴热化证

概念 少阴热化证是指少阴阴虚阳亢，病邪从阳化热所表现的虚热证候。

证候表现 心烦不得眠，口燥咽干，或咽痛，舌尖红少津，脉细数。

证候分析 邪入少阴从阳化热，灼耗真阴，导致阴虚阳亢。肾水亏于下，不能上济于心以制心火，导致心火独亢，心神不安，故心烦失眠；少阴阴液亏虚，不能濡润咽喉，则口燥咽干，甚则咽痛；舌尖红少津，脉细数，均为少阴阴亏火旺之象。

辨证要点 心烦失眠，口燥咽干，舌尖红少津，脉细数。

（六）厥阴病证

概念 厥阴病证是指疾病发展到较后阶段所表现出的以阴阳对峙，寒热错杂为特点的病证。厥阴为阴气将尽，阳气将生，阴中有阳，故病至厥阴，势必干扰阴阳出入和交接之机，产生阴阳逆乱、变化多端的病证表现。

证候表现 消渴，气上撞心，心中疼热，饥而不欲食，食则吐蛔。

证候分析 病入厥阴，阴阳逆乱，寒热错杂。火炎于上，则为上热，阳气不能下温，则为下寒；火炎于上，灼伤津液，则渴饮不止；肝热上逆，上冲胃脘，故自觉气上撞心，心中疼热；膈上有热，虽能消谷而知饥，但肝气不能条达，横逆克犯脾土，故饥而不欲食，勉强进食则上逆而吐；膈下有寒，如果肠道有蛔虫，那么，蛔虫避寒就温，趋向膈上，则吐出蛔虫。

辨证要点 消渴,心中疼热,饥而不欲食。

三、问题分析

本案属于太阳病证中的太阳伤寒证。病人由于劳作时穿衣少且后来又用冷水擦身而外感寒邪。寒邪袭表,卫阳被遏,肌表失于卫气之温煦,故恶寒;卫气与邪气相争,故发热。寒性收引,营阴郁滞于里则无汗。寒邪凝滞,使经气不利,故头痛,身体疼痛。寒邪袭表,卫阳被束,正气欲驱邪于外,而寒邪紧束于表,故脉气紧张而浮。

四、小结

六经辨证见图11-1。

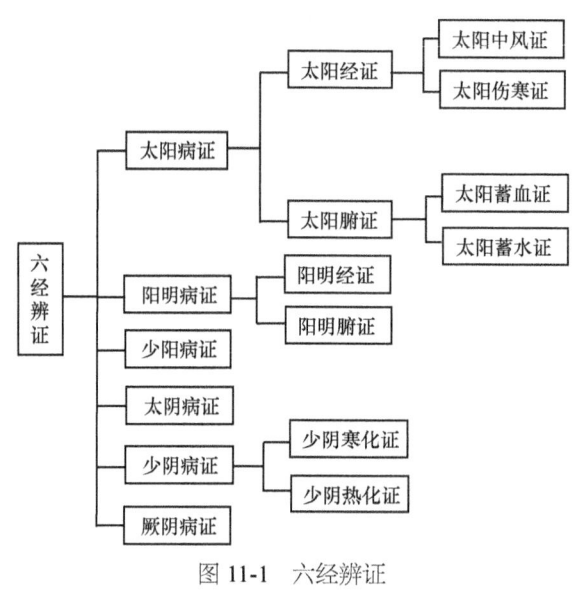

图11-1 六经辨证

第二节 六经病证的传变

本节主要简要介绍六经病证的传变规律。

一、问题思考

周某,女,35岁,教师。恶寒发热,胁闷,口苦,不欲食3天。病史:3天前开始出现恶寒发热,头身痛,无汗,当时未介意。今晨起一阵恶寒,一阵发热,并觉两胁肋胀闷不适,口苦,咽干,恶心,不欲食,二便正常。检查:体温37.8℃,舌质淡红,苔微黄有津,脉弦。

此病案按照六经辨证属于何证?其发展过程属于六经传变中的哪种情况?

二、主要内容

六经病证是对外感病不同阶段的分类和概括，它们既有区别，又有着密切的联系。六经病证循着一定的趋势发展，在一定条件下发生转变，称之为传变。六经病证是否传变、如何传变，取决于正邪的盛衰、病体的强弱、治疗是否得当等因素。

六经病证的传变可以表现为传经、直中、合病、并病四种方式。

（一）传经

传经是指在六经病证中，一经的病证转变为另一经的病证。传经的方式主要有以下三种。

1. 循经传

循经传指按照伤寒六经的顺序相传，一般太阳病不愈，传入阳明，阳明不愈，传入少阳；三阳不愈，传入三阴，首传太阴，然后少阴，然后厥阴；但也有从太阳至少阳，再至阳明，阴经从太阴至厥阴，再至少阴的说法。

2. 越经传

越经传指不按循经传次序，隔一经或两经以上相传。如太阳病不愈，不传阳明，而传少阳或直传太阴。其多由病邪亢盛，正气不足所致。

3. 表里传

表里传指六经中互为表里的阴阳两经相传。如太阳传入少阴，阳明传入太阴等。从阳经传入阴经者，多为邪盛正虚，由实转虚，病情加重之征；从阴经传出阳经者，为正能胜邪，病情向愈之兆。

（二）直中

直中是指外邪不从阳经传入，而是直中阴经，直接表现出三阴经的病证。其多是由于正气不足，不能抗御病邪而病邪直接侵入阴经所致。

（三）合病

合病是指在疾病发病之初，两经或三经的病证同时出现，无先后次序者，谓之合病。如太阳与阳明合病，太阳与少阳合病，三阳合病等。

（四）并病

并病是指在疾病发展中，一经病证未罢，又出现另一经的病证，两经病证并见。如太阳与少阳并病，太阳与阳明并病等。

三、问题分析

本案现属于少阳证，是由太阳证传变而来，属于六经传变中的传经现象。

病人开始时出现恶寒发热，头身痛，无汗，此为太阳伤寒证的表现，后邪气传入少阳，引起少阳病证。邪气结于半表半里，邪正分争，正胜则发热，邪胜则恶寒，因而形成寒热往来；邪在少阳，经气不利，则两胁肋胀闷不适；气机不畅，影响胃腑，胃失和降，则恶心，不欲饮食；邪郁少阳，胆热上扰则口苦，咽干；胆气被郁，气不条达，故脉弦。

四、小结

六经病证的传变见图 11-2。

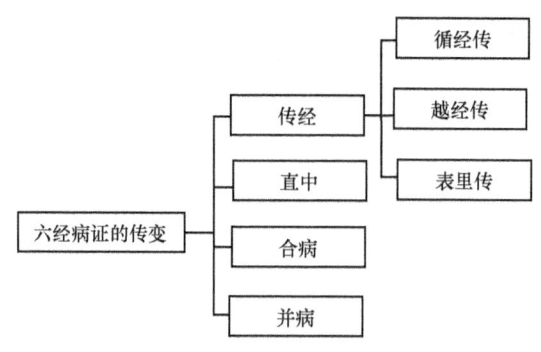

图 11-2　六经病证的传变

五、思考题

1. 太阳中风与太阳伤寒证的临床表现有何异同？
2. 何谓阳明经证？试述其主要表现特点。
3. 试述少阴寒化证的辨证要点。
4. 试述传经、直中、合病、并病的概念。

第十二章 卫气营血辨证

卫气营血辨证是随着温病学的发展于清代形成的一种辨证方法，由清代医家叶天士创立，主要适合于论治外感温热病。所谓温热病是一类由外感温热病邪所引起的热象偏重、并具有一定的季节性和传染性的外感疾病。叶氏根据《内经》有关卫、气、营、血生理学说，在《内经》、《伤寒论》及《瘟疫论》等有关卫气营血病机论述的启发下，联系温病的临床实际，系统地提出了温热病卫气营血的病机理论和辨证论治原则。因此卫气营血辨证，是将外感温热病发展过程中，根据不同病理阶段所反映的病机和证候，归纳为卫分证、气分证、营分证、血分证，用以阐明病位的浅深、病情的轻重和传变的规律，并指导临床治疗的一种辨证方法。一般说来，六经辨证是卫气营血辨证的基础，卫气营血辨证是六经辨证的发展和补充，它是外感温热病的辨证纲领，完善并丰富了中医对外感病的辨证方法和内容。

卫气营血辨证，代表着温热病病位浅深、病变轻重及发展趋势的不同病理阶段。卫分证主表，是外感温热病的初起阶段，病在肺与皮毛；气分证主里，为温热病极盛阶段，病在胸膈、肺、胃、肠、胆等脏腑，邪正斗争剧烈；营分证为邪热入于心营，病在心与心包络，以热灼营阴，扰神窜络为特点，病情深重；血分证则为温热病的后期，邪热深入血分，侵及心、肝、肾等脏，以热盛致耗血、伤阴、扰神、动血、动风、瘀阻为特点，病情更为严重。温热病邪侵袭人体，一般规律是由卫分进入气分，由气分进入营分，由营分再进入血分，病邪逐步深入，病情也逐渐加重。故叶天士在《外感温热篇》中说："温邪上受，首先犯肺，逆传心包，肺主气属卫，心主血属营"，"大凡看法，卫之后方言气，营之后方言血"。

一、问题思考

赵某，女，21岁。发热3天，汗出不解，头痛恶寒，轻微咳嗽，口微渴，舌淡红，舌苔微黄，脉浮数。

本病案属于卫气营血证候中的哪一种证候？

二、主要内容

（一）卫分证

概念 卫分证指温热病邪侵袭肌表，卫气功能失常所表现的证，常见于外感温热病的初起阶段。由于卫气在生理上与肺气相通，故邪在卫分常常影响肺，因此卫分证常伴有肺经病变的见症。

证候表现 发热，微恶风寒，舌边尖红，苔薄白，脉浮数；常伴头痛、口干微渴、咳嗽、咽喉肿痛。

证候分析 温热病邪侵犯肌表，卫气阻遏不能布达于外，且卫气与邪气抗争而成郁热，故见发热，微恶风寒；温热邪气上扰清窍，则头痛；上灼咽喉，气血壅滞，故咽喉红肿疼痛；温邪犯肺，肺失宣降，则咳嗽；邪在肺卫之表，伤津不甚，故口干微渴；舌边尖红，苔薄白，脉浮数，为邪热在卫表的征象。

辨证要点 以发热、微恶风寒，舌边尖红，脉浮数等为辨证要点。

（二）气分证

概念 气分证指温热病邪内传脏腑，正盛邪实，阳热亢盛的里实热证候，是外感温热病的极期阶段。本证的范围甚广，凡邪在气分，又未及营血的病证，都属气分范围。其病理变化涉及多个脏腑，如肺、胃、肠、胆、胸膈等。

证候表现 发热不恶寒，反恶热，汗出，口渴，心烦，尿短赤，舌红苔黄，脉数有力。或见咳喘，胸痛，咯痰黄稠；或见心烦懊憹，坐卧不安；或见日晡潮热，腹满胀痛拒按，大便秘结或下利稀水，甚或谵语、狂乱，舌起芒刺，苔焦黄干燥，脉沉实；或见胸胁满痛，口苦咽干，心烦，干呕，脉弦数等。

证候分析 本证多由卫分证不解，邪热内传，入于气分；或温热之邪直犯气分；或气分伏热外发；或营分邪热转出气分所致。

温热病邪，入于气分，邪正剧争，里热炽盛，故发壮热；阳热亢盛，外灼肌腠，故不恶寒，反恶热；邪热蒸腾，迫津外泄，则汗出；热扰心神，则心烦；热灼津伤，则口渴，尿短赤；舌红苔黄，脉数有力为里热炽盛之象。

由于温热病邪侵犯肺、胃、胸膈、肠、胆等脏腑的不同，其临床表现也不同。

若热邪壅肺，肺失肃降，肺气不利，且热灼津为痰，则见咳喘，胸痛，咯痰黄稠等症。若热扰胸膈，气机郁而不宣，心神不宁，则见心烦懊憹，坐卧不安等症。

若热结肠道，大肠传导失司，腑气不通，则见日晡潮热，大便秘结，腹部胀满疼痛拒按；燥屎结于肠中，邪热迫津从旁而下，则下利稀水，秽臭不堪，此即"热结旁流"；邪热与燥屎相结而热愈炽，上扰心神，则时有谵语、狂乱；实热内结，故舌起芒刺，苔焦黄干燥，脉沉实。

若热郁胆腑，枢机不利，胆气上逆，则口苦咽干；胆气郁滞，经气不利，故胸胁满痛；胆热扰心则心烦；胆火犯胃，胃失和降，则干呕；胆经有热则脉弦数。

若因湿热病邪所引起的气分证，其症状与一般温热病邪所引起的气分证有较大的不同，由于湿热交蒸，郁阻气机而表现为发热、脘腹痞满、呕恶、便溏、苔腻等症状。

辨证要点 以发热不恶寒，反恶热，舌红苔黄，脉数有力为辨证要点。

（三）营分证

概念 营分证指温热病邪内陷心营，劫灼营阴，心神被扰所表现的证候。营分证是温热病发展过程中较为深重的阶段，病位在心与心包络。

证候表现 身热夜甚，心烦不寐，甚或神昏谵语，斑疹隐现，口不甚渴或不渴，舌红绛，脉细数。

证候分析 本证可因气分证不解，邪热内传入于营分；或由卫分证逆传直入营分，称为"逆传心包"；或营阴素亏，温热邪气，乘虚内陷营分所致。

营属阴，阳气夜行于阴，当温热邪气入营后，可灼伤营阴，导致阴虚阳亢，同时夜行于阴的阳气与在阴之邪相争，故见身热夜甚；营气行于脉中，内通于心，邪热深入营分，侵扰心神，故轻者心烦不寐，重者神昏谵语；营血同行脉中，邪入营分，热窜血络，外迫肌肤，则见斑疹隐现；邪热入营，蒸腾营阴之气上潮于口，故口不甚渴或不渴；营分有热，里热蒸腾，故舌红绛；脉细数为热劫营阴之象。

辨证要点 以身热夜甚，心烦不寐或谵语，斑疹隐现，舌红绛，脉细数为辨证要点。

（四）血分证

概念 血分证指温热病邪深入血分，以致耗血，扰神，伤阴，动血，动风所表现的证候。血分证是卫气营血病变的最后阶段，也是温热病发展过程中最为深重的阶段，病变主要累及心、肝、肾三脏。

证候表现 身热夜甚，烦热躁扰，甚则昏狂、谵妄，斑疹显露，色紫或黑，出血见吐血、衄血、便血、尿血，舌深绛或绛紫，脉细数；或四肢抽搐，颈项强直，角弓反张，目睛上视，牙关紧闭，四肢厥冷，脉弦数；或持续低热，暮热早凉，五心烦热，神疲欲寐，耳聋，形瘦，脉虚；或见手足蠕动、瘛疭等。

证候分析 本证多由营分邪热未能透转气分，营热久羁，进而传入血分；或卫分、气分邪热炽盛，劫伤营血，直入血分；或素体阴亏，伏热内蕴，温热病邪直入血分；或因温邪久羁，劫烁肝肾之阴而成。

血分热盛，阴血受损，夜间阳气行于阴血，阳气与热邪交争，故见身热夜甚；血热内扰心神，轻则烦热躁扰，甚则昏狂谵妄；热盛迫血妄行，外溢于肌肤则斑疹显露，内溢于脏腑则见出血诸症，如吐血、衄血、便血、尿血；血热灼津，血行壅滞，故见斑疹色紫或黑，舌深绛或绛紫；血热伤阴耗血，故脉细数。若血分热炽，燔灼肝经，筋脉挛急，引动肝风，则可见四肢抽搐，颈项强直，角弓反张，目睛上视，牙关紧闭等"热极生风"诸症；邪热内郁，阳气不达四肢，则四肢厥冷，此所谓"热深厥亦深"或"阳盛格阴"。若邪热久羁血分，劫灼肝肾之阴，热伏阴分，则见持续低热，暮热早凉，五心烦热；阴血耗竭，则可见神疲欲寐，耳聋，形瘦，脉虚；若阴血不足，筋失所养，则可见手足蠕动、瘛疭等虚风内动之象。

辨证要点 以身热夜甚、昏狂谵妄、斑疹紫暗、出血动风、舌深绛、脉细数等为辨证要点。

血分证病位最深，病情危重，临床可根据其病机特点，将其分为实证、虚证，而给予正确治疗。血分的实热证，主要影响心、肝两脏，以热盛导致扰神、动血、动风的表现为主，如身热夜甚，昏狂谵妄，斑疹显露，出血，四肢抽搐，颈项强直，舌深绛等；血分虚热证，多累及肝肾两脏，多有持续低热，暮热早凉，五心烦热等阴虚内热的表现，以及手足蠕动、瘛疭等虚风内动的表现。

（五）卫气营血证的传变

温热病过程中卫气营血证候出现的先后，体现了温热病发展过程的不同阶段，而卫气营血证候的传变，是温热病病程发展的具体体现，是病程中病机演变的结果，也标志着温热病病势的演变趋势。根据温热病由表入里，由轻到重，由实至虚的发展规律，其传变顺序，一般有顺传和逆传两种形式。

顺传：指温热病邪循卫、气、营、血的次序传变，即病变先从卫分开始，依次传入气分、营分、血分。顺传体现了病邪由表入里，由浅入深，病情由轻到重，由实致虚的传变过程，反映了温热病发展演变的一般规律。

逆传：指温热病邪不按卫气营血的次序传变，当邪入卫分出现卫分证后，不经过气分阶段而直接邪陷心包或直接深入营、血分。逆传反映邪热亢盛，正气虚衰，无力抗邪，传变迅猛，病情更加重笃。

此外，由于正邪盛衰，体质差异，以及治疗是否得当等因素，温病的传变也有不按上述规律传变的，如发病之初无卫分证，而径见气分证或营分证；或在传变过程中邪入营分后又复转出气分的；或邪热入里后始终在气分流连而顿挫不传的；或卫分证未罢，又兼气分证，而致"卫气同病"；或气分证尚存，又出现营分证或血分证，称"气营两燔"或"气血两燔"；更有热毒充斥内外，卫气营血同时受累而无明显界限的表里三焦俱病的。因此，卫气营血病证的传变形式是复杂多样的，不是固定不变的，但总的趋向不外由表入里，由浅入深或由里达表、由深至浅两种形式。前者标志着病情由轻至重逐渐加剧，后者提示病情由重转轻，趋向好转。临床只要掌握了卫气营血证候及其病程阶段特点，在动态观察中，就能识别卫气营血的传变，从而准确判断温热病的发展与预后。

三、问题分析

本病案属于卫气营血证候之卫分证。病人以恶寒发热作为主诉，并伴汗出不解，头痛轻微咳嗽，口微渴等，其表现以风热侵卫，肺失宣畅为主要病机，风热病邪侵犯肌表，卫气被阻，不能布达于外则恶寒，卫气与邪气抗争而见发热；风热邪气上扰清窍，则头痛；风热邪气犯肺，肺失宣降，则咳嗽；邪在肺卫之表，伤津不甚，故口干微渴；舌边淡红，苔薄白，脉浮数，为邪热在卫表的征象。

其证候诊断为卫分证。

四、小结

卫气营血辨证见图 12-1。

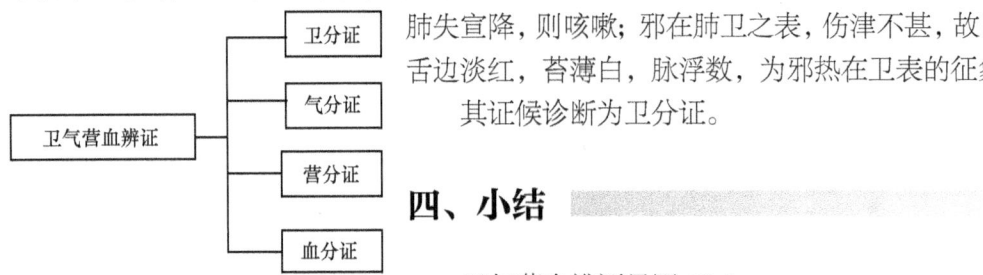

图 12-1　卫气营血辨证

五、思考题

1. 营分证和血分证的临床表现有何异同？
2. 试述顺传与逆传的概念。

第十三章 三焦辨证

清代医家吴鞠通创立了三焦辨证。吴鞠通依据《内经》中及先贤对于三焦所属部位的论述，在六经辨证及卫气营血辨证的基础上，结合自己的临床实践，著成《温病条辨》，将外感温热病的证候归纳为上、中、下三焦病证，用以阐明三焦所属脏腑在温热病过程中的病理变化、证候表现及其传变规律，并用于指导治疗的一种辨证方法。

三焦所属脏腑的病理变化和临床表现，也标志着温热病发展过程中的不同病理阶段，说明了温病初、中、末三个不同阶段。上焦病证主要包括手太阴肺和手厥阴心包的病变。其中手太阴肺的证候多为温病的初期阶段；手厥阴心包经证为肺经温热邪气内陷心包之证。中焦病证主要包括足阳明胃和足太阴脾的病变。脾胃同属中焦，阳明主燥，太阴主湿，邪入阳明而从燥化，则多呈现里热燥实证；邪入太阴从湿化，多为湿温病证。下焦病证主要包括足少阴肾和足厥阴肝的病变，多为肝肾阴虚之候，属温病的末期阶段。

三焦辨证与卫气营血辨证，同是温病辨证的理论基础和指导原则，它们分别从不同角度揭示了温病发生发展过程证候的演变规律。由于两者所阐述的对象同是温病证候，因此在内容上存在着交叉有重叠的情况。两者既各具特点自成体系，但又互相渗透，互为补充，纵横交错地构成了温病辨证的体系，从而丰富了温病辨证学的内容。

一、问题思考

王某，女，26岁。病人1周前不明原因发热，遂收住医院治疗。多项辅助检查均无异常，经用抗生素、抗病毒、激素治疗及补液1周，仍持续高热，遂请中医会诊。症见高热，头重身困，汗出不畅而黏腻，胸闷脘痞，口淡口苦，不思饮食，舌红，苔黄腻，脉濡数。

本病案属于三焦证候中的哪一种证候？

二、主要内容

（一）上焦病证

概念 上焦病证指温热病邪侵袭手太阴肺和手厥阴心包所表现的证候。其中邪在手太阴肺是温病初期常见的证候类型，而手厥阴心包证则是温病过程中一种危重证候。

证候表现 发热，微恶风寒，头痛，汗出，口渴，咳嗽，舌边尖红，脉浮数或两寸独大；或但热不寒，咳嗽，气喘，口渴，汗出，舌红苔黄，脉数；甚则高热，大汗，谵语神昏或昏愦不语，舌謇肢厥，舌红绛，脉细数。

证候分析 温热邪气由口鼻而入，既可侵袭肺卫，也可侵袭肺脏，甚则逆传心包，而遂成上焦病证，故上焦病证有邪犯肺卫证、邪热壅肺证与邪陷心包证的不同。

肺合皮毛，主表统卫。温热之邪犯表，卫气失和，肺失宣降，故见发热，微恶风寒，咳嗽，舌边尖红，脉浮数或两寸独大等症；温邪上扰清窍则头痛，伤津则口渴，迫津外泄则汗出，此为邪犯肺卫证。若邪热入里，壅滞于肺，肺失肃降，气逆于上，则见咳嗽，气喘；邪已入里，故但热不寒；口渴，汗出，舌红苔黄，脉数均为邪热内盛之征，此为邪热壅肺证。若肺经之邪不解，逆传心包，热扰心神，甚至热闭心窍，则见谵语神昏或昏愦不语，舌謇；里热炽盛，蒸腾于外，故见高热，大汗；阳热内郁，不达四肢，故肢厥；灼伤营阴，则舌质红绛，脉细数，此为逆传心包证。

辨证要点 邪犯肺卫证，以发热，微恶风寒，舌边尖红，脉浮数为辨证要点；邪热壅肺证，以但热不寒，咳喘，苔黄，脉数等为辨证要点；邪陷心包证，以高热，神昏，肢厥，舌质红绛为辨证要点。

（二）中焦病证

概念 中焦病证指温热之邪侵袭中焦脾胃，邪从燥化或邪从湿化所表现的证候，主要包括足阳明胃和足太阴脾的病证。

证候表现 身热面赤，呼吸气粗，腹满便秘，渴欲饮冷，口干唇裂，神昏谵语，小便短赤，苔黄燥或焦黑起刺，脉沉实有力。或身热不扬，头身困重，胸脘痞闷，泛恶欲呕，大便不爽或溏泄，舌苔黄腻，脉濡数。

证候分析 温邪自上焦传入中焦，脾胃二经受病，阳明主燥，太阴主湿，若邪从燥化，表现为阳明燥热证；若邪从湿化，则成为太阴湿热证。

胃喜润恶燥，温热之邪侵入阳明，阳明燥热，里热炽盛，则致阳明燥热证。因邪热蒸腾，上炎故见身热面赤；热盛迫肺，肺气不利，则呼吸气粗；热炽津伤，胃肠失润，燥屎内结，故见腹满、便秘；邪入阳明，热扰心神，故见神昏谵语；灼津耗液，则见渴欲饮冷、口干唇裂、小便短赤；苔黄燥或焦黑起刺，脉沉实有力，为燥热内结，津液被劫之征。

脾喜燥恶湿，温热病邪侵入太阴，湿热郁蒸，而致太阴湿热证。湿遏热伏，郁于肌腠，故身热不扬；湿性重着，湿热郁阻，气机不畅，故头身困重；湿热郁蒸，中焦气机升降失司，则胸脘痞闷，泛恶欲呕；湿热停留，脾失健运，肠道传化失司，则见大便不爽或溏泄；舌苔黄腻，脉濡数为湿热内蕴之象。

辨证要点 阳明燥热证，以身热，腹满，便秘，苔黄燥，脉沉实为辨证要点；太阴湿热证，以身热不扬，脘痞欲呕，头身困重，苔黄腻，脉濡数为辨证要点。

（三）下焦病证

概念 下焦病证指温热之邪侵犯下焦，劫夺肝肾之阴，导致虚热内扰和虚风内动的证候，主要是足少阴肾和足厥阴肝的病变。两者病位虽有不同，但在病机上是密切相关的。前者常是后者形成的基础，而后者则是前者发展的结果。

证候表现 身热颧红，手足心热甚于手足背，口燥咽干，神疲，耳聋，或手足蠕动、瘛疭，心中憺憺大动，舌绛苔少，脉细数或虚。

证候分析 多因温热病邪久羁中焦，燥热烁劫下焦肝肾之阴所致。

温病后期，邪传下焦，肾阴耗损，虚火内扰，故身热颧红，手足心热甚于手足背；热伤阴液，津不上承，则口燥咽干；神失阴精充养，故神疲，脉虚；耳失肾阴充养，故耳聋；热邪久羁，真阴被灼，水亏木枯，筋脉失养，虚风内动，故手足蠕动、瘛疭；此外，在虚风内动过程中，还可因阴液亏虚，心失所养而出现心中憺憺大动；舌绛苔少，脉细数为肝肾阴液亏损之象。

辨证要点　肾阴亏虚证以身热颧红，神疲，耳聋为辨证要点；肝阴亏虚证以手足蠕动，瘛疭，舌绛苔少，脉细数为辨证要点。

（四）三焦病证的传变

三焦证候传变反映了温病过程中脏腑病机的转化。它虽因病邪不同、病位有异而传变形式不尽一致，但就温病由表入里，由上至下的发展规律而言，其传变过程一般不外顺传和逆传两种形式。正如《温病条辨·中焦篇》所言："温病由口鼻而入，鼻气通于肺，口气通于胃。肺病逆传则为心包。上焦病不治，则传中焦，胃与脾也；中焦病不治，即传下焦，肝与肾也。始上焦，终下焦。"

顺传：是指证候演变按照一般由浅入深的顺序逐步深入渐进发展。具体表现为上焦手太阴肺的病邪未能外解，而逐渐传入中焦足阳明胃，进而再深入下焦足少阴肾。顺传标志着病邪由浅入深，病情由轻到重。

逆传：是指病变初起病情呈爆发性突变，出乎一般演变常规，且病情重笃。如侵犯上焦肺卫之邪既未外解，也未向下顺传中焦阳明，而由肺直接内陷心包。

三焦证候的传变过程，并不是固定不变的。有邪犯上焦，经治而愈，并不传变者；亦有上焦病证未罢而又见中焦病证者，或自上焦而径传下焦者；亦有中焦病证未除而又出现下焦病证者，或起病即见中焦病证者；亦有起病即见下焦病证者；甚至两焦病证互见和病邪弥漫三焦者。因此，对三焦病势的判断，临床应在正确认识三焦所属脏腑病变的病机特点和证候表现的基础上，灵活掌握。

三、问题分析

本病案属于三焦证候之中焦证。病人以高热，头重身困作为主诉，并伴汗出不畅而黏腻，胸闷脘痞，口淡口苦，不思饮食等，据其表现可诊断为中焦太阴湿热证。脾喜燥恶湿，温热病邪侵入太阴，湿热郁蒸，而致湿遏热伏，郁于肌腠，故高热；湿性重着，湿热郁阻，气机不畅，故头重身困；湿热郁蒸，中焦气机升降失司，则胸闷脘痞，泛恶欲呕；湿热停留，脾失健运，则见口淡口苦，不思饮食；湿热郁阻，汗出不彻，故见汗出不畅而黏腻；舌红，苔黄腻，脉濡数为湿热内蕴之象。其证候诊断为中焦证。

四、小结

三焦辨证见图 13-1。

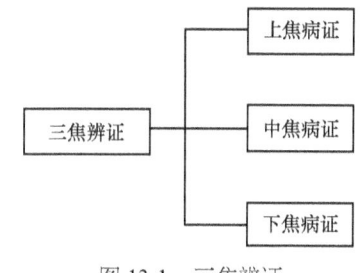

图 13-1　三焦辨证

五、思考题

试述中焦病证通常分为哪两种类型？临床表现为何？

第十四章 经络辨证

经络辨证，是在认识经络的生理功能和病理变化特点的基础上，对四诊所收集的病情资料，进行综合分析，判断病因、性质、病机及所在经络部位的一种辨证方法。

经络，作为人体结构的一部分，内联脏腑，外联形体官窍，沟通上下内外，是运行气血、感应传导信息的通路系统。病理情况下，经络与内在脏腑、外在体表官窍常常相互影响；经络的病变，不仅表现为经络循行部位的相应症状，也会导致脏腑功能的失常。因此，经络与脏腑密不可分。例如，肝病除了肝主疏泄、主藏血功能异常的表现外，还会出现肝经循行部位的异常症状，胁肋胀痛、乳房胀痛、少腹冷痛、巅顶痛等；经络辨证临床上作为脏腑辨证的补充，对准确辨证治疗非常有益。

经络辨证根据经络的主要类型，分为十二经脉辨证、奇经八脉辨证。

第一节 十二经脉病证要点

本节主要介绍十二经脉的一般病证特点和各经脉常见病证的证候表现、证候分析及辨证要点。

一、问题思考

张某，女，63岁。病人咳喘2个月。症见口干咽燥，时有咽痛，心烦，足下热而痛，眠差，不欲饮食，大便不成形；舌红苔少，脉沉细。

本病案按照十二经脉辨证属于何证？其相似的证候有哪些？该如何鉴别？

二、主要内容

十二经脉是联络机体内外的主要通道，在病证表现上具有以下特点：一是所联属脏腑见症，如足少阴肾经从肾上贯肝膈入肺中，其病证可出现咳喘、咽干等；二是经脉循行部位的症状，如手少阴心经病证出现痛引肩背内臂，足太阳膀胱经出现头项腰背疼痛等；三是出现受累他经的表现，即多经合病的见症，其中，表里两经同时受病的较多。如脾经病变，除本经症状外，出现胃经的表现，胃脘痛、嗳气等。

临床上，根据十二经脉具体走行及所联属脏腑不同，具体证候不同，辨证要点不同。

（一）手太阴肺经病证

证候表现 咳喘，胸闷，肺胀满；咽干，缺盆中痛，臑臂内前廉痛或厥冷，掌中热，肩背痛。

证候分析 肺经受邪或气血不足，导致肺经气不利。肺气不宣，出现咳喘、胸闷；肺经气不利，郁而上逆，则肺胀满，咽干；缺盆中痛，臑臂内廉痛或厥冷，掌中热，肩背痛，均为手太阴肺经所过之处出现的症状，与本经经气不畅或经气亏虚有关。

辨证要点 以咳喘、气逆、胸满等脏腑功能失调症状及经脉循行部位的症状为要点。

（二）手阳明大肠经病证

证候表现 齿痛，喉痹，口干、目黄、便秘；颈肿，肩前与臑部疼痛，手拇指、示指痛或不用。

证候分析 大肠与肺相表里，大肠传导失职，津液受损而热郁，则喉痹、口干、目黄、便秘；齿痛、颈肿、肩前与臑部疼痛等表现，为本经受邪、气血壅滞而出现的经脉循行部位的症状。

辨证要点 以齿痛、喉痹、口干等脏腑功能失调症状及经脉循行部位的症状为要点。

（三）足阳明胃经病证

证候表现 洒洒阵寒，身热汗出，呵欠频频，消谷善饥，腹胀，尿黄，登高而歌，弃衣而走；齿痛，鼻痛，口㖞，咽痛，膝髌疼痛，循乳、气街、股、伏兔至足背皆痛，足中趾不用。

证候分析 足阳明胃经为多气多血之经，胃为水谷之海，气血生化之源，气血不足，阴阳失调，故出现洒洒阵寒；阳气有余，则身热汗出；胃中虚冷，则呵欠频频；胃热盛，则消谷善饥，腹胀，尿黄；胃脉与心相通，胃经逆乱，上及心神，故神志异常，出现登高而歌，弃衣而走；齿痛，鼻痛，口㖞，咽痛，膝髌疼痛，循乳、气街、股、伏兔至足背皆痛，足中趾不用，均为胃经脉所过之处的症状，与经气不利有关。

辨证要点 以洒洒阵寒，呵欠频频，消谷善饥等脏腑功能失调症状及齿痛，鼻痛，口㖞，咽痛等经脉循行部位的症状为要点。

（四）足太阴脾经病证

证候表现 腹胀，食不下，食则呕，胃脘痛，溏、泻、黄疸等；舌本强痛，股膝内肿，足大拇趾不能用。

证候分析 脾与胃经脉相连，脾运化失职，则腹胀、食不下；胃气上逆，食则呕；升降失常，则胃脘疼痛；脾病不运化水湿，则溏、泻、黄疸；舌本强痛，股膝内肿，足大拇趾不能用，均为脾经循行之处的症状。

辨证要点 以腹胀，食不下，食则呕，胃脘痛等脏腑功能失调症状及经脉循行部位的症状为要点。

（五）手少阴心经病证

证候表现 心烦热，心痛，嗌干，舌不能言，臑臂内后廉痛或厥冷。

证候分析 心经气不利，故心痛，心火盛，故心烦热，嗌干，舌为心之苗窍，则舌不能言；

臑臂内后廉痛或厥冷，为心经脉循行之症状。

辨证要点 以心烦热，心痛，嗌干，舌不能言为辨证要点。

（六）手太阳小肠经病证

证候表现 嗌干，颔肿，颊肿，不可以顾，颈、肩、臑、肘、臂外廉痛。

证候分析 小肠之支脉循颈上颊，经脉火毒郁滞，则嗌干，颔肿，颊肿；经脉拘急疼痛，故头不可以顾。经脉受邪，气血不通，故出现颈、肩、臑、肘、臂外廉痛等经脉所过之处的症状。

辨证要点 以嗌干，颔肿，颊肿，不可以顾等经脉循行部位的症状为要点。

（七）足太阳膀胱经病证

证候表现 头痛，目似脱，目黄泪出，目眦痛，项似拔，腰似斩，腘如结，踹如裂，足小趾不用。

证候分析 足太阳膀胱经脉起于目内眦，上额交巅顶，经脉受邪，经气上冲，故头痛，目似脱；热郁则目黄泪出；经气不通，则目眦痛，项似拔，腰似斩，腘如结，踹如裂，足小趾不用。

辨证要点 以头痛，目似脱，目眦痛等经脉循行部位的症状为要点。

（八）足少阴肾经病证

证候表现 面如漆柴，咳唾有血，喝喝而喘，目无所见，善恐，如人将捕之，烦心，口干舌干，咽燥，喉痛，脊骨内后廉痛，足下热痛。

证候分析 肾精亏虚，虚火灼津，面如漆柴；足少阴肾脉入肺中，虚火灼伤肺络，则咳唾有血；肾虚不能摄纳，故喝喝而喘；肾精不足，目失所养，故目无所见；肾在志为恐，肾虚则善恐，如人将捕之；肾水不能上济于心，故烦心；肾经循喉咙连舌本，故肾阴不足，则口干舌干，咽燥，喉痛；足少阴肾经经气不利，则出现脊骨内后廉痛，足下热痛等经脉所过之处的症状。

辨证要点 以面如漆柴，咳唾有血，喝喝而喘等脏腑功能失调症状及经脉循行部位的症状为要点。

（九）手厥阴心包经病证

证候表现 胸满心痛，心中烦扰，面赤，喜笑不休，手心发热，臂肘部拘挛，腋下肿。

证候分析 心包络与心肺相连，包络受邪，累及于心，故胸满心痛，心中烦扰；心不藏神，故喜笑不休；心之华在面，故面赤；手厥阴心包经之支脉循行于胸胁、腋下、肘部及前臂内侧两筋之间，入掌中，若经脉郁热，则手心发热；经脉失养，则臂肘部拘挛；经脉结而经气不利，则腋下肿。

辨证要点 以胸满心痛，心中烦扰，喜笑不休等脏腑功能失调症状及经脉循行部位的症状为要点。

（十）手少阳三焦经病证

证候表现 耳鸣耳聋，嗌干，喉痹，目眦痛，耳前耳后肩臑肘臂外皆痛，小指次指不用。

证候分析 三焦经之支脉上出缺盆，上项系耳后，过耳中，循颊部至目外眦。经脉受邪，耳窍不通，或气血不足耳窍失养，出现耳鸣甚则耳聋；热郁经脉，则嗌干，喉痹；经气不利，则目眦痛，耳前耳后肩臑肘臂外皆痛，小指次指不用等经脉所过之处的症状。

辨证要点 以耳鸣耳聋，嗌干等经脉循行部位的症状为要点。

（十一）足少阳胆经病证

证候表现 口苦，目锐眦痛，头额痛，缺盆中痛，腋下痛，胸胁痛，足小趾次趾不可用。

证候分析 胆气上泛，故口苦；胆经起于目锐眦，上抵头角，故经脉有病变，则目锐眦痛，头额痛；支脉从缺盆下腋，循胸，过季胁，故经气不利，则缺盆中痛，腋下痛，胸胁痛；经脉终于小趾次趾之间，故足小趾次趾不可用。

辨证要点 以口苦及目锐眦痛，头额痛，缺盆中痛等经脉循行部位的症状为要点。

（十二）足厥阴肝经病证

证候表现 头痛，目赤，嗌干，颊肿，耳闭，腰痛不能俯仰，胁痛，卵缩，男子疝气，女子少腹肿痛。

证候分析 肝经经脉循喉咙之后，上入颃颡，出额前，相火循经上扰，头痛，目赤，嗌干，颊肿，耳闭；故肝经之支脉行腰髁下，经脉受邪，经气不利，则腰不能俯仰；上贯膈，布胁肋，故出现胁痛；经脉绕阴器，抵小腹，经脉受病则男子疝气或卵缩，女子少腹肿痛。

辨证要点 以头痛，目赤，胁痛，卵缩，男子疝气等症状为要点。

三、问题分析

本案以咳喘为主症，手太阴肺经和手少阴心经均可出现咳喘，而病人兼有口干咽燥，时有咽痛，心烦，足下热而痛等足少阴肾经循行部位的症状，故应辨证为足少阴肾经证。

相似证即手太阴肺经和足少阴肾经证的鉴别，因为两者均具有相同的主症。肺经直属于肺，故可出现咳喘；肾经支脉上贯肝膈入肺中，也可以出现咳喘。关键区别在于，经脉循行不同。肺经循行上入缺盆，出现缺盆中痛，循胃口上膈，出现肺胀、胸闷等表现；足少阴肾经从肺出络心，出现心烦、心神不宁；循喉咙，出现口干咽燥；循足心出于然骨，故足下有热痛感。由此可以鉴别。

第二节 奇经八脉病证要点

本节首先简要介绍奇经八脉的一般生理功能及主要病理表现特征，主要内容是常见病证的临床表现及辨证要点。

一、问题思考

金某，男，40岁。病人腰臀部疼痛，伴有腹股沟不适2周。病人因外伤后出现此症状，兼见腰部疲乏，如坐水中，行走受限。舌质暗红，苔白润，脉沉缓。

本病案按照奇经八脉辨证属于何证？其依据是什么？

二、主要内容

奇经八脉包括督脉、任脉、冲脉、带脉、阴跷脉、阳跷脉、阴维脉、阳维脉8条经脉。其是与正经相对而言，没有十二经脉走行那样规律，同时与脏腑没有直接的络属关系，但与十二经脉交叉相接，是人体除了十二经脉之外的重要经脉。

奇经八脉的主要功能是加强十二经脉之间的联系，补充十二经脉的不足，调节十二经脉的气血，与某些脏腑关系密切，比如脑、女子胞等。任脉联络手足六阴经，总任一身之阴，为"阴脉之海"；督脉联络手足六阳经，总督一身之阳，为"阳脉之海"；冲脉渗灌阴阳，总领诸经，为"十二经之海"；带脉绕腰，约束纵行的经脉，调气血主生殖；阳维脉联络阳经与督脉会和，阴维脉联络阴经与任脉相会；阳跷脉、阴跷脉"分主一身左右阴阳"。

外邪侵袭、房室不节、情志内伤及脏腑功能失调等都可累及奇经八脉而导致相应病证的发生。一般生殖机能的异常多与督、任、冲、带四脉相关；肢体运动异常多与阴、阳跷脉相关；经脉之气失调与阴维脉、阳维脉相关。

临床上，根据奇经八脉具体走行及功能不同，具体证不同，表现亦不同。

（一）督脉病证

证候表现 脊柱强直，俯仰受限，腰脊酸楚，头重，成人癫病，小儿风痫。

证候分析 督脉循行背部，自下而上，贯脊属肾。督脉受邪，经气不利，脊膂收引，故脊柱强直，俯仰受限；督脉空虚，腰脊失养，则酸楚不适，甚则呈佝偻之状；督脉入络脑，脑髓失养，则头重，甚则癫病，神志错乱。

辨证要点 脊柱强直，俯仰受限。

（二）任脉病证

证候表现 男子疝证，女子带下或少腹拘急疼痛。

证候分析 任脉起于会阴，循行胸腹前部正中，"任主胞胎"，故任脉与下焦少腹病证密切。任脉受邪，经气阻滞，出现男子七疝，睾丸胀痛，女子带下量多质稀、少腹癥瘕积聚等。

辨证要点 男子七疝，女子带下瘕聚。

（三）冲脉病证

证候表现 气从少腹上冲，腹胀里急，女子不孕、闭经、胎漏等。

证候分析 冲脉为血海，"太冲脉盛，月事以时下"，故冲脉与女子生殖功能密切相关。

若冲脉虚衰，血海不能按时充盈，则月经量少、闭经，甚则不孕；冲任不固，则胎漏；冲脉经气不利，则气上冲逆，少腹胀痛，甚则癥瘕积聚等。

辨证要点 气逆里急，女子不孕或闭经。

（四）带脉病证

证候表现 腹满，腰麻如坐水中；绕脐腰脊痛；足痿；女子赤白带下等。

证候分析 带脉绕腰，约束诸经。带脉经气不利，则腹满腰麻如坐水中，腰脊痛；带脉凝涩，卫气下陷，带下量多；带脉失约，足痿不用。

辨证要点 腹满腰麻如坐水中，足痿，赤白带下。

（五）阴跷、阳跷脉病证

证候表现 阴跷为病，多眠；阳跷为病，失眠；足痿不利等。

证候分析 《难经》曰："阴跷为病，阳缓而阴急；阳跷为病，阴缓而阳急"，两跷脉均上会于目，阴跷病，则阳虚阴盛，阳不出阴，故出现多眠；阳跷病，则阴盛阳虚，阳不让入阴，故出现失眠。此外，两跷循行身之左后，两脉相交能使机关跷健，异常则出现腿痛转筋，下肢痿软，运动不利等症状。

辨证要点 阴跷多眠；阳跷失眠。

（六）阴维、阳维脉病证

证候表现 阴维为病，多苦心痛；阳维为病，多苦寒热。

证候分析 阳维脉维系手足三阳经，尤其是足太阳、少阳，寒热之症则经气不利，恶寒发热或往来寒热；阴维，维系三阴，寒凝血瘀，经气不利，则气逆产生心腹诸痛。

辨证要点 阴维苦心痛；阳维苦寒热。

三、问题分析

本案病人以腰臀部疼痛为主症，伴有腹股沟疼痛，为带脉病证的主要表现；结合病人的兼症即腰部疲乏，如坐水中，行走受限等，诊断为带脉病证。

因带脉横束于腰腹而系诸脉，外伤后带脉不和，经气不畅，故出现腰臀疼痛，引向股内侧、腹股沟等处，腰部疲乏如坐水中；带脉不能约束，宗筋弛缓，故足痿不用。结合病人表现，由此诊断为带脉病证。

四、小结

经络辨证见图 14-1。

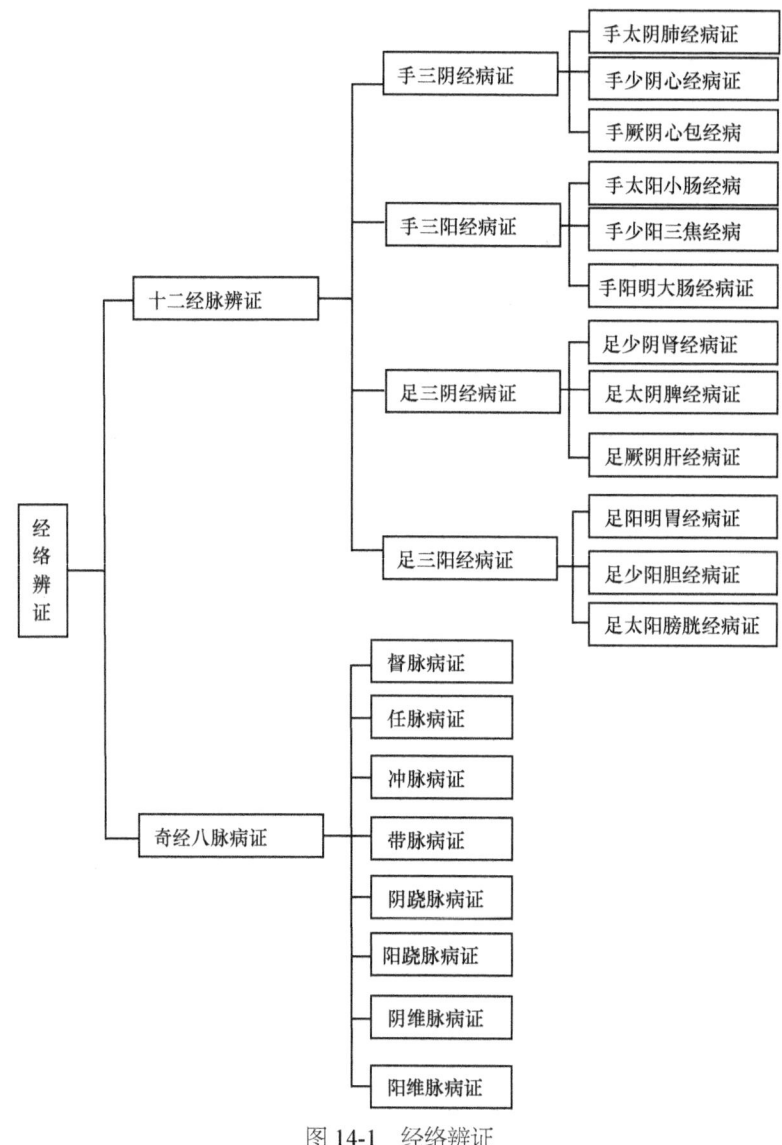

图 14-1　经络辨证

五、思考题

1. 经络辨证的原理是什么？
2. 手太阴肺经病证的临床表现是什么？
3. 足阳明胃经病证的临床表现是什么？
4. 手厥阴心包经病证与手少阴心经病证有何不同？
5. 十二经脉病证的共同特点有哪些？
6. 冲脉病证的临床表现是什么？
7. 带脉为病有哪些特点？
8. 络脉辨证要点有哪些？

第十五章　诊断思路

中医诊断思路是进行病情资料的采集及综合处理、辨证方法的选用及得出辨病、辨证结论等过程中思维活动进展的线路或轨迹。临床诊断的实现要求诊断思路是边诊边断，诊是通过四诊方法搜集相关病情资料，断是综合分析病情资料，判断病种和证型。如何综合应用四诊手段全面准确地收集病情资料，如何在诊察的同时对所获得的病情资料进行分析，考虑这些症状、体征可能的病因、病机，诊察与思考交替进行，联想与启发互相贯通，这些都是临床诊断必经之路，需要认真锻炼，以达到提高医生思维水平的目的。

　第一节　病情资料的综合处理　

本节主要介绍如何综合处理各种诊法收集的病情资料，包括病史、症状、体征及病人生活的自然、社会环境等。病情资料是诊病、辨证的依据，由于每种诊法都是从不同的角度分别获取相关病情资料，因此要综合考虑各种诊法的特点，多方验证，才能得出正确的结论。

一、问题思考

李某，女，49岁，教师，病人于3年前因经常熬夜工作，过度劳累后出现失眠，并伴有多梦，健忘，腰酸等症，曾到某西医院就诊，心电图、血常规等检查均为正常，诊断为"更年期综合征"。经服用了谷维素、地西泮等药，病情有所缓解，但常有反复。2天前失眠加重前来中医门诊就诊。现症见：失眠多梦，健忘，头晕耳鸣，腰膝酸软，面部烘热，盗汗，月经量多，经色红，质地稠，小便黄少，大便干结，脉细数。

本病案的病情资料是否完整？如果不完整，缺失的病情资料有哪些？

二、主要内容

（一）病情资料采集与分析

1. 病情资料的完整性和系统性

病情资料的完整性就是病情资料需要尽可能的完整、全面。病情资料如果不够完整往往会导致漏诊、误诊。医生在收集病情资料时，不能过于强调或依赖某种诊法，也不能仅凭某些个别症状、体征或检测结果便仓促作出诊断。病情资料的完整性要求医生必须对病人进行全面系统的诊查，四诊合参，医生不仅要注重病人的症状和体征，还要注意其他与病人病、证有关的深层次因素，如社会、心理、气候、地理环境等，做到察形与察神、察人与察环境等的统一。某些特殊病、证，除运用一般的诊察方法外，还需结合实验室检查或专科检查才能明确诊断。

病情资料的系统性就是病情资料要有条理性。由于收集病情资料的过程是四诊穿插进行，资料之间会交叉贯通，同时会受到病人叙述前后不同等因素的影响导致临床所收集到的一手病情资料往往是凌乱混杂的。所以医生需要对病情资料进行归纳整理，提炼出重点，分清楚主次，整理出病情资料中的连贯性及关联性，以此才能对疾病特点作出准确的判断。

2. 病情资料的准确性和客观性

病情资料是否准确和客观是正确诊断的关键因素。病人的临床表现通常都错综复杂，如果某些因素导致病情资料缺乏准确性或客观性则会导致诊断结果偏差。临床上影响病情资料准确、客观的因素包括主观和客观两个方面。

主观因素来源于医患双方。医生应防止自身的主观性和片面性，避免先入为主、主观臆测或暗示等，如询问中强调医者所设想的病情相关资料等。病人则受年龄、文化程度、表达能力、心理因素及神志状况等多种因素的影响，以至陈述病情的准确程度出现很大差异，有的病人表达不准，有的描述不清，有的故意隐讳，有的则为了引起医生重视而故意夸大等情况等。此时医生应该及时发现，设法引导，查漏补缺，保证病情资料的准确、可靠。

客观因素多指病证本身。病证的表现有的虽然表现突出但不具特征性，有的则隐藏于内而难以凭感官发现。因此在收集病情资料时，医生要积极运用各种诊法，善于透过现象抓住本质，不被假象所迷惑。同时在科技发达的时代，医生应懂得充分运用相关检查手段来弥补医生直观感觉诊察的不足，包括常规的体格检查及与病证直接相关部位的检查或专科检查，尽可能保证病情资料的准确性和客观性。

3. 病情资料的一致性和复杂性

临床上在多数情况下各种病情资料所提示的病理意义与所主的病证一致的，可用统一的病机进行解释，称为"脉症相应"、"舌脉相应"、"症舌相符"等。如病人面色淡白少华、精神疲惫、四肢乏力、动则气短、舌色淡白、脉虚无力等均为气虚的表现。这种病情资料单纯，脉症、舌症一致性高的情况，往往说明疾病也不复杂，因而有"脉症相应为顺，舌脉相符为吉"等说法。

不是所有的病情资料都具有一致性，在某些情况下各种病情资料似乎存在着矛盾，即所谓"脉症不相应"、"舌脉不符"、"症舌相反"等，如八纲辨证中提到的寒热真假、虚实真假，出现热深厥深、虚阳浮越、至虚有盛候、大实有羸状等，这些情况反映出了疾病的复杂性，也体现出疾病在某些阶段出现的特殊规律。

病情资料的不一致主要由三方面原因所致，一是疾病本身存在多种病机，如寒热错杂、虚实夹杂等，不同的病情资料反映了不同的病理本质，当病理本质存在相对立性时病情资料的一致性就不高，如寒热错杂的病人临床表现既有寒象也有热象；二是疾病发展，病机转变过程中导致病情资料不一致，如阳虚的病人，在疾病的发展过程中可能出现阳气亏虚气化不利导致痰饮内生，痰饮阻滞气机郁而化热，故病人的病情资料则出现畏寒肢冷、面色苍白、小便清长、大便稀溏、舌苔黄而厚腻，表现为"症舌相反"；三是受到治疗措施等的影响导致特殊情况出现，如癌症病人在接受放化疗后往往都会出现发热、恶心呕吐、脱发等。

前人对于病情资料所示病理意义的不一致性有"舍症从脉"、"舍脉从症","舍舌从脉"、"舍脉从舌","舍症从舌"、"舍舌从症"等处理方法,但医生当知每种取舍都不是简单地舍弃某些病情资料,任何病情资料都有一定的临床意义,均反映一定的病机,所谓取舍是建立在对病因、病机正确分析、判断的基础上,对辨证依据的准确把握,而非医生主观臆断的取舍。

（二）病情资料属性的分类

1. 一般性资料

一般性资料指某些症状对病证的诊断既非必备性又非特异性,只是作为诊断的参考。如腹胀、恶心、脉缓等可见于许多病证,对于辨证没有特定意义,只有与其他资料结合起来时,才能显示具体的诊断意义。

2. 必要性资料

必要性资料指这类资料对某些疾病或证的诊断是不可或缺的,一旦缺失就不能诊断为该病或该证,如腹胀、纳少、便溏等是诊断病位在脾的必要性资料,又如根据"有一分恶寒便有一分表证"之说,"恶寒"为诊断表证的必要性资料。病证的必要性资料一般是该病或证的主要临床表现,但应指出,出现此类症状时不一定必然是此病或此证,如心病病人的主要表现即心悸、心痛,但是并非凡见心悸症状都是心病,临床上胆郁痰扰证的病人也常见到心悸,受到惊吓后也会出现心悸等。

3. 特征性资料

特征性资料指这类资料仅见于某种病或证,而不见于其他的病或证,对病或证的诊断有特征性意义。如小便排出沙石是石淋的特征性资料,犬吠样咳嗽是白喉的特征性资料,消谷善饥是胃火炽盛的特征性资料等。一般情况下,只要出现这类特征性资料即可诊断为相应病证,但也需注意,并非该类病证一定会出现有关的特异性症状,如并不是所有的胃火炽盛病人都会出现消谷善饥的表现。特征性资料还可以包括一些非特征性资料的组合,如大热、大汗、大烦渴、脉洪大,这些症状都不是哪类病证的特征性资料,但四个症状同时出现则是阳明经证的特征性资料。

4. 偶见性资料

偶见性资料指这类资料在某一病证中的出现概率较少,随个体差异、病情变化而定。此类资料对于诊断某一病证的价值不大,如痰中带血对于肺阴虚证即为偶见性资料。

5. 否定性资料

否定性资料指某些症状或阴性资料,对于某些病或证的诊断具有否定意义。如畏寒、肢冷、面白、脉沉迟无力并见对于热证的诊断有否定意义;又如表证无汗者,可否定太阳中风证。

三、问题分析

前述病案的病情资料缺乏完整性,因为根据病情资料采集与分析的要求,完整的病情资料应包括望、闻、问、切四诊所收集到的疾病相关情况。该病案对病人现在症的采集仅包括了问诊、切诊的资料（失眠多梦,健忘,头晕耳鸣,腰膝酸软,面部烘热,盗汗,月经量多,经色红,质地稠,小便黄少,大便干结,脉细数）,而缺乏望诊及闻诊的资料。该病人所患的疾病为失眠，虽没有典型的闻诊相关病情资料可供采集，但对望诊病情资料的采集则不够全面，包括病人面色情况、形体特征、舌象等对诊断辨证极为重要的资料均没有记录，这些都会影响到辨证的准确性，故本病案的病情资料不完整。

四、思考题

1. 当病情资料不一致时该如何分析其临床意义？
2. 必要性资料与特征性资料的区别是什么？

第二节　证候诊断思路

本节主要介绍了各种辨证方法的特点与关系，同时规范了辨证的基本内容和要求。

一、问题思考

病人男，44岁，两天前气温骤降，汗出当风，次日即见恶寒发热，鼻塞流涕。今日上症加剧而来医院就诊。现症见恶寒明显微发热，鼻塞流清涕，头项强，身痛，口不渴，无汗，略有咳嗽，痰少色白，舌淡红，苔薄白，脉浮紧。

此病案适合哪种辨证方法？辨证结论是什么？

二、主要内容

（一）各种辨证方法的特点与关系

1. 各种辨证方法的特点

经过长期的医疗实践，中医学对辨证的认识得到不断发展、深化，创立了多种辨证归类的方法，通常提到的辨证方法有八纲辨证、病性辨证、脏腑辨证、六经辨证、卫气营血辨证、三焦辨证、络辨证等。

八纲辨证是各种辨证方法的总纲，是适用于一切疾病的辨证方法。运用八纲对病情进行辨别归类，可起到执简驭繁的作用，是辨证的准绳。

病性辨证是指辨别病理变化的本质属性的辨证方法，内容包括六淫、气血、津液、阴阳、七情等。病性辨证是对疾病当前病理本质的辨识，可直接指导立法、处方和治疗，亦为脏腑等其他辨证打下基础。

脏腑辨证是以脏腑的生理、病理为纲，对病证进行综合分析，判断其病位、病性的辨证方法。脏腑辨证是以五脏为中心，从整体观的角度对病证特征进行分析，是中医临床各科的辨证基础。脏腑辨证系统较完整、概念确切、容易掌握，但不适用于外感病证、经络病证、局部皮肤病变等。

六经辨证是将外感疾病发生、发展过程中表现的不同证候，分为三阳证，三阴病两大类，分别从邪正斗争、病变部位、病势进退等方面阐述外感病各阶段的病变特点的辨证方法，主要用于外感时病辨证。

卫气营血辨证是一种论治外感温热病的辨证方法，分为卫、气、营、血四类病证，分别阐述病位深浅，病情轻重和传变规律。

三焦辨证是将外感温热病归纳为上、中、下三焦病证，阐明三焦所属脏腑在温热病过程中的病理变化，证候表现及传变规律的辨证方法。

经络辨证是以经络学说为依据对病人所表现出的临床症状、体征进行综合分析，判断出病理本质属于何经、何脏、何腑，以及病因病性的辨证方法。

2. 各种辨证方法的关系

由于各种辨证方法形成的历史时代不同，因此在内容归纳、理论特点、适用范围等方面存在差异。它们既有各自的特点，不能相互取代，又有相互重叠但各又不全面的问题。所以应全面把握各种辨证方法的内容与特点，并综合进行运用。

辨证方法之间的关系，可归纳如图 15-1 所示：

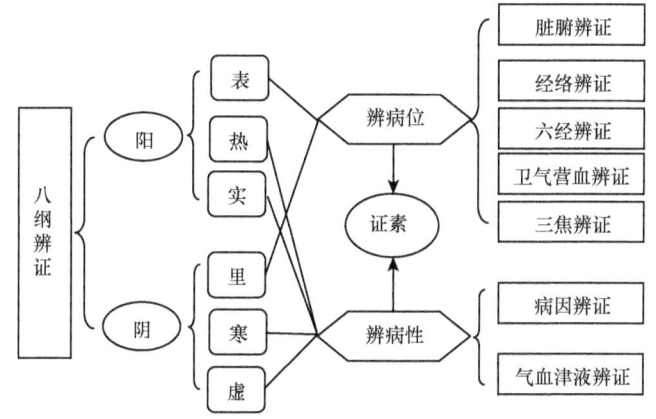

图 15-1　辨证方法之间的关系

八纲辨证是辨证的基本纲领，表里、寒热、虚实、阴阳可以从总体上分别反映证的部位、性质和类别。

脏腑辨证、经络辨证、六经辨证、卫气营血辨证、三焦辨证，是八纲中辨表里病位的具体深化，即以辨别病变现阶段的病位（含层次）为纲，以辨病性为具体内容。其中脏腑辨证、经络辨证的重点是从"空间"位置上辨别病变所在的脏腑、经络；六经辨证、卫气营血辨证、三焦辨证则主要是从"时间（层次）"上区分病情的不同阶段、层次。

辨病性则是八纲中寒热、虚实辨证的具体深化，即以辨别病变现阶段的具体病理性质为主要目的，自然也不能脱离脏腑、经络等病位。其中六淫辨证主要是讨论邪气的侵袭停聚为病，与六经辨证、卫气营血辨证、三焦辨证等的关系较为密切；气血、津液、阴阳虚损辨证等，主要是分析气血、津液、阴阳等正气失常所表现的变化，与脏腑辨证的关系尤为密切。

综上可见，各种辨证方法的核心都在于辨别病变的位置和性质，任何"证"，都是由病位、病性的基本要素所组成，即是说各种辨证方法均最终落实到对"证素"的辨别。所谓"证素"，即证的要素，指辨证所要辨别的心、肝、脾、肺、大肠、小肠、经络、骨骼等病位和阴虚、阳虚、气虚、血虚、气滞、血瘀等病性。证素是通过对证候的辨别从而确定病理本质，是构成证名的基本要素。

（二）规范辨证的基本内容

1. 辨病位

辨病位是辨别病变现阶段证候所在的部位，可分为空间性病位和时间性病位。空间性病位有大致与详细的区分，大致性的空间病位如病位在表、在里、在上、在下等；细致性的空间病位则会具体到脏腑经络等，如病位在心、肝、脾、肺、肾、胃、大肠、小肠、膀胱、肌肤、经络、骨骼等。时间性病位以疾病的发展阶段不同体现病位的深浅，如温病中的病位在卫分、气分、营分、血分；伤寒病变中病在太阳、少阳、阳明、太阴、少阴、厥阴等。每一种病位概念都有特定的证候对应，如心悸、心痛是病位在心的主症；咳喘是病位在肺的主症；尿频、尿急、尿痛是病位在膀胱的主症；恶寒发热、鼻塞、喷嚏是表证的主症等。

2. 辨病性

辨病性指辨别证候变化的本质属性。证候的属性也有笼统与具体的区分，笼统的病性如阳证、阴证、实证、虚证等；具体的病性如气虚证、气滞证、血虚证、血热证、血寒证、血瘀证、风淫证、寒淫证、痰证、饮证等。每一种特定的病性也有相对应的证候，如神疲、乏力、气短、脉虚是气虚的特征性表现；固定性刺痛、肿块、皮肤瘀斑瘀点、舌青紫、脉涩是血瘀的特征性表现。病性是对当前阶段疾病整体反应的概括，是对邪正关系的综合认识，具有整体和动态的特点。准确地辨别病性是辨证中最重要也是最困难的，需要对四诊资料综合分析才能确定。病性的辨别结果直接关系到治法的确立，如寒者热之、热者寒之、虚者补之、实者泻之等。

（三）证候诊断的要求

1. 辨证内容准确全面

辨证内容包括对证候的病因、病性、病位、病势等都要有所认识，特别是对病位和病性不可遗漏或判断错误。如证名"肺气虚证"，说明了该证的病理本质是病位在肺，病性为气虚。但对于病位笼统，或病位已包含在病名诊断中（如皮肤病、肛肠病、骨折病、痈疽等）的，可不标明病位，但病性绝不可少，否则就不能构成证名。

2. 证候名称精炼规范

证名包括病位、病性、病势的内容，力求精炼确切、结构严谨、符合逻辑。常用的证名由 2～4 个字组成，如表证、气虚证、心血虚证、肝郁脾虚等。证名用词应当具有高度的概括性，能用 4 个字就不要用 6 个字或 8 个字。有时为了表述准确，常在病位和病性之间加入代表病机或趋势的连接词，构成证名，如寒湿困脾证中"困"是代表病机的动词，脾虚气陷证中的"陷"代表趋势。证名所用的字不能随意自造，要用规范的中医术语，符合中医理论特色。如"心阳虚证"与"心阳虚脱证"，两者的病位都在心，病性均为虚证，但"心阳虚脱证"多了一个"脱"字反映了该证的病势为病情危重，阳气已经亏虚到了将要外脱的程度。

3. 证候变化证名亦变

随着病程的变化、治疗因素等的影响，疾病的证候特征也在不停的变化，提示病变本质已有差异。因此，一旦证候变化，其证名诊断也应随之而变。辨证是一个动态的过程，不能把证名诊断固定在一个时间或空间，而应进行动态观察，随着证候的变化而变化。如感冒病病人早期表现为恶寒、无汗、鼻塞、流清涕、喷嚏、头项强痛、舌淡红、苔薄白、脉浮紧，辨证为风寒表实证。随着病情的发展病人恶寒症状消失出现明显的发热、汗出、咳嗽咯黄痰、舌红苔黄、脉滑数，此时证候的变化说明疾病的本质已经变化，病人恶寒消失出现但热不寒说明不再是表证，邪气已经由表入里，侵犯到肺导致肺失宣降因此出现明显的咳嗽咯痰，邪气在入里的过程中从阳化热，所以病人表现为发热、汗出、咯黄痰、舌红苔黄、脉滑数，此时病人的病理本质已经由原来的表证转变为里证，由寒证转变为热证，因此，辨证结论不再是风寒表实证而应是肺热炽盛证。

4. 不必拘泥教材证型

临床较为常见、典型的证可称为证型。教材所列各证，都是常用的、公认的、规范的、典型的证（型）。故辨证时应首先考虑常见、典型证的诊断。但临床疾病纷繁复杂，典型、单纯的证往往不能满足临床辨证的实际需求，更多地表现为数证兼夹、复合的形式。因此，临床辨证不能墨守成规、生搬硬套，要突破分型的局限，根据实际证候，实事求是概括出正确的证名，做到证名诊断与实际病情相符。

三、问题分析

上述病案可采用八纲辨证和六经辨证的辨证方法。八纲辨证是各种辨证方法的基础，适合于辨别各种病证。该病案的病人两天前在气温骤降的情况下汗出当风，因此其病因感受外邪风寒所致；风寒邪气侵犯肌表，阻遏阳气，故病人表现为恶寒明显微发热、口不渴；寒性收引，腠理闭塞，故无汗；外邪气经皮毛口鼻犯肺，致肺气宣降功能失调，故出现鼻塞流清涕，略有咳嗽，痰少色白；风寒阻络，经气不利，故见项强、身痛；病在肌表未明显损伤脏腑功能，故舌淡红，苔薄白；正气抗邪外出，正邪斗争于肌表故脉浮紧。因此，该病按八纲辨证为表寒证。

从六经辨证方法来看，太阳为一身之表，风寒外受，首先侵犯太阳经，故见有恶寒发热、头项强痛、脉浮等太阳经证的典型表现；同时因其具有无汗、脉浮紧的特点，故辨证结论为太阳伤寒证。

四、思考题

1. 为何八纲辨证是各种辨证方法的基础？
2. 证名"肝火上炎证"体现了哪些病理特征？

第三节 疾病诊断思路

"病"的含义有广义和狭义之分，广义的"病"是指机体相对于"健康"而言的不正常状态，狭义的"病"，是指由病名所代表的各具体病种。本节所讨论的主要是针对具体的疾病，临床医生所应遵循一般诊断思路。每一具体病名及其定义，是对该疾病全过程的特点与规律所作的病理性概括。疾病诊断就是在中医理论指导下综合分析四诊收集的临床资料，确定疾病的病种，并对该病种的特点和规律进行整体判断的思维过程，也称为"辨病"或"诊病"。

病名是中医学在长期临床实践中产生和发展起来的重要概念，是中医学体系中的重要内容。病名代表着该具体病种的本质及特征，因而病名诊断是中医诊断不可缺少的部分。由于证的诊断较难体现疾病发生发展的演变规律，因而疾病诊断不能由辨证（证名）代替；同时，由于中西医学的理论体系、文化背景等存在较大差异，因此也不能用西医病名代替中医病名。

一、问题思考

李某，女，60岁，反复发作性心前区疼痛3年，有冠心病史，3年来每因劳累、生气、紧张而诱发心前区疼痛，可自行或服速效救心丸后缓解。1周前因生气后出现心前区疼痛，此后发作频繁，每日发作3～4次，服药或休息后可迅速缓解，伴双下肢午后水肿。纳可，口干，口苦，二便调，舌淡红，苔白，脉弦。

本病案的疾病诊断结论是什么？

二、主要内容

（一）疾病诊断的临床意义

1. 掌握疾病发生规律

由于每一种病都有各自的本质与规律，其病因可查、病机可究、规律可循、治法可依、预后可测。因而明确疾病诊断，便可以根据该病演变发展的一般规律，把握全局，有利于对该病的本质认识和辨证论治，掌握诊疗的主动权。正如《南阳活人书》所说："因名识病，因病识证，如暗得明，胸中晓然，而处病不差矣。"如中风病可分为三个阶段：平时经常出现头痛、肢端麻木、眩晕欲仆等症时，为阴虚阳亢，肝风欲作之势；而一旦出现突然昏仆、昏不知人等症状时，则为卒中，系肝风夹痰夹瘀上蒙清窍；神清之后，往往脉络闭阻，表现为半身不遂、口眼歪斜、语言不利等后遗症状。此病一般沿着阴虚阳亢、肝风夹痰夹瘀上蒙清窍、络脉闭阻的基本病机规律发展。若能认识疾病的本质与规律，在诊疗上便能把握主动。

2. 针对疾病辨病论治

确定了病名，便可根据该病的特点与规律将辨证范围大致限定于其常见证型当中，从而缩小辨证的范围，减少辨证的盲目性。

针对"病"所进行的专法、专方、专药治疗，是中医学的重要内容。如徐灵胎《兰台轨范》曾指出："欲治病者，必先识病之名……一病必有主方，一病必有主药。"这些专法、专方、专药对疾病的治疗有很强的针对性，可以大大提高临床疗效。此外，同病异证时，根据不同证选用不同的治法、方药外，还应结合病的特点进行治疗。如肺痨病，有肺阴亏虚、阴虚火旺、气阴耗伤、阴阳两虚等不同证型，须采取不同的治疗方药，但抗痨杀虫的原则应该贯穿于治疗的始终。异病同证时，可用相同的治法，但针对不同的病在治疗上应有侧重。如胃缓、久泄和脾痿等病，均可表现为脾虚证，都要健脾益气，但是胃缓以胃体下垂为主要病理特点，故健脾的同时应升提阳气；久泄多夹有湿邪，则健脾的同时常佐以利湿止泄；脾痿常伴营血亏虚，则健脾益气常加补血养营之品。

（二）疾病诊断的基本方法

1. 根据主症特征诊病

主症及特征症是许多疾病诊断的主要线索和根据。如痄腮以腮部肿胀、疼痛为主要表现；哮病以喉间哮鸣有声、呼吸喘促为主症；痹证以肌肉、关节疼痛、麻木、屈伸不利，甚至关节肿大为主症；中风是以口眼歪斜、半身不遂为主症等。

2. 根据发病特点诊病

病人年龄、性别、发病特点等的不同，常可提示或缩小诊病的范围。如新生儿出现黄疸称胎黄，除却轻微者属生理现象外，多属血疸范畴；青年人患黄疸，以肝热病、肝瘟为常见；中年人患黄疸，无发热等症者，女性以胆石为多，男性应考虑肝积、肝癌；中年以上患黄疸，常见于肝积、癌病，男性多为胰癌、肝癌，女性多为胆癌。再如水肿病的阳水与阴水，两者在发病特点上就有明显的区别，是鉴别诊断阳水和阴水的重要依据。阳水病人的发病特点是发病急，水肿多由眼睑、头面开始，迅速波及全身；阴水病人的发病特点是发病缓，水肿从足部开始逐渐向上发展，长期或反复出现水肿，病程长。

有些疾病有传染性或流行性，因此把握这些疾病流行或传染的规律可以成为明确疾病诊断的重要线索，如肺痨、白喉、痢疾、麻疹、水痘、霍乱等。

某些疾病具有一定的周期性也是疾病诊断的重要线索。如疟疾的发热呈定期性；如女性月经相关的疾病总是在月经周期出现，常见的有痛经、经期腹泻、行经发热、行经出风疹等。

3. 根据病因病史诊病

如果能明确导致疾病发生的特殊原因，对疾病诊断也有重要参考价值。如因食用蚕豆后出现腹痛、尿血、黄疸者，为蚕豆黄；妇女生产后出现明显头晕为产后血晕；近期有输血史，或毒蛇咬伤史，或服用损伤肝脏药物史，而出现黄疸者，多为血疸；在暑热高温下劳作出现神昏为中暑；吸入煤气后神昏为一氧化碳中毒；过量饮酒出现神昏为酒厥等。

了解既往病史，通过病情演变趋势推断当前疾病情况也是临床诊病的重要思路之一。如哮病的病人如果出现咳嗽喘急导致昏迷多为痰气闭阻的肺厥；有心脏病史的病人出现剧烈的心痛、心悸伴面色苍白或青紫、四肢厥冷、冷汗淋漓、脉微或结代，此多为真心痛；如有高血压病史的病人出现突然昏仆、半身不遂者为中风。

4. 根据特发人群诊病

妇女有经、带、胎、产特殊病种，故育龄妇女就诊，应考虑此类疾病。若以月经异常作为主诉，则总不离月经的期、色、量、质异常，如月经先期、月经后期、月经先后无定期等；男性则有遗精、阳痿、早泄、不育等特发疾病；小儿有五迟、五软，易发痘、疹、惊、疳类疾病；老人则以久咳、风眩、胸痹、脑痿等病常见；生活于西北、沙漠等干燥地区者，易感燥邪致病；生活在南方潮湿地区的易受到湿邪困着。当这些人群就诊时，应考虑到其特发病的可能。

三、问题分析

前述病案病人的主症是反复发作的心前区疼痛，以该主症为特点的中医疾病名为胸痹。胸痹常由血瘀、痰凝、气滞、寒凝痹阻心脉而成。该病人反复发作心前区疼痛已经3年，每因劳累、生气、紧张而诱发，说明情志因素是该病证的主要诱发因素，在情志因素的作用下肝气不疏，气机不畅，瘀阻心脉不通，不通则痛，故出现心前区疼痛；肝气不疏，胆郁失和，故口苦、脉弦；气机阻滞导致津液输布失调，故病人伴有口干、双下肢午后水肿；病人纳可、二便调、舌淡红、苔白，说明其他脏腑功能尚可。因此，综合分析该病案的诊断结论是：病名为胸痹，辨证为气滞型心脉痹阻证。

四、思考题

1. 情志类疾病可否根据病因病史诊病？
2. 列举根据特发人群诊病的疾病种类。

 ## 第四节　辨证与辨病相结合

本节主要介绍病证结合的意义及统一规范。证和病都是对疾病本质的认识，两者既有联系又有区别。"证"主要揭示病变当前的主要矛盾，"病"体现疾病全过程的根本矛盾。病与证之间存在着同病异证、异病同证的关系。临床上既要辨证，又要辨病，才能使诊断更全面、更正确，治疗更有针对性。

一、问题思考

刘某，男，46岁，阵发性心前区疼痛2年。两年前劳累时出现胸闷，心前区疼痛，经某医院冠脉造影等检查，确诊为"冠心病"。2个月前因工作繁忙而致胸闷、心痛加重，自购阿司匹林、丹参滴丸服用，服药2个月来治疗效果欠佳，胸闷及心前区疼痛症状无明显好转，来院就诊。初诊时症见阵发性心前区疼痛，有刺痛感，乏力气短，动则气短益甚，夜眠差，口干，舌暗红少津少苔，脉沉细涩。接诊医师诊为胸痹，辨证为瘀血痹阻心脉，气阴亏虚，方选血府逐瘀汤合生脉饮加减治疗。服药1周后，胸闷、心痛、气短等症有所减轻，前来复诊，遂以前方为基础随症加减治疗，坚持服药3月余，胸闷等症状明显好转，嘱定期复诊巩固疗效。

试分析该病人自购中、西药用于治疗为何效果不理想？经医生诊断后所拟定的治疗方案何以奏效？

二、主要内容

（一）辨证与辨病相结合的意义

1. 病证结合把握发病规律

每种病都有其特有的发展规律，其发生、发展、转归、预后各不相同，它决定了疾病的特殊性，基本特征和发展方向。随着疾病的发展，受气候、饮食、情绪、个人体质、治疗措施等因素影响，证候不断变化而相应出现动态变化的证，它反映了在疾病不同阶段机体不同病理本质下的整体状态。证具有一定的时空动态性，从时空条件而言，只有把证放入病中才能更好地体现时间性和动态性。病证结合时以病为纲，探讨证候才有意义，才会得出有一定发展规律的证，最终达到正确认识疾病病理本质的目的。

2. 病证结合指导选方用药

临床上若只辨病不辨证，一病一方用到底便失去了中医辨证的意义；若只辨证不辨病，治疗时不能把握疾病整体规律，遣方用药就失去准绳。所以单纯对病治疗和单纯对证治疗都不可行，应当病证结合指导选方用药。如《金匮要略》对胸痹之病的认识，主要病机立于"阳微阴弦"，因此治疗以瓜蒌薤白为主。又因邪气轻重、病情缓急而分别辨证治疗，有实证者用枳实薤白桂枝汤，虚证者人参汤，痰滞重症者瓜蒌薤白半夏汤，轻证者茯苓杏仁甘草汤、橘枳姜汤等。病证结合指导选方用药，治疗与诊断才能丝丝相扣。

（二）病证结合的统一规范

1. 以病为纲，辨病为先

以病为纲，辨病为先是着眼于病的共性，在解决疾病基本矛盾的基础上，结合辨证论治。通过辨别确定病名便可抓住辨证的纲领，因为每一种病都有其常见的证型，少则两三个，一般五六个，多的可达十余个。一旦明确了病名就可将证局限在其常见证型里，缩小辨证范围，避免盲目性。因此以病为纲在诊断思维上可起到提纲挈领的作用。

2. 从病辨证，病证互参

疾病的病变过程可分为不同阶段，每个阶段的病位、病性不尽相同，不同病人其表现及转归也不一样，因此病证相参才能准确抓住病理本质特征，达到治愈疾病的目的。由于病有种别，每一种病各有自身的病理变化特点，即使辨证为同一证型，病不相同其临床表现也不尽相同。而同一种病，因个体差异或环境不同或阶段不同而表现出不同证候特征，其治法方药也迥然相异。

辨病与辨证相结合，可以相互补充，相得益彰。辨病有助于掌握疾病整个病理过程的基本矛盾，弥补单纯辨证的不足，解决某些疾病潜伏期、初期或无症状期无证可辨的问题。辨证则可以把握疾病由于时空转换其病理本质不停变化的特征，使治疗更具有针对性。

三、问题分析

前述病案的病人两年前被确诊为冠心病，属中医胸痹范畴，其病多由血瘀、痰凝、气滞、寒凝痹阻心脉不通而成。病人自购阿司匹林、丹参滴丸治疗，虽然这些药物有活血化瘀、开痹通络的作用，对胸痹病的心脉不通有一定的治疗作用，但是病人不可能结合伴随症状进行辨证施治，因而疗效不佳。到院就诊后，医生根据初诊时病人症见心前区刺痛、舌暗红、脉细涩等，提示有瘀血痹阻心脉，同时伴见乏力气短、动则益甚、口干、舌少津少苔等，为气阴亏虚的表现，故接诊医生对该病诊为胸痹，辨证为瘀血痹阻心脉，气阴亏虚，根据辨病与辨证相结合制订治疗方案，方选血府逐瘀汤合生脉饮。这便既把握了胸痹病的基本矛盾是瘀血痹阻心脉，方选血府逐瘀汤活血化瘀，开痹通络；又针对病人病久损伤气阴，而选用生脉饮益气养阴，二方合用，共奏活血通络、宣通心脉、益气养阴之效，从而获得良好的治疗效果。由此不难看出，在临床诊治中，做到辨病与辨证相结合，具有十分重要的意义。

四、思考题

举例说明辨病与辨证相结合在临床诊断中的重要意义。

第十六章　中医临床技能实训指导

第一节　望诊技能实训指导

一、问题思考

临床上在进行望诊时对望诊的环境、光源、时间、室温,以及病人的着妆、体位等有何要求?望诊范围应包括哪些方面?

二、主要内容

(一)实训目的

通过正确的训练,培养学生敏锐而准确的观察能力,从而根据望诊内容所揭示的各种临床意义,为辨别病情提高可靠的依据。

(二)实训方法

实训方法包括图谱训练、SP病人模拟训练、门诊及病房望诊见习。操作者首先必须熟练掌握问诊基本技能的操作规范,以保证操作正确的进行。在图片或模型上辨认比较准确之后,在教师指导下,让学生相互之间、或学生对经过培训地模拟病人,进行望诊,着重于操作方法的训练。其间,可让被"诊"者,模拟出种种不正确的表现,让操作者辨认,看其是否能及时发现与纠正,旨在强化操作规范。操作者的方法基本正确之后,正式面临病人,进行实际操作与望诊。

(三)操作准备

(1)就诊环境的光源充足,以自然光源为佳,如无自然光源,则以日光灯光源为宜。
(2)环境的温度适宜,不宜过冷或过热。
(3)就诊环境应清爽、整洁、有序,这是取得病人信任的基础。
(4)检查者的着装应整洁,精神状态应饱满,给病人的第一个印象之好坏,是使病人能否产生信任的前提。

(四)操作注意事项

(1)望诊的光线:望诊时病人必须面向适宜的光源,观察肿物和某些器官的轮廓时亦可以侧面光向,但均不能背向光源。

(2)望诊的时间:传统要求晨起进行望诊为最佳。不能做到者在诊前应请病人凝神静坐良久之后再行望诊,酒醉之中、发怒之间、大汗之后等就诊者,更应让其充分休息,待气色恢复本来面目时方可进行望诊。急性发病者可不受时间限制。

(3)病人的打扮:病人就诊前不应化妆,面部、皮肤、指甲等均不应涂脂染色;对于当时无法或不愿卸妆者,检查者也应告诫其复诊时不要着妆。

(4)病人的体位:一般病人当与检查者面对面而取正坐位,特殊病情亦可取仰卧位等(详细的体位姿势,详见"第十六章第四节按诊")。

(5)病位的视野:望诊时,必须充分暴露病人的受检部位,以便于清楚地进行观察。

(6)隐私的保护:因病情需要,确须对病人的隐私部位进行望诊时,诊前应向病人作解释,征得其同意,并在隐蔽的条件下进行;若系异性病人,检查时必须有本专业医护人员第三者在场。

望诊正确操作规范训练

三、思考题

1. 望神时如何做到"一会既觉"?
2. 试述望舌的正确操作方法。
3. 列举望诊的常见错误操作表现。

第二节　闻诊技能实训指导

一、问题思考

在进行闻诊操作前应注意做好哪些准备?

二、主要内容

(一)实训目的

通过闻诊技能操作规范的反复训练,掌握闻诊的基本技能,从而能准确地辨别各种声音和气味,并掌握其所提示的各种临床意义。

(二)实训方法

由指导教师模拟出病体常常出现的声音与气味,或将操作者直接带至病室,让操作者直接嗅、听病人的声音或气味变化。指导教师应按规范进行操作指导，严格把关，并及时指出其正确与错误。

（三）操作准备

（1）要求环境的安静适宜，排除各种噪音、杂音的干扰。
（2）排除诊室内其他有异味的杂物。
（3）要求检查者的嗅觉、听觉无障碍。
（4）若使用听诊器听声音，应注意听筒不应太凉，而应予捂热。若使用听诊器听声音，应注意听筒应直接放置于病人应听取部位的皮肤上。
（5）检查者应注意自我保护（如听、嗅肺痨病人的呼吸、咳嗽与痰液的气味时）。

（四）操作注意事项

（1）避免在嘈杂的环境中听声音。如此，则会干扰对病人声音的准确辨别。
（2）避免在其他有异味的杂物旁嗅气味。如此，则会干扰对病人或病室所散气味的辨别。

三、思考题

1. 闻诊时对环境有何要求？
2. 医生在进行闻诊时的正确方法有哪些？

第三节　问诊技能实训指导

一、问题思考

临床问诊应包括哪些内容？如何正确地进行问诊？什么是现在症？应从哪些方面询问现在症？

二、主要内容

（一）实训目的

通过问诊技能的规范性训练，掌握问诊基本技能的操作规范，熟练地运用于临床，在问诊时能及时、准确、全面地获得有关疾病的临床资料。

（二）实训方法

操作者必须熟练掌握问诊基本技能的操作规范，以保证操作正确进行。由指导教师对学生、或经过培训的模拟病人、或真正的病人进行示范性操作、讲解，让学生旁观、观摩学习，先使之了解询问方法。再由学生询问模拟病人、直至真正的病人，同时指导教师应认真旁听，按规范进行操作指导，严格把关，并及时指出和纠正错误的操作。并让学生反复练习使之熟记于心，而应于口。

（三）操作注意事项

（1）主诉过于笼统，未能问清其部位、性质、时间、程度等。以致难以对疾病作出准确判断。使用诊断性术语进行询问，如"风热表证"、"肝郁气滞"等。对主诉的描述，直接使用病人陈诉时所用的口语、俚语，或地方语言。

（2）混淆现病史与既往史，误将既往患病情况及治疗情况作为现病史。询问疾病变化未按照时间先后顺序。忽视诊治经过的询问，遗漏相关参考信息。可能导致医疗资源浪费，给病人徒增痛苦，甚至影响治疗效果和治疗进程。

（3）对怕冷病人应注意问是得温可减、还是得温不减，以分辨恶寒与畏寒；对发热病人不问是否伴有恶寒，对发热伴有恶寒的病人问是同时出现、还是交替出现，区别是恶寒发热、还是寒热往来。

（4）对绝汗病人，注意询问汗质的性质，以区分亡阴、亡阳。

（5）对疼痛病人要问清疼痛的部位、程度、新久、拒按或喜按等。

（6）对口渴病人，须问清是否欲饮、饮水多少、喜饮冷还是喜饮热。

（7）对月经周期偶有提前或错后者，须能问清提前或错后的时间是否超过八、九天以上。进而详细询问了解经色、经质的情况。以致难以判别月经异常病变的寒热虚实性质。

（8）对阴道出血病人，须问其是否在行经期间内，以分辨月经量多或是崩漏。

（9）对带下异常的病人，问清带下的色、质和气味等，以区别白带、黄带、赤带。

问诊正确操作规范训练

三、思考题

1. 如何围绕主诉进行问诊？
2. 对发热病人应如何进行问诊？
3. 当汗出异常病人就诊时需要询问哪些内容？
4. 了解小便情况正常与否应从哪些方面问诊？
5. 对月经异常病人应询问哪些内容？

第四节　切诊技能实训指导

一、问题思考

切脉时对诊脉的时间、体位、指法等有何具体要求？规范的按诊在实际操作上应注意哪些事项？

二、主要内容

（一）脉诊技能实训

1. 实训目的

脉诊检测方便，反映生理、尤其病理的信息十分丰富，临床察病必不可少。正确掌握脉诊的基本技能，从而准确地辨识各种脉象及其所揭示的各种临床意义，为辨别病情提供可靠的依据。

2. 实训方法

由指导教师对学生、或脉象仪、或真正的病人进行示范性操作、讲解，通过技能操作的反复训练，用心体会，才会熟能生巧。

3. 操作准备

（1）检查者在诊脉前应修短自己的指甲。

（2）在寒冷的季节里，检查者在诊脉前应先捂热自己的手掌手指。

（3）诊脉前应准备一个大小适宜、松软的脉枕，以刚好枕在病人手腕的弯曲部位之下。

4. 操作注意事项

（1）诊脉用脉枕不宜过硬，也不能不使用脉枕进行诊脉。

（2）不得使患者手臂悬于空中进行诊脉。悬臂不仅使病人有不适感，更因用力上举而使肌肉紧张，脉搏受到影响而脉象发生变化。

（3）诊脉时患者肩上不得挎包，并取下腕上手表、手镯等物，松开袖口。

（4）嘱患者的手臂不能向上或向下伸，手掌放松，不得紧握拳头。

（5）依次定寸、关、尺三部，分浮、中、沉三候，单按、总按进行诊察脉象。

（6）寸口脉指下无脉动感觉时，移动指位，上下左右寻找，避免遗漏斜飞脉、反关脉。

（二）按诊技能实训

1. 实训目的

通过按诊技能操作实训，掌握按诊的基本技能，从而能准确的根据躯体各局部正常或异常的体征和所揭示的各种临床意义，分析与判断病情，为诊病、辨证提供客观的依据。

2. 实训方法

由指导教师对学生，或仿真模拟人，或真正的病人进行示范性操作、讲解动作要领，分析临床意义，让学生从旁观摩学习。再由学生相互之间对诊练习，期间指导教师及时纠正错误、严格把关。

3. 操作准备

（1）按诊用的环境应做到安静、隐蔽、室温适宜。

（2）检查床选用硬板床，应干净、稳固。

（3）检查者修短自己的指甲。

（4）天冷时，应先捂热自己的双手。

4．操作注意事项

（1）按诊环境不得嘈杂喧哗，避免影响检查者听叩击音。

（2）检查者的各种手法运用先后、轻重得当，避免手法粗暴，造成病人不适。

（3）检查者在进行按诊时，注意观察患者表情，有助于确定病变位置。

（4）确因病情需要，检查病人的隐私部位，事先应向病人说明，征得同意；检查异性患者时，须有相关医护人员第三者在场，避免引起不必要的医患纠纷。

切诊正确操作规范训练

三、思考题

1. 如何确定寸、关、尺？
2. 何谓举、按、寻？
3. 如何进行单按、总按？
4. 触、摸、按、叩四种手法有何不同？

第十七章 病历书写

病历是指医务人员在医疗活动过程中形成的文字、符号、图表、影像、切片等资料的总和，包括门（急）诊病历和住院病历。病历归档以后形成病案。中医病历书写是指医务人员通过望、闻、问、切及查体、辅助检查、诊断、治疗、护理等医疗活动获得有关资料，并进行归纳、分析、整理形成医疗活动记录的行为。病历不仅是病人复诊、转诊或病案讨论的依据，也是疾病统计和临床研究的重要资料。因此，在医疗工作中，及时、准确、完整、规范地书写病历有着非常重要的意义。中医病历有着悠久的历史，在历代留存的大量病案中，记载了医家们丰富的防病治病经验和临证学术思想。

第一节 病历的沿革与意义

本节内容主要介绍病历的历史沿革及病历书写对医疗、教学、科研等方面的重要意义。要求我们了解病历的发展概况，熟悉并掌握病历书写的重要意义。

一、问题思考

病人李某于某日 9 时入院。入院时病情稳定，经治医师给予常规处理后便忙于其他事务而未及时书写病历。入院第二天 13 时，病人病情突然出现变化，经抢救无效死亡。当时家属起诉医院，要求立即封存病历。司法部门调取病历后，认定诊断及治疗均正确合理，但入院记录和首次病程记录缺如，最后判定医院负全部法律责任，给予病人家属经济补偿。

此案例中经治医师所犯错误是什么？为什么在诊断、治疗均正确合理的情况下，医院最后还要承担法律责任？

二、主要内容

（一）病历的沿革

病历早期又被称为诊籍、医案、脉案等。早在殷商时代的甲骨文中关于某些疾病的记述，已具备了病历的雏形，是最早的关于病历的原始记载，后世的"诊籍"和"医案"是对它的发展和完善。汉代医家淳于意首创"诊籍"，在《史记·扁鹊仓公列传》中便记载了他所治疗的 25 个"诊籍"，其格式包括姓名、身份、病史、症状、诊断、治疗和疗效等内容。自汉以后，晋·葛洪《肘后备急方》、隋·巢元方《诸病源候论》及唐·孙思邈《备急千金要方》、

《千金翼方》等医著中，都能见到一些散在的病历记录。宋·许叔微《伤寒九十论》中记载了用伤寒法施治的90个案例，可谓我国第一部医案专著。明清时期，收集和研究病历的工作受到了重视，出现了大量医案专著，如明·江瓘编著的《名医类案》、清·魏之琇编著的《续名医类案》、明·薛己编著的《薛氏医案》、清·喻嘉言编著的《寓意草》、清·叶天士编著的《临证指南医案》等。其中喻嘉言的《寓意草》载有"议病式"，所列项目较全，可谓近代中医病历书写的雏形。

近代也出现了不少著名的医案，如何廉臣的《全国名医验案类编》、秦伯未的《清代名医验案精华》、徐衡之和姚若琴的《宋元明清名医类案》等，这些医案文字通俗，内容相对完整。虽然近代医案在格式上较古医案已明显完善，但由于历史条件的限制，传统的医案都是以行医者个人的习惯进行记录，无论在格式还是在内容上都存在较大的差异，使中医病历格式仍未能规范统一。

1949年后，随着大批中医药院校及中医医院的建立，对中医病历书写的规范要求日趋迫切。1953年卫生部召开医教会议，将诊籍、医案、病历等正式定名为病案。1982年拟定了《中医病历书写格式和要求》，1988年完成了《中医病案书写规范》（征求意见稿），1991年国家中医药管理局正式制定了《中医病案书写规范》，2000年被修订后更名为《中医病案规范（试行）》。及至2002年，卫生部和国家中医药管理局发布了《中医、中西医结合病历书写基本规范（试行）》，正式将"病案书写"改为"病历书写"。2010年又对2002版规范进行了修订，制定了《中医病历书写基本规范》，此规范自2010年7月1日起施行后一直沿用至今。

随着医疗机构信息化程度的增高，电子病历系统日渐普及。2010年国家中医药管理局颁发了《中医电子病历基本规范（试行）》，首次对电子病历及其管理做出了明确的规定。2013年，中华人民共和国国家卫生和计划生育委员会及中华人民共和国国家中医药管理局又颁发了《医疗机构病历管理规定（2013年版）》，提出病历按照其记录形式的不同，可区分为纸质病历和电子病历，电子病历与纸质病历具有同等效力。另外，此规定还明确界定了病历和病案的关系，即"病历归档以后形成病案"。至此，病历与病案这两个概念有了明确的区分。

（二）病历的意义

病历作为临床第一手信息资料，对医疗、教学、科研、医院管理、司法等工作起着十分重要的作用。

1. 病历是临床诊治的重要资料

病历是中医临床实践的客观记录，不仅详细记述了疾病发生、发展、变化、转归及诊治的全过程，而且反映了医务人员在诊治过程中的思维活动。因此，病历是复诊、转诊、会诊等医疗活动的重要依据，是保证病人得到正确诊断和治疗的先决条件之一。

2. 病历是临床教学的实践资料

病历是理论联系临床实践最有价值的资料，对培养学生独立分析和解决实际问题的能力起着重要作用。因此，指导学生书写病历是教学中不可缺少的环节，也是学生临床实践的重要步骤之一。

3. 病历是中医临床科研的原始资料

病历中记载了每例病人的临床症状、诊断治疗、转归预后等多方面的信息。通过对大批量病历的统计分析，可从中发现一些有学术价值的研究思路，如证候流行病学、药物组方配伍、临床检测指标等方面的规律性研究等。

4. 病历是考察医务人员医疗水平的重要指标

病历书写是中医临床工作者必备的基本功，病历书写的质量，直接反映医务人员的学术水平、医疗质量和工作态度，它既是考察医务人员业务水平和服务质量的重要依据，也是一个医院医疗质量和整体管理水平的重要体现。

5. 病历是解决医疗纠纷和处理医疗事故的事实依据

病历是分析医疗事故、解决医疗纠纷、判定法律责任、处理医疗保险等事项的重要证据。我国有关处理医疗事故的办法规定，病人可复制有关病历作为证据使用。

三、问题分析

本案例中，经治医师所犯错误在于未及时在规定时间内完成入院记录和首次病程记录的书写。按照《中医病历书写规范》的要求，病历中各种记录的书写均有严格的时间限制。一旦发生医疗纠纷，按照法律规定任何人都不能再修改或补写病历。由于病历是分析医疗事故、解决医疗纠纷、判定法律责任的重要证据，当出现医疗纠纷时，如果医师未及时书写病历，即使诊断及治疗方案正确合理，医院也为过错方，应负全部法律责任。

四、思考题

1. 何谓病历？病历和病案的涵义有何不同？
2. 病历书写的重要意义是什么？

第二节　中医病历书写通则

本节内容主要介绍中医病历书写通则。要求我们掌握中医病历书写中对文字、格式及用语的要求，对病历书写人员资格的要求，对不同内容病历的完成时间要求及对病历修改的要求。

一、问题思考

王某，男，20岁，学生。

主诉：腹痛一天，加重伴恶心一小时。

现病史：病人于昨天18：00时无明显诱因出现腹痛，以右下腹为甚，痛处固定，疼痛不剧烈，呈间断性隐痛，不伴恶心呕吐，未予重视，亦未作任何治疗。一小时前无明显诱因突然腹痛加重，伴有腹胀，疼痛剧烈，呈持续性，部位固定，拒按，呕吐3次，为胃内容物，无血液，呕吐后腹胀无减轻，面色苍白，全身无力，大便三日未行，自腹痛以来未觉排气，小便正常。

既往史、个人史、过敏史、家族史、体格检查及中医四诊情况：（略）。

辅助检查：腹部平片示：右下腹可见液平显示，右侧肠腔积气。

初步诊断：

中医诊断：腹痛

西医诊断：不完全肠梗阻

治疗意见：（略）

此病历在文字、格式方面存在哪些问题？其中医诊断的书写是否完整规范？

二、主要内容

（一）中医病历的书写通则

1. 文字、格式及用语要求

（1）中医病历要求内容完整，重点突出，主次分明，条理清晰，表述准确，语句精练，书写整洁，字迹清楚，标点正确。

（2）病历书写应规范使用医学术语。中医术语的使用依照国家相关标准和规范执行，其中，简化字应以国务院 2013 年 6 月 5 日公布《通用规范汉字表》为准。

（3）病历中所涉及的计量单位按我国的有关标准书写，数字采用阿拉伯数字。

（4）病历书写一律使用阿拉伯数字书写日期和时间，采用 24 小时制记录。

（5）病历中每页上均应填写病人姓名、病历号和页序号。

（6）医师签名位于右侧，字迹必须清晰易辨。计算机打印病历应有医师手写签名。

（7）病历书写应当使用中文，通用的外文缩写和无正式中文译名的症状、体征、疾病名称等可以使用外文。

（8）病历中护理记录按照中华人民共和国国家中医药管理局颁发的有关护理文件书写要求书写。

2. 病历书写人员资格要求

（1）入院记录由经治医师书写，首次病程记录由经治医师或值班医师书写。门（急）诊病历记录应当由接诊医师书写。

（2）日常病程记录由经治医师书写，也可以由实习医务人员或试用期医务人员书写，但应有经治医师签名。

（3）手术记录由手术者书写，特殊情况下由第一助手书写时，应有手术者签名。

（4）进修医务人员由医疗机构根据其胜任本专业工作实际情况认定后书写病历。

（5）有关拥有书写病历资格的其他部分人员可参见《中医病历书写基本规范》的相应条款。

3. 病历书写的时限

（1）"门诊病历"和"急诊病历"中的各种记录及"有创诊疗操作记录"、"手术记录"、"转入记录"、"接班记录"、"会诊记录"、"病程记录"要求及时完成。

（2）入院记录、再次或多次入院记录应当于病人入院后 24 小时内完成；24 小时内入出院记录应当于病人出院后 24 小时内完成，24 小时内入院死亡记录应当于病人死亡后 24 小时内完成。

（3）"首次病程记录"要求在病人入院 8 小时内完成。

（4）主治医师首次查房记录应当于病人入院48小时内完成。

（5）手术记录应当在术后24小时内完成。

（6）"交班记录"、"转出记录"、"出院记录"要求事前完成。

（7）"死亡病例讨论记录"要求在病人死亡1周内完成。

（8）"病历首页"实行按科室（或病区）签署首页制度，要求在出院后2周内完成。

4. 病历的修改

（1）病历是重要的医疗文书。病历书写过程中出现错字时，应当用双线画在错字上，保留原记录清楚、可辨，并注明修改时间，修改人签名。不得采用刮、粘、涂等方法掩盖或去除原来的字迹。

（2）上级医务人员有审查修改下级医务人员书写的病历的责任。实习医务人员、试用期医务人员书写的病历，应当经过本医疗机构注册的医务人员审阅、修改并签名。主治医师、主任医师、副主任医师及科室（病区）主任应经常检查病历书写质量，发现问题及时纠正。

（3）住院病历经各级医师签署首页并归档后，不能再做任何修改。

5. 病历书写的基本要求

（1）病历书写应当客观、真实、准确、及时、完整、规范。

（2）病历书写应当使用蓝黑墨水、碳素墨水，需复写的病历资料可以使用蓝或黑色油水的圆珠笔。计算机打印的病历应当符合病历保存的要求。

（3）病历应当按照规定的内容书写，并由相应医务人员签名。

（4）病历书写中涉及的诊断，包括中医诊断和西医诊断，其中中医诊断包括疾病诊断与证候诊断。中医治疗应当遵循辨证论治的原则。

（5）各项化验、检查报告单分类粘贴，整齐有序，标记清楚。要求有专用化验单、检查报告单粘贴纸。

（6）对需取得病人书面同意方可进行的医疗活动，应当由病人本人签署知情同意书。病人不具备完全民事行为能力时，应当由其法定代理人签字；病人因病无法签字时，应当由其授权的人员签字；为抢救病人，在法定代理人或被授权人无法及时签字的情况下，可由医疗机构负责人或者授权的负责人签字。

因实施保护性医疗措施不宜向病人说明情况的，应当将有关情况告知病人近亲属，由病人近亲属签署知情同意书，并及时记录。病人无近亲属的或者病人近亲属无法签署同意书的，由病人的法定代理人或者关系人签署同意书。

三、问题分析

按照病例书写通则的相关要求，本病历书写中存在以下不规范之处：①主诉表述中未按要求使用阿拉伯数字书写时间，正确书写应为"腹痛1天，加重伴恶心1小时"；②现病史记录中也出现了未使用阿拉伯数字记录时间的不规范现象，如"一小时"、"三日"等；③中医诊断不完整，缺证候诊断。

四、思考题

1. 中医病历书写对文字、格式及用语有哪些要求？
2. 病历修改的注意事项有哪些？
3. 病历书写人员的资格要求有哪些？

中医病历的标题名称

第三节　中医病历书写格式

本节内容主要分类介绍了中医住院病历（入院记录、病程记录）、门诊病历（门诊初诊记录、门诊复诊记录）的规范化书写格式及其所包含的内容。要求我们掌握各类病历中所涉及的名词术语如主诉、现病史、既往史、个人史、婚育史、体格检查、初步诊断等所包含的主要内容及其书写方法；熟悉入院记录、病程记录、门诊病历的基本格式和书写要点；牢记中医病历的书写必须严格按照《中医病历书写基本规范》及《中医电子病历基本规范(试行)》执行。

一、问题思考

王某，女，46岁，已婚，干部。

主诉：发热，伴咳嗽痰黄3天。

现病史：病人1周前受凉后出现咳嗽，咽痛，咯痰色黄，痰中无血丝，全身酸痛不适，不伴发热。于本单位职工医院诊断为"感冒"，并给予抗炎药物（具体不详）治疗，咳嗽略有减轻。3天前开始出现左侧胸部疼痛，咳嗽时诱发，痰黄，又于某诊所治疗，给予中药汤剂治疗（具体不详）。1天前开始出现发热，体温最高39℃，咳嗽、胸痛加剧，遂来我院就诊。现症：发热，咳嗽，咯痰色黄，不伴咯血，深吸气及咳嗽时出现轻度左下胸部疼痛，纳呆乏力，口渴，无恶心呕吐，小便黄，大便秘结。

既往史：平素体健，否认肝炎、结核等传染病史；否认家族遗传病史；否认药物及食物过敏史。

中医四诊情况：神清，乏力倦怠，面色发红，呼吸气促，语声低怯，发热汗出，咳嗽胸痛，咯痰色黄，口渴欲饮，小便黄赤，大便秘结。

体格检查：（略）

辅助检查：胸部平片：左下肺炎；血常规：白细胞 $12.3 \times 10^9/L$，中性粒细胞74%。

初步诊断：

中医诊断：咳嗽

　　　　　　痰热蕴肺证

西医诊断：左下肺炎

治疗意见：（略）

此病历中主诉和现病史的书写存在哪些问题？中医四诊情况记录是否完整？

二、主要内容

（一）住院病历格式及书写要求

住院病历是对病人住院期间的病情、诊断、治疗等全部过程所作的记录。住院病历内容包括住院病历首页、入院记录、病程记录、手术同意书、麻醉同意书、输血治疗知情同意书、特殊检查（特殊治疗）同意书、病危（重）通知书、医嘱单、辅助检查报告单、体温单、医学影像检查资料、病理资料等，这些内容每部分都有相应的书写格式和要求。限于篇幅，本部分仅选取入院记录和门诊病历进行介绍，以作示范。

1. 入院记录

入院记录是指病人入院后，由经治医师通过望、闻、问、切四诊及查体、辅助检查获得有关资料，并对这些资料归纳分析书写而成的记录。具体格式及要求如下：

入 院 记 录

姓名：　　　　　　　　　　　　　　职业：
性别：　　　　　　　　　　　　　　入院时间：　年　月　日　时
年龄：　　　　　　　　　　　　　　记录时间：　年　月　日　时
民族：　　　　　　　　　　　　　　发病节气：
婚姻状况：　　　　　　　　　　　　病史陈述者：
出生地：　　　　　　　　　　　　　住址（单位）：

主诉：是指促使病人就诊的主要症状（或体征）及持续时间。要求重点突出，高度概括，简明扼要。

现病史：是指病人本次疾病的发生、演变、诊疗等方面的详细情况，应当按时间顺序书写，并结合中医问诊，记录目前情况。内容包括发病情况、主要症状特点及其发展变化情况、伴随症状、发病后诊疗经过及结果、睡眠和饮食等一般情况的变化，以及与鉴别诊断有关的阳性或阴性资料等。重点描述主要症状及其持续时间、入院前经过的检查和治疗（要写明主要检查结果、治疗方法、药物及用法、时间与效果）。

（1）发病情况：记录发病的时间、地点、起病缓急、前驱症状、可能的原因或诱因。

（2）主要症状特点及其发展变化情况：按发生的先后顺序描述主要症状的部位、性质、持续时间、程度、缓解或加剧因素，以及演变发展情况。

（3）伴随症状：记录伴随症状，描述伴随症状与主要症状之间的相互关系。

（4）发病以来诊治经过及结果：记录病人发病后到入院前，在院内、外接受检查与治疗的详细经过及效果。对病人提供的药名、诊断和手术名称需加引号（""）以示区别。

（5）发病以来一般情况：结合问诊"十问"内容，简要记录病人发病后的寒热、饮食、睡眠、情志、二便、体重等情况。

与本次疾病虽无紧密关系、但仍需治疗的其他疾病情况，可在现病史后另起一段予以记录。

既往史：是指病人过去的健康和疾病情况。内容包括既往一般健康状况、疾病史、传染病史、预防接种史、手术外伤史、输血史、食物或药物过敏史等。

个人史：记录出生地及长期居留地，生活习惯及有无烟、酒、药物等嗜好，职业与工作条件及有无工业毒物、粉尘、放射性物质接触史，有无冶游史。

婚育史、月经史：婚姻状况、结婚年龄、配偶健康状况、有无子女等。女性病人记录经带胎产史，初潮年龄、行经期天数、间隔天数、末次月经时间（或闭经年龄）、月经量、痛经及生育等情况。

月经史的记录格式为:

$$初潮年龄 \frac{行经期天数}{经期间隔天数} 闭经年龄或末次月经时间$$

家族史:父母、兄弟、姐妹健康状况,有无与病人类似疾病,有无家族遗传倾向的疾病。

体格检查:体格检查应当按照系统循序进行书写。内容包括体温、脉搏、呼吸、血压,一般情况,皮肤、黏膜,全身浅表淋巴结,头部及其器官,颈部,胸部(胸廓、肺部、心脏、血管),腹部(肝、脾等),直肠肛门,外生殖器,脊柱,四肢,神经系统等。

中医望、闻、切诊:应当记录神色、形态、语声、气息、舌象、脉象等。

专科检查:专科情况应当根据专科需要记录专科特殊情况。

辅助检查:指入院前所作的与本次疾病相关的主要检查及其结果。应分类按检查时间顺序记录检查结果,如系在其他医疗机构所作检查,应当写明该机构名称及检查号。

初步诊断:是指经治医师根据病人入院时情况,综合分析所做出的诊断。如初步诊断为多项时,应当主次分明。对待查病例应列出可能性较大的诊断。

中医诊断:包括疾病诊断和证候诊断

西医诊断:包括主要疾病和其他疾病

医师签名:

2. 病程记录

病程记录是指继入院记录之后,对病人病情和诊疗过程所进行的连续性记录。内容包括病人的病情变化情况及证候演变情况、重要的辅助检查结果及临床意义、上级医师查房意见、会诊意见、医师分析讨论意见、所采取的诊疗措施及效果、医嘱更改及理由、向病人及其近亲属告知的重要事项等。病程记录中的中医方药记录格式参照中药饮片处方相关规定执行。

(1)首次病程记录:首次病程记录是指病人入院后由经治医师或值班医师书写的第一次病程记录,应当在病人入院8小时内完成。首次病程记录的内容包括病例特点、拟诊讨论(诊断依据及鉴别诊断)、诊疗计划等。

1)病例特点:应当在对病史、四诊情况、体格检查和辅助检查进行全面分析、归纳和整理后写出本病例特征,包括阳性发现和具有鉴别诊断意义的阴性症状和体征等。

2)拟诊讨论(诊断依据及鉴别诊断):根据病例特点,提出初步诊断和诊断依据;对诊断不明的写出鉴别诊断并进行分析;并对下一步诊治措施进行分析。诊断依据包括中医辨病辨证依据与西医诊断依据,鉴别诊断包括中医鉴别诊断与西医鉴别诊断。

3)诊疗计划:提出具体的检查、中西医治疗措施及中医调护等。

(2)日常病程记录:日常病程记录是指对病人住院期间诊疗过程的经常性、连续性记录。由经治医师书写,也可以由实习医务人员或试用期医务人员书写,但应有经治医师签名。书写日常病程记录时,首先标明记录时间,另起一行记录具体内容。对病危病人应当根据病情变化随时书写病程记录,每天至少1次,记录时间应当具体到分钟。对病重病人,至少2天记录一次病程记录。对病情稳定的病人,至少3天记录一次病程记录。日常病程记录应反映四诊情况及治法、方药变化及其变化依据等。病程记录的基本内容及书写要求如下:

1)病情变化及治疗情况,特别要注意对生命体征的检查和记录。在病情平稳阶段,要记录病人一般情况如神志、精神、情绪、饮食、二便等；病情骤然出现变化时，要对病情的变化进行详细记录，并对可能的预后（如合病、并病等）进行分析判断。

2）各项检查的回报结果，以及前后对比变化及其分析等。

3）新开医嘱、停用医嘱及其依据。若变更治法及用药，则要求有理有据。

4）原诊断的修改、新诊断的确定，均应说明理由。

5）详细记录诊疗操作的情况，如腰穿、骨穿、胸穿等。

6）与病人本人、病人家属或病人单位负责人谈话的内容。必要时请对方签字。

7）上级医师查房记录，要求写明查房者的姓名、技术职务；具体记录对病史、体格检查的补充，对病人情况的分析判断，以及对检查治疗的具体意见。如实记录上级医师查房内容，不得主观揣摩推测。必要时由上级医师亲自书写或核对审查后签名。

8）危、急、重、难病例的病程记录应由上级医师亲自书写或审核后签名。

9）会诊记录应另页书写。内容包括申请会诊记录和会诊意见记录。申请会诊记录应当简要载明病人病情及诊疗情况、申请会诊的理由和目的，申请会诊医师签名等。会诊记录内容包括会诊意见、会诊医师所在的科别或医疗机构名称、会诊时间及会诊医师签名等。申请会诊医师应在病程记录中记录会诊意见执行情况。

病程记录根据需要还包括以下内容：交班记录、接班记录、转出记录、转入记录、阶段小结、术前讨论记录、手术同意书、麻醉同意书、输血同意书、手术记录、病例讨论记录、抢救记录、出院记录、死亡记录、死亡病例讨论记录等。

（二）门诊病历格式及书写要求

门诊病历是医生对门诊病人的病情和诊治情况所作的记录，内容包括门诊病历首页、病历记录、化验单（检验报告）、医学影像检查资料等，分为初诊病历记录和复诊病历记录。门诊病历的书写不如住院病历详尽，但同样要求望、闻、问、切四诊齐备，诊断既要辨病又要辨证，把疾病的全过程与当前阶段的病机特点辨别清楚，确定治疗大法，并保证立法与辨证丝丝入扣。处方应包括方药名称，用药剂量及煎服方法。

1. 门诊初诊记录

门诊初诊记录书写内容包括就诊时间、科别、主诉、现病史、既往史、中医四诊情况、阳性体征、必要的阴性体征和辅助检查结果、诊断及治疗意见和医师签名等。具体格式及要求如下：

门诊初诊记录

就诊时间： 年 月 日 　　　　　科别：
姓名： 　　　　　　　　　　　　性别：
年龄： 　　　　　　　　　　　　职业：
主诉：病人就诊的主要症状（或体征）及持续时间。
现病史：主症发生的时间、主要病情的发展变化、本次就诊前的诊治经过及目前情况。
既往史：记录与本次就诊疾病有关的重要既往病史、个人史和过敏史等。
中医四诊情况：运用中医术语，简明扼要记录望、闻、问、切情况，特别要注意舌象、脉象。
体格检查：记录生命体征、中西医检查阳性体征及具有鉴别意义的阴性体征。
辅助检查：记录就诊时已获得的有关检查结果。

初步诊断：包括中西医双重诊断。如初步诊断为多项时，应当主次分明。
    中医诊断：包括疾病诊断与证候诊断
    西医诊断：包括主要疾病和其他疾病
治疗意见：指即刻的处理措施。内容包括：
1. 中医论治：记录治法、方药、用法等。
2. 西医治疗：记录具体用药、剂量、用法等。
3. 拟行检查治疗项目的具体名称。
4. 随诊要求、注意事项。
医师签名：

2. 门诊复诊记录

门诊复诊记录书写内容包括就诊时间、科别、中医四诊情况、必要的体格检查和辅助检查结果、诊断、治疗处理意见和医师签名等。门诊复诊记录应由接诊医师在病人就诊时及时完成。具体格式及要求如下：

门诊复诊记录

就诊时间：　年　月　日　　　　　　　　　科别：

记录内容及要求如下：
1. 前次诊疗后的病情变化、简要的辨证分析、补充诊断、更正诊断。
2. 各种诊疗措施的改变及其原因。
3. 随诊要求、注意事项等。
医师签名：

三、问题分析

按照病历格式及书写要求来衡量，本病历在以下几方面还应加以修改完善：①主诉与现病史中描述的时间不一致，主诉中主症发生的时间为3天，而现病史中为1周；②主诉的表述与现病史中对发病经过的记录存在矛盾，根据病人发病经过，应以咳嗽为主症，发热为伴发症，因此，该病例主诉的正确书写应为"咳嗽，咯黄痰1周，加重伴发热、胸痛1天"；③现病史中对症状的描述不够全面，如咳嗽发作在白天还是夜间、咳声重浊还是轻微短促、咯痰量的多少、痰质是清稀还是黏稠等，说明问诊内容不全；④在中医四诊情况记录中，对具有鉴别诊断意义的阴性症状记录缺乏，特别是没有舌象和脉象的相关记录；⑤由于问诊、舌脉等四诊资料不完整，以致证候诊断"痰热蕴肺证"的辨证依据极不充分。

四、思考题

1. 何谓入院记录，其主要内容有哪些？
2. 现病史的书写要点有哪些？现病史与既往史应如何划分？
3. 首次病程记录的主要内容及书写要求有哪些？
4. 门（急）诊病历的主要内容及书写时限有哪些？

急诊病历格式及书写要求

第四节 病历书写示例

本节内容主要以举例的方式说明门诊病历及古医案的基本内容和书写格式。要求我们通过范例进一步掌握不同类别病历的书写方法。通过对古医案的阅读，了解古医案的书写特点，学习其蕴涵的学术思想并能有所启发。

一、主要内容

（一）门诊病历示例

门诊初诊记录

就诊时间：2015 年 7 月 15 日　　　　　　科别：内分泌科

姓名：陈××　　　　　　　　　　　　　性别：男

年龄：56 岁　　　　　　　　　　　　　职业：工人

主诉：间断口干乏力 2 年，加重伴双下肢疼痛 1 周。

现病史：病人 2 年前无明显诱因出现口干、乏力，于社区测空腹血糖为 7.5mmol/L。病人控制饮食并加强运动，未采取药物治疗，症状控制尚可。近 1 周来，病人出现口干、乏力加重，并伴双下肢疼痛，自测空腹血糖 8.4mmol/L，餐后血糖 13.5mmol/L，遂来院就诊。现在症：乏力，口干多饮，视物模糊，无胸闷、憋气，无咳嗽、咯痰及发热，双下肢疼痛，活动加重，睡眠正常，饮食控制，大便调，日 1 次，小便正常。

既往史：否认高血压、冠心病等其他慢性病史；否认家族遗传病史。

中医四诊情况：神清，面色㿠白，乏力倦怠，口干多饮，视物模糊，双下肢疼痛，活动加重，睡寐正常，饮食控制，大便调，小便可。舌暗红，苔白腻，脉濡细。

体格检查：血压 125/85mmHg，脉搏 72 次/分，心、肺、腹未见明显阳性体征，双足背动脉搏动减弱。专科查体：身高 166cm，体重 80kg，BMI 29.03kg/m^2。

辅助检查：随机血糖 8.9mmol/L，尿常规检验：GLU 1000mg/dl，余（-）。

初步诊断：

　　中医诊断：消渴

　　　　　　　气阴两虚，夹湿夹瘀

　　西医诊断：2 型糖尿病

　　　　　　　合并周围血管病变？

治疗意见：

1. 瑞格列奈片 1mg 口服，每天 3 次，控制血糖。

2. 汤药以补气养阴、化瘀利湿为主，方用补阳还五汤合四妙丸加减。药物如下：

生黄芪 30g	红花 10g	当归 10g	川芎 10g
生地黄 12g	地龙 10g	桃仁 10g	川牛膝 10g
麦冬 10g	赤芍 12g	木瓜 10g	鸡血藤 30g

7 剂　水煎服　日 1 剂

3. 控制饮食，适量运动，查下肢血管彩色多普勒超声。

医师签名：×××

门诊复诊记录

就诊时间：2016年6月18日　　　　　　　　科别：肾病科

经服初诊药3天，恶寒发热及头痛身楚已除，腰痛减轻，口干，小便频数、滴沥刺痛明显好转，夜寐安，纳食尚可，小便黄赤、大便秘结。

体格检查：体温36.6℃。舌质红，舌苔黄腻，脉滑。右上输尿管点无压痛，右肾区轻度叩击痛。双下肢无水肿。

辅助检查：全血细胞分析：WBC：$9.6×10^9$/L，N：82%，L：18%，余正常；尿常规：白细胞5个/HP，红细胞0～1个/HP。

诊断：

　　　　中医诊断：淋证

　　　　　　　　　热淋

　　　　西医诊断：急性肾盂肾炎

治疗处理意见：

1. 进一步查尿β-微球蛋白，尿C反应蛋白，尿细菌培养+药敏。
2. 中药以清热利湿通淋为法。药物如下：

　　通草10g　　车前子30g　　瞿麦10g　　滑石20g
　　大黄10g　　枳实10g　　　黄柏10g　　栀子10g
　　白茅根20g　甘草10g

3. 嘱多饮水，勤排尿，3天后复诊。

　　　　　　　　　　　　　　　　3剂　水煎服　日1剂
　　　　　　　　　　　　　　　　　　　医师：×××

（二）古医案示例

古代医籍中有大量医案，体现了中医学理法方药及辨证论治思想，学习和研究这些医案，对加深中医理论的认识，提高中医临床诊疗水平，拓宽中医临床诊疗思路，均有十分重要的意义。现摘录医案四则供学习者参考：

案一，摘自《清代名医医案精华·丁甘仁医案》。

腰髀痹痛，连及胯腹，痛甚则泛恶清涎，纳谷减少，难于转侧。腰为少阴之府，髀为太阳之经，胯腹为厥阴之界，产后血虚，风寒湿乘隙入太阳、少阴、厥阴之络，营卫痹塞不通，厥气上逆，夹痰湿阻于中焦，胃失下顺之旨。脉象尺部沉细，寸关弦涩，苔薄腻。书云："风胜为行痹，寒胜为痛痹，湿胜为着痹。"痛为寒痛，寒郁湿着，显然可见。恙延两月之久，前师谓肝气入络者，又谓血不养筋者，理亦近是，究未能审其致病之源。鄙拟独活寄生汤合吴茱萸汤加味，温经达邪，泄肝化饮。

　　紫丹参　云茯苓　全当归　大白芍　川桂枝　青防风　厚杜仲　怀牛膝　熟附片　北细辛　仙半夏　淡吴萸　川独活　桑寄生

案二，摘自《古今医案按》。

汪石山治一人，形实而黑，病咳，痰少声嘶，间或咯血。诊之，右脉大无伦，时复促而中止，左比右略小而软，亦时中止，曰：此脾肺肾三经之病也。盖秋阳燥烈，热则伤肺，加之以劳倦伤脾，脾为肺母，母病而子失其所养。女色伤肾，肾为肺子，子伤必盗母气以自奉，而肺愈虚矣。法当从清暑益气汤例而增减之。以人参二钱或三钱，白术、白芍、麦门冬、茯苓各一钱，生地、当归身各八分，黄柏、知母、陈皮、神曲各七分，甘草五分，煎服，月余而安。

案三，摘自《柳选四家医案·环溪草堂医案》上卷痰火门。

心境沉闷，意愿不遂，近因患疟，多饮烧酒，酒酣之后如醉如狂，语言妄乱，及今二日。诊脉小弦滑沉，舌苔薄白，小水短赤，大便不通，渴欲饮冷，昏昏默默，不知病之所的。因患疟必有痰，酒能助火，痰火内扰，神明不安，此少阳阳明同病，而连及厥阴也。少阳为进出之枢，阳明为藏邪之薮，今邪并阳明，弥漫心包，故发狂而又昏昏默默也。仿仲景柴胡加龙牡汤主之：柴胡、黄芩、半夏、茯苓、龙骨、甘草、牡蛎、铅丹、石菖蒲、大黄、竹沥、姜汁。

二、思考题

1. 门诊初诊记录与复诊记录有何区别？
2. 中医病历书写应如何体现中医特色？

入院记录示例

古医案示例

附 篇

一、特色诊法

（一）甲诊法

1. 原理

（1）与肝关系密切：爪甲为手指与足趾的覆盖，是筋的延伸，为肝胆之外候。《素问·五藏生成论》曰："肝之合筋也，其荣爪也。"《素问·六节藏象论》说："肝者……其华在爪，其充在筋，以生血气。"《灵枢·本藏》说："肝应爪，爪厚色黄者，胆厚；爪薄色红者，胆薄；爪坚色青者，胆急；爪濡色赤者，胆缓；爪直色白无纹者，胆直；爪恶色黑多纹者，胆结"，说明爪甲为筋之余，筋为肝之血气所生，爪甲的荣养来源于肝，肝胆之病变与筋的虚实情况，可以从爪甲的变化反映出来。

（2）与肺、心等其他脏器亦有密切关系：《灵枢·经脉》曰："手太阴气绝……气不荣则皮毛焦，皮毛焦则津液去皮节，津液去皮节者则爪枯毛折。"《素问·五藏生成论》说："肝之合筋也，其荣爪也……指受血而能摄"，说明爪甲的荣润，需秉承肺气、肝血。若肺气衰，血脉不利，则爪甲枯。俞根初《通俗伤寒论》更指出："白而消瘦，爪甲鲜赤，气虚有火也；白而夭然不泽，爪甲色淡，肺胃虚寒也；白而微青，或臂多青脉，气虚不能统血也；若爪甲色青，则为阴寒之证也。"爪甲与脏腑气血盛衰关系密切，甲相是脏腑气血功能状态的外露。

（3）爪甲是十二经脉起止交结的枢纽：爪甲是十二经脉起止交结的枢纽，手足三阳经与手足三阴经皆于甲床处相交以沟通表里之气，因此甲床上分布有丰富的经络网，气血极为充盈，是洞察经络及其相应脏腑盛衰的良好窗口。

2. 临床运用

（1）色泽

1）白色：指甲萎软色白，压之白而无华，多是元气亏损，肝血不荣。色苍白者多为虚寒；色淡白者，多为血虚。

2）红色：爪甲红赤多主热；若红而见紫或色绛，为风热毒盛，邪犯心经，或为痹证、历节风等。但饮酒、洗澡后爪甲色红为正常。

3）黄色：爪甲色黄，多为黄疸。若黄而鲜明，为湿热。其色以鲜明者为顺，黄而暗滞者多凶。若甲板色黄，边缘为黑色，伴有腹胀便溏、乏力气短、饮食无味、面目及肢体浮肿等，称为黄甲综合征，多因脾气不足、饮食失节或偏嗜五味，以致脾胃中气受损所致。若指甲呈现暗黄，而无其他黄疸表现，多见于失血等或慢性疾患而呈脾肾两虚者。另外，肝癌、胃癌等癌症病人，指甲多暗黄。

4）青色：表现为爪甲青紫，失去光泽。爪甲色青，多为寒证。青色近乎蓝，实证见蓝色甲，多属瘀血，或为心血瘀阻；虚证见蓝色或青紫。多属恶候；若病久而见爪青，手足亦青者，是为肝绝，其预后不良；甲色青紫，多为邪热重等，气血郁滞。

5）黑色：爪甲现带状黑色或全甲变黑色。爪甲乌黑者，主瘀血而痛，或死血内凝；若黑而枯槁，多为凶候；若发生于久病之后，多属肾绝之象；若甲黑而伴见肢厥呕逆、颜面乌青，其病凶险；小儿爪甲青黑，忽作鸦声，为肝绝；若因局部外伤所致青黑者除外。

（2）形态

1）干枯甲：爪甲干枯多主肝热；或为心阴不足，肝血亏虚，血运不畅。爪甲干枯，多属凶候。另有一种"鱼鳞甲"，爪甲干枯如鱼之鳞，多为肾气衰竭，或脾失健运，气化不利，水液滞留所致。爪甲干枯脱落与十二指肠球部溃疡等脾胃疾病有一定联系，多为肝气横逆脾胃，气血化生乏源。

2）萎缩甲：甲体萎缩，状如初生虫翘。多属心阴虚损，血行障碍，或为疠风大毒所致。若先天性甲发育不良，多因先天禀赋不足，精血亏损，爪甲失养。

3）剥离甲：甲板与甲床逐渐分离，如剥竹笋状，故又称竹笋甲。初起指甲游离缘处发白变空，后向甲根部逐渐蔓延，呈灰白色，无光泽，变软薄，多发于手指，单发或多发。多由失血过多，营血亏损；或素体肝血不足，肝经血燥，气血不济，以致爪甲失于荣润，常见于各种出血、营养不良等致的贫血。

4）脱落甲：指（趾）甲自行脱落，多因患脱疽、疠风、蛇疗等病所致。若非外科疾患的脱落，且不再复生者为危候，提示命门火衰，身体虚弱至极。

5）脆裂甲：甲板不坚。失去韧性，易于断裂，且呈层状分离者，称脆裂甲。如从中央裂成两片者，称纵裂甲。多因血行障碍，或血虚风燥，不能荣润爪甲，以致质脆易裂。

6）软薄甲：生理的软或薄，甲不失其坚韧之性。病理软薄者，爪甲韧性下降，色淡而半月不整，甲皱亦不整齐。多因气弱血亏，血行障碍，以致阴精不布，爪甲失养，慢性出血和钙质缺乏者易见，或患病日久所致。

7）粗厚甲：指（趾）甲远端或侧端日渐增厚，甲体表面失去光泽，呈灰白色，表面高低不平，质粗增厚，变脆枯槁，呈粉状蛀蚀或缺损，甲板下生污黄色斑，为鹅爪风或甲癣病人，多因气虚血燥而受风，以致爪甲失于荣养而枯厚，亦有水湿浸渍或湿毒外侵，阻遏气血所致者。

8）钩状甲：甲板向指端曲屈，中间隆起呈山尖状，甚则如鹰爪，其甲面粗糙不平，呈黑色、灰黑色或黑绿色，不透明，无光泽，多有外伤诱因，或属先天禀赋而得，但总因气郁血瘀，阻滞络脉，不能濡养爪甲而致。多见于风痹、筋挛。

9）勺形甲：又称反甲。甲板变薄发软，周边卷起，中央凹下，状如小勺。其甲下色偏苍白，甲皱不整齐，甲面有时出现小白点，多发于手指，少发于足趾。多因气虚血亏，或肝血不足，或脾失健运，营养不良，以致爪甲失养。常见于大病之后；或脾胃素虚，身体赢弱；或患癥瘕、积聚及久痹之人。

10）横沟甲：甲板表面上出现凹陷之横沟，多少不等，使甲表面凹凸不平，甲面透明度降低。多因邪热肺燥，气津不布，或肝气郁结，或气虚血瘀，以致爪甲失养。常提示肝功能异常，伴甲下瘀血者多为外伤。

11）嵴棱甲：由甲根向远端起纵行嵴棱，数目多少不等，往往平行，形成纵沟，使表面凹凸不平，又称纵沟甲。多因肝肾不足，肝阳上亢，或气血双亏，或甲床损伤，以致阴阳失调，气血失和所致。

12）扁平甲：甲板逐渐变为扁平，表面不平，有交叉纹理，呈网球拍状，远端宽而扁，指节变短，甲沟肿胀。多发于婴幼儿，往往因吸吮或咬指甲等不良习惯，致气血不能循行畅达，指甲失养而变扁平。

13）凸甲：甲面中央明显凸起高于四周，甲远端部下垂，似贝壳或倒覆的汤匙，对光观察甲面上有凹点，甲色及甲下色偏白，半月（甲印）色偏粉红。多与阴虚火旺有关，提示易患痨病。

14）凹甲：甲面中央凹下低于四周，甲面上可见凹点与纵纹，甲下色不均匀。提示肝、肾功能不佳，易于疲劳，精力不充沛，也易患不育症。

15）筒状甲：指甲卷曲如筒状，又称为葱管甲。多见于久病体虚之人，或安逸少劳之人。多是气血两虚，机体抵抗力很弱，易患绝症。若以指压甲板，甲床苍白为血虚；松指仍显苍白，兼示气弱。

16）柴糠甲：甲面光泽黯淡，且自远端两侧增厚，变脆枯槁，呈黄朽木色，粉状蛀蚀或缺损，表面高低不平。提示循环功能障碍，气血瘀滞，肢端不得荣养而受风湿侵袭。

17）扭曲甲：指甲扭曲变形，失去光泽。多因肝血不足，以致爪甲失荣。

18）球形甲：指甲板增宽，并向指尖弯曲，呈球面，指端粗大如蒜头，故又称蒜头甲。多为气虚血瘀所致。若压之甲下络脉如细丝涌沸，多为气机郁滞，血行瘀阻。常见于咳喘、痰饮、肺痿、痨瘵、心阳虚衰之胸痹及肝郁之癥瘕积聚。

19）瘪螺甲：俗称瘪螺痧。指甲瘪缩，甲床苍白，多因大吐、大泻、大汗，以致气津暴脱；或暴病亡阴之重笃者，津涸液竭，致指甲瘪缩。

20）杵状甲：指、趾末端肥大，甲板亦明显向纵、横方向增大，呈凸状膨出，向指、趾尖端包围弯曲。多由气血不能循行畅达，阻于络脉面成。

21）癥瘕甲：甲下赘生肿物，顶起甲板，又称甲下赘疣。其疣软者为血瘀，坚者为骨疣，皆气血瘀滞所致。

22）胬肉甲：甲皱襞增殖，贯入甲床，胬肉盘根，甲板缺损，为血不归经。

23）啃缺甲：小儿自咬甲缘，以致缺损，多为疳积或内有虫积。

24）云斑甲：指甲的中心部呈现条状或细块状、边缘不整齐的白色云斑。此甲多见于小儿者，多提示体内有蛔虫。若云斑大、色浓者，提示蛔虫亦多；反之，云斑小、色稀者，提示蛔虫亦少。

25）花甲：在儿童拇指、食指的指甲上，呈点状如大头针头大小、形圆的白色斑，与指甲红白相间，亦为蛔虫病的征象。白色斑大、色浓、出现的指多者，提示蛔虫亦多；反之，白色斑小、色稀、出现的指少者，提示蛔虫亦少。

26）手足逆胪：为甲根皮肤皱襞剥起，俗称倒枪刺。多因风邪入于腠理，血气不和。

27）甲沟糜裂：左侧或右侧甲沟呈韭叶状糜样裂开，触之痛感，为蛔虫病。

28）甲印异常：正常甲印（半月形）不超过指甲总长度的1/4，边缘整齐。甲印过大（一般超过甲长1/3）者，多为气血旺盛；甲印过小（稍露边缘）或无甲印者，多为气阴不足；甲印边缘不齐者，多为气血不调。

29）弧线异常：正常为淡红色，边缘整齐，隐约可见。弧线变明显且宽者，多见于外感风寒、荨麻疹、营卫不和等证。

30）指甲孕征：妇女妊娠时，在指甲上呈现指甲孕征，即妇女停经，按压其拇指甲，呈红活鲜润者为孕征，暗滞无华的为月经病。

（二）人中诊法

1. 原理

（1）人中是经络交错、经气贯注的要地：人中与经脉关系密切，如手阳明大肠经"交人中"；足阳明胃经"挟口环唇"；足厥阴肝经"环唇内"；手太阳小肠经"别颊上抵鼻，至目内眦"等。由于经脉的络属关系，使人中与经脉及其相应的脏腑联系起来，所以，人体脏腑功能和气血津液等的变化，可以通过人中的形态、色泽等改变反映出来。

（2）与冲、任、督三脉相关联：由于冲、任、督三脉皆起于人体会阴部的胞中，循行向上时，任、督二脉直接交会于人中，冲脉亦有一支络脉环绕于唇而与人中联系。而任脉为阴经之海，总领诸阴；督脉为阳经之海，统领诸阳，其气与肾相通。因此人中为人体经气汇聚之地，不仅脏腑经络的疾病可以反映于人中，而且尤可反映阳气的存亡和肾气的盛衰。人中是反映肾、命门、阳气的重要部位，诊察人中对泌尿、生殖系统病证的诊断尤其具有重要意义。

（3）与胞宫关系密切：从人体发生学角度来看，子宫形态异常与中肾旁管发育异常有关，而中肾旁管形成的时期，恰好是上唇（人中）形成的时期（胚胎生长的第6～7周），如果此时期胚胎受到某种因素的影响，则中肾旁管的形成和上唇的形成，均可遭受同一因素的影响而产生形态上的同步变异。因此说，观察人中可了解生殖系统的病理状况。

2. 方法

（1）长度：以鼻下点（鼻中隔与上唇顶部交点）至上唇缘中点的连线为人中长度。人中长度小于12mm为人中偏短；12～19mm为中等；大于19mm为人中偏长。

（2）深浅：受检者与检查者相对而坐，检查者用聚焦灯光侧光照射受检者的人中沟，光线与上唇平面成30°～45°角，观察受检者人中沟的两侧沟缘隆起是否清楚。若沟缘隆起不明显，沟道浅平或上唇漫平，则在沟道内无照射阴影，列为人中沟浅平；沟缘隆起明显，两条沟缘间有明显凹陷，沟道内可见明显的照射阴影，为人中沟深；介于两者之间为人中沟中等深浅。

（3）形态：方法与人中沟道深浅的观察方法相同，主要观察人中沟道内有无细线状或点状隆起，有无明显的纵行或横行皱褶纹，以及各种人中异常形态。细线状隆起者，其形状似皮肤瘢痕，长度不一，大多呈纵向或斜向分布于沟道内；点状隆起者似针头大小，皮肤色泽正常，无充血红肿现象，可与毛囊炎相鉴别；纵行皱褶纹大多在侧光照射时显现明显；横行皱褶纹则多见于微笑时。

3. 临床运用

（1）色泽

1）黄色：人中色黄而透红，肌肤丰润，为脾肾健旺，后天充盛之象；反之，人中色萎黄，肤松肉薄，为脾肾虚弱，阴血不充之征；人中显土黄色，为脾胃虚寒；孕妇人中隐黄，则胎漏下血，多为胎死腹中。

2）白色：人中色白者，多病危难治；人中色淡白，见于虚寒泄泻；色淡白而干者，多为血枯闭经；人中㿠白，易出冷汗，多见于咳嗽、咯血；人中上段近鼻际处呈㿠白色，多为气虚崩漏。

3）赤色：人中微见赤色，多病发痈；人中下段近唇际处潮红，多属血热崩漏，或为膀胱湿热之血淋；人中下段近唇际处色淡紫，甚则水沟短缩，多见于实热胃痛；人中隐现紫红，多见于瘀热痛经；孕妇人中色偏红时生红疹者，多提示胎毒甚重，娩出之小儿多疮疖之灾。

4）青色：人中色青主寒证；隐现青色，多见于寒性痛经；暗青色，多见于黄疸、胁痛（严重胆囊炎、胆结石、胆绞痛）。

5）黑色：人中色黑，可见于肾病综合征及尿毒症；时青时黑，主肝病及肾；色青黑颤动，为肝风侮脾；人中微黑主热证；人中色灰暗失荣，多见于阳痿、男性不育、房劳过度、失精及男性泌尿系疾病和女性宫颈炎、附件炎、卵巢囊肿、子宫肌瘤等；人中青黑，可见于石淋、精浊（前列腺炎）、子痫等；下痢者，脐下剧痛，人中色黑，乃病危；人中出现黑褐色，或有片状黑斑，为天癸气竭，冲任不足。

另外，孕妇人中光泽明润明显，提示孕妇气血旺盛，母子安康；若人中色泽偏晦滞而枯夭，或见色素沉着，多为肾虚不孕。

（2）形态：正常人中整齐端直，略呈上窄下宽的梯形，沟道深浅适中，沟缘清晰均匀、对称，提示生殖系发育良好。

短浅：人中特短，沟道扁平，沟缘隐约，其色淡者，一般提示子宫小（常为幼稚型子宫），宫颈短，发育差，多无内膜生长；或见宫颈松弛，受孕后易产生漏胎；或阴茎短小，睾丸先天发育不良。

狭长：人中沟道狭窄细长，沟缘显著；或中段尤细，上下稍宽，其色黯者，为长窄型。提示子宫体狭小，宫颈狭长，男性可见包皮过紧或过长，女性多出现痛经。

倒梨型：人中上宽下窄，似倒梨形，多提示子宫前倾或前位，常有经行胀痛。

八字型：人中上窄下宽，呈八字形，多提示子宫后倾或后位，常表现为经行腰酸，严重者可影响受孕，多见于矮胖体型之人口。

人中不正：人中沟道或一侧沟缘向左或向右偏斜（除先天性、损伤性及神经性的鼻唇沟变形外），为偏斜型人中。人中向左倾斜者，提示子宫体偏左；人中向右倾斜者，提示子宫体偏右。

凹陷型：人中有凹陷者，提示骨盆异常或骨盆狭窄，易发生难产。

浅坦型：人中沟道浅而平坦，沟缘不显，称为浅坦型，宽狭均可见。浅而窄者提示后天性子宫萎缩，质硬，活动较差，常表现为经期紊乱，经量逐渐减少而致闭经；浅而宽者提示先天性子宫发育不良，或生殖功能低下，或子宫萎缩（多见于老年人）。

隆起：人中沟道中有位置及形态不定的增生物隆起，甚至引起沟形的改变，称为沟道凹隆型人中，提示情况比较复杂，一般为宫颈糜烂。一侧增生或变形，则多有一侧腹痛或压痛或腰酸及月经不调等症，妇科检查多有附件炎或增厚，子宫肌瘤或息肉、囊肿等。

人中起疹子：多提示宫颈糜烂、附件炎，男性则可见前列腺炎、精索炎等。

人中有瘀斑：每提示子宫内膜结核、附睾结核、精索静脉曲张等。

人中松弛变长者：多见于子宫下垂。

人中形态的改变：在危重病证之中，最常见于中风。风邪中于经络，每见口眼㖞斜；风邪中于脏腑，可见口痉、唇反张；唇（人中）颤动者，可由血虚风动或脾失濡养所致，或中风后遗症。危重病者，如人中短缩，唇且变薄，为脾阴绝；若短绝似无，则为阴阳离决之危证；人中卷缩，谓之唇反，为脏腑之气欲绝，尤其是脾气败竭之征象；反之，人中满，多为脾阳欲绝之象；若满而唇外翻，亦为阴阳离决之征。

在孕妇，如果人中短于同身寸，多为先天肾气不足，提示有流产、早产的倾向；若人中原本正常，而怀孕后某一时期突然短缩，且伴腰膝酸痛，带下绵绵者，提示难免流产，这种迹象每在流产前7～15天即已显露。若孕妇人中出现枯黄而浅平，且水沟呈上宽下窄的倒梨形，提示胎儿发育停止，甚或胎死腹中。

（三）手诊法

1. 原理

手之阴经、阳经，把体内各脏腑组织与手联系起来。通过经络气血的联系，手掌与人体前部的各器官组织相通，手背与身体后部各器官组织相应，手的变化反映整体的病变。手部的诊察，着重诊察手掌、手背、手指各部的肌肤、纹理脉络形态、色泽、温度及动态的变化。

2. 临床运用

（1）**色泽**：鱼际肌肤干涩无光，多为血虚或津液不足；色红赤，属胃热；色青者，多为脾胃虚寒；色呈青、黑、赤交错，多为寒热往来之证；色紫黑者为瘀血气滞。掌面黯红或布紫色斑点，多见于肝郁积聚；手肌肤色黄，可为湿热之肝胆病或严重之血虚证。

（2）**形态**：手瘦小，指纤细，多主气血不足或禀赋素弱；指节粗如梭状，伴疼痛者，多为痹病。

鱼际至腕的肌肤呈黑色或黯紫色条状变化，常为肾虚腰痛。

指端粗大如鼓槌状，多属气虚血瘀，提示有久病咳喘、痰饮、积聚、肺胀及心阳虚证等。

小指和无名指关节部若现青筋暴露，常提示胸痹。

手掌虚浮无纹，或手背肿至手腕，触之冷冰，自觉麻木者，为心阳虚衰，或阳虚气结；若手掌杂纹密集紊乱，多提示内脏失常而多病。

指部丰满、圆润、有力，指端红润，中指与掌基本等长，食指、无名指等长均达到中指远端第一节之中点，拇指粗壮圆长，小指长达或超过无名指第一节横纹，每指的各指节间长度均等为健康之兆；若各指比例不调，每指的各指长度不匀等、瘦小、偏曲，指节纹路散乱等提示素体较差，特别是五指并拢时，指间空隙较大者，为禀赋虚弱之征兆。

拇指过于粗壮者，多为肝火旺盛；过于扁平者体虚；极弱小者易患癫狂；第二节散乱纹多者易患头痛、失眠等病；拇指过短者为胆气不足；节短硬且不易弯曲者多为阴虚阳亢、胸痹、中风；新生儿出生七日内拇指隐于其余四指内为先天不足。

食指过长或过短者，多为青少年时期营养不良、多病；过粗者属肾虚；偏曲、缝隙大兼纹理散乱者多为脾虚肝旺；苍白瘦弱者为肝血不足。

中指过长者多为郁证，易患心痛、中风等病；细长者多为肝郁气滞、肝胃不和；过短者则肝火旺，老年时易患肺肾病证。

无名指过短且苍白细小者，易发肾虚不孕；第二节边缘有杂纹者为体弱多病；过长者，骨齿不健；偏曲、漏缝者常有七情病或泌尿系统疾病。

小指短者老年易患心、脾、肾虚损之证；过于弯曲且纹理杂乱者多有不育之证；第三节有红斑者多为肺阴不足；色苍白瘦弱、小指弯曲、指节漏缝太大者多为脾虚。

手颤为肝肾阴虚风动，多为风痰；两手紧握，伴牙关紧闭、身热、神昏，多为邪热内闭；手指搐搦，多为血虚生风；久病两手松散，多为元气衰败；手松弛无力，为痿证；手指瘦削枯萎，痛而活动不灵者为痹证。

（3）温度及汗出：手部肌肉瘦薄而冰凉，多为气血不足，或阳气虚少；手足心热，多为阴虚火旺；手部灼热为热证，若手背较手心热者，为外感发热；若手心较手背热者，为内伤发热；手心多汗，为湿热内蕴，或脾胃不调；妇人两手皮肤皲裂。手掌赤热汗出者，主月经不调，或心肝血虚证。

（4）手纹：掌部有三大主纹。天纹，也称感情纹，此纹位于手掌上方指根之下。地纹，也称生命纹，紧靠大鱼际的粗大纹。人纹，也称智慧纹，此纹在地纹上方，介于天地纹之间。此三纹以深长、清晰、中间不间断、淡红色、无斑点、无过多杂纹干扰，成一弧形为理想形状。

地纹与人的健康、疾病、寿命的关系密切。色青为肝脾不和，色淡白者体虚，色黑者有胃疾，过赤者为热证易患中风，色黄者多为肝胆湿热。

人纹与心理因素有关。纹赤红者为肝阳上亢，青白色者气虚体弱，苍白且有黑气、人纹低垂者多为中气不足；纹过弱者易患头痛、眩晕；若人纹横贯掌心者有患白血病以及先天愚钝的可能。

天纹与感情生活有关。纹深切明晰者感情深刻；无纹或过于浅者，感情冷落。色赤为相火妄动，毛纹者情绪不稳，容易波动；支纹向下且不直切者，可能有过精神创伤。

二、证素辨证

（一）证素辨证的基本概念

证素，证的要素，指辨证所要辨别的脾、肾、肝、胃等病位和气虚、血瘀、痰、寒等病性。证素是通过对证候的辨识而确定的病理本质，是构成证名的基本要素。

辨证是指在中医学理论指导下，对证候（症状、体征等）及相关资料进行分析，辨别疾病当前的病位和病性证素，并作出证名诊断的思维认识过程。即"根据证候，辨别证素，组成证名"，证候→证素→证名，也是辨证思维过程中的三个层次，其中识别证候是基础，辨别证素是关键，判断证名是目的。任何复杂的证，都是由病位、病性等证素组合而成，因此准确判断证素，便抓住了疾病当前的病理本质，并可执简驭繁地把握灵活复杂、动态的证。

中医学在长期的临床实践中，形成了不同的辨证方法。朱文锋教授在继承中医辨证精华，整合八纲、气血津液、脏腑、六经辨证等内容的基础上，为寻找与揭示辨证的基本规律，首次提出以"证素"为核心的辨证新体系，创立"证素辨证"新方法，强调中医辨证规律是根据证候，辨别证素，组成证名，其中"证素"为辨证体系的核心。

（二）证素辨证的基本特征

1. 证素为具体诊断单元

"素"，始也、本也，指本来的、原有的、带有根本性质的物质，如元素。证素是构成证名的基本要素，是疾病某阶段的"机体整体反应状态"的病理本质。

辨证所确定病位和病性证素是诊断中不能再分解的具体诊断单元。它既不是证候，也不等同于病因、病机，而是对现阶段机体整体反应状态作出的诊断结论，但不等于完整的证名诊断。一个完整、规范的证名，一般应有病位证素、病性证素，以及必要的病理连接词，如壅、束、阻等，如痰热壅肺证。

2. 证素根据中医理论确定

证素必须与整个中医学的理论体系及治法方药相对应。如藏象学说有五脏六腑、奇恒之腑之别，因此病位证素亦有脏腑之别，五官九窍等与脏腑密切相关，所以一般将官窍组织的病变归属于一定的脏腑。

每一证素都有相对应的治法、方药、针灸等疗法，如血虚则补血，血瘀宜化瘀等。没有相应治法、方药的诊断性概念，不能作为证素。

（三）证素辨证的基本内容

朱文锋教授总结了古今提到的证素概念，根据证素的基本特征，通过筛选，初步提取出规范的证素53项。

病位证素20项：心神[脑]、心、肺、脾、肝、肾、胃、胆、小肠、大肠、膀胱、胞宫、精室、胸膈、少腹、表、半表半里、经络、肌肤、筋骨[关节]。

病性证素33项：（外）风、寒、暑、湿、燥、火[热]、痰、饮、水停、虫积、食积、脓、气滞、（气）闭、血瘀、血热、血寒、气虚、气陷、气不固、（气）脱、血虚、阴虚、亡阴、阳虚、亡阳、精[髓]亏、津（液）亏、阳浮、阳亢、动风、动血、毒。

1. 常见病位证素的特征

（1）心神[脑]：是指神明之心（脑）的意识思维等精神活动失常所表现的证素特征。

证素特征 神昏谵语，突然昏仆，神志错乱，癫狂痴痫，神情淡漠，神识痴呆，恍惚，失眠、多梦，健忘，心烦，烦躁，躁扰不宁等。

（2）心：指心主血脉功能失常，舌等心系病变所表现的证素特征。

证素特征 心悸怔忡，胸闷，心痛，多汗，舌痛，舌疮，舌尖红，舌强语謇，脉结、代或促等。

（3）肺：指肺及肺系病变所表现的证素特征。

证素特征 咳嗽、气喘、呼吸异常；鼻塞、流涕、咽痛、咽痒或喉痒、音哑或失音等；水肿、尿少；气短乏力，自汗，易感冒。

（4）脾：指脾的运化功能失职，营血亏虚，水湿潴留，血失统摄等所表现的证素特征候。

证素特征 腹胀，纳少，便溏；面色萎黄，消瘦；头晕，目眩，内脏下垂，重坠感；久泻、久痢；出血；肌肉萎软无力；口疮；口淡、口腻、口甘；舌胖大、齿印等。

（5）肝：指肝脏及肝经循行部位的病变，情志异常，部分月经、筋及目等部位的病变，"动风"等所表现的证素特征。

证素特征 肝经循行部位如两胁、乳房、少腹部、睾丸等胀或痛；情志抑郁或急躁易怒，善太息；月经不调；

甲淡；视物模糊，目干且涩、雀目、目赤红肿、流泪、畏光；脉弦；动风症状如眩晕、麻木、口㖞、半身不遂、抽搐、肌肉眴动、颤动、舌颤、关节拘急屈伸不利等等。

（6）肾：指生长发育生殖功能异常；水液代谢失常，以及二阴、骨、髓、耳、发、齿等方面的部分病变所表现的证素特征。

证素特征 生长、发育、生殖异常，成人早衰；水肿，尿少；小便异常（小便频数清长、小便失禁、遗尿、余沥不尽等）；泄泻，腰膝酸软或痛；头晕、健忘，发脱齿摇，骨质疏松；耳鸣、耳聋，崩漏或带下量多清稀等。

（7）胃：指胃脘部的症状及受纳腐熟功能失常所表现的证素特征。

证素特征 胃脘部胀或痛，纳少，嗳气，呃逆，恶心呕吐，消谷善饥，牙龈肿痛等。

（8）胆：指胆汁排泄失常，胆经部位病变的证素特征。

证素特征 胆怯，易惊；黄疸；胸胁苦满，口苦、咽干、目眩，寒热往来；暴聋；脉弦等。

（9）小肠：指小肠受盛化物，泌别清浊失常等所表现的证素特征。

证素特征 腹胀，绕脐痛，肠鸣，矢气；小便赤涩灼痛，尿浊、尿血等。

（10）大肠：是指大肠传导功能失常所表现的证素特征。

证素特征 腹痛，便秘，泄泻，便血，下痢脓血，黏液便等。

（11）膀胱：指膀胱排尿功能失常所表现的证素特征。

证素特征 小便不利，遗尿，尿频数，尿急，余溺不尽，尿黄，尿血，尿道涩痛，尿中砂石等。

（12）表：是指六淫、疫疠等邪气，经皮毛、口鼻侵入机体，正气抗邪于肤表浅层的轻浅证素特征。

证素特征 新起恶风寒，或恶寒发热，头身疼痛，无汗或汗出，或见鼻塞、流涕、喷嚏、咽喉痒或痛、微有咳嗽、声重、音哑或失音，舌淡红，苔薄，脉浮。

（13）半表半里：是指病邪既非完全在表，又未完全入里，而处于半表半里的证素特征。

证素特征 寒热往来，胸胁苦满，心烦喜呕，默默不欲饮食，口苦，咽干，目眩，脉弦。

2. 常见病性证素的特征

（1）[外]风：指风邪侵袭肤表、经络，卫外功能失常，表现出具有新起突发、变化快、游走不定等符合"风"性特征的证素特征。

证素特征 恶风寒微发热，喷嚏，鼻塞，汗出，苔薄白，脉浮缓；或鼻痒、喉痒、耳痒，或突发皮肤瘙痒、丘疹，或肢体关节游走作痛；或肠鸣矢气。

（2）寒：指寒邪侵袭机体，阳气被遏，凝滞收引，所表现的恶寒、冷痛之类实寒证素特征。

证素特征 恶寒、畏寒、冷痛，形寒，喜暖；口淡不渴，肢冷蜷卧；痰、涎、涕清稀，小便清长，大便稀溏；面色白，舌淡苔白而润，脉紧或迟等。

（3）暑：夏至之后感受暑热之邪，耗伤津气，阻闭气机所表现的证素特征。

证素特征 发热，汗出；口渴喜饮，气短神疲；肢体困倦；小便短黄，舌红苔白或黄，脉虚数；或猝然昏倒，身热汗出不止，甚至昏迷，惊厥、抽搐等；或见高热，神昏，胸闷，腹痛，呕恶，无汗等。

（4）湿：外界湿邪侵袭，或体内水液代谢失常导致湿浊停聚，阻遏气机所表现的证素特征。

证素特征 头重如裹，嗜睡，身体困重，胸闷脘痞，口腻不渴，食少纳呆，恶心；肢体关节、肌肉酸痛；大便稀溏，小便浑浊；或皮肤出现湿疹，破流黄水，瘙痒；妇女带下量多，面色晦垢；舌胖大，舌苔腻，脉濡缓或细等。

（5）燥：环境气候干燥，耗伤人体津液所表现的证素特征。

证素特征 皮肤干燥甚或皲裂，脱屑，口唇、鼻孔、咽喉干燥，口渴饮水，大便干燥，痰少黏难咯，小便短少，舌苔干燥，脉浮或细数等。

（6）火（热）：火热之邪侵袭，或机体内阳热之气过盛所表现的证素特征。

证素特征 发热，恶热喜冷，口渴欲饮，皮肤色红，烦躁不宁，痰、涕黄稠，小便短黄，大便干结，舌红苔黄干燥少津，脉数，各部位的灼痛，出血，痈疮疔肿等。

（7）痰：指痰浊停阻于脏器组织之间，或见于某些局部，或流窜全身而表现的证素特征。

证素特征 咳嗽咯痰，痰质黏稠；胸脘痞闷，恶心纳呆，呕吐痰涎；头晕目眩，形体多肥胖；或神昏、癫、狂、痴、痫而喉中痰鸣；或肢体麻木、半身不遂，或瘰疬、瘿瘤、乳癖、肌肤痰核，咽喉异物感；舌苔腻，脉滑。

（8）饮：指体内水液停聚形成质地较痰清稀的饮停聚于胃肠、心肺、胸胁等处所致的证素特征。

证素特征 脘腹痞胀，水声辘辘，泛吐稀涎或清水；或见咳嗽气喘，吐痰多而质稀色白，胸闷心悸，甚或喉中哮鸣有声；或肋间饱满，咳唾引痛，随呼吸、咳嗽、转侧而痛增；身体、肢节疼痛肿重；并可见眩晕，舌淡嫩，苔白滑，脉弦或滑等。

（9）水停：指水液代谢失常而停聚于低下、松弛部位所表现的水肿、尿少之类证素特征。

证素特征 水肿，或见于面睑，或见于下肢，甚或全身皆肿，按之凹陷而不易起；或腹满如鼓，叩之声浊，随体位改变而变，常伴见有小便短少、不利；舌苔润滑，脉濡缓或沉。

（10）虫积：寄生虫在体内繁殖，积聚，阻滞气机，耗伤营气所表现的证素特征。

证素特征 阵发性脐周腹痛，常骤然发作，痛无定处，可自行缓解；呕出蛔虫，或排出蛔虫，或大便镜检可见蛔虫卵；嗜食异物，龄齿（寐中磨牙），流涎，鼻痒；白睛见蓝斑，面部出现白色虫斑，唇内侧有白色粟粒状小点，指甲花斑；腹痛，腹部可触及条索状蛔虫团，时聚时散。

（11）食积：指宿食停积胃肠所表现的证素特征。

证素特征 脘腹胀满或痛，食欲减退或厌食，嗳腐吞酸，呕吐酸馊食物，矢气臭如败卵，大便酸腐臭秽，舌苔厚腻或腐，脉滑或沉实。

（12）气滞：指人体某一部分，或某一脏腑经络的气机阻滞、运行不畅所表现出的胀闷作痛之类的证素特征。

证素特征 胸胁脘腹等处的胀闷，或疼痛，症状时轻时重，部位不固定，按之一般无形，常因嗳气、肠鸣矢气而减轻，或随情绪波动而加重或减轻，脉弦，舌象无明显变化。

（13）血瘀：指由瘀血内阻而表现的证素特征。

证素特征 疼痛，痛如针刺刀割，痛处固定，常在夜间加重。肿块，在体表者，呈青紫色包块，在腹内者，可触及较坚硬而推之不移。出血，色紫暗或夹血块，或大便色黑如柏油状；妇女可见经闭，或为崩漏。面色黧黑，青紫，或皮下紫斑，或肌肤甲错，或腹部青筋显露，或皮肤出现丝状红缕。舌质紫暗或见紫斑、紫点，或舌下脉络曲张，或舌两边见蓝紫色条状线。脉细涩。

（14）血热：火热炽盛，侵迫血脉，血液妄行所表现的证素特征。

证素特征 身热夜甚，口渴，面赤，心烦，失眠，躁扰不宁，甚或狂乱、神昏谵语，或见各种出血，血色鲜红，量多黏稠，势急，或斑疹显露，或为疮痈，舌绛、脉数疾。

（15）血寒：寒邪客于血脉，凝滞气机，血行不畅所表现的实寒证素特征。

证素特征 手足冷痛、肤色紫暗发凉，或少腹拘急疼痛，得温痛减；或月经衍期、小腹冷痛、经色紫暗、夹有血块，舌淡紫、舌苔白，脉沉迟或弦涩。

（16）气虚：是指元（真）气不足，气的推动、温煦、固摄、防御、气化等功能减退，或脏腑功能活动减退所表现的虚弱证素特征。

证素特征 少气懒言，声音低微，呼吸气短，神疲乏力，或有头晕目眩，或有自汗，活动劳累后症状加重，舌质淡，脉虚等。

（17）气陷：指气虚无力升举而清阳之气不升反而下陷，内脏位置不能维固而反下垂所表现的虚弱证素特征。

证素特征　头晕眼花，疲乏，气短；形体消瘦，腹部坠胀感，或内脏下垂、脱肛、阴挺；或久泻久利等。

（18）气不固：指气虚而失其固摄之能所表现的虚弱证素特征。

证素特征　气短，神疲，面白，舌淡，脉虚。或汗多不止，或流涎不止；或大便失禁；或小便失禁，遗尿，余沥不尽；或滑精、遗精、早泄；或月经过多、淋漓不尽；或胎动易滑，滑胎、小产等。

（19）[气]脱：指元气亏虚已极而欲脱的危重证素特征。

证素特征　呼吸微弱断续，或见昏迷或昏仆，汗出不止，面色苍白，口开目合，手撒身软，二便失禁，脉微欲绝。

（20）血虚：指血液亏少，不能濡养脏腑、经络、组织而表现的虚弱证素特征。

证素特征　面色淡白或萎黄，口唇、眼睑、爪甲色淡白，头晕眼花，心悸多梦，目眩，手足发麻，关节拘急，筋惕肉瞤，妇女经血量少色淡、衍期甚或经闭等。

（21）阴虚：指机体津液精血等阴液物质亏损无以不能制阳，滋润、濡养等作用减退所表现的虚热证素特征。

证素特征　形体消瘦，口燥咽干，潮热颧红，五心烦热，骨蒸劳热，盗汗，小便短黄，大便干结，唇红，舌红少苔或无苔，脉细数等。

（22）亡阴：指机体阴液大量耗失，阴液严重匮乏而欲竭所表现的危重证素特征。

证素特征　汗热味咸而黏、如珠如油，身灼肢温，虚烦躁扰，恶热，口渴欲饮，皮肤皱瘪，小便极少，面红，唇舌干燥，脉细数疾等。

（23）阳虚：指机体阳气亏耗，机体失却温煦、推动、蒸腾、气化等作用减退所表现的虚寒证素特征。

证素特征　经常畏冷，四肢不温，口淡不渴，或渴喜热饮，自汗，小便清长或尿少浮肿，大便溏薄，面色白，舌淡胖，苔白滑，脉沉迟无力或脉微。

（24）亡阳：指机体阳气暴脱所表现的一种危重证素特征。

证素特征　冷汗淋漓、汗质稀淡，神情淡漠，肌肤不温，手足厥冷，呼吸气微，面色苍白，舌淡而润，脉微欲绝等。

（25）精[髓]亏：指精亏髓少，形体失其充养所表现证素特征。

证素特征　生长发育迟缓，"五迟"，"五软"，成人早衰，男子精少不育，女子经闭不孕，健忘，神情呆钝，发脱齿摇，耳鸣耳聋，骨质疏松等。

（26）津[液]亏：指体内津液不足，脏腑组织官窍失其滋润濡养和充盈所表现的证素特征。

证素特征　口燥咽干，唇焦或裂，眼球深陷，皮肤干燥甚或枯瘪，渴欲饮水，小便短少而黄，大便干结难解，舌红少津，脉细而数。

（27）阳亢：指阴亏于下，阳气亢扰于上所表现的上实下虚证素特征。

证素特征　眩晕耳鸣，头目胀痛，面红目赤，烦躁，头重脚轻等。

（28）动风：指出现眩晕欲仆，抽搐，震颤，麻木等具有"动摇"特点为主的一类证素特征。

证素特征　肢体抽搐，颈项强直，两目上视，角弓反张，牙关紧闭；眩晕欲仆，或突然昏仆，不省人事；口眼㖞斜，半身不遂；头摇，手足麻木，拘急，手足蠕动，肌肉瞤动，肢体震颤。

三、中医临床辨证思维

中医辨证是对四诊获取的病情资料，运用辨别、分析、综合等思维方法作出证名判断的过程。辨证的思维过程始于病情资料的四诊采集，通过分析思考病情资料可能提示的病因、病位、病机、病性等信息，逐步推动辨证的深入。其中贯穿逻辑及非逻辑的思维方法，诊与断交替进行，使辨证结论不断修正和完善。因此，采用正确的中医临床辨证思维方法是中医临床诊断的关键。

（一）以主症为中心的辨证思维

1. 重视主症

中医辨证思维的线索，多从主症开始。在四诊的临床运用中，以主症为中心进行临床资料的收集，有利于诊法思路的条理清楚，病情资料的主次分明。对于病证的判断，亦应以主症为中心进行思考，通过对主症的辨析，可以确定病变的主要位置和性质，把握疾病的主要矛盾，有利于明确诊断的方向。如咳嗽为主者，病位多在肺；夜尿频繁者，病位多在肾；心悸为主者，病位多在心；呕吐为主者，病位在胃等。又如病人新起咳嗽、痰稀色白、恶寒发热、头身疼痛、无汗、苔薄白、脉浮紧等，若主症是恶寒发热、头身疼痛时，应是风寒表证，主症若是咳嗽、吐痰时，则辨为风寒犯肺证。

2. 明确伴症

除主症外，还应重视主症与其伴随症状的关系及综合分析。伴随的症状、体征都从不同的侧面反映出证的本质属性，通过综合分析可较为准确地把握其根本病机。如通过咳嗽伴症痰的变化来判断外邪犯肺的不同类型。辨证时，次症、兼症的价值不容忽视。这不仅由于它们对主症起着辅助、证实、补充等作用，而且在特定条件下还可对辨证起到关键作用。如舌象、脉象是临床重要的体征，但多非主症，但对于判断病机、证候的作用非常重要。

3. 把握特征

特征性症状在临床辨证中具有特殊的价值。在辨证过程中，某些具有特征表现的症状往往是临床辨证的特征性指标。如恶寒、寒战、高热、头身痛者，若定时发作，则为疟疾的典型表现；小儿阵发呛咳不止，咳后有鸡鸣样回声者，为百日咳的特征；口中有烂苹果味者，为重症消渴病的表现；饥不欲食者，为胃阴虚证的特征；大便时干时稀者，为肝郁脾虚证的特征。四诊运用时，应注重特征性症的获取，这类症状往往是病证辨别的关键。

4. 四诊合参

以四诊的全面分析为保障。抓准主症，可以确定疾病的主要矛盾。而对病情的综合分析，则可以全面把握疾病的状况。全面分析的过程中，应尽可能的深入思考每一个（组）症状所反映的病因病机，掌握症状的内涵，并前后联系、判别因果，逐步推进，使诊断层层深入。在此过程中，每一步的结论都必须建立在确定的、可靠的基础上，不能有无根据的猜测或想象。四诊资料中的每一个症状对于病或证的诊断来说，都是有益的，即使某些阴性症状，如口不渴、大便正常、手足温、脉缓等，也常能起到鉴别诊断的作用，尤其是病性的寒、热、痰、湿、瘀、滞、气虚、阴虚等的辨别，都不是凭借几个症状便可确定的，而是要收集全部资料进行综合判断。如病人以泄泻为主症，辨证则有寒湿、湿热、食积、脾虚、肾阳虚等证型，只有泄泻表现不可能得出结论，必须综合四诊信息才能作出诊断。如果新起暴泻，泻下清稀，肠鸣腹痛者，多为寒湿泄泻；腹痛，泻下黄褐臭秽黏滞，肛门灼热者，多为湿热泄泻；脘腹胀闷，泻下酸臭或有不消化食物者，多为食积；纳少腹胀，腹部隐痛喜按，面黄肌瘦者，多为脾虚；腰腹冷痛，黎明前腹痛作泻者，多为脾肾阳虚；每因急躁恼怒或紧张而腹痛作泄，泄后痛减者，多为肝郁脾虚。

（二）辨证中的逻辑思维

正确的临床辨证依赖于中医思维的形成和准确运用。中医思维中包括逻辑与非逻辑的思维方法。逻辑思维方法是根据事实材料、遵循逻辑规律来形成概念，做出判断，进行推理的思维方法。主要有类比与比较、归纳与演绎、分析与综合等形式。

1. 类比与比较

类比法是将病人的临床表现和已知的某一常见的典型的证进行比较，若两者主要特征相吻合，此证的诊断便可成立。如病人表现为发热、恶风、汗出、脉浮缓，这与《伤寒论》所说的"太阳病，发热，汗出，恶风，脉缓者，名为中风"相符合，因此便可诊断为太阳中风证。因此熟练掌握各种常见证的临床表现及辨证要点，是采用类比法的先决条件。

类比法所依据的是前辈医家在长期临床实践中总结出的典型的证候，因此，熟练掌握前人的经典著作是十分重要的，这是正确进行类比的基础。如著名医家岳美中说："要把主要的经典著作读熟、背熟，这是一项基本功"，"背得熟和背不熟不大一样。比如对《金匮要略》、《伤寒论》如果能做到不假思索，张口就来，到临床应用时，就成了有源头的活水。不但能触机即发，左右逢源，还会熟能生巧，另有会心。否则，读时明白了，一遇到障碍又记不起，临证时就难于得心应手"。类比法是一种直接的对应思维方式，具有迅速、简捷的特点，它不需要作更大范围的思考，当病情不复杂而表现又很典型的时候，类比法诊断的尤为适用。

类比方法是中医辨证中常用的方法，自觉掌握和运用类比法，可提高类比的可靠程度。一是扩大类比的范围。在两个类比的事物之间，已知的相同属性越多，推出未知属性的可靠性越大。因此，要提高类比的可靠性，应努力多搜集有关研究对象的资料，扩大可比项。二是增强已知项与未知项之间的相关性。也就是说，进行类比的已知属性与被推知的未知属性之间，应当有内在的必然联系，这样才能减少类比的或然性。因此进行类比时，应努力分析，把握未知属性与已知属性之间的本质联系，从本质上而不是从现象上进行类比。

比较是分析和确定事物之间的共同点和不同点的逻辑方法。比较对表面上看似差异极大的事物，可以揭示出它们在本质上的共同点；对表面上看似极为相似的事物，可以揭示出它们在本质上的差异点。这在中医学上尤为重要。"异病同治"、"同病异治"是中医学的重要特色，而其基础就是比较。通过比较，可以认识、把握疾病证候的同中之异、异中之同。对于辨证来说，更重要的是对表面上极为相似的证候，揭示出其本质上的差异点。例如，肺阴虚证与燥邪犯肺证、肝火上炎证与肝阳上亢证的鉴别，寒热真假的鉴别，虚实真假的鉴别等，都需要运用比较法，才能做出正确的证候诊断。比较法一般是先从现象入手，以现象比较作为向导，进一步进行本质的比较，透过现象，抓住本质，不为表面现象所迷惑，从而做出正确的判断。

2. 归纳与演绎

归纳与演绎是两种基本的逻辑思维方法。归纳与演绎涉及一般和特殊的关系。一般和特殊是不可分割的，一般存在于个别之中，个别之中包含着一般。从对个别事物的认识，上升为对一般规律的认识；或从一般规律的指导下，去认识个别的事物，便是归纳与演绎。

归纳法是从对个别事物的认识中得出一般性结论的推理方法，分为完全归纳法和不完全归纳法。归纳方法在科学认识中有着重要的作用。一方面运用这种方法来整理科学事实，从经验事实中找出普遍特征，总结出普遍的一般的规律；另一方面运用归纳法可以启发思想，提出假说或猜想，促进科学研究的深入，对扩大知识，发现真理具有重要意义。

归纳推理是中医学广泛采用的一种方法。中医理论的建立是从实践经验积累总结归纳出来的。任何科学要上升为理论，就得对具体的实践经验加以总结、归纳。中医辨证中大量临床经验的总结都是运用不完全归纳法获得的。在临床实践中通过对个案的观察、研究，积累经验事实，从中发现普遍特征，摸索、总结出一般规律，进一步指导临床治疗。如此减少了辨证论治中的盲目性、偶然性，提高了临床疗效。归纳法运用的根据是个性与共性的辩证统一。个性之中包含有共性，通过个性可以认识共性。但需要注意的是，个性中有些现象不一定反映本质，因为有些属性只存在于部分对象之中，尤其当观察的对象有限时，这种推理往往是不严密的、或然性的推理，所得出的结果有时便不一定能准确地反映其本质。因而在临床上要尽量扩大观察的样本，通过现象研究本质，以把握普遍的、本质上的一般规律，才能更有效地指导临床治疗。

演绎法是从一般到个别的推理方法。它从已有的一般定理、结论出发，推知某一个别事物的未知属性。演绎推理之所以可能，是因为一般存在于个别之中，共性存在于个性中，凡一类事物所共有的属性，其中每一个体对象必然具有。因此，可以从一般中推论个别，即在已知该类事物的共同属性的条件下，可以推知其中的某一个别事物具有这种属性。演绎推理的主要形式是三段论式，它由大前提、小前提、结论三部分组成。其中，大前提是已知的一般原理，小前提是已知的个别事实与大前提中的全体事实的关系，结论则是由大小前提通过推理获得的关于个别事实的认识。演绎推理是一种必然性推理，在推理中只要前提确实可靠，推理合乎逻辑，必然得出真实可靠的结论来。如大前提是：心主神明；小前提是：某病人神昏谵语；结论是：该病人病在心。在运用时，应注意其结论正确与否，取决于推理的前提是否正确，以及推理的形式是否合乎逻辑规则。对于临床辨证来说，尤其要注意大前提是否正确。如大前提是：潮热皆属于阴虚；小前提是：某病人出现潮热；结论是：该病人所患为阴虚证。这个结论便是错误的。因为大前提不正确。潮热不皆属于阴虚证，湿温证也可以出现潮热，阳明腑实证也可以出现潮热，还有其他原因亦可导致，并非皆阴虚而致。中医的许多一般性结论都是或然性的，并非唯一的、简单的对应关系，因而将其作为大前提进行推理时，一定不可绝对化，初学者尤为注意。

归纳与演绎是辩证统一的思维方法，是对客观事物个性和共性对立统一关系的反映。人类的认识总是从个别、特殊到一般，再由一般到特殊、个别，是一个不断循环、不断深化的过程。它们是认识过程中不可缺少的两种逻辑方法。两者既相互区别，相互对立，又相互联系，相互依存，相互补充。

首先，归纳离不开演绎，归纳需要以演绎作为指导。归纳必须以一般原理为指导，依赖演绎确定其研究目的和方向。在归纳过程中，无论是搜集材料，或者是对材料进行归纳，都必须有一定的医学理论作指导，都必须依赖演绎规定其目的、原则和方向。

其次，演绎离不开归纳。演绎法的基本作用是使我们思维从对某类疾病的一般的规律性的认识过渡到对该类疾病的特殊、个别病例的认识。要进行演绎，就必须先对某类疾病具有一般认识，即本质规律的认识。而这种本质的规律性的认识又是人们在临床实践的基础上对无数病例概括归纳得出来的。没有这种归纳，演绎就失去了赖以出发的前提。所以归纳是演绎的基础和前提。中医学系统的生理、病理、病因、诊治、药理等学说，便是从无数个别的医疗实践经验中概括归纳出来的。

可见归纳与演绎互为前提，相互转化。归纳为演绎提供前提，准备条件，演绎得出的正确结论，又为归纳提供指导。它们在一定条件下相互转化，交替使用，获得知识。在实际思维活动中，归纳与演绎相互渗透，相互转化，相互补充。例如，在中医理论体系的形成过程中，就运用了归纳和演绎这两种推理形式。如阴阳五行学说，一方面运用演绎方法，从哲学的阴阳五行的一般结论，推演出人体和疾病也有阴阳五行属性；另一方面，又从大量临床实践经验中归纳出人体和疾病过程中特定的阴阳、五行规律，形成中医特有的阴阳五行学说。反过来，又从这种阴阳五行学说出发，运用演绎法，来指导对各种具体的疾病过程的认识，进行辨证论治。

3. 分析与综合

分析的方法是在思维活动中把认识对象的整体分解为各个方面、各个部分、各个环节、各种因素，分别加以考察、研究的一种逻辑方法。分析是辨证论治中必不可少的逻辑思维方法。因为人体是一个极为复杂的有机整体，人体与自然、人体各个部分不是孤立的，而是相互联系、相互作用的。各种病证均存在着病因之间、病因与病机之间、生理与病理之间的相互作用。任何病证都是在致病因素的作用下，机体各种异常变化的整体综合反映。因此在辨证中必须对其各个方面、各种因素、各个环节分别进行考察，把握住症结、关键。没有分析，就不能真正深入地认识疾病。

分析的方法是深入认识事物的一种手段，但有时仅用分析是不够的，还要把事物的各个方面、各个环节、各种因素联系起来进行考察，避免只见一点，不见其余，孤立、片面地看问题。因而，有时在分析之后还要进行综合。

综合法是在思维过程中把经过分析的各个部分、各个方面、各种因素、各个环节联结起来进行考察、研究的一种逻辑方法。综合法更注重考察各种因素、各个方面、各个部分的联系、关系。值得注意的是，综合的方法不是各个方面机械的相加，也不是各种因素简单的堆砌，而是经过分析之后，从整体上把握其本质，抓住其关键。

在临床上，许多医家由于临床经验极为丰富，诊疗技术极为娴熟，因而其诊疗过程直捷、简洁，治疗方法灵活多变。从表面上看，其思维活动并不似我们分析的那样按部就班，条理规范。但如果对其病案和具体诊疗过程进行深入细致的分析，就可以发现，类比与比较、归纳与演绎、分析与综合等逻辑思维的方法，贯穿于其诊疗活动的始终。尽管有些医家对这些思维方法的运用并不是自觉的，但是不容否认，正确的思维方是有效治疗的前提，直接影响着理论知识和临床经验的运用，对提高临床诊疗水平有重要作用。因而应当深入认识临床辨证中的逻辑思维的特点和运用规律，注意在临床中培养科学的思维方法。

（三）辨证中的非逻辑思维

在临床辨证过程中，大量存在着非逻辑性思维活动。所谓非逻辑性思维是指不遵循一般逻辑规则的特殊的思维方式，主要有联想、想象、直觉、顿悟等。非逻辑性思维虽然也存在于现代医学中，但由于中医学理论和实践的特殊性，使其在中医临床辨证思维中占有更为重要的地位，成为一种普遍应用的思维方法。

1. 联想

联想是因一事物而想起与之有关事物的思想活动，有相似、对比关系等。一般性联想规律有四种，即接近联想、类似联想、对比联想、因果联想。联想是中医临床辨证中常用的思维方法，他不是相似的模仿，而是思维的再加工和创造。如著名医家陈源生曾会诊一尿毒症病人。病人神智不清，大小便三日未解，历经中西医治疗，收效不显。其人年逾七旬，证涉险境，命在垂危，而常规的从肾诊治的思路并未效。他思虑中偶翻王旭高治肿医案，云："肺主一身之气，水出高原，古人'开鬼门，洁净府'，虽曰从太阳着手，其实亦不离乎肺也。"茅塞顿开：此证何不下病上取，导水高原？进而联想到《金匮要略》"百合病者，百脉一宗，悉致其病也"。其症状描述与此病人颇多吻合，又何不权借百合病诸方以治之：清肃肺气，百脉悉安，导水高原，治节出焉。从而处方治愈。由此从尿病到水肿，从肾病到肺病再到百合方，正是运用了联想的思维方法，在"水出高原"等启发下，产生了创造性的辨证思维成果。

2. 想象

想象是在联想的基础上，根据以往的知识，经验，借助其他形象来构想新的事物形象的思维活动。想象常贯穿于辨证之中，辨证的过程往往就是寻求整体病机形象的构想过程。中医学的病理机制与不同于西医学的实体器官结构和功能性病理的概括，而是对机体异常活动状态整体形象的概括，如心火上炎、水不涵木、木火刑金等。这个形象是医家根据疾病的临床表现在头脑中构想形成的。如心肾不交，水火不相既济，并不是机体真正发生了火不下降，水不上承的实质变化，而是根据中医所理解的心和肾，对病机的一种想象中的把握。其治法的确立也离不开想象，如滋水涵木、增水行舟、提壶揭盖等具体治法都是根据整体病机形象，经医生形象性构想而形成的。

然而辨证过程中的想象不同于文学艺术中的想象，更不同于幻想，而是以一定的事实和理论知识为依据，根据疾病的临床表现进行构想、设想，通过想象达到对整体病机的认识。其想象必须符合疾病的本质，才能获得有效的治疗。

3. 直觉

直觉是对突然出现在面前的事物、现象极为敏锐的深入洞察、本质理解和迅速准确的判断，是大脑不借助推理而综合运用经验知觉的思维活动，是人的认识的非逻辑性的飞跃。这种思维形式在辨证过程中经常使用。直觉是关于整体的感觉，是对眼前的认识对象作出迅速的、不假思索的判断，它的产生基于人们在实践中直接经验的积累。名医关幼波早年行医时，凭其丰富的经验，出诊时进入病家一闻气味便能鉴别出是麻疹还是猩红热。

4. 顿悟

顿悟是通常所说的豁然贯通的瞬息性思维，又称灵感思维，表现为人们曾经反复思考、探索而未能解决的问题得到突然性的了悟。往往灵感的闪现与问题的澄清是一蹴而就的。顿悟实际上是直觉的一种特殊形式，这一思维现象在辨证论治中也非常多见。

临床辨证中非逻辑性思维具有形象性、经验性、意会性的特点。形象性是指辨证中的不以概念、判断、推理的形式，而是与具体形象有密切关系。医生以疾病的具体症状表现为出发点，由这一形象联想到另一形象，通过对形象的比较、分析，构想出病人目前的病机形象，以达到对疾病本质的认识。经验性是指辨证过程中的非逻辑性思维活动与具体的临床实践经验密不可分。这一思维活动常常是运用已有的经验知识来分析、思考有关疾病的各种信息，以决定诊断和治疗。以往的经验对于证候的诊断和治则的确立具有很大的影响。经验作为在临床实践中从大量成功和失败的经历中获得的认识成果，是一种对日常诊疗活动非常有效的知识。因而，临床经验越丰富，临证时思路便越开阔，方能触类旁通，别有心会，识证准确，治疗有方。意会性是指辨证中的非逻辑性思维往往抛弃思维所遵循的一般逻辑程序，着重于在特殊、具体的直观领悟中，依靠内心的体验与直觉的感受来认识疾病，这种思维方式偏重于个体的独特体验与领悟，注重内心的思考和丰富而开放的联想，形成一种在内心世界中以沉思默想为主的大开大阖的大跨度的思维活动。由于其思维活动常常是自由飘乎，跳跃不停的，并且在不同的治疗过程中各不相同，灵活多变，使人难以把握，也难以确切的文字将其完全表述出来，因而具有只可意会难以言传的特点。

四、中医常见症状鉴别诊断

五、医籍选读